Andreas Lehmann

Wissensbasierte Analyse technologischer
Diskontinuitäten

Betriebswirtschaftslehre für Technologie und Innovation
Band 1

Herausgegeben von Professor Dr. S. Albers, Professor Dr. A. Drexl, Professor Dr. J. Hauschildt, Professor Dr. R.A.E. Müller, Professor Dr. R. Schmidt, Professor Dr. R. Wolfrum.

Geschäftsführender Herausgeber: Professor Dr. Klaus Brockhoff, Institut für Betriebswirtschaftliche Innovationsforschung, Christian-Albrechts-Universität Kiel

In der Schriftenreihe

Betriebswirtschaftslehre für Technologie und Innovation

werden Ergebnisse von Forschungsarbeiten veröffentlicht, die sich in herausragender Weise mit Fragen des Managements neuer Technologien, der industriellen Forschung und Entwicklung und von Innovationen aus betrieblicher Perspektive beschäftigen. Die Reihe richtet sich an Leser in Wissenschaft und Praxis, die Anregungen für die eigene Arbeit und Problemlösungen suchen. Sie ist nicht auf Veröffentlichungen aus den Instituten der Herausgeber beschränkt.

Andreas Lehmann

Wissensbasierte Analyse technologischer Diskontinuitäten

SPRINGER FACHMEDIEN WIESBADEN GMBH

Die Deutsche Bibliothek — CIP-Einheitsaufnahme

Lehmann, Andreas:
Wissensbasierte Analyse technologischer Diskontinuitäten /
Andreas Lehmann.

(Schriftenreihe "Betriebswirtschaftslehre für Technologie und
Innovation"; Bd. 1) (DUV : Wirtschaftswissenschaft)
Zugl.: Kiel, Univ., Diss., 1993
ISBN 978-3-8244-0200-7   ISBN 978-3-663-12457-3 (eBook)
DOI 10.1007/978-3-663-12457-3

© Springer Fachmedien Wiesbaden 1994
Ursprünglich erschienen bei Deutscher Universitäts-Verlag GmbH, Wiesbaden 1994

Lektorat: Gertrud Bergmann

Gedruckt auf chlorarm gebleichtem und säurefreiem Papier

ISBN 978-3-8244-0200-7

Geleitwort

Technologische Diskontinuitäten stellen eine besondere Herausforderung für das Technologiemanagement dar, weil das abrupte Auftreten technologischer Neuerungen große Anpassungsprobleme für die Unternehmen mit sich bringen. Es ist deshalb von Interesse, technologische Diskontinuitäten frühzeitig zu erkennen und im Hinblick auf ihre Eigenarten zu analysieren. Dieses Problem bildet den Gegenstand der Arbeit von Andreas Lehmann, dessen Forschungsarbeit von der Deutschen Forschungsgemeinschaft und dem Land Schleswig-Hostein im Rahmen des Graduiertenkollegs "Betriebswirtschaftslehre für Technologie und Innovation" gefördert wurde.

In seiner Arbeit stellt Lehmann zunächst verschiedene Ansätze zur Erklärung technologischer Diskontinuitäten dar. Dann schlägt er den eigenen, neuen Weg ein, indem er ein wissensbasiertes System zur Analyse technologischer Diskontinuitäten entwickeln will, wobei die Wissensbasis nicht etwa von Experten erfragt werden soll. Die Besonderheit des Lehmannschen Ansatzes liegt in der Verwendung von aus der Fachliteratur erhobenen Wenn-Dann-Aussagen. So gehen über 400 Regeln in die Wissensbasis des von dem Verfasser mit der Shell PC Consultant Plus auch implementierten Systems ein.

Lehmann stellt als Resultat seiner Forschung der betrieblichen Praxis ein theoriebasiertes und zugleich anwendbares System zur Analyse technologischer Diskontinuitäten zur Verfügung. Daneben bereichert er die betriebswirtschaftliche Forschung um Ergebnisse zu der generell verfolgbaren Vorgehensweise, Fachwissen aus der Literatur zur Basis wissensbasierter Systeme zu machen. So wünsche ich der Arbeit von Lehmann eine gute Aufnahme in Wissenschaft und Praxis.

Reinhart Schmidt

Vorwort

Soll ein Unternehmen an der Weiterentwicklung bestehender Technologien arbeiten oder besser seine Forschungs- und Entwicklungsaktivitäten auf Lösungsansätze richten, die auf einem grundlegend neuen technologischen Prinzip beruhen?

Um diese für viele Unternehmen grundlegende Fragestellung beantworten zu können, müssen bestehende und neue Technologien beobachtet und analysiert werden. Groß ist in der Regel der Schaden, wenn die Wahl nicht auf die «richtige» Technologie fällt. Einfache Rezepte zur Lösung dieser Problemstellung gibt es nicht. Es kann jedoch auf bestehendes Problemlösungswissen in der Fachliteratur zurückgegriffen werden, das - angemessen angewendet - zur Problembewältigung maßgeblich beitragen kann.

Die vorliegende Arbeit beschäftigt sich mit der Konzeption und Entwicklung eines Systems, das die Beantwortung der eingangs formulierten Fragestellung unterstützt. Hierzu werden in der Literatur diskutierte Konzepte als wissensbasiertes System so implementiert, daß sie auf konkrete Problemstellungen anwendbar sind. Die Dokumentation des Systems ist in diesem Buch nicht enthalten, kann jedoch mit dem Gutschein am Ende des Buches angefordert werden.

Diese Arbeit entstand im Graduiertenkolleg "Betriebswirtschaftslehre für Technologie und Innovation" an der Universität Kiel und wurde durch ein Stipendium der Deutschen Forschungsgemeinschaft und des Landes Schleswig-Holstein gefördert.

Zu dem Gelingen dieser Arbeit haben viele beigetragen.
Mein besonderer Dank gilt meinem Doktorvater Professor Dr. Reinhart Schmidt, der mir in vielen Gesprächen wichtige Anregungen bei der Entstehung dieser Arbeit gegeben hat. Weiterhin danke ich Professor Dr. Klaus Brockhoff für die Übernahme des Koreferats sowie für die zahlreichen Denkanstöße, die Eingang in meine Arbeit fanden.
Meinen Kollegen im Graduiertenkolleg danke ich für die zahlreichen Diskussionen, die mir halfen, etliche Probleme während der Entstehung der Arbeit zu meistern. Für die kritische Durchsicht des Manuskripts bin ich Dorothee, Michael und Thorsten zu besonderem Dank verpflichtet.
Nicht zuletzt gilt der Dank meinen Eltern, die mich während meiner Promotionszeit in persönlicher und materieller Hinsicht unterstützten.

Andreas Lehmann

Inhaltsverzeichnis

Abbildungsverzeichnis

1. Einleitung

1.1. Problemstellung und Zielsetzung

Das Auftreten grundlegend neuer und die damit meist einhergehende Verdrängung bestehender Technologien sind ein herausragendes Phänomen im industriellen Wettbewerb.[1] Tiefgreifende technologische Neuerungen dieser Art, die auch als technologische Diskontinuitäten bezeichnet werden, können Wettbewerbsstrukturen erheblich verändern und für einzelne Unternehmen sowohl neue Chancen als auch erhebliche Risiken implizieren.[2]

Der Erfolg vieler Unternehmen kann im wesentlichen darauf zurückgeführt werden, daß sie in der Lage waren, das Potential neuer Technologien zu erkennen und zu nutzen. Eine Vielzahl von Beispielen dokumentiert jedoch ebenfalls die verheerenden Folgen für einzelne Unternehmen sowie für ganze Branchen, die nicht in der Lage waren, das Potential einer neuen Technologie zu nutzen bzw. zu lange an einer bestehenden Technologie festhielten.[3]

Diese im Extremfall für ein Unternehmen existenzbedrohenden Auswirkungen verdeutlichen die betriebswirtschaftliche Bedeutung dieser Thematik. Übergänge auf grundlegend neue Technologien sind für ein Unternehmen von strategischer Bedeutung und müssen daher systematisch in den strategischen Planungsprozeß mit einbezogen werden.[4] Ein zentrales Problem für Unternehmen ist somit die Entscheidung, ob die verfügbaren Ressourcen in eine bestehende oder eine neue Technologie eingesetzt werden sollen.[5]

Zur Bewältigung dieser Problemstellung ist es notwendig, die in einem Unternehmen existierenden Technologien zu analysieren und abzuschätzen, inwieweit die Gefahr besteht, daß eine bestehende Technologie von einem grundlegend neuen technolo-

---

1   Vgl. beispielsweise Cooper, Schendel (1976) oder Mahajan, Wind (1989), S. 191f.

2   Vgl. Porter (1985), S. 60. Eine historische Analyse der Auswirkungen technologischer Neuerungen auf volkswirtschaftlicher Ebene gibt Ayres (1990 a, b).

3   Als besonders bekannte Fälle sind beipielsweise das Auftreten der Transistortechnologie oder die Entwicklung digitaler Uhren zu nennen. Transistoren haben die vorangegangene Röhrentechnologie abgelöst und damit bestehende Branchenstrukturen grundlegend verändert. Die Markteinführung digitaler Uhren warf die traditionsreiche Schweizer Uhrenindustrie, die sich auf die Produktion mechanischer Uhren konzentriert hatte, ebenfalls in eine tiefe Krise. Eine ausführliche Analyse dieses Prozesses findet sich bei Glasmeier (1991).

4   Vgl. Butler (1988), S. 15.

5   Vgl. Wolff (1981), S. 7; Steele (1989), S. 52.

1

gischen Prinzip abgelöst wird. Hierfür kann auf bereits bestehendes Problemlösungswissen, das zum Teil modellmäßig abgebildet vorliegt, zurückgegriffen werden.
Werden Anzeichen für die Bedrohung einer bestehenden durch eine neue Technologie
rechtzeitig erkannt, können diese Erkenntnisse bereits frühzeitig in den strategischen
Planungsprozeß einbezogen und geeignete Maßnahmen eingeleitet werden.

Zur Unterstützung strategischer Managementprobleme werden zunehmend computergestützte Systeme eingesetzt. Die Bedeutung der oben beschriebenen Problemstellung
läßt eine solche Unterstützung wünschenswert erscheinen. Bei der Bearbeitung dieser
Aufgabenstellung sind vorwiegend qualitative Informationen zu berücksichtigen, die
größtenteils mit heuristischen Verfahren verarbeitet werden. Zur Unterstützung
solcher Problemtypen bietet sich, wie im weiteren Verlauf dieser Arbeit noch gezeigt
wird, besonders der Einsatz wissensbasierter Systeme an.[6] Konventionelle
computergestützte Systeme sind kaum in der Lage, Probleme dieser Art zu bearbeiten.
Es finden sich bereits Vorschläge, wissensbasierte Systeme zur Analyse möglicher
unternehmensrelevanter Diskontinuitäten einzusetzen.[7] Obwohl bereits erste Systeme,
die diesem Themengebiet zuzuordnen sind, konzipiert wurden, ist festzustellen, daß
noch weitere Forschungsarbeiten notwendig sind, um deren Einsatzmöglichkeiten auf
diesem Gebiet besser beurteilen zu können und eine genauere Kenntnis über geeignete
Gestaltungsformen solcher Systeme zu gewinnen.[8] Ein wissensbasiertes System
speziell zur Analyse technologischer Diskontinuitäten liegt bisher nicht vor.

Der Ermittlung und Strukturierung des Wissens kommt bei der Entwicklung wissensbasierter Systeme eine zentrale Bedeutung zu. Zur Wissenserhebung wird bei bestehenden Systemen in der Regel direkt auf den menschlichen Experten zurückgegriffen,
daneben werden auch Veröffentlichungen herangezogen. Generell ist zu beobachten,
daß die Mehrzahl der bestehenden Systeme dabei ihr Wissen aus einer geringen
Anzahl von Texten oder von nur einem oder wenigen Experten bezieht. Probleme, die
bei der Einbeziehung mehrerer Wissensquellen entstehen, wurden in diesem
Zusammenhang bisher kaum behandelt.

Ziel dieser Arbeit ist es, ein wissensbasiertes System zur Analyse technologischer
Diskontinuitäten zu konzipieren und programmtechnisch zu realisieren. Hierfür wird
das über diesen Themenbereich veröffentlichte Wissen systematisch ermittelt, strukturiert, formalisiert und unter Anwendung einer Entwicklungsumgebung implementiert.

---

6   Zum Aufbau und der Funktionsweise dieser Systeme Abschnitt 3.1 dieser Arbeit.
7   Vgl. Mahajan, Wind (1989), S. 194ff.; Simeonoff (1989), S. 396.
8   Vgl. Ansoff (1986), S. 36; Mahajan, Wind (1989), S. 195.

Das Problem wird aus der anwendungsorientierten Sicht der Betriebswirtschaftslehre bearbeitet, weshalb der Schwerpunkt der Arbeit auf der betriebswirtschaftlichen Analyse und Aufbereitung des in der Literatur dargestellten Wissens im Hinblick auf die Verwertbarkeit zur Unterstützung konkreter Problemstellungen liegt. Anhand des entwickelten Systems soll exemplarisch für den Bereich des strategischen Managements gezeigt werden, wie in Veröffentlichungen dargestelltes, d. h. schriftlich fixiertes Wissen systematisch bei der Entwicklung eines wissensbasierten Systems Eingang finden und zur Bewältigung konkreter Problemstellungen angewendet werden kann. Aus den während der Systementwicklung gewonnenen Erkenntnissen sollen Rückschlüsse hinsichtlich einer zweckmäßigen Aufbau- und der Ablaufstruktur in dem vorliegenden Themengebiet und vergleichbaren Bereichen gezogen werden. Außerdem soll die Leistungsfähigkeit wissensbasierter Systeme im vorliegenden Anwendungsbereich diskutiert werden.

1.2. Aufbau der Arbeit

Im Anschluß an diesen einführenden Teil wird in Kapitel zwei zunächst das Phänomen technologischer Diskontinuitäten als Problem des strategischen Technologiemanagements eingeordnet und prinzipielle Möglichkeiten zur Bewältigung solcher Diskontinuitäten diskutiert. Danach werden Modelle, Indikatoren und Typologien, die bei einer Analyse technologischer Diskontinuitäten Anwendung finden können, dargestellt und beurteilt. Während mit den Modellen eine globalere Bearbeitung der Problemstellung erfolgen kann, ist unter Anwendung der Typologien eine im Vergleich zu den Modellen detailliertere Analyse eines konkreten Problems möglich, wodurch die Entscheidungsgrundlage zur Bestimmung eventuell notwendiger Maßnahmen verbessert wird.

Kapitel drei befaßt sich zunächst mit dem Aufbau, der Funktionsweise und der Entwicklung wissensbasierter Systeme. In diesem Kapitel werden außerdem bestehende Systeme dieser Art im Bereich des strategischen Managements sowie des Technologiemanagements kurz beschrieben und beurteilt, um daraus Anregungen für das hier zu entwickelnde System abzuleiten. Am Ende des Kapitels werden alternative wissensbasierte Vorgehensweisen zur Analyse von Diskontinuitäten skizziert und der für die vorliegende Problemstellung am besten geeignete Ansatz ermittelt.

3

Basierend auf diesen Kenntnissen wird in Kapitel vier der Entwicklungsprozeß des wissensbasierten Analysesystems dargestellt; die Phase der Wissensakquisition nimmt hierbei eine zentrale Stellung ein. Die Besonderheit des hier gewählten Vorgehens liegt in der Berücksichtigung einer größeren Anzahl von Veröffentlichungen bei der Wissenserhebung, weshalb in diesem Zusammenhang speziell solche Probleme ausführlich behandelt werden, die bei der Gestaltung eines Systems auftreten, das Wissen aus mehreren Veröffentlichungen enthält. Die Einbeziehung mehrerer Wissensquellen scheint zweckmäßig, um sowohl eine möglichst detaillierte Unterstützung während des Problemlösungsprozesses zu bieten als auch die Leistungsfähigkeit des hier gewählten wissensbasierten Ansatzes zur Bewältigung der vorliegenden Problemstellung zu demonstrieren. Ziel dieser ausführlichen Beschreibung des Entwicklungsprozesses ist eine mögliche Übertragbarkeit der hier gewählten literaturgestützten Vorgehensweise auf vergleichbare Anwendungsgebiete.

Nach der Darstellung des Entwicklungsprozesses wird das realisierte System in Kapitel fünf beschrieben. Hier werden der Aufbau und Ablauf des Programms ausführlich dargestellt. Die Inhalte der implementierten Lösungskonzepte und die Wirkungszusammenhänge zwischen den Systemvariablen bzw. Indikatoren werden umfassend beschrieben, und der Ablauf des Systems wird beispielhaft beschrieben.

Daran schließt sich in Kapitel sechs eine kritische Beurteilung der Leistungsfähigkeit des hier entwickelten Systems an. Unterschiedliche Erweiterungsmöglichkeiten des bestehenden Systems werden aufgezeigt. Die Beurteilung der Eignung des literaturgestützten Ansatzes zur Gestaltung eines wissensbasierten Systems und Perspektiven sowie prinzipielle Grenzen der Leistungsfähigkeit solcher Systeme werden abschließend diskutiert.

2. Technologische Diskontinuitäten - ein Problem des strategischen Technologiemanagements

Unter dem Begriff «Technologie» werden hier Prinzipien, Mittel und Methoden zur wirtschaftlichen Herstellung von Produkten und Produktionsverfahren verstanden.[1] Technik bezeichnet dagegen die konkrete Anwendung einer Technologie zur Problemlösung in materieller Form.[2]

Technologische Innovationen[3] können hinsichtlich ihres Ausmaßes bzw. ihrer Wirkung auf das Unternehmen und die Unternehmensumwelt in inkrementale und radikale Innovationen unterschieden werden. Unter inkrementalen technologischen Innovationen versteht man relativ kleine Verbesserungen im Rahmen eines bestehenden technologischen Prinzips, die einen geringen Anteil neuen Wissens beinhalten. Radikale Innovationen enthalten dagegen einen hohen Anteil neuen Wissens und basieren auf einem neuen technologischen Prinzip.[4] Solche Innovationen stellen einen Strukturbruch gegenüber bestehenden technologischen Lösungsprinzipien dar und sind von besonderem strategischen Interesse.[5]

2.1. Bedeutung des strategischen Technologiemanagements

Strategisches Management ist als ein Aufgabenbereich zu verstehen, in dem Ziele und Aktionen des Unternehmens im Hinblick auf die Erschließung, Sicherung und Nutzung der zentralen Erfolgsparameter des Unternehmens bestimmt werden.[6] Es

---

1   Vgl. Zahn (1986), S. 9.
     Ähnlich dazu wird Technologie auch als die praktische Anwendung von naturwissen-schaftlich-technischem Wissen zur Realisierung von Leistungsmerkmalen von Produkten und Betriebsmitteln definiert. Vgl. Servatius (1991), S. 56.
2   Vgl. Perillieux (1987), S. 12.
3   «Liegt eine Erfindung vor und verspricht sie wirtschaftlichen Erfolg, so werden Investi-tionen für die Fertigungsvorbereitung und Markterschließung erforderlich, Produktion und Marketing müssen in Gang gesetzt werden. Kann damit die Einführung auf dem Markt erreicht werden oder ein neues Verfahren eingesetzt werden, so spricht man von einer Produktinnovation oder einer Prozeßinnovation.» Brockhoff (1992), S. 28.
4   Vgl. Dosi (1982), S. 147; Dewar, Dutton (1986), S. 1422; Weiss, Birnbaum (1989), S. 1017.
     Neben der oben nach technologischen Gesichtspunkten vorgenommenen Unterscheidung kann auch eine Unterscheidung hinsichtlich des Ausmaßes technologischer Verände-rungen aus Sicht des Marktes, d. h. dem wahrgenommenen Neuheitsgrad durch den Kunden, erfolgen. Vgl. Ramanujam, Mensch (1985), S. 221; Durand (1992), S. 361.
5   Vgl. etwa Mecklinger (1984), S. 297.
6   Vgl. Scholz (1987), S. 33.

geht darum, den zukünftigen Handlungsraum eines Unternehmens festzulegen. Dieser Handlungsraum wird durch mehrere unternehmensinterne und -externe Faktoren wie die finanzielle Situation des Unternehmens, die verfügbaren Personalressourcen oder die Beschaffungs- und Absatzmärkte bestimmt. Der Faktor Technologie ist hierbei für viele Unternehmen ein wesentlicher Erfolgsparameter und hat im strategischen Management Beachtung zu finden.[7]

Die steigende Bedeutung des Faktors Technologie in der strategischen Planung wird darauf zurückgeführt, daß eine turbulente Phase tiefgreifender technologischer Umbrüche zu beobachten ist. Außerdem hat man eine Verstärkung des internationalen Wettbewerbs, der zum Teil technologiebedingt ist, festzustellen.[8] Die häufig beobachtete Verkürzung von Produktlebenszyklen und der damit größer werdende Anteil neu entwickelter Produkte am Produktprogramm wird ebenfalls als Grund für die steigende Bedeutung von Technologie als Wettbewerbsfaktor für viele Unternehmen angeführt.[9]

Aus der Sicht eines Unternehmens ändern sich bei einem Übergang auf ein neues technologisches System bestehende Strukturen erheblich. Unternehmensintern können sich dadurch die Qualifikationsanforderungen an das Personal verändern sowie bestehende Fertigungsanlagen, -abläufe und Organisationsstrukturen obsolet werden. Unternehmensextern besteht die Möglichkeit, daß sich durch neue Fertigungsverfahren Preis- und Leistungsbeziehungen derart verschieben, daß dadurch eine Veränderung bestehender Marktstrukturen verursacht wird oder die Märkte eines veränderten Produktes grundlegend neu zu definieren sind. Durch neue Produkttechnologien können sich vollkommen neue Produktgruppen oder Branchen etablieren.

Entscheidungen über Investitionen in eine grundlegend neue Technologie besitzen in der Regel einen langen Planungshorizont. Werden Produkt- oder Prozeßtechnologien in internen F&E-Abteilungen entwickelt, sind hierfür in der Regel beachtliche Investitionen mit einem großen zeitlichen Vorlauf bis zu deren praktischen Einsatz nötig. Hinzu kommt das technische Risiko bei der Entwicklung sowie das Risiko des Scheiterns einer funktionsfähigen neuen Technologie auf dem Markt. Werden neue Technologien nicht unternehmensintern entwickelt, sondern extern beschafft, kann damit ebenfalls eine langfristige Festlegung der technologischen Potentiale eines Unternehmens erfolgen. Die Entscheidung für eine bestimmte Fertigungstechnologie

---

7   Vgl. Lee, Fisher, Yau (1986), S. 35.
8   Vgl. Zahn (1986), S. 24.
9   Vgl. Krystek (1986), S. 283; Sommerlatte, Töpfer (1991), S. 13.

6

kann das Produktionspotential eines Unternehmens für einen bedeutenden Zeitraum determinieren.[10]

Diese Risiken verdeutlichen die Notwendigkeit eines Technologiemanagements im Unternehmen. Ein **Technologiemanagement** beinhaltet die Analyse, Steuerung und Gestaltung des Einsatzes von Technologie in Produktion und Produkt.[11] Es umfaßt die unternehmerische Forschung und Entwicklung, die Alternativen dazu sowie die Verwertung der Ergebnisse. Dabei werden die Problembereiche der Technologiebeschaffung, Technologiespeicherung und Technologieverwertung behandelt.[12] Ein **strategisches Technologiemanagement** als Teilgebiet des strategischen Managements hat vor allem die Aufgabe festzulegen, wann, relativ zum Wettbewerb, wieviel finanzielle Mittel, in welche Technologien bzw. technologische Projekte investiert werden sollen.[13]

Aufgabe eines strategischen Technologiemanagements muß es sein, unternehmenskritische, d. h. strategisch relevante Technologien besonders intensiv zu beobachten und zu analysieren. Eine Technologie kann dann als bedeutsam für den Wettbewerb bezeichnet werden, wenn sie die Wettbewerbsvorteile eines Unternehmens oder die Branchenstruktur signifikant beeinflußt.[14] Die fundamentalen technologischen Grundlagen, auf denen eine Branche im wesentlichen aufbaut, wird als «**Basistechnologie**» bezeichnet.[15] Speziell für Fertigungstechnologien wird auch der Begriff der «**Kerntechnologie**» verwendet.[16] Diese Technologien weisen einen überragenden Einfluß auf den gesamten Fertigungsbereich auf, unterliegen in den meisten Fällen einer betrieblichen Geheimhaltung und beeinflussen stark Kostenstrukturen und Leistungsmerkmale eines Fertigungsverfahrens.[17]

---

10   Vgl. Wildemann (1987), S. 471.

11   Vgl. Sommerlatte, Töpfer (1991), S. 15.

12   Vgl. Brockhoff (1992), S. 112. Dieses Verständnis von Technologiemanagement geht über ein F&E-Management hinaus; neben der internen Gewinnung technologischen Wissens durch die unternehmenseigene Forschung und Entwicklung werden mögliche externe Technologiequellen mit in die Betrachtungen einbezogen.

13   Vgl. Frohman, Bitondo (1981), S. 58.
     Diese Aufgabe kann auch als ein strategisches Investitionsproblem verstanden werden. Vgl. Wildemann (1987), S. 460.

14   Vgl. Porter (1985), S. 61.

15   Vgl. Zahn (1986), S. 9. Abweichend hierzu wird unter einer Basistechnologie auch eine Technologie verstanden, die von Wettbewerbern in etwa gleichem Maße beherrscht wird und allgemein zugänglich ist. Vgl. Abschnitt 2.3.2 dieser Arbeit.
     Weitgehend synonym hierzu wird auch der Begriff «core technology» benutzt. Vgl. etwa Reminger (1991), S. 558.

16   Vgl. Wildemann (1987), S. 461.

17   Vgl. Sommerlatte, Deschamps (1985), S. 50f.

7

Die Bestimmung einer solchen Technologie kann durchaus Schwierigkeiten bereiten, da einzelne Technologien eine Funktion in einem zum Teil komplexen System erbringen, in dem mehrere Technologien unterschiedlicher Bedeutung zusammenwirken. Eine Problemlösung hat in der Regel eine Hauptfunktion und mehrere Nebenfunktionen, die von vor- oder nachgelagerten Komplementärtechnologien erbracht werden,[18] zu erfüllen. Außerdem beeinflussen die Problemlösung Technologien, die Versorgungs- und Entsorgungsaufgaben zu bewerkstelligen haben. Eine mögliche Bedrohung der existierenden Technologie kann von einer Konkurrenztechnologie bzw. einer Substitutionstechnologie ausgehen.[19]

Bei der Bestimmung strategisch bedeutender Technologien im Unternehmen ist es zweckmäßig, im Unternehmen **strategische Technologiefelder** abzugrenzen.[20] Solche Technologiefelder stellen einen relativ isolierten Ausschnitt aus dem aktuellen und potentiellen technologischen Betätigungsfeld eines Unternehmens dar, ordnen sich in der Regel um Basis- bzw. Kerntechnologien an und können relativ unabhängig von anderen strategischen Technologiefeldern geplant werden.[21]

2.2. Technologische Diskontinuitäten im Unternehmensumfeld

2.2.1. Begriff der Diskontinuität

Eine Diskontinuität wird aus systemtheoretischer Sicht allgemein dann angenommen, wenn im Verlauf mindestens einer Systemvariablen eine deutliche Abweichung gegenüber der bisherigen Entwicklung auftritt.[22] Diskontinuitäten charakterisieren

---

18 Als komplementäre Technologien sollen solche Technologien verstanden werden, die sich gegenseitig ergänzen. Vgl. Höft (1992), S. 5.

19 Eine Konkurrenztechnologie ist in der Lage, die gleiche Funktion wie eine bestehende Technologie zu erfüllen. Vgl. Pfeiffer, Dögl (1990), S. 262.

20 Dieser Begriff weist Ähnlichkeiten mit dem der «strategischen Geschäftseinheit» auf, der sich jedoch vorwiegend über den jeweiligen Absatzmarkt definiert. Ausführlicher zum Begriff der strategischen Geschäftseinheit Gälweiler (1979); Gerl, Roventa (1981) und Grünig (1992), S. 270.

21 Vgl. Ewald (1989), S. 38. Ähnlich dazu wird auch der Begriff des «productive unit» verwendet. Vgl. Utterback, Kim (1985), S. 146.

22 Vgl. Scholz (1987), S. 125. Ähnlich dazu versteht Zahn unter einer Diskontinuität spezifische verhaltensdynamische Erscheinungen, die sich als plötzlich auftretende signifikante Veränderungen in den Beziehungen zwischen verschiedenen Systemvariablen oder in der Systemdynamik bemerkbar machen. Vgl. Zahn (1979), S. 119. Eine ausführliche Diskussion unterschiedlicher Diskontinuitätsdefinitionen soll hier nicht erfolgen. Vgl. hierzu Konrad (1991), S. 108ff.

demnach einen Trendbruch[23] und sind somit von kontinuierlichen Entwicklungen abzugrenzen, die durch eine stetige, gleichmäßige oder nur zufällige Oszillationen um einen mittleren Trend beschrieben werden können.[24] Dieses Verständnis von Diskontinuität berücksichtigt nicht die Möglichkeit, daß in einem System vollkommen neue Variablen hinzutreten, die gegebene funktionale Abhängigkeiten grundlegend verändern können. Für die vorliegende Arbeit ist es daher sinnvoll, unter einer **Diskontinuität eine abrupte und systemhafte Entwicklungsänderung zu verstehen.**[25]

Aus betriebswirtschaftlicher Sicht ist unter einer Diskontinuität eine Veränderung von Kräften oder Abhängigkeiten zu verstehen, die nicht durch eine Fortschreibung historischer Trends vorhersehbar sind, und die, falls sie auftreten, ein Unternehmen oder eine Branche dramatisch beeinflussen können.[26] In einem solchen Fall besitzen in der Vergangenheit gültige Strukturen und Gesetzmäßigkeiten für die Zukunft keine Gültigkeit mehr.

Unternehmensrelevante Diskontinuitäten können in verschiedenen Gebieten, wie in der Politik, der Energieversorgung, der Wirtschaft sowie bei kognitiven Orientierungen auftreten.[27] Es wird darauf hingewiesen, daß technologische Diskontinuitäten in besonderem Maße mit grundlegenden Veränderungen in Verbindung stehen.[28]

Analog zu der oben vorgenommenen allgemeinen Definition einer Diskontinuität wird hier eine **technologische Diskontinuität** als eine Unterbrechung bisheriger Trendlinien technologischer Entwicklung und eine Zerstörung angestammter technologischer Lösungskonzepte verstanden.[29] Aus Unternehmenssicht ist ein solches Ereignis auch als ein Übergang von einer bestehenden Technologie auf eine grundlegend neue Substitutionstechnologie zu verstehen.

---

23 Vgl. Martino (1983), S. 129; Müller (1986), S. 248; Richter (1991), S. 64f.
24 Vgl. Makridakis (1981), S. 11.
25 Vgl. Macharzina (1984), S. 4.
26 Vgl. Mahajan, Wind (1989), S. 187.
27 Vgl. Macharzina (1984), S. 5; ähnlich auch Winkelmann (1982), S. 32.
    Mahajan und Wind unterscheiden Kunden, Wettbewerber und das Umfeld des Marktes als unternehmensrelevante Quellen von Diskontinuitäten. Technologische Diskontinuitäten werden hier dem Umfeld des Marktes zugeordnet. Vgl. Mahajan und Wind (1989).
28 Vgl. Mahajan und Wind (1989), S. 191. Bereits Drucker sieht in dem schnellen Auftreten neuer Technologien und darauf basierender Branchen eine Quelle potentieller Diskontinuitäten. Vgl. Drucker (1969), S. XI.
29 Vgl. Krystek (1986), S. 284.

Die Begriffsvielfalt zur Beschreibung des Phänomens technologischer Diskontinuitäten ist groß; in der Literatur werden dafür Bezeichnungen, wie radikale Innovation[30], technologischer Durchbruch[31] oder diskontinuierlicher Technologieübergang[32] weitgehend synonym verwendet.

2.2.2. Handhabungsmöglichkeiten technologischer Diskontinuitäten

Zur Bewältigung von Diskontinuitäten wird zwischen zwei Strategien unterschieden.

Erstens soll durch eine erhöhte ex-post Reaktionsbereitschaft eine bereits eingetretene Diskontinuität im Sinne eines Krisenmanagements, d. h. **reaktiv** bewältigt werden. Zweitens soll einer Diskontinuität der Charakter des Plötzlichen und Unerwarteten genommen werden, indem bereits vor deren Auftreten, d. h. **antizipativ**, geeignete Maßnahmen eingeleitet werden.[33] Hierzu ist eine systematische **Früherkennung** erforderlich.

Diese beiden Möglichkeiten sollen im folgenden für den Fall technologischer Diskontinuitäten diskutiert werden.

2.2.2.1. Reaktive Handhabung technologischer Diskontinuitäten

Eine reaktive Diskontinuitätenhandhabung hat zum Ziel, durch ein hohes Maß an Anpassungsfähigkeit, das durch den Aufbau von Flexibilitätspotentialen erreicht wird, nach dem Auftreten einer Diskontinuität ein schnelles Reagieren zu ermöglichen.[34] Unter **Flexibilität** werden dabei die Handlungsspielräume verstanden, um zielabträgliche bzw. -fördernde Wirkungen eines denkbaren bzw. tatsächlich eingetretenen Flexibilitätsbedarfs durch Bereitstellung und Nutzung von Flexibilitätspotentialen zu kompensieren bzw. zu nutzen.[35]

Der Aufbau von Flexibilitätspotentialen ist sowohl im Fertigungsbereich als auch bei Produkttechnologien denkbar. Unter Flexibilität im Fertigungsbereich soll hier die

---

30 Vgl. Utterback, Kim (1985).
31 Vgl. Martino (1983), S. 129.
32 Vgl. Weiss (1989).
33 Vgl. Ansoff (1976), S. 131; Simon (1986), S. 12.
    Bezieht man diese Handlungsalternativen auf das Technologiemanagement, werden hierfür die Begriffe der **aktiven** bzw. **reaktiven** Technologiepolitik verwendet. Vgl. Brockhoff (1984a), S. 621ff.; ähnlich dazu Cohen, Levinthal (1990).
34 Vgl. Wildemann (1987), S. 451.
35 Vgl. Reichwald, Behrbohm (1983), S. 838.

Fähigkeit verstanden werden, mit einer bestehenden Fertigungsanlage eine möglichst große Anzahl technisch unterschiedlicher Produkte herstellen zu können. Durch solche Flexibilitätspotentiale ist es möglich, auch bei technisch veränderten Produkten, bestehende Fertigungsanlagen weiterzuverwenden, ohne daß dadurch im Fertigungsbereich erhebliche Veränderungen notwendig würden.[36]

Eine Eigenschaft radikaler Innovationen ist es jedoch, daß ihr technologisches Lösungskonzept sich grundsätzlich von der bestehenden Technologie unterscheidet.[37] Daher wird in den meisten Fällen selbst bei großen Flexibilitätspotentialen der Übergang auf eine grundlegend neue Produkttechnologie mit den bestehenden Fertigungsanlagen nicht durchführbar sein.

Flexibilität bei Produkttechnologien bedeutet, eine möglichst große Anzahl technologisch unterschiedlicher Lösungskonzepte für Produkte zu beherrschen und diese bei einer reaktiven Diskontinuitätenhandhabung als Erwiderung auf eine extern induzierte Diskontinuität in marktreifen Produkten einsetzen zu können. Bei der Einführung einer neuen Technologie am Markt kann ein Unternehmen, das diese Technologie bereits beherrscht, prinzipiell schnell reagieren. Eine Verzögerung durch notwendige Entwicklungsarbeiten würde sich bei einem solchen Vorgehen im Idealfall erübrigen. Diesem Vorgehen sind jedoch in der Regel ebenfalls Grenzen gesetzt, da durch knappe Ressourcen im finanziellen sowie im personellen Bereich nicht beliebig viele, auf unterschiedlichen Technologien beruhende Produkte entwickelt werden können. Das Fokussieren auf eine Technologie dürfte somit im Regelfall aus wirtschaftlichen Erwägungen erforderlich sein. Außerdem wird auf die Gefahr hingewiesen, daß die bestehende Technologie aufgrund unternehmensinterner Interessenkonflikte zumeist als Sieger hervorgeht, wenn im Unternehmen gleichzeitig an der bestehenden und der konkurrierenden, neuen Technologie gearbeitet wird.[38]

Zusammenfassend ist festzuhalten, daß die **Bewältigung von Technologiesprüngen durch den Aufbau von Flexibilitätspotentialen nur beschränkt möglich ist.** Besonders Technologieübergänge, bei denen sich die neue Technologie von der bestehenden so grundlegend unterscheidet, daß neue naturwissenschaftliche Prinzipien zur Anwendung kommen und dadurch bestehendes Know-how und Fertigungsanlagen eines Unternehmens nicht weiter verwendet werden können, sind mit einer solchen Strategie kaum zu bewältigen. Besteht jedoch noch eine prinzipielle Ähnlichkeit

---

36 Eine Mengenflexibilität, die sich auf die Möglichkeit bezieht, die Produktionsmenge von Produkten variieren zu können, um so eine bessere Anpassung an die Nachfrage zu erzielen, ist für eine Handhabung von Diskontinuitäten nicht relevant.

37 Vgl. Utterback, Kim (1985), S. 114; Tushman, Anderson (1986), S. 442.

38 Vgl. Weiss (1989), S. 76.

zwischen neuer und bestehender Technologie, können vorhandene Flexibilitätspotentiale zur Realisierung eines erfolgreichen Technologieübergangs von grundlegender Bedeutung sein.[39]

Durch eine erhöhte Flexibilität wird zwar ein schnelles Reagieren möglich, die mit
dem Aufbau von Flexibilitätspotentialen einhergehenden Kosten können jedoch erheblich sein, besonders wenn man beachtet, daß die aufgebaute Handlungsbereitschaft
unter Umständen nie in Anspruch genommen wird.[40] Insofern wird auch bei einer
wirtschaftlichen Betrachtungsweise ein frühzeitiges Fokussieren im Sinne eines antizipativen Managements und einer damit systematischen Verringerung der Flexibilität
besonders zur Bewältigung großer Technologiesprünge erforderlich.[41]

2.2.2.2. Antizipative Handhabung technologischer Diskontinuitäten

Unter einer antizipativen Diskontinuitätenhandhabung werden alle Maßnahmen verstanden, die vor dem Auftreten einer Diskontinuität ansetzen.[42] Diese Vorgehensweise geht davon aus, daß Diskontinuitäten sich bereits vor ihrem Auftreten durch
«schwache Signale» ankündigen und somit prinzipiell bereits frühzeitig identifiziert
werden können.[43] Schwache Signale sind als Anregungsinformationen über
Technologien, Innovationen, Ideen, Interessen bzw. Veränderungen zu verstehen.[44]
Für den Komplex technologische Entwicklungen scheint man von der Existenz solcher
Signale prinzipiell ausgehen zu können. Hierfür stehen beispielhaft folgende Aussagen
von Bright und Wissema:

---

39 Dies wird tendenziell dann der Fall sein, wenn technologische Neuerungen eher aus
    Anwendersicht als unter technischen Gesichtspunkten grundlegend neu sind.

40 Vgl. Zahn (1984), S. 64.

41 In diesem Zusammenhang wird auch von einem Dilemma der Flexibilitätsplanung
    gesprochen. Es besteht eine Zielkonkurrenz zwischen dem Bestreben des Unternehmens
    nach Minimierung seiner Gesamtkosten (unter anderem durch die Vermeidung von
    Inflexibilitätskosten) und dem Versuch, die dafür aufzuwendenden Flexibilitätskosten
    möglichst niedrig zu halten. Vgl. Reichwald und Behrbohm (1983), S. 841.

42 Vgl. Richter (1991), S. 31.

43 Der Begriff der «schwachen Signale» wurde von Ansoff (1976) geprägt. Auf die sehr
    umfangreiche betriebswirtschaftliche Diskussion dieses Begriffes soll hier nicht näher
    eingegangen werden. Ausführlich hierzu beispielsweise Konrad (1991).

44 Diese Signale sind qualitative Informationen, die bislang keine allzu breite Diffusion
    erfahren haben und schlecht-strukturierte Probleme implizieren sowie keine eindeutigen
    Wirkungszusammenhänge beinhalten. Vgl. ebenda, S. 184.

«Most technological innovations, however, are visible in theories, laboratories, and field trials long before they are operationally applied; and their effects are apparent before use becomes widespread.»[45] und
«Technological developments often cast their shadows a long time before they appear.»[46]

Durch die Beobachtung geeigneter Bereiche kann somit, zumindest in gewissen Grenzen, eine technologische Diskontinuität bereits vor ihrem Auftreten identifiziert werden. Daraus ergibt sich die Möglichkeit, bereits im Vorfeld einer sich abzeichnenden Diskontinuität geeignete Maßnahmen zur Stärkung der Innovationsfähigkeit des Unternehmens einzuleiten oder den (potentiellen) Konkurrenten zuvorzukommen und selbst eine Diskontinuität zu initiieren. Hierzu zählen etwa Ausbildungsmaßnahmen des Personals, der Ersatz bestehenden Anlagevermögens, eine Veränderung bestehender Beschaffungs- oder Absatzkanäle und vor allem eine Veränderung der F&E-Schwerpunkte im Unternehmen. Auf diese Weise besteht die Chance, von einer Diskontinuität zu profitieren und nicht ihr Opfer zu werden.[47]

Im Zusammenhang mit einer antizipativen Diskontinuitätenhandhabung ist besonders das auf den «schwachen Signalen» basierende Konzept des **«Strategischen Issue Managements»** zu erwähnen, mit dem das Ziel einer möglichst frühen Identifizierung von strategischen «Issues» mit einer schnellen Einleitung geeigneter Maßnahmen verfolgt wird.[48] Unter einem strategischen «Issue» wird dabei eine entstehende Entwicklung verstanden, die nach der Einschätzung strategischer Entscheidungsträger wahrscheinlich einen erheblichen Einfluß auf die gegenwärtigen und zukünftigen Strategien einer Organisation haben wird.[49] Eine sich abzeichnende technologische Diskontinuität wäre demzufolge als ein strategisches «Issue» zu verstehen.

Zur antizipativen Handhabung von Diskontinuitäten werden abgestufte Strategien entsprechend des Ungewißheitsgrades bezüglich des Auftretens der erwarteten Diskontinuität vorgeschlagen.[50] Dieses Vorgehen beruht auf der Annahme, daß im Zeitablauf die Informationen, die auf eine Diskontinuität hinweisen, an Struktur gewinnen. Mit zunehmender Gewißheit über das Auftreten einer Diskontinuität, d. h. mit längerem Warten, können zwar konkretere Maßnahmen zur Bewältigung des Problems eingeleitet werden, durch ein zu langes Warten wird jedoch wertvolle

---

45   Bright (1970), S. 64.
46   Wissema (1982), S. 30.
47   Vgl. Martino (1992), S. 122.
48   Vgl. Ansoff (1980), S. 134; King (1984), S. 531.
49   Vgl. Dutton, Fahey, Narayanan (1983), S. 308
50   Vgl. Ansoff (1976), S. 135.

Reaktionszeit verschenkt. Das eigentliche Eintreten der Diskontinuität sollte bei einer antizipativen Diskontinuitätenhandhabung keine Überraschung mehr darstellen, einem «Management by Surprise» würde damit entgegengewirkt.[51]

Es bleibt festzuhalten, daß zur Handhabung von technologischen Diskontinuitäten eine antizipative Vorgehensweise erforderlich ist, da nicht davon ausgegangen werden kann, daß durch den Aufbau von Flexibilitätspotentialen grundlegende technologische Änderungen realisierbar sind. Diese Aufgabe kann durch betriebliche **Früher-kennungssysteme** unterstützt werden. Eine Früherkennung hat die Aufgabe, auf Entwicklungen und Entwicklungsbrüche in vorgegebenen Beobachtungsbereichen hinzuweisen, zukünftig relevante Umweltbereiche in ihrer Entwicklung frühzeitig zu beobachten, zu analysieren und aktiv die Umwelt hinsichtlich potentiell neuer, relevanter Einflußfaktoren und Umweltbereiche zu untersuchen.[52]

Die **Operationalisierung des Konzeptes der «schwachen Signale»** bringt trotz des relativ einfachen Grundgedankens dieses Konzeptes erhebliche Probleme mit sich. Die im folgenden beschriebenen Verfahren - die Diskontinuitätenbefragung und die Diffusionstheorie - können als mögliche Operationalisierungsformen aufgefaßt werden.[53] Da der Grundgedanke beider Ansätze bei der konzeptionellen Gestaltung des wissensbasierten Systems herangezogen wird, erscheint eine kurze Darstellung dieser Ansätze hier zweckmäßig.

Bei der **Diskontinuitätenbefragung** gibt eine größere Anzahl von Experten Einschätzungen über einen bestimmten Sachverhalt ab. Diese Expertenaussagen werden einer statistischen Analyse unterzogen.[54] Statistische Außenseiter, d. h. von der Mehrheit abweichende Expertenurteile, werden bei diesem Verfahren nicht als Ausreißer, sondern als schwaches Signal, bzw. als Hinweis auf eine mögliche Diskontinuität interpretiert.[55] Dieses Verfahren vermeidet bewußt das Zusammenfassen bzw. die Angleichung voneinander abweichender Expertenaussagen, wie dies

---

51   Vgl. Ansoff (1976); Scholz (1987), S. 126.

52   Vgl. Muchna (1988), S. 185. Eine ausführliche Übersicht über die unterschiedlichen Auffassungen hinsichtlich der Aufgaben von Früherkennungssystemen findet sich bei Wiedmann (1989), S. 308.

53   Auf die Probleme der Operationalisierbarkeit der Ansoffschen «schwachen Signale» soll hier nicht näher eingegangen werden. Es wird unter anderem darauf hingewiesen, daß es an Merkmalen fehlt, nach denen aus den gesamten verfügbaren Informationen schwache Signale auszuwählen sind. Vgl. Richter (1991), S. 49ff. und die dort angegebene Literatur.

54   Vgl. Müller, Zeiser (1980).

55   Vgl. Müller (1981), S. 212.

beispielsweise bei einer Mittelwertbildung oder der Delphi-Methode erfolgt, sondern zieht im Gegenteil gerade aus stark voneinander abweichenden Aussagen Rückschlüsse auf eine bevorstehende Diskontinuität.

Eine Auswahl geeigneter **Informationsquellen zur Ermittlung schwacher Signale** im Rahmen einer Früherkennung kann unter Berücksichtigung von Erkenntnissen der **Diffusionsforschung** erfolgen, die sich mit der Erkundung des Ausbreitungsweges neuer Verhaltensformen befaßt. Ziel dieser Forschung ist primär, die Abfolge bestimmter Etappenereignisse herauszufinden, und weniger, genaue Zeitpunkte zu prognostizieren.[56]

Die Grundannahmen, die dieses Verfahren zur Früherkennung möglicher Diskontinuitäten anwendbar machen, sind, daß Veränderungen nicht zufällig ablaufen, sondern gezielt initiiert und gelenkt werden, und daß der Wandel stabilen Verbreitungs- bzw. Entwicklungsmustern unterliegt. Unternehmensrelevante Umweltveränderungen werden durch Ereignisse ausgelöst, die sich bei Kenntnis der Verbreitungsmuster bereits mit einem zeitlichen Vorlauf identifizieren lassen.[57] Für die Diffusion technologischer Erkenntnisse können solche Muster ebenfalls angenommen werden.[58]

Unter Anwendung bekannter Diffusionsmuster ist es möglich, geeignete Informationsquellen auszuwählen, in denen mit einen ausreichenden zeitlichen Vorlauf Informationen über eine neue Technologie enthalten sind.[59] Bei diesem Vorgang geht es nicht um die zeitliche Vorhersage, sondern vor allem um das generelle Erkennen eines zukünftigen Technologieübergangs.

Informationen über neue Technologien sind mit einem zeitlichen Vorlauf etwa in Patenten oder Fachzeitschriften enthalten. In der Praxis scheinen zur Früherkennung von Änderungen der technologischen Wettbewerbsituation häufig Informationen aus Veröffentlichungen herangezogen zu werden.[60] Zur Bewältigung der Früherkennungsaufgabe besteht daher die Möglichkeit, in der Fachliteratur enthaltene

---

56 Vgl. Krampe (1989), S. 353.
57 Vgl. ebenda, S. 359.
58 Martino schildert eine idealtypische Abfolge der Verbreitung technologischer Entwicklungen. Demnach steht nach einer wissenschaftlichen Entdeckung zunächst der Nachweis der Realisierbarkeit im Labor, gefolgt von einer Prototypenentwicklung. Nach einer Markteinführung und ersten praktischen Anwendungen einer Technologie folgt eine umfassende Adaption sowie die Diffusion der Technologie in neue Anwendungsgebiete bis am Ende einer solchen Entwicklung ein sozialer und ökonomischer Einfluß der Technologie festzustellen ist. Vgl. Martino (1992), S. 122f.
59 Vgl. Müller (1981), S. 184; Krystek (1986), S. 286.
60 Vgl. Brockhoff (1989), S. 53.

Textinformationen über bestimmte Technologien zu verarbeiten, um daraus Hinweise auf mögliche technologische Diskontinuitäten abzuleiten.[61] So wird etwa die signifikante Zunahme von Fachveröffentlichungen zu einer bisher unbeachteten technischen Thematik als ein Frühindikator genannt.[62] Kritisch hierbei ist jedoch anzumerken, daß Veröffentlichungen Informationen über eine neue Technologie häufig erst relativ spät anzeigen.[63]

2.2.3. Einflußfaktoren technologischer Entwicklungen

Technologische Entwicklungen werden sowohl von unternehmensexternen als auch -internen Faktoren beeinflußt. Als Ursachen technologischen Wandels werden beispielhaft organisatorische Rigiditäten, Blindheit für Bedürfnisse oder Bedürfnisänderungen sowie die unterschiedlich ausgeprägte Fähigkeit zur Gewinnrealisierung angegeben.[64]

Um möglichst alle Einflußfaktoren zu erfassen, ist bei der Analyse und Planung von Technologien eine ganzheitliche Betrachtung zu fordern, die Markt, Produkt und Technologie mit einschließt.[65] Der Abstimmung zwischen Technologiepotentialen und dem Marketing wird dabei eine besondere Bedeutung beigemessen.[66] Produkte, die auf neuen technologischen Lösungskonzepten beruhen, müssen den entsprechenden Absatz finden. Fehlt eine Nachfrage auch langfristig, besteht für die neue Produkttechnologie keine Überlebenschance.[67]

Je nachdem, ob technologische Entwicklungen hauptsächlich von der Nachfrageseite, d. h. dem Markt, oder der Angebotsseite bestimmt werden, wird zwischen den Begriffen des **Marktsogs** und **Technologiedrucks** unterschieden.[68] Mit zunehmender Innovationshöhe wird zur Definition von Innovationen im allgemeinen eine abneh-

---

61 Diese Erkenntnisse können bei der Konzeption von Früherkennungssystemen Anwendung finden. Siehe hierzu die Ausführungen in Abschnitt 3.4.2 dieser Arbeit.

62 Köhler, Horst, Huxold (990), S. 25.

63 Vgl. Brockhoff (1989), S. 53; Merkle (1984), S. 2104.

64 Vgl. Brockhoff (1984a), S. 622. Scholz unterscheidet hinsichtlich der Verursachung zwischen potential-, barrieren- und bewegungsinduzierten Diskontinuitäten. Vgl. Scholz (1987), S. 126.

65 Vgl. Wildemann (1987), S. 452; Olschowy (1989), S. 82..

66 Vgl. Servatius (1985), S. 3; Zahn (1986), S. 43; Kunert, Lang (1991); Foxall, Fawn (1992), S. 198.

67 Hierbei ist der richtige Zeitpunkt eines Technologieübergangs von Bedeutung. Die technologische Eigenentwicklung und die Entwicklung des Marktes müssen aufeinander abgestimmt werden. Vgl. Szyperski (1975), S. 377.

68 Vgl. beispielsweise Dosi (1982), S. 147; ähnlich dazu auch Staudt (1974), S. 30ff.

mende Bedeutung des Marketing und eine zunehmende Bedeutung von Forschung und Entwicklung festgestellt.[69] Grundlegende technologische Neuerungen, die durch den Begriff technologische Diskontinuitäten erfaßt werden, sind daher besonders aus der Sichtweise des Technologiedrucks, d. h. vorwiegend unter technologischen Gesichtspunkten zu beurteilen.[70] Verfahren, die sich diesem Themengebiet zuordnen lassen, werden als technologie-dominante Verfahren bezeichnet.[71]

Das breite Spektrum der Ursachen technologischer Diskontinuitäten verdeutlicht, daß Anzeichen, die auf eine solche technologische Veränderung hinweisen, sowohl unternehmensintern als auch in der technischen, ökonomischen oder sozialen Umwelt des Unternehmens zu suchen sind. Daher ist es notwendig, die in Abbildung 2-1 dargestellten Beobachtungsbereiche bei der Analyse einer Technologie mit einzubeziehen.[72] Eine besondere Bedeutung dürfte die Beobachtung technologischer Veränderungen bei Konkurrenzunternehmen besitzen.[73]

Hinsichtlich der Zielsetzung einer Analyse, wird üblicherweise zwischen **Scanning** und **Monitoring** unterschieden. Die Suche nach neuen Phänomenen mit dem Ziel der Identifizierung neuer Analysefelder wird als Scanning bezeichnet; liegen bereits bekannte Phänomene vor, spricht man bei dem zielgerichteten Beobachten dieser Phänomene von Monitoring.[74]

---

69   Vgl. Brockhoff (1985), S. 628; Abernathy, Clark (1985), S. 21.
      Im Entwicklungsverlauf einer Technologie kann häufig ein Wechsel der Innovationsmuster beobachtet werden. Während in der frühen Entwicklungsphase einer neuen Technologie, in der grundlegende Innovationen vorherrschen, häufig Technologiedruck ein dominierender Faktor ist, gewinnt im weiteren Verlauf der technologischen Entwicklung, die typischerweise von kleineren Innovationen getragen wird, Marktsog an Bedeutung. Vgl. Ayres (1988), S. 108.

70   Zahn sieht ebenfalls eine große Gefahr für Unternehmen, die strategische Technologiepotentiale in ihrer Branche ignorieren und ihr strategisches Handeln lediglich auf Marketing stützen und an kurzfristigen finanzwirtschaftlichen Zielen ausrichten. Vgl. Zahn (1986), S. 24; ähnlich dazu auch Specht (1992), S. 550.

71   Vgl. Engelke (1991), S. 116.

72   Eine detaillierte Beschreibung der Umweltfaktoren des industriellen Wettbewerbs findet sich bei Olschowy (1989), S. 93ff.

73   Vgl. Huxold (1990), S. 156.

74   Ausführlich dazu Müller (1987), S. 127f. und die dort angegebene Literatur; vgl. außerdem Jugel (1991), S. 46.

17

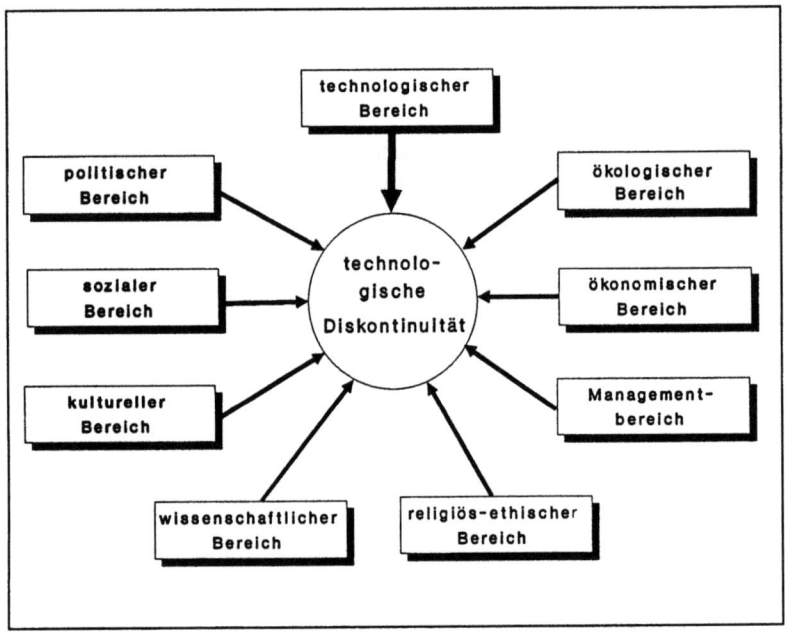

Abbildung 2-1:   Herkunft von Signalen zur Analyse technologischer
Diskontinuitäten in anschaulicher Darstellung[75]

Wird der Beobachtungsbereich bei der Analyse einer Technologie zu eng gefaßt, birgt dies die Gefahr, prinzipiell neue Anwendungsmöglichkeiten einer bestehenden Technologie oder eine potentielle Konkurrenztechnologie nicht zu erkennen. Bei einer zu breiten Abgrenzung wird das Beobachtungsgebiet hinsichtlich potentieller Substitutionstechnologien und neuer Anwendungsgebiete unüberschaubar groß und diffus; dabei wächst die Gefahr, innerhalb des Beobachtungsbereichs relevante Veränderungen wie potentielle Substitutionstechnologien oder neue Anwendungsmöglichkeiten einer bestehenden Technologie nicht zu bemerken.

---

75   Liste der Einflußfaktoren nach Martino (1983), S. 136ff.

2.3. Erklärungsmodelle technologischer Diskontinuitäten

Geht man davon aus, daß potentielle technologische Diskontinuitäten frühzeitig identifiziert werden können, wird implizit unterstellt, daß es bestimmte Muster bzw. Regelmäßigkeiten gibt, mit denen solche Diskontinuitäten auftreten.[76] Sind diese Muster zumindest annähernd bekannt, können sie zur Analyse möglicher technologischer Strukturbrüche praktisch angewendet werden.

Speziell zur Erklärung technologischer Diskontinuitäten liegen einige Ansätze vor. Diese Modelle werden im folgenden besonders unter dem Aspekt einer möglichen praktischen Anwendbarkeit dargestellt und beurteilt.

2.3.1. Technologische S-Kurven

Das Modell technologischer S-Kurven beruht auf der Beobachtung, daß die Leistungsfähigkeit einer Technologie über den kumulierten Forschungs- und Entwicklungsaufwendungen häufig einen s-förmigen Verlauf ergibt.[77] Diese Beobachtung ist keineswegs neu,[78] ganz im Sinne dieses Modells ist etwa die Aussage von Bright zu verstehen:

> «*Technological capabilities - e. g., parameters such as speed, power, miniaturization, strength, and capacity - increase exponentially over time, once bottlenecks are broken ... but will begin to level off if they encounter scientific, economic or social barriers*» [79]

Da die Ermittlung der kumulierten F&E-Investitionen zumeist erhebliche Probleme bereitet,[80] wird als Ersatzgröße häufig die Zeit herangezogen.[81] Beurteilt man den Leistungsverlauf einer Technologie über die Zeit, ist zu berücksichtigen, daß der Kurvenverlauf nicht als extern gegeben hinzunehmen ist, sondern durch eine gezielte Allokation der F&E-Mittel aktiv beeinflußt werden kann.[82]

Zu Beginn der Entwicklung einer Technologie sind typischerweise zunächst geringe Fortschritte zu beobachten. Sobald jedoch grundlegende Probleme gelöst sind und sich eine «kritische Masse» an Wissen akkumuliert hat, stellen sich schnell deutliche

---

76   Vgl. Schenk (1983)
77   Vgl. Foster (1982 a, b); Krubasik (1982).
78   Siehe hierzu die Ausführungen bei Brockhoff (1993), S. 332f.
79   Bright (1970), S. 63.
80   Vgl. hierzu Ayres (1988), S. 101.
81   Dieses Vorgehen ist jedoch nur dann unbedenklich, wenn die Periodenaufwendungen in eine Technologie als konstant angenommen werden können.
     Vgl. dazu Brockhoff (1992), S. 138.
82   Vgl. Twiss (1988), S. 68.

Fortschritte ein, was sich in einer hohen F&E-Produktivität äußert.[83] Diese Entwicklungsphase wird durch eine Periode abgelöst, in der sich die Technologie an ihre Leistungsgrenze annähert und nur noch kleine Verbesserungen bezüglich der technologischen Leistungsfähigkeit möglich sind. Die Begrenzung der technologischen Entwicklung kann auch bevor technologieimmanente Leistungsgrenzen sichtbar sind aus wirtschaftlichen Gründen auftreten.[84]

In dem Modell wird angenommen, daß jede Technologie eine Leistungsgrenze besitzt, die nicht überschritten werden kann.[85] Erst eine neue Technologie mit einem höheren Leistungspotential ist in der Lage, die Leistungsgrenze der Vorgängertechnologie zu überwinden und diese abzulösen. Der Übergang von der S-Kurve einer alten Technologie auf die einer neuen Technologie wird als technologische Diskontinuität verstanden.[86] Trotz des höheren Leistungspotentials der neuen Technologie ist deren Leistungsfähigkeit typischerweise zu Beginn ihrer Entwicklung geringer als die Leistungsfähigkeit ihrer Vorgängertechnologie, übersteigt diese jedoch im weiteren Verlauf des Entwicklungsprozesses. Abbildung 2-2 stellt diesen Hergang grafisch dar.

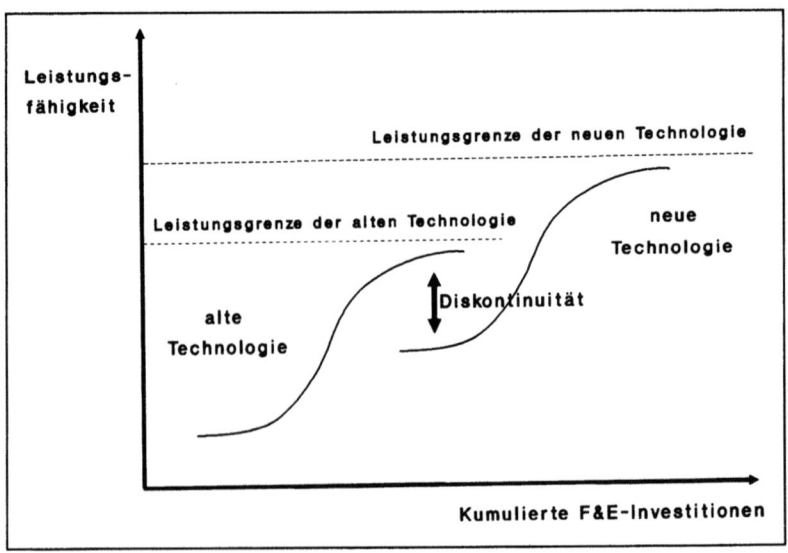

Abbildung 2-2: **Modell technologischer S-Kurven**[87]

---

83 Vgl. Moenaert, Barbé, Deschoolmaster, De Meyer (1990), S. 42.
84 Vgl. Brockhoff (1993), S. 341f.
85 Vgl. Wissema (1982), S. 29.
86 Vgl. Foster (1986a), S. 110.
87 Foster (1982b), S. 29.

In diesem Modell werden die **Annäherung an die Leistungsgrenze** einer Technologie, d. h. ein geringes Weiterentwicklungspotential und eine **sinkende F&E-Produktivität** als Hinweise für einen bevorstehenden diskontinuierlichen Technologieübergang interpretiert.[88]

Die Empfehlungen, die bei dem Auftreten dieser Signale abgeleitet werden, sind uneinheitlich. In der Regel wird es Ziel sein, solche Technologien zu fördern, deren Weiterentwicklungspotential ausreichend groß erscheint.[89] Daher wird üblicherweise empfohlen, sobald erste Anzeichen der technischen Reife einer Technologie festzustellen sind, umgehend den Übergang auf eine leistungsfähigere Technologie zu vollziehen[90] bzw. nach dem Überschreiten des Wendepunktes der Kurve nach neuen technologischen Alternativen Ausschau zu halten.[91] Dabei wird implizit eine aktive Technologiepolitik als Unternehmensstrategie unterstellt. Begründet wird diese Empfehlung unter anderem damit, daß bei einem verspäteten Wechsel auf eine neue Technologie technologische Rückstände aufgeholt werden müssen, die oft intensive F&E-Programme erfordern. Durch solche Programme werden zumindest zeitweise Mittel für weitere Projekte blockiert, was erneut zu technologischen Rückständen führen kann.[92]

Im Gegensatz dazu wird bei einem diskontinuierlichen Technologieübergang auch eine reaktive Nachfolge vorgeschlagen.[93] Bei Technologien, die bereits einen hohen Entwicklungsstand erreicht haben und mit denen große Umsätze erzielt werden, kann es durchaus sinnvoll sein, weiterhin an inkrementalen Verbesserungen zu arbeiten, um keine Umsatzanteile zu verlieren.[94] Produkte und Verfahren, die an der Grenze ihrer technologischen Leistungsfähigkeit angelangt sind, müssen keineswegs bereits die Grenzen ihres Wachstums am Markt erreicht haben.[95]

Zur Bestimmung des Weiterentwicklungspotentials ist es notwendig, die **Leistungsgrenze einer Technologie** abschätzen zu können.
Diese Aufgabe erfordert die Kenntnis eines Leistungsparameters, der für mehrere Technologien gleichzeitig anwendbar ist und langfristig Gültigkeit besitzen muß, da mehrere aufeinanderfolgende Substitutionstechnologien vergleichend zu betrachten sind. Häufig ist es notwendig, mehrere Leistungsparameter bei der Beurteilung einer

---

88 Vgl. dazu Foster (1986a) S. 34; Weiss (1989), S. 53; Steele (1989), S. 48.
89 Vgl. van Wyk (1988), S. 347.
90 Vgl. etwa Foster (1986a), S. 187ff.
91 Vgl. Cetron (1970), S. 810.
92 Vgl. Krubasik (1982), S. 30.
93 Vgl. Perillieux (1987), S. 155.
94 Vgl. Pogany (1986), S. 24.
95 Vgl. Wolfrum (1991), S. 104.

Technologie heranzuziehen. Hierbei ergibt sich die Möglichkeit, mehrere Leistungs-
maße zu aggregieren und den Leistungsverlauf der Technologie in einer gemeinsamen
Kurve darzustellen.[96] Alternativ hierzu wird vorgeschlagen, eine Technologie entlang
mehrerer Leistungsparameter zu beurteilen. Als Mindestbedingung für den Erfolg
einer neuen Technologie ist zu fordern, daß sie die bestehende Technologie mindestens hinsichtlich eines Leistungskriteriums übertrifft.[97]

Bei der Ermittlung der Leistungsgrenzen einer Technologie kann die Anwendung
einer von van Wyk vorgeschlagenen Systematik, die auf drei Unterscheidungs-
merkmalen basiert, hilfreich sein. Zunächst werden Technologien nach ihrem vorherrschenden Output in materie-, energie- und informationserzeugende Technologien
unterschieden. Als zweites Kriterium wird die Funktion der Technologie in
Wandlung, Transport und Lagerung unterteilt.[98] Die möglichen Parameter des
technologischen Fortschritts werden nach Effektivität, Kapazität, Kompaktheit,
Genauigkeit, Größe und Komplexität unterschieden. Durch Kombination dieser drei
Kriterien ergibt sich die in Abbildung 2-3 dargestellte Systematik, die als Suchraum
zur Bestimmung möglicher technologischer Leistungsgrenzen aufzufassen ist.[99]

Technologische Klassen		Strukturelle Grenzen		Leistungsgrenzen				
		Größe	Komple-xität	Effi-zienz	Kapa-zität	Dichte	Genau-igkeit
Veränderung Gegenstand	Verarbeitung							
	Tranport							
	Lagerung							
Veränderung Energie	Verarbeitung							
	Tranport							
	Lagerung							
Veränderung Information	Verarbeitung							
	Tranport							
	Lagerung							

Abbildung 2-3: *Taxonomie technologischer Leistungsgrenzen*[100]

---

96 Schwierig dürfte bei einem solchen Vorgehen vor allem die Festlegung geeigneter
    Gewichtungskriterien sein. Vgl. Brockhoff (1984a), S. 630; Brockhoff (1984b), S. 5.
97 Vgl. Utterback, Kim (1985), S. 116;
98 Diese Unterscheidung geht auf Ropohl (1979), S. 178 zurück.
99 Vgl. van Wyk (1985), S. 219.
100 van Wyk (1985), S. 219.

Kritisch bei diesem Klassifizierungsversuch technologischer Leistungsgrenzen ist die ausschließlich technische Betrachtungsweise; besonders die aus Anwendersicht relevanten wirtschaftlichen Kriterien bleiben bei der Ermittlung der Leistungsgrenzen unberücksichtigt.[101]

Technologische Grenzen werden zwischen «Barrieren» und «Grenzen» unterschieden. Unter Barrieren versteht man vorübergehende Behinderungen der technologischen Entwicklung, die durch gegenwärtige Restriktionen des Umgebungssystems festgelegt werden.[102] Als Grenzen werden im Gegensatz dazu Werte verstanden, die durch naturwissenschaftliche Gesetze vorgegeben sind und prinzipiell nicht überwunden werden können.[103]

Die explizite Bestimmung von «Barrieren» kann erhebliche Schwierigkeiten bereiten, da durch meist nur schwer vorhersehbare Veränderungen relevanter Umgebungstechnologien bzw. Rahmenbedingungen sich die Leistungsgrenze einer Technologie verschieben kann.[104] Häufig ist die Existenz der Grenze einer Technologie unstrittig, eine explizite quantitative Ermittlung jedoch nicht möglich.[105] In solchen Fällen wird man sich damit begnügen müssen, die Annäherung an eine Leistungsgrenze der subjektiven Einschätzung von Experten zu überlassen.[106]

Um innerhalb dieses Modells Hinweise über das mögliche Auftreten einer technologischen Diskontinuität ableiten zu können, kommt neben der Beurteilung des Weiterentwicklungspotentials der **Einschätzung der F&E-Produktivität** eine wichtige Rolle zu, da eine sinkende F&E-Produktivität als Signal für eine technologische

---

101 Vgl. Brockhoff (1992), S. 140.
Die Auswahl von Leistungsparametern bzw. Leistungsgrenzen hat prinzipiell aus der Sicht des Anwendernutzens zu erfolgen. Vgl. Foster (1986b), S. 17; Brockhoff (1992), S. 137.
Ein Produkt muß technisch nicht immer so gut wie möglich, sondern unter Einbeziehung wirtschaftlicher Aspekte so gut wie nötig sein. Vgl. Steele (1989), S. 53.

102 Vgl. Ayres (1988), S. 100.

103 Vgl. Martino (1983), S. 61; van Wyk, Haour, Japp (1991), S. 304. Als solche Grenzen werden beispielsweise die Lichtgeschwindigkeit oder der absolute Nullpunkt genannt.

104 Bei der Verbesserung eines technologischen Systems müssen häufig mehrere technische Barrieren, die unterschiedlichen Technologien zuzurechnen sind, überwunden werden. In einem solchen Fall wird vorgeschlagen, die zu überwindenden Barrieren, nach ihrer Schwierigkeit, d. h. ihrem technologischen Risiko und nach ihrer zu überwindenden Reihenfolge im Prozeß der technologischen Verbesserung zu ordnen. Vgl. Glasser (1986), S. 238.

105 Van Wyk verdeutlicht dies am Beispiel von Dauermagneten. Vgl. van Wyk, Haour, Japp (1991), S. 304.

106 Hierfür bietet es sich an, Fragestellungen heranzuziehen, die den Experten unterstützen, das Weiterentwicklungspotential einer Technologie abzuschätzen. Vgl. Perlitz (1988).

Diskontinuität gewertet wird. Ein perfektes Meßsystem zur Ermittlung der F&E-Produktivität steht nicht zur Verfügung.[107] Dennoch werden Instrumente diskutiert, mit denen die Beurteilung der F&E-Produktivität partiell unterstützt wird.[108] Soweit quantitative Informationen über die kumulierten F&E-Investitionen und die Leistungsfähigkeit einer Technologie vorliegen, kann der Leistungsverlauf einer Technologie und somit auch die F&E-Produktivität explizit ermittelt werden.[109] Solche Daten sind jedoch kaum verfügbar, zumal neben den unternehmensinternen auch -externe F&E-Investitionen einzubeziehen sind.[110] Insofern ist man bei der Einschätzung der F&E-Produktivität wie bei dem Weiterentwicklungspotential in der Regel auf qualitative Kriterien angewiesen.

Abschließend soll die Anwendbarkeit des Modells technologischer S-Kurven wie folgt beurteilt werden:

Real beobachtete Kurvenverläufe dokumentieren die Vielfältigkeit des Phänomens technologischer Diskontinuitäten; die in Abbildung 2-2 dargestellten Zusammenhänge sind daher als idealtypische Kurvenverläufe zu verstehen. Die Leistungsverläufe von Gewebematerialien bei der Reifenherstellung in Abbildung 2-4 dokumentieren exemplarisch von dem Grundmodell abweichende Kurvenverläufe. Aus diesem Grund scheint die Anwendung dieses Modells als quantitatives Prognoseinstrument, indem aus den Vergangenheitsdaten der Leistungsfähigkeit und der kumulierten F&E-Investitionen in die Technologie die zukünftige Leistungsentwicklung der Technologie geschätzt wird, nur bedingt geeignet.

Die Bedeutung des Modells wird hier besonders in der Grundaussage gesehen, daß die Entwicklung der Leistungsfähigkeit einer Technologie langfristig nicht durch eine lineare oder gar exponentielle Fortschreibung historischer Trends beschrieben werden kann, wie dies zu Beginn einer technologischen Entwicklung bzw. nach einem erzielten Durchbruch oft den Anschein hat, sondern technologieimmanente und wirtschaftliche Leistungsgrenzen existieren.[111] Sollen Leistungswerte erzielt werden, die über einer solchen Grenze liegen, sind diese nur durch Anwendung einer

---

107 Brown, Svenson (1988) stellen Kriterien zusammen, denen ein effektives Meßsystem für F&E-Leistung zu genügen hat.
108 Siehe hierzu Brockhoff (1984b), S. 7ff.
     Zur Beurteilung der Grundlagenforschung, die besonders aus Sicht der strategischen Unternehmensplanung von Bedeutung ist, finden eher qualitative Methoden Verwendung; die Methoden werden mit einem kürzer werdenden Zeithorizont zunehmend quantitativ. Vgl. Pappas, Remer (1985)
109 Auf eine Beschreibung unterschiedlicher Funktionsformen, die zur Schätzung herangezogen werden können, soll hier verzichtet werden. Siehe hierzu Martino (1983), S. 53ff.
110 Vgl. Brockhoff (1993), S. 336.
111 Vgl. Jones, Twiss (1978), S. 186.

Technologie mit einem höheren Leistungspotential erreichbar. Werden trotz erheblicher Anstrengungen in die Leistungssteigerung einer bestehenden Technologie nur marginale Verbesserungen erzielt, kann der Grund für diese geringe F&E-Produktivität in der «Reife» des technologischen Systems liegen.

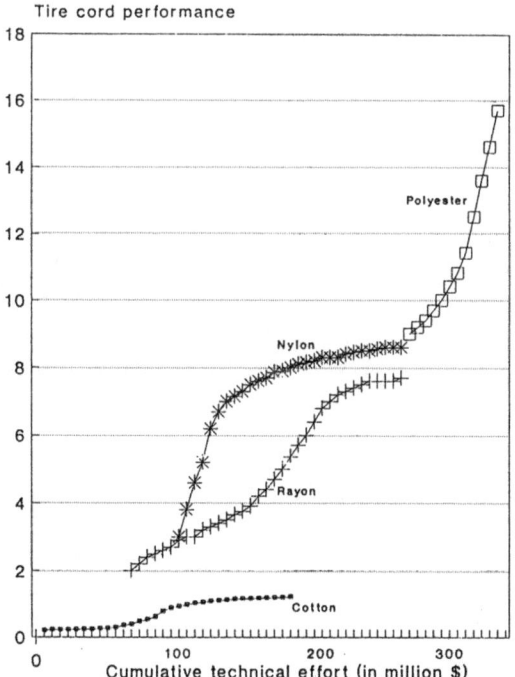

Abbildung 2-4: *Leistungsverläufe von Gewebematerialien bei der Reifenherstellung*[112]

---

112 Entnommen aus Merino (1990), S. 282. Einige Kritikpunkte konkret zu diesen Kurvenverläufen werden aufgeführt von Brockhoff (1993).

Darüber hinaus finden sich weitere Kurvenverläufe, in denen die Leistungsfähigkeit von Technologien über kumulierte Investitionen bzw. die Zeit aufgetragen wird.

Siehe hierzu auch die Beschreibung der Entwicklung der Leistungsfähigkeit von Teilchenbeschleunigern bei Ayres. Vgl. Ayres (1971), S. 106. Ebenso der Entwicklungsverlauf unterschiedlicher Technologien bei der Erzeugung elektrischen Lichts. Vgl. Cetron (1970), S. 812f.; Wissema (1982).

Außerdem stellen Lee und Nakicenovic die Leistungsfähigkeit von Kolbenmotoren gegenüber Düsentriebwerken im Flugzeugbau dar. Vgl. Lee, Nakicenovic (1988), S. 422. Becker und Speltz ermitteln einen s-förmigen Verlauf bei der Entwicklung eines Insektizids. Dabei wird die kumulierte Anzahl neuer Produkte über die Zeit aufgetragen. Vgl. Becker, Speltz (1983); Becker, Speltz (1986).

Das Modell technologischer S-Kurven dürfte besonders im Sinne eines Denkansatzes bzw. als Instrument zur Problemerkennung und zur Sensibilisierung der Entscheidungsträger zu verstehen sein. Bei einer solchen Interpretation ist es ausreichend, die aus diesem Modell ableitbaren qualitativen Signale, insbesondere das Weiterentwicklungspotential, abzuschätzen, eine explizite Ermittlung des Kurvenverlaufs erübrigt sich bei einer solchen Betrachtungsweise.[113] Um Hinweise auf eine bevorstehende technologische Diskontinuität abzuleiten ist ebenfalls die Zuordnung einer Technologie in die Phase der S-Kurve anhand qualitativer Kriterien sinnvoll wie es etwa von Twiss und Goodridge vorgeschlagen wird.[114] Die Prognose des Zeitpunktes einer technologischen Diskontinuität bzw. die Bestimmung des optimalen Zeitpunkts eines Technologieüberganges kann mit diesem Instrument kaum erfolgen.[115]

Das Modell technologischer S-Kurven beurteilt letztlich eine Technologie anhand eines einzigen Parameters[116] und läßt wesentliche Einflußfaktoren außer Acht, die dem Bereich der Unternehmensumwelt zuzurechnen sind. Dieses Modell stellt daher ein hilfreiches, jedoch kein hinreichendes Instrument zur Analyse technologischer Diskontinuitäten dar. Um sich ein vollständigeres Bild über das eventuelle Auftreten einer technologischen Diskontinuität bilden zu können, ist eine umfassendere Betrachtung der relevanten Unternehmensumwelt notwendig.

2.3.2. Technologielebenszyklus-Modelle

Technologielebenszyklus-Modelle beruhen auf der Beobachtung, daß Technologien ähnlich wie Produkte im Zeitablauf mehrere Entwicklungsstadien durchlaufen. Üblicherweise wird der Lebenszyklus in die Phasen Entstehung, Wachstum, Reife und Alter unterteilt.[117] Das verbleibende Wettbewerbspotential nimmt erfahrungsgemäß mit dem Fortschreiten innerhalb eines Lebenszyklus ab.[118] Technologielebenszyklen

---

113 Vgl. Abschnitt 2.3.4 dieser Arbeit.

114 Vgl. Twiss, Goodridge (1989), S. 17ff.

115 Der Schluß, den Servatius daraus zieht, das S-Kurven-Konzept sei eher für eine ex-post-Analyse als für eine Frühaufklärung technologischer Entwicklungen geeignet, ist jedoch nicht gerechtfertigt, da eine Früherkennung nicht unbedingt die Prognose eines bestimmten Ereignisses, sondern eher eine Sensibilisierung und die Ermittlung von Signalen zum Ziel hat. Vgl. Servatius (1991), S. 59.

116 Dieser Leistungsparameter kann auch aus der Aggregation mehrerer Einzelparameter resultieren. Bei einer solchen Aggregation geht jedoch die detailliertere und vielschichtigere Betrachtungsweise auf der Ebene der Einzelparameter verloren.

117 Vgl. Little (1988), S. 28; Roussel (1984), S. 30. Außerdem besteht die Möglichkeit, die Phasen der Technologieentwicklung und Technologieapplikation vor der Markteinführung mit in den Lebenszyklus einzubeziehen. Vgl. Ford, Ryan (1981), S. 120.

118 Vgl. Olschowy (1989), S. 100.

werden üblicherweise auf der Ebene einzelner strategischer Geschäftseinheiten definiert, die einer bestimmten Branche oder einem Markt zugeordnet werden können.[119]

Zur Beschreibung technologischer Entwicklungen werden unterschiedliche Technologielebenszyklus-Konzepte diskutiert. In dem Technologielebenszyklus-Modell nach Arthur D. Little, das in Abbildung 2-5 dargestellt wird, ist der Grad des Erreichens des Wettbewerbspotentials einer Technologie über die Zeit aufgetragen.[120] Abhängig von der Bedeutung einer Technologie hinsichtlich ihres Wettbewerbspotentials wird eine Unterscheidung zwischen Schrittmacher-, Schlüssel- und Basistechnologien vorgenommen.[121] Das Lebenszyklus-Modell nach Ford und Ryan verwendet vergleichbar dazu den Grad der Technologieausbreitung auf dem Markt als Maßzahl für die Ordinate.[122]

Von besonderem Interesse erscheint hier ein von Roussel vorgeschlagenes Modell, da aus diesem Aussagen über das mögliche Auftreten eines diskontinuierlichen Technologieübergangs abgeleitet werden. Für die jeweiligen Phasen werden qualitative Kriterien angegeben, anhand derer eine Zuordnung im Technologielebenszyklus vorgenommen werden soll.

Die Zuordnung einer Technologie in die Reife- bzw. Altersphase des Technologielebenszyklus wird in diesem Modell als Signal für einen möglichen diskontinuierlichen Technologieübergang gewertet. Besonders in dieser Phase ist mit neuer Konkurrenz außerhalb der Branche zu rechnen, die versucht, mit neuen Technologien die in der Branche bisher dominierenden Technologien zu substituieren.[123] Als Kennzeichen für eine «reife» Technologie werden etwa ein guter Kenntnisstand über die Forschung und Entwicklung von Konkurrenzunternehmen, eine hohe technische

---

119 Vgl. Moenaert, Barbé, Deschoolmeester, De Meyer (1990), S. 43.
Ausführlich zu dem Konzept des Technologielebenszyklus Höft (1992), S. 74ff.
120 Vgl. Little (1988), S. 39.
121 Schrittmachertechnologien sind neue Technologien, die Auswirkungen auf Marktpotential und Wettbewerbsdynamik in der Zukunft erkennen lassen. Schlüsseltechnologien beeinflussen die Wettbewerbssituation in der Branche signifikant und sind im Technologielebenszyklus im wesentlichen dem Stadium des Wachstums zuzurechnen. Basistechnologien werden von den Wettbewerbern in etwa gleichem Maße beherrscht und sind häufig allgemein verfügbar. In der Entstehungsphase eines Technologielebenszyklus herrschen Schrittmachertechnologien vor, in der Wachstumsphase findet man Schlüsseltechnologien vor. Basistechnologien sind in der Regel der Reife- und Altersphase des Technologielebenszyklus zuzuordnen. Vgl. Servatius (1985), S. 119; Little (1988), S. 29 und S. 39.
122 Vgl. Ford, Ryan (1981), S. 120.
123 Vgl. Roussel (1984), S. 34.

Vorhersagbarkeit oder eine geringe Dauer der durch die Technologie erzielbaren Wettbewerbsvorteile genannt.[124]

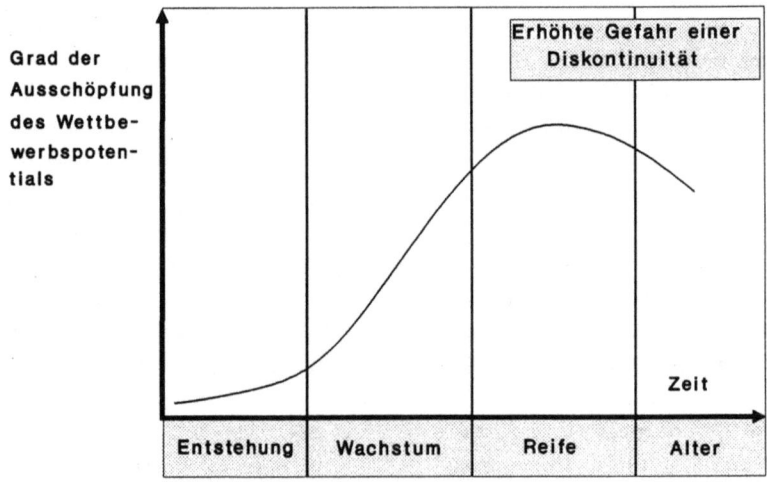

Abbildung 2-5:   Technologielebenszyklus[125]

Dieses Lebenszyklusmodell kann, wie auch das oben dargestellte Modell technologischer S-Kurven, als Instrument zur Beurteilung eines möglichen Technologieübergangs herangezogen werden, indem zunächst über qualitative Kriterien eine Phasenzuordnung der zu analysierenden Technologie vorgenommen wird, von der ausgehend Hinweise auf die Möglichkeit einer technologischen Diskontinuität abgeleitet werden können. Gegenüber dem Modell technologischer S-Kurven stellen Technologielebenszyklen insofern eine Erweiterung dar, als mit ihnen eine Technologiebeurteilung aus der Perspektive des Marktes erfolgen kann.

---

124 Vgl. Roussel (1984), S. 30.
125 Übernommen aus Little (1988), S. 29; qualitative Kriterien zur Phasenzuordnung finden sich bei Höft (1992), S. 78.

2.3.3. Branchenlebenszyklus-Modell

Die Struktur und der Wettbewerb einer Vielzahl von Branchen werden wesentlich durch die in ihnen angewandten technologischen Prinzipien bestimmt.[126] Die Auswirkungen eines Technologieüberganges beschränken sich daher nicht auf ein Unternehmen, sondern haben einen tiefgreifenden Einfluß auf die Wettbewerbsposition von Unternehmen sowie auf die Struktur ganzer Branchen.[127] Aus diesem Grund ist bei der Analyse eines möglichen Technologieüberganges die Einordnung einer Technologie in ihrem branchenspezifischen Umfeld erforderlich.

Die Entwicklung von Produkt- und Prozeßinnovationen unterliegt im Zeitablauf typischen Regelmäßigkeiten.[128] Bei dem in Abbildung 2-6 dargestellten Modell von Abernathy und Utterback wird die Innovationsrate getrennt nach Prozeß- und Produktinnovationen über die Zeit aufgetragen.[129] Zu Beginn einer technologischen Entwicklung dominieren Produktinnovationen, die im Zeitverlauf abnehmen. Die Anzahl der Prozeßinnovationen ist zu Beginn gering, steigt etwa bis zu dem Auftreten eines «dominanten Designs»[130] kontinuierlich an und beginnt danach abzunehmen. Nachdem sich ein dominantes Designs etabliert hat, liegt das Hauptaugenmerk bei Prozeßverbesserungen. Die Kapitalintensität nimmt in dieser Phase zu, und die Arbeitsproduktivität verbessert sich aufgrund erhöhter Arbeitsteilung und -spezialisierung. Die Produkte werden gegen Ende des Entwicklungsverlaufs zunehmend standardisiert und der Produktionsumfang steigt häufig an.[131]
Dieses Modell beschreibt die Entwicklung einer Branche als kontinuierlichen Prozeß und unterstellt zu Beginn des Zyklus ein Entstehen, bzw. am Ende des Lebenszyklus ein Verschwinden der Branche. Unter welchen Umständen neue Branchen entstehen,

---

126 Vgl. Benkenstein (1989), S. 497f.
127 Vgl. Tushman, Anderson (1986), S. 460.
128 Vgl. Abernathy (1976).
129 Die Produktinnovationsrate kann als das Verhältnis aus dem Umsatz der in den letzten 5 Perioden neu eingeführten Produkte zum Gesamtumsatz definiert werden. Vgl. Brockhoff (1992), S. 214. Die Definition der Prozeßinnovationsrate kann analog erfolgen.
130 Unter einem dominanten Design ist ein technischer Standard bzw. eine Produktkonfiguration zu verstehen, die sich als überlegen herausstellt und deren Spezifikationen für zukünftige Produktentwicklungen als Standard gelten. Vgl. Michel (1987), S. 55.
131 Den einzelnen Phasen des beschriebenen Kurvenverlaufs können typische Merkmale zugeordnet werden, anhand der eine Phasenzuordnung möglich ist. Eine solche Zusammenstellung qualitativer Faktoren finden sich bei Abernathy, Townsend (1975), S. 390; Michel (1987), S. 54.

bzw. etablierte Branchen am Ende des Kurvenverlaufs verdrängt werden, ist aus dem Modell nicht ableitbar.[132]

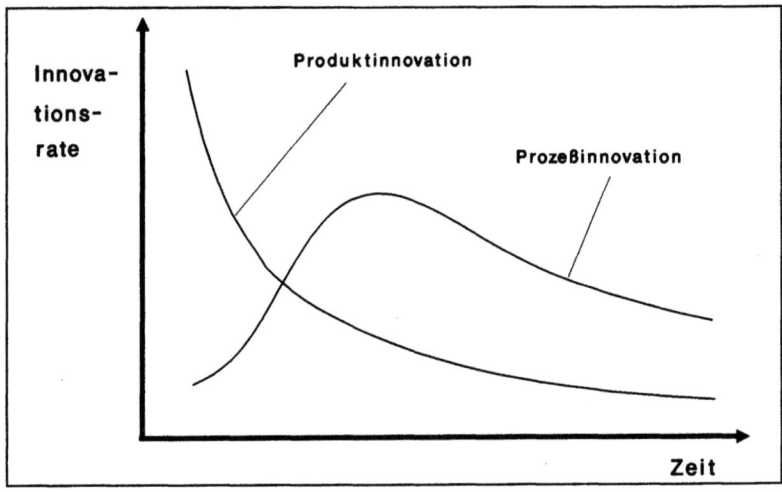

Abbildung 2-6: **Branchenentwicklungsmodell nach Abernathy und Utterback[133]**

In industriellen Branchen wird beobachtet, daß sich für eine Branche bedeutende Technologien oft über längere Zeiträume inkremental verbessern, d. h. bestehende Technologien in kleinen Schritten verfeinert und verbessert werden, diese Phasen jedoch durch radikale technologische Verbesserungen unterbrochen werden.[134] Durch das Erscheinen grundlegend neuer Technologien können neue Branchenlebenszyklen begründet werden.[135]

---

132   Vgl. Michel (1987), S. 57ff.

133   Vgl. Utterback, Abernathy (1975), S. 645.

134   Vgl. Anderson, Tushman (1990), S. 606.

135   Porter stellt fest, daß technologische Diskontinuitäten die Tendenz haben, sich von den typischen Strukturen des Reifestadiums einer Branche abzukoppeln. Vgl. Porter (1985), S. 77.
      Das Erscheinen einer grundlegend neuen Technologie muß nicht unbedingt auch eine vollkommen neue Branche entstehen lassen. Ebenso ist es möglich, daß eine neue Technologie Veränderungen der bestehenden Branchenstrukturen verursacht, die zu einer Belebung des «reifen» Branchenlebenszyklus führen, ohne daß ein neuer Lebenszyklus initiiert wird. Vgl. Abernathy, Clark, Kantrow (1983); Dowdy, Nikolchev (1986), S. 38f.

Diese Beobachtung wurde von Anderson und Tushman modellmäßig abgebildet.[136] Die Entwicklung einer Branche wird in dem Modell durch einen idealtypischen Verlauf beschrieben, der Ähnlichkeiten mit dem oben dargestellten Branchenentwicklungsmodell aufweist. Dieses Modell unterstellt, daß auf Branchenebene ein Zyklus, der sich in der Phase inkrementalen technischen Fortschritts befindet, von einer technologischen Diskontinuität unterbrochen wird, die einen neuen Branchenlebenszyklus hervorruft. Abbildung 2-7 beschreibt dieses Entwicklungsmuster einer Technologie grafisch.

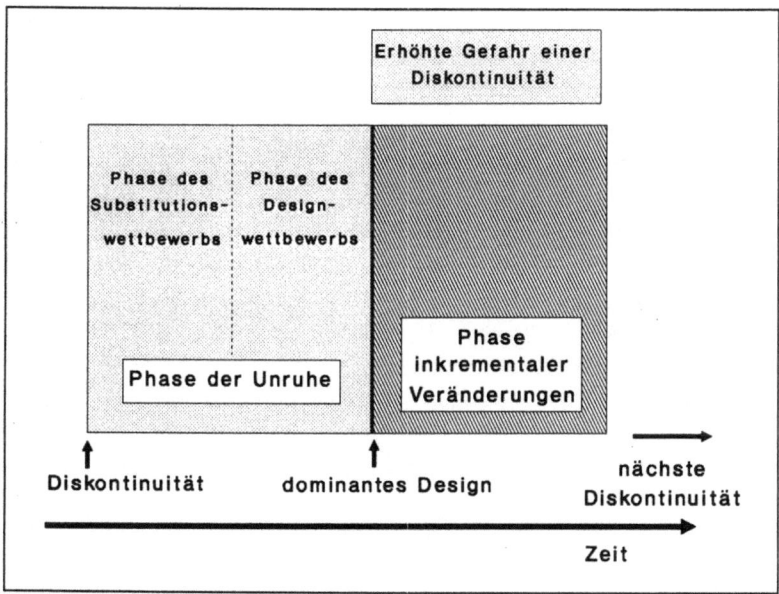

Abbildung 2-7: **Branchenlebenszyklus nach Tushman und Anderson**[137]

Das erste Stadium dieses Zyklus wird als «Unruhe» (ferment) bezeichnet.[138] Diese Phase ist durch zwei im wesentlichen aufeinander folgende Prozesse gekennzeichnet. Zunächst liegt der Schwerpunkt auf einem Substitutionswettbewerb zwischen der neuen Technologie und ihrer Vorgängertechnologie, d. h. einem Wettbewerb

---

136 Vgl. Anderson, Tushman (1990); Anderson, Tushman (1991). Dieses Modell wurde basierend auf einer empirischen Langzeituntersuchung der Zement- (1888-1980), Glas- (1893-1980) und Minicomputerbranche (1958-1982) abgeleitet.
137 Übernommen aus Anderson, Tushman (1991), S. 28.
138 Vgl. auch Olleros (1986), S. 7.

31

zwischen zwei technologischen Prinzipien. Hat sich die neue Technologie gegenüber ihrer Vorgängertechnologie durchgesetzt, schließt sich zeitlich überlappend ein Wettbewerb zwischen verschiedenen technischen Designs an, die prinzipiell das neue technologische Prinzip als Grundlage haben.[139]

Der **Substitutionswettbewerb** nach der Einführung der neuen Technologie ist als Übergangsphase von der bestehenden auf eine grundlegend neue Technologie zu verstehen. Dieser Prozeß kann erhebliche Zeit in Anspruch nehmen, da die umfangreiche Substitution einer bestehenden Technologie nicht sofort nach dem Erscheinen einer radikalen Innovation beginnt, sondern sich normalerweise erst dann beschleunigt, wenn sich die neue Technologie als überlegen erwiesen hat.[140] Je mehr Unternehmen sich damit beschäftigen, eine neue Technologie zu vermarkten, desto schneller werden weitere Fortschritte erzielt und das Leistungspotential der neuen Technologie von den möglichen Anwendern erkannt. Dies dürfte tendenziell zu einer Beschleunigung des Technologieübergangs führen.[141]

Typischerweise entstehen mit dem Erscheinen einer neuen Technologie zunächst mehrere technologische Lösungsvarianten; die miteinander konkurrierenden Produkte weisen, obwohl sie auf dem selben technologischen Prinzip basieren, zu diesem Zeitpunkt noch erhebliche Unterschiede auf. Zwischen diesen Lösungsvarianten entsteht üblicherweise ein **Designwettbewerb**. Die Produktvariation ist in dieser Phase erheblich und die Anzahl konkurrierender Unternehmen ist in der Regel groß, da die Eintrittsbarrieren in die Branche noch relativ niedrig sind. Die Phase der Unruhe und damit auch des Designwettbewerbs wird beendet, sobald sich ein «dominantes Design» gebildet hat.

Hat sich ein solches Design durchgesetzt, geht die Branche in eine Phase des **«inkrementalen Wandels»** über. Weitere Designexperimente verringern sich in diesem Stadium deutlich, der Schwerpunkt des Wettbewerbs richtet sich auf Marktsegmentierung und Kostensenkung, die vorwiegend durch Prozeßverbesserungen realisiert wird. Dieser Prozeß ist kapitalintensiv, was zur Folge hat, daß Unternehmen die Branche verlassen. Die Phase des inkrementalen Wandels dauert an, bis eine auftretende technologische Diskontinuität einen neuen Zyklus verursacht.[142]

---

139 Vgl. auch Hamilton (1990), S. 149.

140 Abhängig von der Länge der Zeitspanne, in der sich die Substitution vollzieht, kann sich dieser Übergangsprozeß «evolutionär» oder «revolutionär» vollziehen. Der Substitutionsprozeß scheint häufig einem s-förmigen Verlauf zu folgen. Vgl. Fisher, Pry (1971), S. 75.

141 Vgl. Olleros (1986), S. 13.

142 Vgl. Anderson, Tushman (1990), S. 606; Anderson, Tushman (1991), S. 27f.

Befindet sich eine Branche in der inkrementalen Phase, erhöht sich die Wahrscheinlichkeit einer technologischen Diskontinuität.[143] Obwohl die Stabilität einer reifen Branche über Jahre anhalten kann, sollte ein Unternehmen in dieser Phase sensibilisiert sein und nach möglichen neuen technologischen Alternativen suchen.

Dieses Modell kann zur Analyse eines möglichen Technologieübergangs herangezogen werden, indem von der Phasenzuordnung einer Technologie ausgehend Rückschlüsse auf eine mögliche Diskontinuität gezogen werden. Vorteilhaft an diesem Ansatz ist, daß das Phänomen technologischer Diskontinuitäten im Kontext mit den Strukturen einer Branche betrachtet wird, woraus sich die Möglichkeit ergibt, eine Technologie im unternehmensrelevanten Umfeld zu untersuchen.

2.3.4. Indikatoren für technologische Diskontinuitäten

Neben den oben beschriebenen Lebenszyklus-Modellen finden sich in der Fachliteratur weitere Indikatoren, die als Hinweise für eine bevorstehende technologische Diskontinuität interpretiert werden. Diese Indikatoren beziehen sich zum Teil indirekt auf die oben dargestellten Modelle, begründen sich jedoch auch unabhängig von diesen Konzepten auf empirischen Beobachtungen oder expertenspezifischen Erfahrungen.

Eine Reihe von Kriterien, die sich vorwiegend auf das Modell technologischer S-Kurven stützen werden von Foster angegeben.[144] Ebenfalls schlägt Perlitz mehrere Kriterien vor, anhand der das Weiterentwicklungspotential einer Technologie abgeschätzt werden kann.[145] Eine Aufzählung dieser Indikatoren soll hier nicht erfolgen.[146]

Als Indikatoren für eine bevorstehende Diskontinuität bei einer **Produkttechnologie** nennen Utterback und Kim die wachsende Unzufriedenheit der Anwender mit bestehenden Produkten, eine latent wachsende Nachfrage, die sich durch eine steigende Anzahl von Benutzerexperimenten mit Alternativen zu bestehenden Produkten äußert, sowie eine durch bevorstehende Produktregulierungen hervorgerufene Vergrößerung der Nachfrage.[147]

---

143 Vgl. Tushman, Anderson (1986), S. 444. In diesem Sinne auch Steele (1989), S. 45, sowie Twiss und Goodridge (1989), S. 4.
144 Vgl. Foster (1986a), S. 245ff.
145 Vgl. Perlitz (1988).
146 Bei der Darstellung des Systems werden in Abschnitt 5.3.4.1 auch die Indikatoren angegeben.
147 Vgl. Utterback, Kim (1985), S. 121.

Die vorangegangenen Indikatoren beziehen sich vorwiegend auf Produkttechnologien. Für **Fertigungstechnologien** werden spezielle Indikatoren genannt, die auf einen diskontinuierlichen Technologieübergang hinweisen.

Zur Beschreibung von Diskontinuitäten bei Fertigungstechnologien kann das Modell der **Erfahrungskurve** herangezogen werden. Dieses Modell besagt, daß mit der Erhöhung der kumulierten Produktionsmenge eines Produktes die Wertschöpfungskosten eines Stückes zurückgehen; die kumulierte Produktionsmenge wird dabei mit Erfahrung gleichgesetzt.[148] Der Kostenrückgang kann auf Lerneffekte des Personals und organisatorische Verbesserungen sowie auf **inkrementale Prozeßinnovationen**, die auf bestehendes Know-how aufbauen, zurückgeführt werden. Die Entwicklung der Prozeßtechnologie entlang einer Erfahrungskurve kann somit als inkremental bezeichnet werden. Aus diesem Modell läßt sich ableiten, daß es für Unternehmen günstig ist, an einer bestehenden Technologie festzuhalten, um so aufgrund der erworbenen Lerneffekte Kostenvorteile gegenüber Konkurrenten zu erzielen.

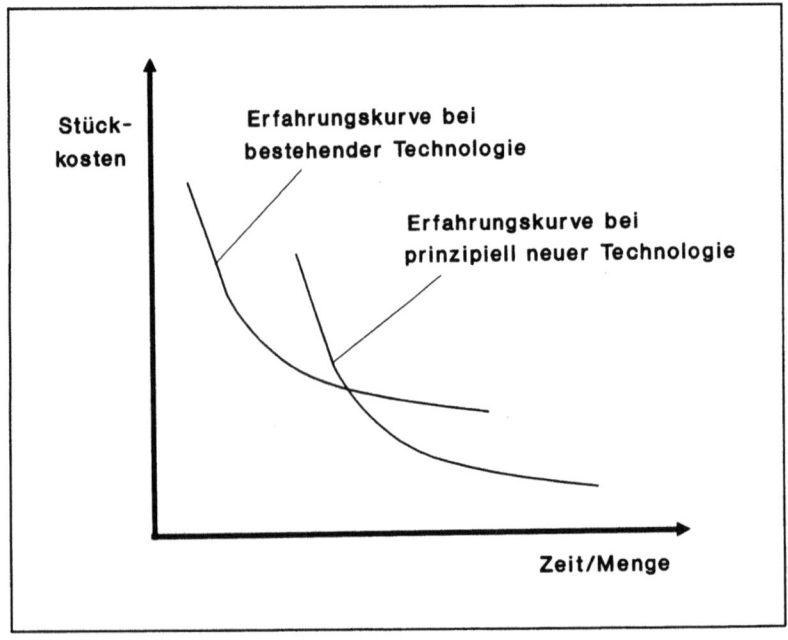

Abbildung 2-8:   *Erfahrungskurvenabbruch bei Prozeßdiskontinuität*

---

148   Vgl. Henderson (1974), S. 19.

Der Übergang auf eine grundlegend neue Prozeßtechnologie kann als der Abbruch der Erfahrungskurve, die auf der bestehenden Technologie basiert, d. h. als Übergang auf eine neue Erfahrungskurve interpretiert werden.[149] Abbildung 2-8 stellt diesen Vorgang grafisch dar.

Indikatoren, die auf einen möglichen diskontinuierlichen Technologieübergang mit einem zeitlichen Vorlauf hinweisen, können aus dem Erfahrungskurvenmodell jedoch nicht abgeleitet werden. Dieses Modell ist daher nur geeignet, Prozeßdiskontinuitäten darzustellen. Indikatoren mit denen frühzeitig ein bevorstehender Übergang auf eine neue Fertigungstechnologie angekündigt wird, können aus diesem Modell nicht abgeleitet werden.

Das Potential von Fertigungsanlagen kann nach dem Überschreiten ihres Amortisationszeitpunktes bereits weitgehend ausgenutzt sein, weshalb das Überschreiten dieses Zeitpunktes als Indiz für eine mögliche technologische Diskontinuität interpretiert wird; neue Substitutionstechnologien sollten ab diesem Zeitpunkt gesucht und beobachtet werden.[150]

Daneben werden eine herausragende Bedeutung von Produktivität zur Erzielung von Gewinnen oder Marktanteilen sowie zunehmende Ressourcen- und Kostenrestriktionen als weitere Anzeichen für eine mögliche Prozeßdiskontinuität gewertet.[151] Eine hohe Kapazitätsauslastung der Fertigungsanlagen und steigende Instandhaltungskosten werden ebenfalls als Hinweis auf eine mögliche Prozeßdiskontinuität interpretiert.[152] Allgemein wird die Gefährdung eines Unternehmens durch eine extern induzierte Prozeßdiskontinuität besonders dann angenommen, wenn Wettbewerbspotentiale nicht konsequent gesucht oder verfügbare Potentiale nicht ausgeschöpft werden.[153] Verursacht wird die Einführung neuer Prozeßtechnologien häufig durch eine angestrebte Erhöhung der Produkt- oder Mengenflexibilität sowie durch eine beabsichtigte Verbesserung der Zuverlässigkeit des Fertigungsprozesses. Als weitere Ursachen für einen Übergang auf eine neue Fertigungstechnologie werden eine Steigerung der Produktqualität und eine Verbesserung der Termintreue aufgrund kürzerer Lieferzeiten angeführt.[154]

---

149 Vgl. Pfeiffer, Metze, Schneider, Amler (1982), S. 51; Utterback, Kim (1985), S. 117.
150 Vgl. Wildemann (1987), S. 460.
151 Vgl. Utterback, Kim (1985), S. 121.
152 Vgl. Lebens (1986), S. 259.
153 Vgl. Klingebiel (1989), S. 189.
154 Vgl. ebenda, S. 190.

2.3.5. Beurteilung der Modelle und Indikatoren

Die im vorangegangenen dargestellten Modelle wurden besonders hinsichtlich ihrer Anwendbarkeit zur Analyse technologischer Diskontinuitäten dargestellt. Die bisher beschriebenen Modelle basieren auf dem Gedanken eines Lebenszyklus und können insofern einheitlich interpretiert werden, als bestimmte technologische Systeme sich im Zeitablauf in typischen Mustern weiterentwickeln. Das Ende des Entwicklungsverlaufs einer bestehenden Technologie steht dabei in unmittelbarem Zusammenhang mit einer technologischen Diskontinuität, die einen neuen Lebenszyklus hervorruft.[155]

Der Verlauf der Lebenszyklen wird bei diesen Modellen in mehrere idealtypische Phasen eingeteilt, denen qualitative Attribute zugeordnet werden können. Anhand dieser qualitativen Kriterien kann die Phasenzuordnung einer bestimmten Technologie erfolgen. Ausgehend hiervon werden Rückschlüsse auf einen diskontinuierlichen Technologieübergang oder aber auch Handlungsempfehlungen abgeleitet.

Die oben dargestellten Modelle beschreiben idealtypische Muster, die erheblich von realen Entwicklungsverläufen abweichen können. Zum einen kann die Dauer der einzelnen Phasen der Lebenszyklen durchaus große Unterschiede aufweisen, zum anderen ist es möglich, daß bestimmte Phasen übersprungen werden oder ein Zyklus vorzeitig abgebrochen wird.[156] Der Entwicklungsprozeß von Technologien ist daher keinesfalls als naturgesetzlicher Verlauf zu verstehen. Unternehmen haben einen Kurvenverlauf nicht als extern gegeben zu akzeptieren, sondern können durch gezielte Maßnahmen den weiteren Verlauf der technologischen Entwicklung aktiv mitgestalten.

Betrachtet man die Lebenszyklusmodelle als Prognoseinstrumente, so stellen die oben dargestellten Kritikpunkte grundsätzliche Einschränkungen hinsichtlich ihrer praktischen Anwendungsmöglichkeiten dar. Ist es jedoch weniger von Interesse, wann mit einer technologischen Diskontinuität zu rechnen ist, sondern ob generelle Anzeichen einer solchen Diskontinuität vorliegen, können diese Lebenszyklusmodelle durchaus als «Sensibilisierungsinstrumente» bzw. als Instrumente zur Problemerkennung eingesetzt werden. Aus der Sicht des strategischen Managements sind die oben beschriebenen Modelle insofern von Bedeutung, als sie Zusammenhänge offenlegen und so helfen, auf bisher unberücksichtigte Faktoren aufmerksam zu machen sowie auf verdeckte bzw. latente Probleme hinzuweisen. Demzufolge sind Lebenszykluskonzepte in erster Linie als qualitative und weniger als quantitative Instrumente zu verstehen.[157]

---

155 Vgl. Steele (1989), S. 46ff.
156 Vgl. Höft (1992), S. 79.
157 Zum gleichen Ergebnis gelangt Höft (1992), S. 271.

Die Modelle besitzen inhaltlich unterschiedliche Schwerpunkte[158] und ergänzen sich gegenseitig, weshalb eine gleichzeitige Berücksichtigung mehrerer Modelle zur Analyse technologischer Diskontinuitäten angebracht erscheint.[159] Während das Modell technologischer S-Kurven eine einzelne Technologie hinsichtlich ihrer Leistungsgrenzen, die technologieimmant sein können oder aus den wirtschaftlichen Rahmenbedingungen resultieren, untersucht, wird bei dem Technologielebenszyklus-Modell explizit der Bezug zwischen Technologie und Markt hergestellt, indem das bereits ausgeschöpfte Wettbewerbspotential einer Technologie untersucht wird. Der Branchenlebenszyklus nach Tushman und Anderson betrachtet technologische Diskontinuitäten hinsichtlich der mit ihnen einhergehenden Veränderungen der Wettbewerbsbedingungen in einer Branche.

Die in Kapitel 2.3.4 beschriebenen Indikatoren lassen sich zum Teil auf die davor diskutierten Lebenszyklus-Modelle zurückführen. Sie sind insofern hilfreich, als mit ihnen ein breites Spektrum von Anzeichen für eine technologische Diskontinuität abgedeckt wird. Die Indikatoren, die auf eine Diskontinuität bei Fertigungstechnologien hinweisen, berücksichtigen die Spezifika solcher Technologieübergänge und sind daher besonders wertvoll.

---

158 Ein kritischer Vergleich mehrerer Technologielebenszyklus-Modelle findet sich bei Moenart, Barbe, Deschoolmeester, De Meyer (1990), S. 40ff.
159 Vgl. Lee, Nakicenovic (1988), S. 426.
    Diese Feststellung wird auch generell für Problemstellungen der technologischen Vorhersage gemacht. Vgl. Martino (1983), S. 145ff.

2.4. Ansätze zur detaillierteren Analyse technologischer Diskontinuitäten

2.4.1. Typologisierung als Methode zur Problemstrukturierung

Bei den vorangegangenen Ansätzen wurden technologische Diskontinuitäten auf eine Grundstruktur reduziert, d. h. auf einer generalisierenden, globalen Ebene betrachtet. Trotz der prinzipiellen Gemeinsamkeiten, durch die sich diskontinuierliche Technologieübergänge auszeichnen, besitzt dieses Phänomen in der Realität vielfältige Ausprägungen. Unter Anwendung der im vorangegangenen dargestellten Modelle können daher nur erste Hinweise auf einen möglichen Technologieübergang abgeleitet werden, eine weitergehende Analyse erfordert eine differenziertere Betrachtungsweise.

Hierfür bietet es sich an, auf bestehende Typologien technologischer Diskontinuitäten zurückzugreifen, bei denen real beobachtete Einzelfälle systematisiert wurden. Die Typologie wird als ein Verfahren verstanden, das geeignet ist, die Vielzahl von Erscheinungen in einem Wissensgebiet zu ordnen und überschaubar zu machen.[160] Ziel einer solchen Reduzierung ist es, die Transparenz eines Problems zu verbessern. Man versucht einerseits, eine zu starke Komplexitätsreduktion der Realität zu vermeiden und sich auch andererseits nicht in einer endlosen Vielfalt von Einzelfällen zu verlieren.[161] Durch Typologien werden somit charakteristische Merkmale und wesentliche Unterscheidungskriterien eines Phänomens hervorgehoben. Die Typenbildung ist als eine Betrachtungsweise der Realität zu verstehen, die zwischen der individualisierenden, völlig ins Detail gehenden Betrachtung des konkreten Einzelfalles und der Abstraktion in realitätsfernen Denkmodellen liegt.[162]

Der Informationsgehalt bei der Zuordnung eines möglichen Technologieübergangs zu einem bestimmten Typ ist höher als der eines Signals, das sich ausschließlich auf das Auftreten des Gesamtphänomens bezieht. Bei Kenntnis des zu der jeweiligen Situation passenden Diskontinuitätstyps kann das Problem genauer spezifiziert werden, d. h. ein Problem kann hinsichtlich seiner Bedeutung besser beurteilt und mögliche Folgen genauer abgeschätzt werden. Basierend auf der detaillierteren Analyse ist eine bessere Entscheidungsgrundlage zur Bestimmung geeigneter Maßnahmen gegeben.

---

160 Eine typologische Ordnung besteht dabei aus mindestens zwei Merkmalen zur Kennzeichnung eines Untersuchungsobjektes. Vgl. Knoblich (1972), S. 142.
161 Vgl. Pfohl (1977), S. 226.
162 Vgl. ebenda, S. 227.

2.4.2. Bestehende Typologien und Analyseansätze für technologische Diskontinuitäten

Zur Analyse technologischer Diskontinuitäten kann auf bereits bestehende Typologien zurückgegriffen werden, die im folgenden dargestellt und einer vergleichenden Betrachtung unterzogen werden. Insgesamt werden vier Typologien beschrieben, während die ersten drei Ansätze technologische Diskontinuitäten umfassend betrachten, behandelt der vierte Ansatz speziell Diskontinuitäten bei Fertigungstechnologien.

Durchgängig wird zwischen Diskontinuitäten bei Produkt- und Prozeßtechnologien unterschieden. Als weiteres Unterscheidungskriterium wird das Ausmaß, d. h. der «Radikalitätsgrad» des durch die neue Technologie verursachten Technologieübergangs herangezogen.

2.4.2.1. Typologie nach Utterback und Kim

Utterback und Kim schlagen basierend auf Fallstudienanalysen eine Typologie vor, in der vier Typen technologischer Diskontinuitäten unterschieden werden.[163]

Die Analyse der technologischen Diskontinuitäten bezieht sich auf Unternehmenseinheiten, die als Produktionseinheiten bezeichnet werden. Eine Produktionseinheit gruppiert sich um zentrale Technologien und kann einer bestimmten Branche zugeordnet werden.[164] Diese Untersuchungseinheit unterscheidet sich von Unternehmen oder Firmen, die sich aus mehreren Produktionseinheiten zusammensetzen können und häufig mehreren Branchen zurechenbar sind.[165]

In dieser Systematik wird eine Unterscheidung zwischen Produkt- und Prozeßdiskontinuitäten vorgenommen. Außerdem wird berücksichtigt, daß Produkt- und Prozeßinnovationen sich häufig gegenseitig beeinflussen bzw. bedingen. Eine Produktdiskontinuität kann ohne wesentliche Veränderungen des Produktionsprozesses auftreten oder eine Prozeßdiskontinuität zur Folge haben. Ebenso ist es denkbar, daß ein diskontinuierlicher Technologieübergang bei einer Prozeßtechnologie durchgeführt

---

163 Unter einer technologischen Diskontinuität bzw. einer radikalen Innovation wird hier ein technologischer Wandel verstanden, bei dem ein großer Teil der Investitionen eines Unternehmens in technologische Fähigkeiten und Wissen, Designs, Produktionstechniken und Fertigungsanlagen obsolet werden, d. h. nach dem Übergang auf die neue Technologie nicht mehr zu verwenden sind. Vgl. Utterback, Kim (1985), S. 114.

164 Der Begriff der Produktionseinheit (productive unit) ist als Synonym zu dem in dieser Arbeit gewählten Begriff des strategischen Technologiefeldes zu sehen.

165 Vgl. ebenda, S. 146.

wird, ohne daß dabei das produzierte Produkt merklich verändert wird, oder aber auch als Folge eine erhebliche Produktveränderung resultiert. Abbildung 2-9 illustriert diese Systematisierung.

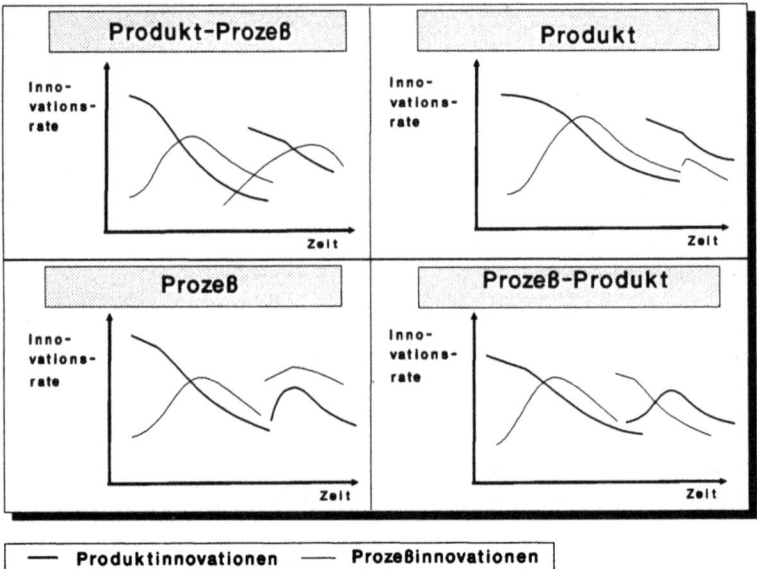

Abbildung 2-9:   ***Typologie technologischer Diskontinuitäten nach Utterback und Kim*** [166]

Die einzelnen Diskontinuitätstypen lassen sich wie folgt beschreiben:

Produkt-Prozeß-Diskontinuität: Bei diesem Diskontinuitätstyp weist das neue Produkt hinsichtlich seiner Materialien sowie physikalischen und chemischen Eigenschaften so wenig Gemeinsamkeiten mit dem bestehenden Produkt auf, daß dem Produzenten keine Vorteile aus seinen bestehenden Produktionsanlagen und dem damit verbundenen technologischen Know-how entstehen. Die durch die neue Produkttechnologie erforderlich werdenden Veränderungen im Fertigungsbereich sind erheblich.

---

166 Entnommen aus Utterback, Kim (1985), S. 132.
Diese Darstellungsweise lehnt sich an den in Abschnitt 2.3.3 beschriebenen Branchenlebenszyklus von Abernathy und Utterback an.

Produktdiskontinuität: In diesem Fall wird ein neues Produkt eingeführt, das dem bestehenden Produkt prinzipiell ähnlich ist, jedoch erhebliche technische Verbesserungen in wesentlichen Komponenten aufweist. Aufgrund der vorhandenen Ähnlichkeit ist es möglich, bestehende Fertigungsanlagen weiter zu benutzen. Das unternehmensspezifische Know-how des Personals wird ebenso in größerem Umfang weiter benötigt. Durch die Produktveränderungen sind vor allem strukturelle Veränderungen auf der Absatzseite zu erwarten. Die Märkte des neuen unterscheiden sich häufig grundlegend von denen des bestehenden Produktes.

Prozeßdiskontinuität: Technologische Diskontinuitäten dieser Art umfassen radikale Veränderungen im Produktionsprozeß, von denen das Produkt selbst nicht erheblich beeinflußt wird. Es kann davon ausgegangen werden, daß solche Diskontinuitäten besonders dann auftreten, wenn etablierte Unternehmen auf Kostendruck, Umwelt- und Sicherheitsbestimmungen oder auf eine Rohstoffverknappung reagieren müssen.

Prozeß-Produkt-Diskontinuität: Durch eine grundlegende Veränderung im Produktionsprozeß werden bei diesem Technologieübergang erhebliche Veränderungen der Produkte erforderlich. Obwohl das neue Produkt bei diesem Diskontinuitätstyp auf den gleichen physikalischen Prinzipien wie das Vorgängerprodukt beruhen kann, verändert es sich beispielsweise hinsichtlich der Verfügbarkeit oder Kosten so erheblich, daß sich dadurch vollkommen neue Anwendungsgebiete und damit neue Märkte eröffnen.

Die Typen sind hinsichtlich ihrer strategischen Bedeutung für das Unternehmen und der erforderlichen Maßnahmen unterschiedlich zu bewerten. Diskontinuitätstypen, bei denen sowohl Produkt- als auch Prozeßtechnologie wesentliche Veränderungen erfahren, beschreiben typischerweise einen größeren Strukturbruch als solche Diskontinuitäten, bei denen sich ausschließlich Prozeß- oder Produkttechnologien verändern. Technologieübergänge dieser Art erfordern für ein Unternehmen in der Regel umfangreiche Maßnahmen, da sowohl der Produktionsprozeß betroffen ist als auch die Absatzmärkte wesentlichen Veränderungen unterliegen.

2.4.2.2. Typologie nach Tushman und Anderson

Tushman und Anderson untersuchten die Veränderung der Umweltbedingungen, die mit dem Auftreten technologischer Diskontinuitäten einhergehen, und stellten ihre Beobachtungen in einer Typologie dar.[167]

Wie bei den oben beschriebenen Typologien wird hier ebenfalls zwischen diskontinuierlichen Entwicklungen bei Produkt- und Prozeßtechnologien unterschieden. **Produktdiskontinuitäten** sind gekennzeichnet durch die Einführung einer neuen Produktklasse, durch eine Produktsubstitution oder eine grundlegende Produktverbesserung. **Prozeßdiskontinuitäten** werden durch die Substitution einer bestehenden Prozeßtechnologie, eine radikal neue Prozeßtechnologie oder eine für die Branche grundlegende Prozeßinnovation ausgelöst.[168]

Als weiteres Unterscheidungskriterium wird das Ausmaß der Folgen einer technologischen Diskontinuität für das Unternehmen herangezogen. Eine Unterscheidung findet danach statt, ob die Diskontinuität zerstörend oder verstärkend auf die Kompetenzen eines Unternehmens wirkt.[169] Während bei **kompetenzzerstörenden** Diskontinuitäten bestehendes unternehmensspezifisches Know-how und Anlagevermögen des Unternehmens nach einem Übergang auf die neue Technologie nicht mehr anwendbar ist, besteht bei **kompetenzverstärkenden** Diskontinuitäten die Möglichkeit, auf bereits bestehendes unternehmenseigenes Know-how und Anlagevermögen zurückzugreifen und größtenteils weiter zu verwenden.[170]

Kompetenzverstärkende Diskontinuitäten werden demnach als technologische Durchbrüche verstanden, die die bestehende Leistungsfähigkeit einer Technologie zwar wesentlich verbessern, dabei jedoch das spezifische Know-how der Vorgängertechnologie weiter anwendbar bleibt.[171] Etablierte Unternehmen können bei solchen Technologieübergängen daher weiterhin bei der Entwicklung bzw. Einführung

---

167 Die Typologie basiert auf einer Langzeituntersuchung in den Branchen Lufttransport, Zementherstellung und Minicomputer. Zur näheren Beschreibung des Datenmaterials siehe Tushman, Anderson (1986), S. 446ff.

168 Vgl. Tushman, Anderson (1986), S. 441.

169 Der Faktor Kompetenz umfaßt hier alle dem technologischen Umfeld zuzurechnenden Fähigkeiten des Unternehmens wie die Qualifikation des Personals, das Fertigungs-Know-how sowie bestehende organisatorische Abläufe und Fertigungsanlagen.

170 Vgl. Tushman, Anderson (1986), S. 443. Abernathy und Clark ziehen ebenfalls dieses Kriterium zur Unterscheidung von Innovationen heran und unterscheiden zwischen einer Veränderung der Kompetenzen im Bereich Technologie und den Beziehungen zum Markt. Vgl. Abernathy, Clark (1985), S. 8.

171 Vgl. Tushman, Anderson (1986), S. 442.

der neuen Technologie auf unternehmensinternes Know-how und bestehende Fertigungsanlagen zurückgreifen.

Kompetenzzerstörende stellen im Vergleich zu kompetenzverstärkenden Diskontinuitäten einen tieferen Einschnitt für das Unternehmen dar; sie begründen eine neue Lernkurve, die von dem bestehenden Know-how des Unternehmens unabhängig ist.[172] Solchen Technologieübergängen kommt eine besondere strategische Bedeutung zu.[173]

Aus diesen beiden Unterscheidungskriterien ergeben sich vier Typen, wie sie auch in der Abbildung 2-10 wieder zu finden sind. Diesen Typen werden jeweils historisch beobachtete Fälle technologischer Diskontinuitäten zugeordnet.[174] Im Gegensatz zu den oben dargestellten Typologisierungen werden hier Produkt- und Prozeßdiskontinuitäten unabhängig voneinander dargestellt. Das Kriterium, inwieweit diese beiden Arten von Diskontinuitäten sich gegenseitig beeinflussen, findet hier keine explizite Berücksichtigung.[175]

	Produkt	Prozeß
Kompetenz- **zerstörend**	Kompetenzzerstörende Produktdiskontinuität	Kompetenzzerstörende Prozeßdiskontinuität
Kompetenz- **verstärkend**	Kompetenzverstärkende Produktdiskontinuität	Kompetenzverstärkende Prozeßdiskontinuität

Abbildung 2-10: Typologie technologischer Diskontinuitäten nach Tushman und Anderson[176]

---

172 Vgl. Anderson, Tushman (1990), S. 28.

173 Vgl. Durand (1992), S. 378.

174 Siehe Tushman, Anderson (1986), S. 443.

175 Bei dieser Systematik stellt sich die Frage, ob eine Unabhängigkeit zwischen dem Faktor der Kompetenz und Produkt- bzw. Prozeßdiskontinuitäten ohne weiteres angenommen werden kann. Die Kompetenz bzw. das Know-how eines Unternehmens stützt sich zu einem großen Teil auf die bestehenden Fertigungsanlagen und das zugehörige Fertigungs-Know-how. Werden durch eine Diskontinuität bestehende Kompetenzen zerstört, dürfte dies in vielen Fällen als ein Erfahrungskurvenabbruch bzw. als Prozeßdiskontinuität zu verstehen sein. Insofern weisen kompetenzzerstörende Diskontinuitäten Überschneidungen mit Prozeßdiskontinuitäten auf.

176 Siehe Tushman, Anderson (1986), S. 443.

In den Veröffentlichungen von Utterback/Kim und von Tushman/Anderson werden teilweise identische Fallbeispiele angeführt und den Diskontinuitätstypen zugeordnet. Vergleicht man diese Fallbeispiele miteinander, stellt man fest, daß die bei Utterback und Kim angeführten Fälle von Anderson und Tushman zum Großteil als kompetenzzerstörend eingestuft werden. Kompetenzverstärkende Diskontinuitäten werden offensichtlich in der Systematik von Utterback und Kim nicht berücksichtigt.[177] Dieser Sachverhalt läßt sich mit der zugrundeliegenden Definition von Utterback und Kim erklären,[178] die sich mit der von Tushman und Anderson vorgenommenen Definition kompetenzzerstörender Diskontinuitäten im wesentlichen deckt.

Hinsichtlich der **Herkunft technologischer Diskontinuitäten** findet sich häufig die Aussage, daß radikale technologische Neuerungen von «Außenseitern», d. h. von branchenfremden oder neugegründeten Unternehmen initiiert werden.[179] Diese Aussage wird hier nur für kompetenzzerstörende Produkttechnologien bestätigt. Radikale Änderungen bei Prozeßtechnologien sowie kompetenzverstärkende Produktdiskontinuitäten werden demnach von etablierten Unternehmen initiiert.[180] Dieses Ergebnis ist insofern für etablierte Unternehmen von Bedeutung, als sie bei der Analyse radikal neuer Produkttechnologien besonders auf kleine, bisher unbekannte Unternehmen auch außerhalb der Branche zu achten haben. Besteht die Möglichkeit einer Prozeßdiskontinuität, ist der Beobachtungsbereich besonders auf etablierte Konkurrenzunternehmen zu richten.

---

177 Eine detaillierte Gegenüberstellung der Einzelfälle soll hier nicht erfolgen. Siehe hierzu die Auflistungen bei Tushman, Anderson (1986), S. 443 und Utterback, Kim (1985), S. 132.

178 Unter einer radikalen Innovation wird eine Veränderung verstanden, die einen großen Teil der Investitionen in technische Fähigkeiten, Designs und Produktionstechniken eines Unternehmens überflüssig werden läßt. Vgl. Utterback, Kim (1985), S. 114.

179 Vgl. Cooper, Schendel (1976); Krubasik (1984), S. 48; Utterback, Kim (1985), S. 118; Porter (1985), S. 77; Steele (1989), S. 49; Martino (1992), S. 121.
     Dieser Sachverhalt kann damit begründet werden, daß neue Unternehmen keinen Bezug zu der bestehenden Technologie besitzen. In diesen Unternehmen ist kein für die bestehende Technologie spezifisches Kapital gebunden, das zu einem Verharren wie bei den etablierten Unternehmen verleiten könnte.

180 Vgl. Anderson, Tushman (1991), S. 29. Bei kompetenzverstärkenden Diskontinuitäten sind etablierte Unternehmen gegenüber neuen Unternehmen im Vorteil, da sie über einen Vorsprung aufgrund des weiterverwendbaren unternehmensspezifischen Wissens und Anlagevermögens verfügen. Außerdem kann in diesem Unternehmen auf bestehende Marktbeziehungen und Absatzkanäle zurückgegriffen werden.

2.4.2.3. Analyse technologieübergangshemmender Faktoren nach Weiss

Eine mit der von Utterback und Kim vergleichbare «Trendbruchtypologie» wird von Weiss diskutiert, in der ebenfalls neben der Unterscheidung zwischen Produkt- und Prozeßdiskontinuitäten die Interdependenzen zwischen Produkt- und Prozeßveränderungen einbezogen werden.[181] Trotz dieser prinzipiellen Ähnlichkeit sollen die einzelnen Diskontinuitätstypen nach Weiss aufgrund der abweichenden verbalen Beschreibung im folgenden erläutert werden.

Prozeßdiskontinuitäten werden in Abbildung 2-11 durch einen Erfahrungskurvenabbruch dargestellt. Die Stückkosten unter Anwendung der neuen Prozeßtechnologie liegen zunächst über denen, die mit den bestehenden Fertigungsanlagen realisiert werden. Durch inkrementale Prozeßverbesserungen gelingt es jedoch, die Stückkosten zu senken, so daß die mit der Vorgängertechnologie realisierten Stückkosten bald unterschritten werden. Die Darstellung von Diskontinuitäten bei Produkttechnologien erfolgt durch den Sprung auf eine neue S-Kurve.[182]

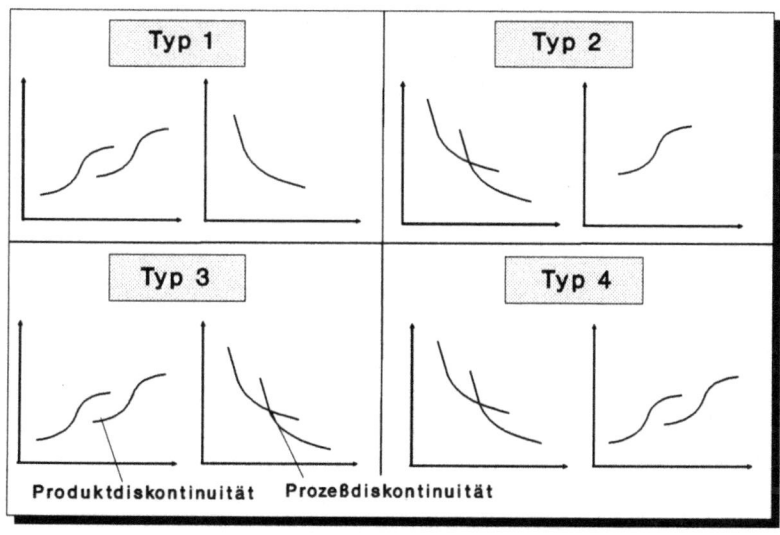

Abbildung 2-11: Trendbruchtypologie nach Weiss [183]

---

181   Vgl. Weiss (1989), S. 59.
182   Siehe hierzu die Abbildungen 2-2 und 2-8 dieser Arbeit.
183   Siehe Weiss (1989), S. 59.

Typ 1: Bei einer Diskontinuität dieses Typs findet ein Übergang auf eine prinzipiell neue Produkttechnologie statt, ohne daß dadurch das produktionsnotwendige Know-how deutlich verändert wird. Die Kostenstruktur bleibt weitgehend konstant. Mit diesem Diskontinuitätstyp ist besonders dann zu rechnen, wenn eine funktionskritische Komponente eines komplexen technischen Systems maßgeblich verbessert werden kann.

Typ 2: Bei diesem Diskontinuitätstyp wird durch eine prinzipiell neue Prozeßtechnologie die Erfahrungskurve abrupt unterbrochen. Die neue Prozeßtechnologie bewirkt eine Veränderung der Kostenstrukturen, nicht jedoch unbedingt auch eine gravierende Veränderung an der Problemlösung selbst. Eine Diskontinuität dieser Art tritt häufig bei kapitalintensiven Prozeßtechnologien, insbesondere bei «durchlaufender Stoffverwertung» auf.

Typ 3: Dieser Diskontinuitätstyp beschreibt eine sprunghafte Leistungssteigerung durch eine prinzipielle Veränderung der Produkttechnologie. Die zur Realisierung der neuen Produkte benötigten Prozeßtechnologien unterscheiden sich von den bestehenden Fertigungsanlagen so stark, daß bei einem Technologieübergang von einem Erfahrungskurvenabbruch auszugehen ist.

Typ 4: Hier wird durch eine prinzipielle Änderung der Prozeßtechnologie eine sprunghafte Erhöhung der Leistungsfähigkeit induziert. Durch die Prozeßveränderung wird ebenfalls eine erhebliche Änderung der Problemlösung erforderlich.

Die hier beschriebenen Typen diskontinuierlicher Technologieübergänge verhalten sich zu denen von Utterback und Kim folgendermaßen. Typ 1 entspricht einer Produktdiskontinuität nach Utterback und Kim, Typ 2 beschreibt eine Prozeßdiskontinuität. Mit dem Typ 3 wird eine Produktdiskontinuität mit einer daraus resultierenden Prozeßdiskontinuität umschrieben, Typ 4 beinhaltet den umkehrten Fall, daß eine Prozeß- eine Produktdiskontinuität zur Folge hat.

Der besondere Schwerpunkt dieser Studie liegt auf der **Analyse technologieübergangshemmender Faktoren.**
Nach der Einführung einer neuen Technologie ist häufig zu beobachten, daß sich die Leistungsfähigkeit der etablierten Technologie aufgrund eines erhöhten Ressourceneinsatzes weiter verbessert und somit näher an ihre Leistungsgrenze heranrückt, die maximale Leistungsfähigkeit einer Technologie wird also nach der Einführung der

neuen Konkurrenztechnologie erreicht.[184] Die neue Technologie scheint in diesem Fall relativ unattraktiver, was den Technologieübergangsprozeß hinausschieben kann.[185]

Sind die Kooperationsmöglichkeiten zwischen mehreren Unternehmen zur Entwicklung der neuen Technologie beeinträchtigt, kann dies ebenfalls zu einer Verzögerung des Technologieübergangs führen.[186] Als eine weitere Trägheitskraft für einen Technologieübergang wird die Bindung des Know-hows der neuen Technologie bei externen Trägern angeführt.[187] Bis es zum praktischen Einsatz neuer Technologien kommen kann, sind häufig Weiterentwicklungen bei Komplementärtechnologien sowie bei Versorgungs- und Entsorgungstechnologien notwendig. Ist der Entwicklungsstand dieser Umgebungstechnologien noch nicht weit genug fortgeschritten, kann dies zu einer Behinderung des Technologieübergangs führen.[188]

Können bei der Einführung einer neuen Produkttechnologie bestehende Fertigungsanlagen nicht weiterverwendet werden, ist von einem Erfahrungskurvenabbruch auszugehen. Dieser Sachverhalt dürfte sich ebenfalls hemmend auf einen Technologieübergang auswirken.[189] Aus der Erfahrungskurve und dem Modell technologischer S-Kurven werden sich widersprechende Empfehlungen abgeleitet. Während die Erfahrungskurve ein Verharren auf der bestehenden Technologie aufgrund noch zu realisierender Kostensenkungspotentiale rät, wird basierend auf dem Modell technologischer S-Kurven üblicherweise ein frühzeitiger Technologieübergang empfohlen.[190] Bis zu einem gewissen Grad kann ein Fokussieren auf Kostenreduzierung

---

184 Vgl. Cooper, Schendel (1976); Weiss (1989), S. 61f.
     Dies wird dadurch erklärt, daß Unternehmen, die erheblich in eine bestehende Technologie in Form von Ausbildungskosten, Forschungsaufwendungen und Fertigungsanlagen investiert haben, oft ihre Stellung verteidigen, indem sie vermehrt in die bestehende Technologie investieren, was erhebliche Verbesserungen in der Produktleistung oder der Produktivität zur Folge haben kann.

185 Vgl. Cooper, Schendel (1976); Weiss (1989), S. 62f.

186 Kooperationen werden besonders in der frühen Entwicklungsphase einer Technologie als zwingende Voraussetzung erachtet. Gerade kleine Unternehmen sind häufig nicht in der Lage, die für eine Markterschließung der neuen Technologie erforderlichen Kosten aufzubringen. Vgl. Olleros (1986), S. 17; Weiss (1989), S. 69.

187 Vgl. Weiss (1989), S. 73.

188 Vgl. ebenda, S. 66. Ähnlich hierzu wird auch das Fehlen der notwendigen Infrastruktur für ein grundlegend neues Produkt als Grund für eine Verzögerung oder Verhinderung einer Marktadaption gesehen. Vgl. McIntyre (1988), S. 141.

189 Die anfallenden Kosten und erforderlichen innerbetrieblichen Strukturveränderungen sind in einem solchen Fall erheblich. Vgl. Weiss (1989), S. 83.

190 Dieser Sachverhalt wird auch als «Technologieübergangsdilemma» bezeichnet. Vgl. ebenda, S. 63.

durchaus sinnvoll sein, eine Unternehmensstrategie, die ausschließlich auf Kosten-reduktion abzielt, dürfte jedoch auf lange Sicht scheitern.[191]

Herrscht dagegen im Unternehmen die Ansicht vor, daß durch ein Produkt, das auf der neuen Technologie basiert, der Gewinn erhöht oder eine Aufwertung des Gesamt-programms erreicht werden kann, ist mit einer Beschleunigung bzw. zeitlichen Vorverlagerung des Technologieübergangs zu rechnen.[192]

2.4.2.4. Typologie für Fertigungstechnologien nach Lebens

Während bei den vorangegangenen Typologien diskontinuierliche Technologie-übergänge allgemein untersucht wurden, konzentriert sich die Untersuchung von Lebens speziell auf dieses Phänomen bei Fertigungstechnologien.[193] Durch diese auf dem Modell technologischer S-Kurven basierende Typologie werden die verschiedenen Ausprägungen von Prozeßdiskontinuitäten untersucht.[194]

Eine Unterscheidung der Diskontinuitäten erfolgt zunächst hinsichtlich des **Know-how Verwandtschaftsgrades** zwischen der neuen Technologie und ihrer Vorgänger-technologie. **Inkrementale** Diskontinuitäten beruhen auf einer schrittweisen Weiterentwicklung der bestehenden Fertigungstechnik über mehrere Generationen. Bei einer **sprunghaften** Diskontinuität ändert sich das naturwissen-schaftlich-technische Prinzip und damit gleichzeitig auch die Struktur und der Aufbau der Fertigungsanlagen.[195] Das fertigungstechnische Know-how der Vorgänger-technologie stellt für den Einsatz der neuen Technologie in diesen Fällen keine Voraussetzung dar, besonders gut ausgebildetes Personal wird jedoch als ein Erfolgsparamter für den erfolgreichen Einsatz der neuen Technologie gewertet.[196]

Das zweite Unterscheidungskriterium bezieht sich auf den **vollzogenen Leistungs-sprung** von der bestehenden auf die neue Technologie zum Zeitpunkt des Techno-logieübergangs, der sowohl **negativ** als auch **positiv** sein kann. Die folgende Abbildung 2-12 stellt die daraus resultierenden 4 Typen grafisch dar.

---

191 In diesem Sinne Heininger (1985).

192 Vgl. Weiss (1989), S. 74.

193 Diese Studie basiert auf 18 untersuchten Fällen in verschiedenen metallverarbeitenden Branchen. Zur genaueren Datenbeschreibung siehe Lebens (1986), S. 116ff.

194 Das Modell technologischer S-Kurven findet zwar meist für Produkttechnologien Anwendung, kann jedoch auch bei Prozeßtechnologien herangezogen werden. Vgl. Weiss (1989), S. 58.

195 Vgl. Lebens (1986), S. 214 und S. 281.

196 Vgl. Wildemann (1987), S. 458.

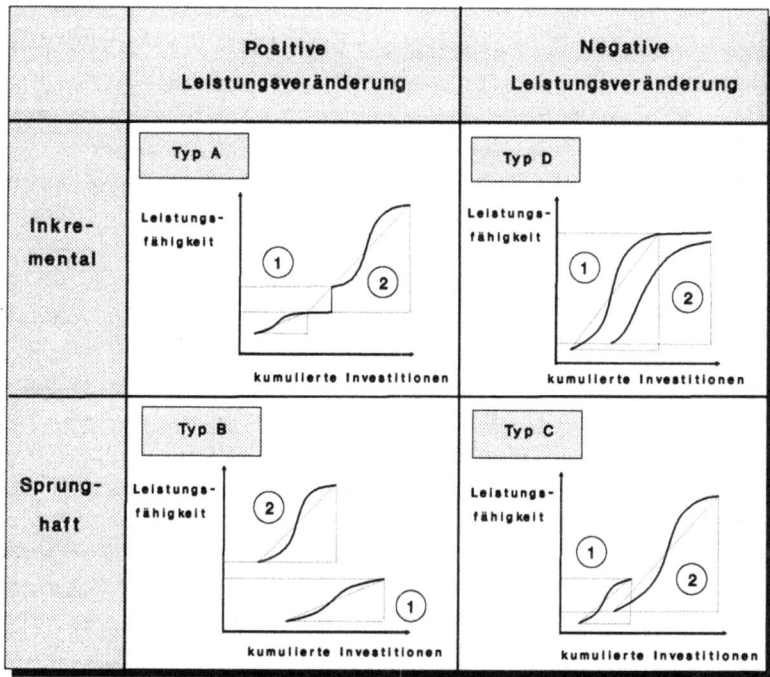

Abbildung 2-12: *Typologie technologischer Diskontinuitäten für*
Fertigungstechnologien [197]

Die einzelnen Diskontinuitätstypen lassen sich wie folgt beschreiben:

Typ A: Diskontinuitäten dieses Typs repräsentieren eine inkrementale Weiterentwicklung der bestehenden Fertigungstechnologie, die einen positiven Leistungssprung bewirkt.[198] Die neue Technologie baut hinsichtlich Know-how und vorhandener Techniken auf die Vorgängertechnologie auf. Die strategische Bedeutung dieses Typs wird als gering eingeschätzt.[199] Die Leistungsfähigkeit und das finanzielle Risiko der inkrementalen Verfahrensverbesserungen sind relativ genau bewertbar.

Typ B: Sprunghafte Diskontinuitäten dieser Art beschreiben eine Leistungssteigerung, die auf einer Veränderung des naturwissenschaftlich-technischen Prinzips beruht; die neue Fertigungstechnologie kann unabhängig von dem technologischen Know-how der bisherigen Fertigungstechnologie zum Einsatz kommen. Aufgrund des Eigenentwick-

---

197 Ebenda, S. 215.
198 Vgl. Lebens (1986), S. 217.
199 Vgl. ebenda, S. 281.

49

lungsanteils sowie teilweiser Pionieranwendungen ist mit einem solchen Technologie-übergang ein erhöhtes strategisches Risiko verbunden.[200] Die Höhe der Investitions-aufwendungen sind bei diesem Typ im Vergleich zu dem realisierten Leistungssprung relativ niedrig und die Gefahr eines Investitionsfehlschlages ist gering, da davon ausgegangen werden kann, daß der Anlagenhersteller die Fertigungstechnologie beherrscht. Grundsätzliche Wettbewerbsvorteile können nicht erzielt werden, da sich Wettbewerber ebenfalls diese Anlagen zugänglich machen können.[201]

Typ C: Dieser sprunghafte Diskontinuitätstyp ist dadurch gekennzeichnet, daß die Leistungsfähigkeit der neuen Technologie zum Zeitpunkt des Technologieüberganges zunächst unter der der bisher eingesetzten Technologie liegt. Man kann jedoch von einem im Vergleich zur Vorgängertechnologie höheren Leistungspotential der neuen Fertigungstechnologie ausgehen.[202] Kurzfristigen Leistungsnachteilen sind langfristige Wettbewerbsvorteile aufgrund verbesserter Kosten- und Leistungsstrukturen gegenüberzustellen, weshalb die strategische Bedeutung eines solchen Technologieübergangs als groß eingeschätzt wird. Die Wirtschaftlichkeit der neuen Technologie ergibt sich erst unter der Annahme einer langen Nutzungszeit. Bei einer Diskontinuität dieses Typs sind umfangreiche betriebliche Maßnahmen notwendig, in die auch vor- und nachgelagerte Fertigungsbereiche einzubeziehen sind.

Typ D: Bei einer inkrementalen Diskontinuität dieses Typs ist zum Zeitpunkt des Technologieübergangs ein negativer Leistungssprung zu beobachten. Der Wechsel des naturwissenschaftlich-technischen Prinzips bringt auch langfristig keine Lei-stungsvorteile mit sich, ist jedoch von strategischer Bedeutung, da solche Diskonti-nuitäten extern, wie beispielsweise durch verschärfte Umweltschutzbestimmungen hervorgerufen werden und so quasi erzwungen werden.[203] Ein Festhalten an der bestehenden Technologie ist in einem solchen Fall nicht möglich.[204]

Analogien weist die Typologie von Lebens zu der von Tushman und Anderson inso-fern auf, als zwischen dem Radikalitätsgrad bzw. der strategischen Relevanz der

---

200 Vgl. Lebens (1986), S. 221.
201 Vgl. ebenda, S. 282.
202 Vgl. ebenda, S. 224ff. Dieser Diskontinuitätstyp entspricht dem in Abschnitt 2.3.1 dargestellten, idealtypischen Verlauf des Modells technologischer S-Kurven.
203 Vgl. ebenda, S. 226ff.
204 Vgl. ebenda, S. 281.
   Die Einführung der Katalysatortechnik im Automobilbau und der Ersatz von Fluorkohlenwasserstoffe (FCKW) durch umweltverträglichere Treibgase sind Beispiele für technologische Veränderungen, die auf Änderungen der gesetzlichen Rahmen-bedingungen zurückzuführen sind.

Diskontinuitäten unterschieden wird. Inkrementale Diskontinuitäten nach Lebens bauen ebenso wie kompetenzverstärkende Diskontinuitäten nach Tushman und Anderson auf bestehendes unternehmensspezifisches Know-how auf und verbessern die Leistungsfähigkeit von Technologien wesentlich.[205] Insofern ist eine weitgehende Übereinstimmung zwischen inkrementalen Diskontinuitäten nach Lebens und kompetenzverstärkenden Prozeßdiskontinuitäten nach Tushman und Anderson festzustellen. Sprunghafte Diskontinuitäten der Typen B und C weisen inhaltlich starke Ähnlichkeiten zu kompetenzzerstörenden Prozeßdiskontinuitäten auf. Bei diesen Typen kann die neue Fertigungstechnologie unabhängig von dem technologischen Know-how der bestehenden Fertigungstechnologie zum Einsatz kommen.

2.4.2.5. Analyse von Pionierunternehmen bei Technologieübergängen nach Olleros

Obwohl grundlegende Produktinnovationen häufig von **Pionierunternehmen** durchgeführt werden, kann aus dieser Beobachtung nicht geschlossen werden, daß diese Unternehmen in der Lage sind, ihre Innovation auch erfolgreich auf dem Markt zu etablieren. In der Studie von Anderson und Tushman Branchen wurde das aus einer neuen Technologie resultierende «dominante Design» ausschließlich von etablierten Unternehmen durchgesetzt.[206] Kleine Pionierunternehmen haben offensichtlich große Schwierigkeiten, sich mit einer radikal neuen Produkttechnologie auf dem Markt zu behaupten und ihre eigene technologische Lösungsvariante als dominantes Design zu etablieren.

Als Grund dieses Scheiterns werden die beschränkten finanziellen Ressourcen von Pionierunternehmen angegeben, die es ihnen häufig unmöglich machen, die für eine Kostenreduktion im Produktionsprozeß erforderlichen Investitionen aufzubringen.[207] Als weitere Gründe für die relativ schwache Position von Pionierunternehmen werden hohe Kosten des Pioniers bei der Technologieentwicklung, der Markterschließung sowie eine erhöhte Unsicherheit bezüglich der technologischen Leistungsfähigkeit und des Marktes angeführt.[208] Je größer die Kosten für die Markterschließung einer neuen Technologie ausfallen, desto größer sind die Kostenvorteile eines späten Markteintritts, bei dem man sich die vorangegangenen Investitionen der Pioniere in die Markterschließung zunutze machen

---

205 Das Merkmal der Leistungssteigerung wird sowohl von Lebens als auch von Tushman und Anderson als Kriterium zur Beurteilung technologischer Diskontinuitäten herangezogen. Vgl. Lebens (1986), S. 214f.; Tushman, Anderson (1986), S. 442.
206 Vgl. Anderson, Tushman (1990), S. 29.
207 Vgl. Olleros (1986), S. 8.
208 Vgl. ebenda, S. 10ff.

51

kann. Der frühe Markteintritt von Konkurrenten kann aus Pioniersicht durchaus vorteilhaft sein, da diese helfen, die Position der neuen Technologie gegenüber ihrer Vorgängertechnologie zu festigen, und dadurch zu einer Beschleunigung des Substitutionswettbewerbs zwischen den beiden Technologien beitragen.

Die ersten Versionen einer neuen Technologie werden oft in einer schnellen Folge erheblich verändert bzw. verbessert. Die Anwender einer solchen Technologie sehen sich aus diesem Grund in der Regel dem Risiko einer schnellen Technologiealterung ausgesetzt.[209] Hinzu kommen Kosten, die durch das fehlende Know-how mit dem Umgang der neuen Technologie entstehen.[210] Hat sich eine Technologie erst einmal bewährt, erscheinen meist in schneller Folge weitere Anwender, die sie in neuen Bereichen einsetzen.[211]

2.5. Sonstige Vorgehensweisen zur Analyse technologischer Diskontinuitäten

Neben den oben dargestellten Modellen und Typologien werden weitere Vorgehensweisen zur Analyse technologischer Diskontinuitäten vorgeschlagen. Eine Berücksichtigung dieser im folgenden kurz dargestellten Ansätze ist bei der späteren Entwicklung des wissensbasierten Systems nicht vorgesehen. Der Grund hierfür liegt im wesentlichen in der quantitativen Vorgehensweise, die für die vorliegende Problemstellung, in der vorwiegend qualitative Sachverhalte abzubilden sind, kaum geeignet erscheint. Als weiterer Grund kann die schwierige Operationalisierbarkeit der Ansätze angeführt werden.

2.5.1. Stochastische Eintrittswahrscheinlichkeiten technologischer Diskontinuitäten

Sharif und Islam schlagen vor, mit Hilfe der aus den Ingenieurwissenschaften stammenden «Zuverlässigkeits-Theorie» technologische Diskontinuitäten vorherzusagen.[212] Dabei wird angenommen, daß die Zeit zwischen zwei Ereignissen bzw. der Eintritt eines bestimmten Ereignisses, hier also einer technologischen Diskontinuität, eine stochastische Größe darstellt, die durch eine Wahrscheinlichkeitsfunktion abge-

---

209 In diesem Zusammenhang spricht Olleros auch von «sekundären Diskontinuitäten».
210 Vgl. Olleros (1986), S. 12.
211 Vgl. Steele (1989), S. 44.
212 Vgl. Sharif, Islam (1982).

bildet wird. Der Prozeß der Forschung und Entwicklung wird demnach als ein Prozeß mit stochastischem Output verstanden.

Falls das zu untersuchende technologische System komplexer ist, wird vorgeschlagen, das Gesamtsystem in einzelne Komponenten zu zerlegen und diese in einem Netzwerk abzubilden. Bei der Gestaltung des Netzwerkes sind «Reihenschaltungen» und «Parallelschaltungen» vorgesehen.[213]

Die Ermittlung der Eintrittsfunktion erfolgt zunächst für jede einzelne Komponente, danach wird durch das Überlagern der Funktionen der einzelnen Komponenten die Eintrittswahrscheinlichkeit einer technologischen Diskontinuität für das gesamte technologische System ermittelt.

Die Anwendbarkeit dieses Verfahrens wird zwar an einem relativ einfachen Beispiel demonstriert, praktische Anwendungsbeispiele sind darüber hinaus jedoch nicht bekannt.

Schwierigkeiten bei der Durchführung dieses Verfahrens dürfte besonders die Ermittlung der Eintrittsfunktionen bereiten. Es wird vorgeschlagen, diese Funktionen basierend auf historischen Daten über die Technologie zu ermitteln. Falls solche Daten nicht verfügbar sind, sollen hierzu Expertenmeinungen herangezogen werden.[214] Bei der Zerlegung des technologischen Systems in Einzelkomponenten können weitere Probleme auftreten. Schwierigkeiten kann sowohl die Bestimmung der einzelnen Komponenten als auch deren Strukturierung in einem zusammenhängenden System bereiten, in dem man sich auf die Verknüpfungsformen der Reihen- bzw. Parallelschaltung zu beschränken hat.

Bei der Ermittlung des Gesamtergebnisses ist die Gefahr groß, daß sich die Fehleinschätzungen der Wahrscheinlichkeitsfunktionen der einzelnen Komponenten überlagern bzw. akkumulieren, so daß nicht mehr von einem zuverlässigen Gesamtergebnis ausgegangen werden kann.

---

213 Bei einer Reihenschaltung tritt eine technologische Diskontinuität nur dann auf, wenn in jeder der einzelnen Komponenten eine solche Diskontinuität auftritt; die resultierende Wahrscheinlichkeit ist die minimale Wahrscheinlichkeit der in Reihe geschalteten Komponenten. Bei einer Parallelschaltung tritt ein technologischer Durchbruch dann auf, wenn in mindestens einer der Komponenten ein solcher Durchbruch auftritt; die resultierende Wahrscheinlichkeit ist hier die maximale Wahrscheinlichkeit der parallelgeschalteten Komponenten.

214 Vgl. Sharif, Islam (1982), S. 44.

2.5.2. Katastrophentheorie

Mit der Katastrophentheorie ist es möglich, plötzliche Änderungen im Verhalten von Systemen abzubilden, die sich aufgrund kleiner bzw. stetiger Veränderungen der systembeeinflussenden Kontrollvariablen ergeben.[215] Die Anwendung der Katastrophentheorie kann entweder deduktiv erfolgen, indem die qualitativen Eigenschaften eines sozialen Systems zunächst untersucht werden und anschließend ein Katastrophenmodell abgeleitet wird, oder induktiv, indem man ein hypothetisches Modell formuliert und mit Hilfe empirischer Daten testet.[216]

Die Anwendungsmöglichkeit der Katastrophentheorie zur Analyse und Planung von Diskontinuitäten wurde für den betriebswirtschaftlichen Bereich im allgemeinen[217] sowie speziell für den Themenkomplex technologischer Diskontinuitäten bereits diskutiert.[218] Roski und Dietz ziehen zur katastrophentheoretischen Modellierung technologischer Diskontinuitäten neben dem Modell technologischer S-Kurven die Faktoren der Akzeptanz einer Technologie im Unternehmen sowie die Durchsetzbarkeit der Technologie auf dem Markt heran.[219]

Trotz der Beachtung der Katastrophentheorie bei der Behandlung ökonomischer Probleme liegen bisher nur wenige aus dieser Theorie abgeleitete Ergebnisse vor, die praktisch verwertbar sind. Dies kann zu einem großen Teil auf die schwierige und für praktische Zwecke zu aufwendige und anspruchsvolle Operationalisierung dieser Theorie zurückgeführt werden.[220] Neben diesem Kritikpunkt ist außerdem kritisch zu bewerten, daß die unter Anwendung der Katastrophentheorie resultierenden Ergebnisse empfindlich bei der Variation der Modellparameter reagieren. Zwei Modelle, die sich in ihren Parametern nur geringfügig unterscheiden, können zu extrem unterschiedlichen Ergebnissen bei der Identifizierung von Diskontinuitäten führen.[221] Im Bereich des strategischen Managements liegen häufig vage Informationen und nur stochastische Ursache-Wirkungszusammenhänge vor, was bei der Modellgestaltung zwangsläufig zu Schwankungen bzw. Unsicherheit bei der

---

215 Vgl. Thom (1975).
216 Vgl. Zahn (1984), S. 32.
217 Ein Überblick über mögliche Anwendungsgebiete der Katastrophentheorie in der Betriebswirtschaftslehre findet sich bei Zahn (1979), S. 119ff. Eine Übersicht über Anwendungen der Katastrophentheorie in den Wirtschaftswissenschaften allgemein gibt Fischer (1985).
218 Vgl. Roski, Dietz (1988); Bergen (1982).
219 Vgl. Roski, Dietz (1988); Roski, Dietz (1992).
220 Vgl. Lebens (1986), S. 108; Scholz (1987), S. 127; Zelewski (1987), S. 258.
221 Vgl. Zelewski (1986), S. 8.

Bestimmung der Modellparameter führt. Von einer für die praktische Anwendung notwendigen Stabilität dieses Modells kann somit nicht ohne weiteres ausgegangen werden.

2.6. Beurteilung der Kenntnisse über technologische Diskontinuitäten

Das Phänomen technologischer Diskontinuitäten ist weithin bekannt und besitzt speziell für technologieorientierte Unternehmen eine strategische Bedeutung. Zur Analyse technologischer Diskontinuitäten kann auf eine Reihe unterschiedlicher Modelle und Verfahrensweisen zurückgegriffen werden. Die Mehrzahl dieser Ansätze besitzt einen qualitativen Charakter, d. h. sie wenden vorwiegend qualitative Informationen an, die mit heuristischen Verfahrensweisen verarbeitet werden.

Auf eine umfassende Theorie zur Erklärung technologischer Diskontinuitäten kann nicht zurückgegriffen werden,[222] und man kann zur Zeit nicht davon ausgehen, dieses Phänomen hinsichtlich seiner Ursache-Wirkungszusammenhänge hinreichend gut zu verstehen. Aufgrund der Komplexität und der vielfältigen Einflußfaktoren, die auf den Prozeß technologischen Fortschritts einwirken, ist auch nicht zu erwarten, daß alle für eine Entscheidung relevanten Zusammenhänge je vollständig aufgedeckt werden können.

Dennoch liegen wissenschaftliche Erkenntnisse vor, die Aufschlüsse über wichtige Teilaspekte der vorliegenden Problemstellung geben. Obwohl das Phänomen technologischer Diskontinuitäten nicht vollständig erklärt wird, kann dennoch davon ausgegangen werden, daß durch eine Anwendung der vorliegenden Ansätze bei der Analyse technologischer Diskontinuitäten ein wertvoller Beitrag zur Bewältigung realer Problemstellungen geleistet wird.

Die vorgestellten Modelle und Typologien behandeln jeweils unterschiedliche Aspekte des Gesamtproblems und ergänzen sich so zumindest teilweise. Aus diesem Grund erscheint es sinnvoll, nicht nur ein Modell, sondern mehrere für eine bestimmte Problemstellung anwendbare Ansätze zur Analyse technologischer Diskontinuitäten heranzuziehen. Die folgende Abbildung 2-13 gibt eine vergleichende Betrachtung der in Abschnitt 2.4 diskutierten Analyseansätze technologischer Diskontinuitäten.

---

222 Vgl. Klingebiel (1989), S. 199.

	Prozeß- diskonti- nuität	Produkt- diskonti- nuität	Ausmaß der Diskonti- nuität	Besonderer Analyseschwerpunkt
Tyologie nach Utterback und Kim	Ja	Ja		Wechselwirkungen zwischen Produkt- und Prozeßdiskontinuität
Typologie nach Tushman und Anderson	Ja	Ja		Auswirkungen einer Diskonti- nuität auf bestehende Kompetenzen im Unternehmen
Ansatz nach Weiss	Ja	Ja		Analyse technologisüber- gangshemmender Faktoren
Typologie nach Lebens	Ja	Nein	Ja	Hoher Detailliertheitsgrad bei Prozeßdiskontinuitäten
Ansatz nach Olleros				Spezielle Betrachtung für Pionierunternehmen

Abbildung 2-13: Vergleichende Darstellung der Analyseansätze technologischer Diskontinuitäten

Durch die Anwendung der vorliegenden detaillierteren Analyseansätze, insbesondere der Typologien, ist es möglich, diskontinuierliche Technologieübergänge einer Betrachtung zu unterziehen, die differenzierter als unter Anwendung der allgemeinen Modelle ist. Von dieser besseren Kenntnis der Problemsituation ausgehend besteht die Möglichkeit, spezifische Rückschlüsse auf eine konkrete Entscheidungssituation zu ziehen.

3. Wissensbasierte Systeme - Funktionsweise und Anwendungen im Bereich des strategischen Technologiemanagements

Um die späteren Ausführungen über die Konzeption eines wissensbasierten Systems zur Analyse technologischer Diskontinuitäten besser verstehen zu können, wird in diesem Kapitel der Aufbau und die Funktionsweise wissensbasierter Systeme zunächst kurz beschrieben. Im Anschluß daran wird der Entwicklungsprozeß solcher Systeme, insbesondere die Phase der Wissensakquisition, dargestellt. Darauf folgt eine Einordnung wissensbasierter Systeme in betriebswirtschaftliche Anwendungsgebiete sowie eine Beurteilung bestehender Systeme, die einen Bezug zum strategischen Technologiemanagement aufweisen oder unter methodischen Gesichtspunkten von besonderem Interesse scheinen. Aus dieser Beurteilung können Hinweise zur Gestaltung des hier zu entwickelnden Systems abgeleitet werden. Am Ende dieses Kapitels werden unterschiedliche wissensbasierte Vorgehensweisen zur Analyse von Diskontinuitäten beschrieben und das für die konkrete Problemstellung geeignetste Vorgehen ausgewählt.

3.1. Aufbau und Funktionsweise wissensbasierter Systeme

Unter einem wissensbasierten System oder einem Expertensystem wird ein rechner-gestütztes Informations- und Planungssystem zur Entscheidungsunterstützung und Problemlösung verstanden, bei dem im Unterschied zu konventionellen Software-systemen die fachliche Kompetenz in einem Fachgebiet direkt gespeichert und ziel-gerichtet ausgewertet wird.[1]

Die Begriffe des wissensbasierten Systems und des Expertensystems werden häufig, wie auch in der vorangestellten Definition, synonym benutzt. Die Abgren-zungsversuche zwischen diesen beiden Begriffen fallen äußerst uneinheitlich aus und scheinen häufig willkürlich. Im Rahmen dieser Arbeit soll eine Unterscheidung hinsichtlich der bei der Wissenserhebung herangezogenen Wissensquelle erfolgen. **Während Expertensysteme ihr Wissen vorwiegend unmittelbar von menschlichen Experten beziehen, beinhalten wissensbasierte Systeme solches Wissen, das bereits in dokumentierter Form vorliegt.**[2] Systeme, die ihr Wissen aus schriftlichen

---

1   Vgl. Gabriel, Frick (1991). S. 545. Auf unterschiedliche Definitionen wissensbasierter Systeme soll hier nicht weiter eingegangen werden. Eine Übersicht über solche Defini-tionen findet sich beispielsweise bei von Weissenfluh (1990), S. 44.

2   Vgl. Turban (1988a), S. 72.

Dokumenten wie beispielsweise aus Veröffentlichungen oder Gesetzestexten beziehen, sind demnach als wissensbasierte Systeme zu bezeichnen.[3]

Wissensbasierte Systeme stellen ein Teilgebiet der Künstlichen Intelligenz dar, die üblicherweise in die in Abbildung 3-1 dargestellten Forschungsgebiete unterteilt wird.[4] Zwischen den einzelnen Bereichen bestehen Verbindungen und inhaltliche Überschneidungen, was auch an einigen Stellen dieser Arbeit deutlich wird.[5]

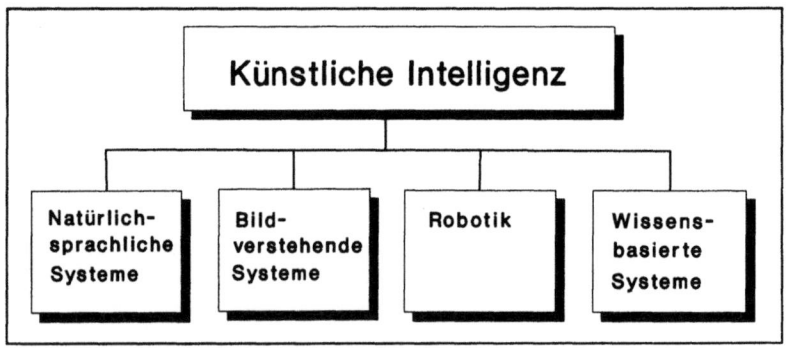

Abbildung 3-1: **Teilgebiete der Künstlichen Intelligenz**[6]

3   Eine andere Unterscheidung wird von Kurbel vorgeschlagen. Die Bezeichnung Expertensystem beschreibt hier im wesentlichen das Verhalten eines Systems seiner Umwelt gegenüber, indem darauf abgezielt wird, daß das System möglichst ähnlich wie der Experte arbeitet; die hierzu herangezogene Programmiertechnik ist unerheblich. Mit dem Begriff des wissensbasierten Systems bezieht man sich auf die Systemstruktur des Programms, die erfordert, daß eine typische, auf der künstlichen Intelligenz basierende Systemkonzeption Anwendung findet. Vgl. Kurbel (1989), S. 25f.

     Eine wiederum andere Abgrenzung versteht wissensbasierte Systeme als Oberbegriff zu Expertensystemen. Vgl. Altenkrüger (1987), S. 17; auch Kleinhans (1989), S. 53f.

4   Die künstliche Intelligenz ist der Teil der Computerwissenschaft, der sich mit der Entwicklung intelligenter Computersysteme befaßt. Darunter sind Systeme zu verstehen, die die charakteristischen Eigenschaften aufweisen, die mit intelligenten menschlichen Verhalten assoziiert werden. Hierunter versteht man etwa das Verstehen von Sprache, Lernen, Probleme lösen oder Schlüsse ziehen. Vgl. Jackson (1989), S. 2. Ähnlich dazu Karras, Kredel, Pape (1987), S. 5; Hart (1986), S. 169; Prerau (1990), S. 347.

     Die künstliche Intelligenz ist als ein interdisziplinäres Forschungsgebiet zu verstehen, das wesentlich von den Forschungsdisziplinen der Informatik, Linguistik, der kognitiven Psychologie, der Entscheidungstheorie und der Philosophie beeinflußt wird. Vgl. Frank (1988), S. 20.

5   Hier sei besonders auf die Ausführungen in Abschnitt 3.2.2.3 über die Anwendung natürlichsprachlicher Systeme bei der Verarbeitung von Texten hingewiesen.

6   Vgl. Mockler, Dologite (1988), S. 97; Nebendahl (1990), S. 19. Ausführlicher dazu Pfau (1990), S. 26.

Wissensbasierte Systeme besitzen eine typische, im Vergleich zu konventionellen Computerprogrammen grundlegend unterschiedliche Systemarchitektur, in der die Darstellung des problemrelevanten Wissens und der Problemlösungsvorgang voneinander getrennt werden. Bei der Entwicklung eines solchen Systems konzentriert man sich auf die Darstellung des Wissens über ein Fachgebiet. Der Lösungsvorgang der Problemstellung wird von der bereits vorhandenen Schlußfolgerungskomponente übernommen.

Im folgenden wird der Aufbau und die Funktionsweise wissensbasierter Systeme in Grundzügen dargestellt, indem die Aufgaben der einzelnen Systemkomponenten kurz beschrieben werden. Abbildung 3-2 gibt den prinzipiellen Aufbau eines solchen Systems wieder.

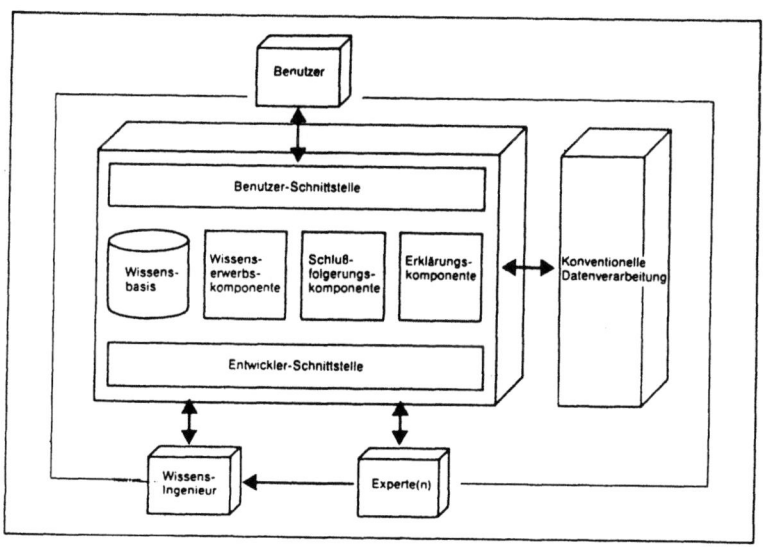

Abbildung 3-2: Aufbau eines wissensbasierten Systems[7]

Wissenserwerbskomponente:

Die Wissenserwerbs- oder **Wissensakquisitionskomponente** hat die Aufgabe, die Eingabe neuen Wissens in die Wissensbasis sowie das Ändern oder Löschen bestehenden Wissens zu unterstützen und somit den Entwicklungsprozeß zu erleichtern bzw. unter wirtschaftlichen Gesichtspunkten zu verbessern. Dieses

---

7   IBM Deutschland.

Kriterium ist besonders für Aufgabengebiete von Bedeutung, in denen sich das Problemlösungswissen im Zeitablauf verändert.

Das Forschungsgebiet der Wissensakquisition hat eine Reihe äußerst unterschiedlicher Verfahren und Ausgestaltungsformen dieser Komponente hervorgebracht. Während in einfachen Fällen die Eingabe des Wissens durch einen Texteditor erfolgt, unterstützen technisch anspruchsvollere Systeme diese Phase der Systementwicklung mit (teil-) automatisierten Modulen, die häufig für spezielle Problemtypen konzipiert wurden. Auf den Prozeß der Wissensakquisition und Entwicklungen in diesem Gebiet wird im folgenden noch ausführlicher eingegangen.

Wissensbasis:

In der Wissensbasis wird das zur Problemlösung notwendige Wissen in einer formalen Struktur dargestellt, wofür unterschiedliche Wissensrepräsentationsformen zur Verfügung stehen.[8] Produktionsregeln haben in diesem Zusammenhang die größte praktische Verbreitung gefunden[9] und werden auch bei der Realisierung des im folgenden konzipierten Systems zur Wissensrepräsentation herangezogen. Aus diesem Grund beziehen sich die weiteren Ausführungen ausschließlich auf die Wissensdarstellung und Problemlösungsstrategien für Produktionsregeln.[10]

Als Produktionsregeln werden Wissenseinheiten bezeichnet, in denen Wissen in Wenn-Dann Form abgelegt wird. Die Wenn-Komponente wird als Prämisse oder Antezedensbedingung, die Dann-Komponente als Konklusion oder auch als Aktionsteil bezeichnet. Sowohl in der Prämisse als auch in der Konklusion ist die Verknüpfung mehrerer Variablen durch Operatoren zugelassen, wodurch komplexe Regelzusammenhänge darstellbar sind.[11] Häufig ist eine Darstellung von unsicheren Regelzusammenhängen möglich.[12]

Durch das Füllen der Wissensbasis mit problemrelevantem Wissen, d. h. einer größeren Anzahl von Produktionsregeln, ist man in der Lage, die für eine Problembewältigung notwendige Grundlage zu schaffen. Bei größeren Systemen ist es häufig notwendig, die Wissensbasis zu strukturieren, d. h. in Wissensteilbasen zu gliedern.[13]

---

8   Üblicherweise wird zwischen den drei Wissensrepräsentationsformen der Produktionsregeln, Frames und semantischen Netze unterschieden. Vgl. etwa Nebendahl (1990), S. 55.

9   Vgl. Magill, Leech (1991), S. 55.

10   Ein Überblick über die unterschiedlichen Wissensrepräsentationsformen findet sich etwa bei Kurbel (1989), S. 36ff.

11   Als Konjunktionen stehen meist die mathematischen UND und ODER Verknüpfungen zur Verfügung.

12   Auf die Berücksichtigung von Unsicherheit in Produktionsregeln wird in Abschnitt 4.2.4.2 dieser Arbeit näher eingegangen.

13   Vgl. Puppe (1991), S. 129.

Schlußfolgerungskomponente (Inferenzmechanismus):

Zur Lösung einer Aufgabenstellung ist das in der Wissensbasis abgelegte Wissen zielgerichtet auszuwerten. Diese Aufgabe übernimmt der Inferenzmechanismus, der auch als Problemlösungskomponente bezeichnet wird. Charakteristisch für wissensbasierte Systeme ist, daß diese Problemlösungskomponente von der Wissensbasis weitgehend unabhängig ist und so mehrfach, d. h. für unterschiedliche Problembereiche einsetzbar ist.

Zur Lösung einer Aufgabe unter Anwendung der in der Wissensbasis dargestellten Regeln werden unterschiedliche Lösungsstrategien angewendet. Man unterscheidet typischerweise zwischen den beiden Inferenzverfahren der Vorwärtsverkettung und der Rückwärtsverkettung. Bei der **Vorwärtsverkettung** sucht man zu bekannten Fakten einer Problemstellung Regeln in der Wissensbasis, die ausgeführt werden, soweit die Regelprämisse zutrifft. Dieser Prozeß läuft so lange, bis ein Ergebnis ermittelt wurde oder keine Regeln mehr ausgeführt werden können.[14] Die Vorwärtsverkettung, die auch als datengetriebene Inferenz bezeichnet wird,[15] bietet sich besonders an, wenn zwar die aktuelle Problemstellung sehr gut beschrieben werden kann, die Anzahl der möglichen Ergebnisse jedoch unbekannt oder sehr groß ist.[16]

Die **Rückwärtsverkettung** erfordert die Angabe eines Ziels, d. h. einer Zielvariablen, deren Wert während des Programmablaufs ermittelt werden soll. Alle Regeln, die die Zielvariable in ihrer Konklusion enthalten, werden auf die Bedingungen in ihrer Antezedenskomponente überprüft.[17] Die Variablen im Antezedensteil der Regeln können wiederum in der Konklusion anderer Regeln enthalten sein, woraus sich im Problemlösungsprozeß eine mehrstufige, netzwerkartige Verknüpfung der Regeln ergibt. Während des Problemlösungsprozesses werden lediglich solche Fakten herangezogen, die zur Bestimmung der Zielvariablen benötigt werden, weshalb die Rückwärtsverkettung auch als zielgetriebene Inferenz bezeichnet wird.[18] Diese Problemlösungsstrategie wird in der Regel dann angewendet, wenn die möglichen Zielzustände vorher bekannt sind und ihre Zahl nicht allzu groß ist.[19] Bei der Entwicklung wissensbasierter Systeme ist es üblich, diese beiden Lösungsstrategien zu kombinieren.[20]

---

14   Vgl. Nebendahl (1990), S. 72.
15   Vgl. Kurbel (1989), S. 57, Prerau (1990), S. 19f.
16   Vgl. Pfau (1990), S. 142f.; Gabriel, Frick (1991), S. 549.
17   Vgl. Nebendahl (1990), S. 76.
18   Vgl. Kurbel (1989), S. 58; Prerau (1990), S. 20.
19   Vgl. Karras, Kredel, Pape (1987), S. 67; Kurbel (1989), S. 58.
20   Vgl. Parsaye, Chignell (1988), S. 275.
      Bei der Wahl der Inferenzmethode ist zu berücksichtigen, daß die Vorwärtsverkettung im Vergleich zur Rückwärtsverkettung einen größeren Rechenaufwand erfordert.

Erklärungskomponente:

Ein wesentliches Merkmal, das wissensbasierte Systeme von konventionellen Programmen unterscheidet, ist die Fähigkeit, die von dem System generierten Ergebnisse zumindest ansatzweise zu erklären. Neben der Darstellung der Ergebnisse besteht die Möglichkeit, auch den Lösungsweg und die während des Problemlösungsprozesses herangezogenen Variablen aufzuzeigen.[21] Der daraus entstehende Vorteil liegt in der Nachvollziehbarkeit der Problemlösung, was besonders für die Benutzerakzeptanz von grundlegender Bedeutung ist.[22] Eine Reihe bestehender wissensbasierter Systeme und Expertensysteme erfüllen diese Aufgabe zwar ansatzweise, von einer zufriedenstellenden Leistungsfähigkeit dieser Systemkomponente kann jedoch noch nicht ausgegangen werden.[23]

Benutzerschnittstelle (Dialogkomponente):

Aufgabe dieser Systemkomponente ist es, das Wissen aus der internen Darstellungsform so aufzuarbeiten, daß es für den Anwender während des Programmablaufs verständlich ist und somit eine Kommunikation ermöglicht wird.[24] Als besonders geeignet wird eine möglichst natürlichsprachliche Kommunikation zwischen System und Endbenutzer bewertet.[25] Der Programmablauf erfolgt typischerweise in Form eines flexiblen Frage-Antwort-Dialogs. Die Gestaltung der Benutzerschnittstelle trägt neben der Erklärungskomponente stark zur Akzeptanz eines Systems bei.[26]

Hinsichtlich der **Lösungsverfahren** wissensbasierter Systeme unterscheidet man im allgemeinen zwischen Systemen, die analytische, und solchen, die synthetische Verfahren anwenden.[27]

Bei **analytischen** Verfahren werden zu einem Problem passende Lösungen aus einer Menge ausgewählt, die eine endliche, überschaubare Anzahl von Lösungsalternativen

---

21 Prinzipiell ist es auch sinnvoll, zur Erklärung von Ergebnissen solche Variablen anzuzeigen, die bei der Lösungsfindung nicht herangezogen wurden, um so die Plausibilität des Regelwerkes besser beurteilen zu können. Über eine solche Funktion verfügt das System KPS/Prolog. Vgl. Schmidt, Ralfs (1988), S. 27.

22 Auf diese Problematik soll hier nicht näher eingegangen werden. Ausführlich dazu Klee (1989).

23 Vgl. Nebendahl (1990), S. 37; Zelewski (1991), S. 249f.

24 Vgl. Kurbel (1989), S. 28.

25 Vgl. Gabriel, Frick (1991), S. 550f.

26 Vgl. Bodendorf, Wittmann (1988), S. 32.

27 Vgl. Boose, Gaines (1989), S. 383; Clancey (1985), S. 312. Analytische Verfahren werden teilweise auch als interpretierende und synthetische als konstruierende Verfahren bezeichnet. Als dritte Verfahrensgruppe nennt Puppe die Simulation. Vgl. Puppe (1990), S. 32.

beinhaltet. Den analytischen Lösungsverfahren ordnet man die Diagnose zu, bei der von bestimmten Beobachtungen oder Symptomen auf die Klassenzugehörigkeit eines Objektes geschlossen werden soll; aus einer vorgegebenen Menge möglicher Lösungen wird nach bestimmten Kriterien ein Element ausgewählt bzw. ein Untersuchungsgegenstand einem Element der Lösungsmenge zugeordnet.[28] Die Begriffe Diagnose und Klassifikation werden meist synonym benutzt.[29]

Als Diagnose- bzw. Klassifikationsproblem ist somit auch die Zuordnung einer bestimmten Technologie bzw. eines Technologieüberganges zu den Typen einer bestehenden Typologie oder zu der Phase eines Lebenszyklus zu verstehen.[30] Die Zuordnung erfolgt anhand qualitativer Indikatoren, die als Symptome zu interpretieren sind. Die vorliegende Aufgabenstellung erfordert daher die Anwendung analytischer Verfahren.

Bei **synthetischen** Verfahren wird aus einzelnen Komponenten oder Lösungen von Unterproblemen eine Gesamtlösung entwickelt.[31] Solche Verfahren entwickeln aus einer fest vorgegebenen Menge von Elementen bei einer endlichen Anzahl von Konstruktionsmöglichkeiten das zu planende Objekt.[32] Kennzeichnend für Anwendungsbereiche der synthetischer Verfahren sind eine relativ geringe Anzahl von Eingangsdaten und viele mögliche Zielzustände,[33] wie dies bei Planungs- und Konfigurierungsaufgaben der Fall ist.[34] Zur Lösung betriebswirtschaftlicher Planungsaufgaben sind somit synthetische Verfahren anzuwenden.

3.2. Entwicklung wissensbasierter Systeme

3.2.1. Phasen der Systementwicklung

Bei der Entwicklung von wissensbasierten Systemen geht es vor allem darum, das zur Bewältigung einer bestimmten Aufgabenstellung relevante Wissen zu ermitteln und systematisch in eine Wissensbasis zu überführen. Hierfür werden unterschiedliche

---

28 Kennzeichnend für diesen Problemtyp ist somit, daß Muster aus einer Menge von Alternativen ausgewählt werden. Vgl. Puppe (1987), S. 30.
29 Vgl. Kleinhans (1989), S. 140f.
    Eine Klassifikation liegt dann vor, wenn eine Zuordnung zwischen Beobachtungen und Konzepten oder einer bekannten Klasse von Objekten, Ereignissen oder Prozessen stattfinden soll. Vgl. Clancey (1985), S. 293; Karbach, Linster (1990), S. 57.
30 In diesem Sinne auch Müller-Merbach (1979), S. 156.
31 Vgl. Boose, Gaines (1989), S. 383.
32 Vgl. Richter (1989), S. 312.
33 Vgl. Karst (1991), S. 15.
34 Vgl. Clancey (1985), S. 315ff.

Verfahrensweisen vorgeschlagen.[35] Phasenmodelle haben hier eine besondere Bedeutung erlangt.[36] Es bietet sich an, den Entwicklungsprozeß zunächst prinzipiell in die drei aufeinander folgenden Hauptphasen der Problemabgrenzung, der Wissensakquisition und -repräsentation sowie der Implementierung und Wartung zu unterteilen, wie dies in Abbildung 3-3 dargestellt ist.[37] Die Hauptphasen können jeweils weiter untergliedert werden.

Im weiteren Verlauf wird die Phase der Wissensakquisition ausführlich behandelt. Diesem Prozeß kommt im Rahmen der Entwicklung eines wissensbasierten Systems eine zentrale Stellung zu, da die Leistungsfähigkeit eines solchen Systems wesentlich von der Qualität, der Vollständigkeit und einer geeigneten formalen Darstellungsweise des implementierten Wissens bestimmt wird.[38]

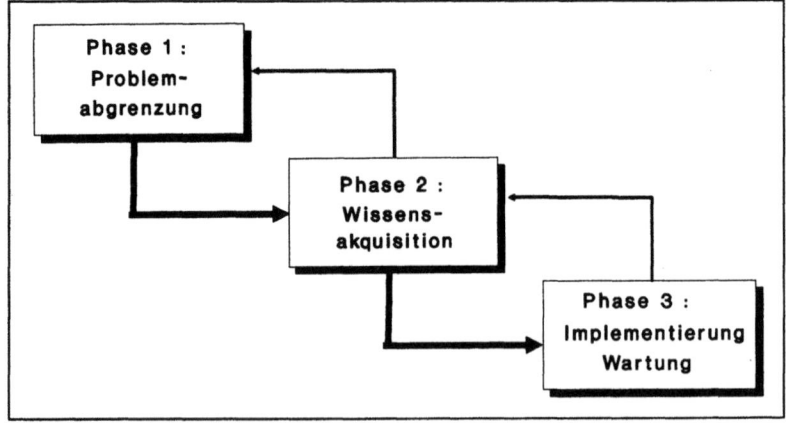

Abbildung 3-3:   *Entwicklungsphasen eines wissensbasierten Systems*

---

35   Eine umfangreiche Übersicht und Beurteilung unterschiedlicher Vorgehensweisen gibt Karst (1992), S. 66ff.

36   Auf eine Darstellung und Bewertung der unterschiedlichen Phasenaufteilungen soll hier verzichtet werden. Eine Übersicht über unterschiedliche Phasenmodelle geben z. B. Olsen (1989), S. 128ff. und Mucksch, Fenske (1991). Vgl. außerdem Kretschmar (1989), S. 23; Prerau (1990), S. 199ff.; Behrendt (1991), S. 87ff.

37   Vgl. Woodward (1990), S. 74.

38   Bei der Bewertung eines wissensbasierten Systems ist zwischen der internen und der externen Reliabilität zu unterscheiden. Die interne Reliabilität bezieht auf die Zuverlässigkeit der Funktionsweise des Systems. Hierbei wird unter anderem beurteilt, inwieweit die Wissensrepräsentation, die Berücksichtigung von Unsicherheit und Unschärfe sowie die Funktionsweise des Inferenzmechanismus angemessen sind. Die externe Reliabilität beurteilt das System aus Anwendersicht; man stellt sich hier die Frage, inwieweit das Ergebnis des Systems als zuverlässig beurteilt wird. Vgl. Hollnagel (1989), S. 14f.

3.2.2. Wissensakquisition

3.2.2.1. Definition und Anforderungen

Breuker und Wielinga verstehen Wissensakquisition als die Methode, ein Modell zu formulieren, das die Grundlage für eine anschließende Implementierung bildet.[39] In einer enger gefaßten Definition versteht Prerau als Wissensakquisition den Prozeß, in dem der Entwickler eines wissensbasierten Systems das Wissen ermittelt, das Experten benutzen, um eine bestimmte Aufgabe zu lösen.[40] Beide Definitionen sehen die Eingrenzung der Problemstellung als eine der Wissensakquisition vorgelagerte Phase und die Implementierung und das Testen als Entwicklungsphasen, die im Anschluß an die Wissensakquisition durchgeführt werden. Während die Definition von Prerau im wesentlichen die Erhebung des Wissens betont, wird bei Breuker und Wielinga der Modellierungsprozeß, in dem das Wissen zu strukturieren und zu formalisieren ist, als Teil der Wissensakquisition verstanden. Die umfassendere Definition von Breuker und Wielinga scheint für die vorliegende Problemstellung geeignet und soll im folgenden unterstellt werden. Basierend auf dieser Definition kann Wissensakquisition in die Phasen Wissenserhebung, Datenanalyse, Wissensstrukturierung sowie Formalisierung des Wissens unterteilt werden.[41] An die Methode der Wissensakquisition ist die Anforderung zu stellen, daß das erhobenen Wissen möglichst vollständig und repräsentativ ist.[42] Außerdem ist zu gewährleisten, daß den Aspekten der Zuverlässigkeit sowie der konsistenten Darstellung des implementierten Wissens[43] Rechnung getragen wird. Das in einer Wissensbasis dargestellte Wissen hat darüber hinaus nachvollziehbar zu sein und die neuesten Erkenntnisse des Wissensgebietes einzubeziehen.[44]

---

39 Vgl. Breuker, Wielinga (1989).

40 Vgl. Prerau (1990), S. 200.

41 Vgl. Rajan, Motta, Eisenstadt (1989), S. 113.

42 Vollständigkeit von Wissen bezieht sich auf zwei Sachverhalte; zum einen ist zu gewährleisten, daß alle relevanten Aspekte der Problemstellung in der Wissensbasis Eingang finden, zum anderen sind einzelne Wissenseinheiten (z. B. Regeln) so abzubilden, daß alle relevanten Faktoren berücksichtigt werden. Vgl. Hollnagel (1989), S. 185; dazu auch Swaby (1990), S. 216.

43 Falls inkonsistentes Wissen vorliegt, kann es durchaus auch Ziel sein, bestehende Inkonsistenzen aufzuzeigen bzw. offenzulegen. Vgl. Gabriel, Frick (1991), S. 546.

44 Im allgemeinen ist der Prozeß der Wissensakquisition ein dynamischer Prozeß, da sich das für eine Problembewältigung relevante Wissen im Zeitablauf ändern kann. Eine Wissensbasis ist daher in gewissen Zeitabständen zu aktualisieren.

3.2.2.2. Klassifizierung von Methoden zur Wissensakquisition

Bei der Wissensakquisition können eine Vielzahl unterschiedlicher Methoden Anwendung finden. Diese Methoden können nach mehreren Kriterien systematisiert werden. Im folgenden werden diese Systematisierungsversuche kurz diskutiert, um die später gewählte Vorgehensweise anhand der hier angeführten Unterscheidungskriterien einordnen zu können.

Reitman und Rueter unterscheiden zwischen direkten und indirekten Verfahren zur Wissensakquisition.[45] Während bei direkten Methoden der Experte sein Wissen explizit artikuliert, beobachtet man bei indirekten Methoden das Verhalten des Experten, und versucht daraus abzuleiten, welches Wissen der Experte zur Problembewältigung angewendet hat.[46] Diese Unterscheidung berücksichtigt ausschließlich menschliche Experten als Bezugsquelle von Wissen, personenunabhängige Wissensquellen und die damit verbundenen Verfahren sind in dieser Systematisierung nicht explizit einbezogen. Eine literaturgestützte Wissensakquisition dürfte jedoch den direkten Verfahren zuzuordnen sein, da in Texten Wissen bereits in natürlicher Sprache artikuliert vorliegt.[47]

Eine weitere Unterscheidung der Wissensakquisition erfolgt danach, ob dieser Prozeß fallbasiert oder modellbasiert erfolgt.[48] Bei der fallbasierten Wissensakquisition wird eine Anzahl einzelner Fälle untersucht, aus denen Entscheidungsträger in bestimmten Problemsituationen bereits Schlüsse gezogen haben. Aus den Daten der einzelnen Fälle wird unter Anwendung spezieller Algorithmen verallgemeinerbares Wissen abgeleitet.[49] Diese Vorgehensweise wird auch als induktive Wissensakquisition bezeichnet, da aus einzelnen Fällen bei dieser Vorgehensweise allgemein anwendbares Wissen generiert wird, das zur Bewältigung von neuen Problemstel-

---

45   Vgl. Reitman, Rueter (1987), S. 152ff.

46   Bei der Anwendung indirekter Methoden wird davon ausgegangen, daß ein Experte das Wissen, das er zur Problemlösung heranzieht, teilweise nicht artikulieren kann. Dieses Wissen wird auch als implizites Wissen bezeichnet.

47   Abweichend hierzu ist eine Unterscheidung zwischen direkten und indirekten Methoden von Kolb. Als indirekte Wissensakquisition wird dort ein Prozeß verstanden, bei der ein sogenannter Wissensingenieur das Wissen eines Experten in die Wissensbasis eingibt. Bei einer direkten Wissensakquisition gibt der Experte das Wissen im Gegensatz dazu selbst ein. Vgl. Kolb (1991), S. 150.

48   Vgl. beispielsweise Schmalhofer, Bergmann (1990), S. 76f.

49   Dieser Vorgang wird auch als «Lernprozeß» verstanden. Eine Beschreibung solcher Prozesse findet sich bei Pfau (1990), S 164ff.

lungen eingesetzt werden kann.[50] In Textform vorliegendes Wissen kann sowohl zur modellbasierten als auch zur fallbasierten Wissensakquisition herangezogen werden. Modellbasiert ist dann vorzugehen, wenn aus den vorliegenden Texten allgemeingültige Aussagen entnommen werden können. Eine fallbasierte Vorgehensweise empfiehlt sich dann, wenn ausschließlich die Beschreibungen von Einzelfällen in schriftlicher Form vorliegen und das während der Lösung der Fälle angewendete allgemeingültige Wissen noch nicht explizit artikuliert wurde.[51]

Zieht man bei der Einteilung von Verfahren zur Wissensakquisition die zugrunde liegende Wissensquelle heran, kann zwischen Verfahren unterschieden werden, die **öffentliches** und solchen, die **privates** Wissen berücksichtigen.[52] Während öffentliches Wissen in allgemein zugänglicher Form wie beispielsweise in Publikationen oder öffentlichen Datenbanken vorliegt, kann der Zugriff auf privates Wissen ausschließlich über den persönlichen Kontakt mit einem Experten erfolgen. Fachliteratur[53] ist entsprechend dieser Unterscheidung dem Bereich des öffentlichen Wissens zuzurechnen.[54]

---

50   Vgl. Turban (1988b), S. 385; Fischer (1989), S. 54f.; Alberico, Micco (1990), S. 138. Besondere Bedeutung hat auf diesem Gebiet der ID3-Algotithmus erlangt. Vgl. hierzu Quinlan, (1983); Hart (1986), S. 109ff. Ebenfalls zu diesem Themengebiet Liang (1992).

51   Chadha, Mazlack, Pick (1991) verwenden beispielsweise in Texten beschriebene Fallbeispiele zur induktiven Ermittlung einer Wissensbasis.

52   Vgl. Kerschberg, Dickinson (1988), S. 129.

53   Als Fachliteratur werden hier allgemein zugängliche Veröffentlichungen verstanden; darunter fallen beispielsweise Fachbücher, Dissertationen und Aufsätze in Fachzeitschriften. Unveröffentlichte Schriftstücke, wie firmeninterne Protokolle, sind hier nicht mit einbezogen.

54   Eine vergleichbare Unterscheidung kann danach vorgenommen werden, ob zur Wissensakquisition **bestehende** oder **originale** Wissensquellen herangezogen werden. Vgl. Chadha, Mazlack, Pick (1991). Bestehende Wissensquellen sind sekundäre Wissensquellen, die Expertenwissen in gespeicherter (z. B. schriftlicher) Form enthalten und somit personenunabhängig vorliegen; primäre Wissensquellen beziehen sich dagegen auf die originale Herkunft des Wissens, wie dies bei personenabhängigen Wissenserhebungsverfahren der Fall ist.

3.2.2.3. Automatisierung der Wissensakquisition

Die Wissensakquisition erfordert Zeit und verursacht erhebliche Kosten. Sie stellt die eigentliche Barriere bei der Realisierung eines wissensbasierten Systems dar und wird deshalb auch häufig als Engpaß (oder auch als «bottleneck») im Entwicklungsprozeß bezeichnet.[55] Durch die Automatisierung dieses Prozesses ist es möglich, den vorhandenen Engpaß zumindest zu verringern und Wissen effizienter in eine Wissensbasis zu integrieren. Der Automatisierung der Wissensakquisition kommt daher besonders unter wirtschaftlichen Gesichtspunkten eine besondere Bedeutung zu.

Hinsichtlich des Automatisierungsgrades bietet sich eine Unterscheidung zwischen manueller, unterstützter und automatischer Wissensakquisition an.[56]

Manuelle Wissensakquisition:

Bei dieser Vorgehensweise wird das Wissen eines Themengebietes ohne Rechnerunterstützung ermittelt, strukturiert, formalisiert und entweder direkt in einer Programmiersprache oder über die Wissenserwerbskomponente einer Entwicklungsumgebung implementiert.[57] Solche Entwicklungsumgebungen geben teilweise eine Unterstützung hinsichtlich einer strukturierten und konsistenten Eingabe des Wissens. Vorteilhaft bei einem manuellen Vorgehen ist die Transparenz der Wissensakquisition. Der Systementwickler kann das in der Wissensbasis implementierte Wissen kontrollieren und bewußt verändern. Bei automatisierten Verfahren besteht im Gegensatz dazu die Gefahr einer «unkontrollierten», d. h. nicht nachvollziehbaren Integration von Wissen. Nachteilig bei der manuellen Wissensakquisition ist der große Zeitbedarf der Wissenserhebung und -strukturierung. Aus wirtschaftlichen Gesichtspunkten kann die Entwicklung großer Systeme bei einer manuellen Vorgehensweise unangebracht sein.

---

55 Vgl. Wright, Ayton (1987), S. 14; Cullen, Bryman (1988), S. 216; Arzine (1989); Reimer, Pohl (1991), S. 45.

56 Vgl. Boose, Gaines (1989), S. 383.
    Ruqian und Cungen unterscheiden hinsichtlich des Automatisierungsgrades der Wissensakquisition abweichend von der hier vorgenommenen Einteilung zwischen zwei Vorgehensweisen bei einer Wissensakquisition aus Texten. Als Alternative zur Anwendung der im folgenden kurz beschriebenen natürlichsprachlichen Systeme besteht demnach die Möglichkeit einer manuellen Vorgehensweise, bei der das aus den Texten enthaltene Wissen zunächst in einer standardisierten Beschreibungssprache (Metasprache) darzustellen und danach computergestützt in die Wissensbasis zu überführen ist. Vgl. Ruqian, Cungen (1990), S. 290.

57 Siehe hierzu auch Abschnitt 5.1 dieser Arbeit.

Rechnerunterstützte Wissensakquisition:

Zur Unterstützung der Wissensakquisition liegen eine Vielzahl spezieller Software-
systeme vor, die auch als Wissensakquisitionswerkzeuge bezeichnet werden. Diese
Systeme dienen ausschließlich zum Aufbau der Wissensbasis, verlangen keine
implementationsnahe Formalisierung des Wissens, sondern ermöglichen eine
komfortable Kommunikation mit dem Entwickler.[58] Der Wissensakquisitionsprozeß
mit solchen Werkzeugen erfolgt meist interaktiv.

Aufgrund der vielfältigen Aufgaben- und Fachgebiete, in denen wissensbasierte
Systeme Anwendung finden, ist es nicht verwunderlich, daß allgemein einsatzfähige
Wissensakquisitionswerkzeuge nicht zur Verfügung stehen. Grundsätzlich besteht ein
Konflikt zwischen dem Bestreben, einerseits möglichst universell einsetzbare Werkzeuge zu konstruieren, andererseits jedoch ebenfalls einzelne Problemstellungen
möglichst optimal zu unterstützen, was eine verstärkte Spezialisierung dieser Werkzeuge erforderlich macht.[59]

Beim Vergleich unterschiedlicher Wissensakquisitionswerkzeuge hinsichtlich des zu
bewältigenden Problemtyps und der Anwendungsbreite ist daher festzustellen, daß
viele dieser Systeme ausschließlich spezielle Aufgabentypen unterstützen und daher
hinsichtlich ihrer Anwendungsbreite stark eingeschränkt sind.[60] Werden solche Werkzeuge bei der Entwicklung herangezogen, kommt der Auswahl eines für die
Problemstellung geeigneten Wissensakquisitionswerkzeugs somit eine zentrale
Bedeutung zu.[61]

Erfolgversprechende Perspektiven bei der Wissensakquisition aus Texten ergeben sich
durch den Einsatz sogenannter Hypertext-Systeme.[62] Die Grundidee von Hypertext
besteht darin, durch die Verknüpfung von Informationseinheiten über Verweise beliebige Informationsstrukturen darzustellen.[63] Mit solchen Hypertext-Systemen ist es
möglich, elektronisch gespeicherte Texte bzw. einzelne Textstellen mehrschichtig
miteinander zu verknüpfen[64] und damit unterschiedliche Textstellen hinsichtlich

---

58 Vgl. Heuermann (1991), S. 91.
59 Vgl. Karbach, Linster (1990), S. 149.
60 Vgl. Boose, Gaines (1989), S. 388; Karbach, Linster (1990), S. 147ff.
61 Auf die Betrachtung einzelner, in der Literatur dargestellter Wissensakquisitions-
    werkzeuge wird hier verzichtet. In einer Reihe neuerer Veröffentlichungen wurden
    solche Werkzeuge bereits umfassend beschrieben und beurteilt. Solche Übersichten
    finden sich beispielsweise bei Boose, Gaines (1989); Karbach, Linster (1990),
    S. 103ff.; Nwana, Paton, Bench-Capon, Shave (1991).
62 Als Hypertext wird ein Text bezeichnet, dessen logische Einheiten in nichtsequentieller
    Weise miteinander verbunden sind. Vgl. Hofmann, Cordes (1989), S. 218.
63 Vgl. Bogaschewsky (1992), S. 128.
64 Vgl. Fischer (1989), S. 69f.

inhaltlicher Kriterien miteinander in Bezug zu setzen. Man bewegt sich bei solchen Systemen in einem mehrdimensionalen Netzwerk von Texten und Verweisen. Dieses Netzwerk ist als ein Graph zu verstehen, der in den Knoten Informationen enthält und mit den Kanten die Zusammenhänge zwischen den Informationen beschreibt.[65] Als Vorteile von Hypertext-Systemen bei der Wissensakquisition werden die übersichtliche Darstellung und die ständige Verfügbarkeit des gesammelten Wissens genannt. Wegen der weitgehend formatfreien Gestaltbarkeit des Wissens ist eine frühe Festlegung auf eine bestimmte Wissensrepräsentationsform nicht notwendig.[66]

Im Rahmen der Wissensakquisition können mit Hilfe eines Hypertext-Systems relevante Textstellen zunächst markiert und danach zueinander in Bezug gesetzt werden, was eine Strukturierung im Sinne einer Modellierung des vorliegenden Wissens zur Folge hat. Ist ein solches Netzwerk erstellt, kann der Benutzer eines Hypertext-Systems gezielt Informationen suchen, wobei die Informationen nicht isoliert vorliegen, sondern stets in einem modellartigen Kontext stehen.[67]

Ein Hypertext-System, das eigens zur Wissensakquisition eingesetzt wird, ist beispielsweise Acquist.[68] Mit diesem System ist es möglich, in einem Ausgangstext bestimmte Textstellen, sogenannte Fragmente, zunächst zu markieren und danach zu gruppieren, wobei Querverweise, d. h. Verbindungen zwischen den Fragmenten, beliebig definierbar sind. Die Gesamtheit der definierten Strukturen und Textstellen kann als Modell des Wissensgebietes aufgefaßt werden.

Automatische Wissensakquisition:

Ein Teilgebiet der künstlichen Intelligenz befaßt sich mit der Entwicklung sogenannter **natürlichsprachlicher Systeme.** Darunter werden Programme verstanden, die den Anspruch haben, natürliche Sprache automatisch zu verstehen und in geeignete Wissensrepräsentationsstrukturen zu transformieren.[69] Dieser automatische Trans-

---

65 Vgl. Bieber, Kimbrough (1992), S. 78.

66 Vgl. Bogaschewsky (1992), S. 141.

67 Ausführlicher zu den Funktionen von Hypertext-Systemen Bieber und Kimbrough (1992). Hypertext-Systeme selbst werden auch zur Unterstützung komplexer Entscheidungsprozesse angewendet. Vgl. Schoop (1991). Selbst wenn im Anschluß an die Strukturierung des Wissens mit Hilfe eines Hypertext-Systems kein wissensbasiertes System entwickelt wird, steht bereits ein Instrument zur Unterstützung von Entscheidungen zur Verfügung.

68 Vgl. Rajan, Motta, Eisenstadt (1988).

69 Ein Überblick über die historische Entwicklung computergestützter Sprachverarbeitung und die Leistungsbeurteilung einzelner neuerer Systeme soll hier nicht vorgenommen werden. Zur Erschließung dieses Gebiets sei verwiesen auf Richter und die dort angegebenen Literaturverweise. Vgl. Richter (1991), S. 88ff.

formationsprozeß von natürlicher Sprache in eine formalisierte Struktur ist als Wissensakquisition zu verstehen.[70]

Besondere Schwierigkeiten bei der Transformation bereiten satzübergreifende und kontextabhängige Phänomene, weshalb sich eine Überführung zusammenhängender Texte in eine formale Struktur weitaus schwieriger als eine Überführung einzelner Sätze oder Phrasen gestaltet.[71] Weitere Probleme treten in diesem Zusammenhang bei der Modellierung der Unschärfe natürlichsprachlicher Aussagen auf.[72]

Die Leistungsfähigkeit natürlichsprachlicher Systeme wurde an Texten mit einem beschränkten Vokabular und einer relativ geringen Komplexität bereits nachgewiesen.[73] Die Realisierung allgemein einsatzfähiger Systeme, mit denen umgangssprachliche Texte weitgehend fehlerfrei erfaßt werden können, bleibt jedoch noch ein Fernziel.[74]

Zusammenfassend ist festzuhalten, daß für komplexe Texte mit einem umfangreichen Wortschatz, wie sie z. B. in wirtschaftswissenschaftlichen Veröffentlichungen vorliegen, eine automatische Wissensakquisition aus heutiger Sicht nicht möglich ist und auch für die nähere Zukunft als unrealistisch beurteilt werden muß. Eine automatische Wissensakquisition wird daher vorwiegend experimentell und allenfalls punktuell in Verbindung mit anderen Wissensakquisitionsverfahren eingesetzt.[75] Daraus ist jedoch nicht zu schließen, daß Erkenntnisse aus diesem Gebiet nicht schon jetzt zur Bewältigung betriebswirtschaftlicher Aufgabenstellungen beitragen können. Natürlichsprachliche Systeme sind beispielsweise anwendbar, um aus längeren Texten problemrelevante Textstellen effizient herauszufiltern. Eine weitere Einsatz-

---

70 Zur Wissensrepräsentation finden vorwiegend semantische Netze Anwendung. Vgl. Pfau (1990), S. 55.

71 Vgl. Guenthner, Lehmann (1986), S. 170.
    Lehnert und Sundheim stellen bei dem Leistungsvergleich mehrerer solcher Systeme fest, daß auf Satzebene eine syntaktische und semantische Analyse bereits gut funktioniert und halten die Analyse von zusammenhängenden Texten durchaus für möglich. Vgl. Lehnert, Sundheim (1991), S. 93.

72 Weber und Zimmermann (1991) stellen ein Verfahren zur automatischen Akquisition unscharfen Wissens basierend auf der «Theorie unscharfer Mengen» vor. Die Frage, inwieweit dieses Verfahren einem Praxistext standhält, bleibt jedoch noch offen. Zur «Theorie unscharfer Mengen» siehe Abschnitt 4.2.4.2.1 dieser Arbeit.

73 Vgl. etwa Reimer, Pohl (1991). Hier werden rein deskriptive Texte eines eng umgrenzten Gebietes automatisch in eine Wissensbasis transformiert. Die daraus entstehende Wissensbasis ist durch Hinzufügen neuer, in das Gebiet passender Beispiele erweiterbar und kann als lernfähig bezeichnet werden.

74 Vgl. Guenthner, Lehmann (1986), S. 170; Buttenbruch, Frick (1989) S. 38.
    Volk geht sogar davon aus, daß wissensbasierte Systeme auch auf lange Sicht autonom kein Wissen akquirieren können. Vgl. Volk (1986), S. 557.

75 Vgl. Heuermann (1991), S. 88.

möglichkeit solcher Systeme ist die «automatische Inhaltsanalyse» von Texten, bei denen es nicht das Ziel ist, zusammenhängende Texte, sondern einzelne Textfragmente oder Phrasen zu untersuchen. Solche Anwendungen natürlichsprachlicher Systeme werden beispielsweise bei der Entwicklung betrieblicher Früherkennungssysteme diskutiert.[76]

Zumindest für die nähere Zukunft scheint es aus anwendungsorientierter Sicht erfolgversprechender, sich stärker auf den Einsatz von Systemen zu konzentrieren, die den Wissensakquisitionsprozeß unterstützen. Solche Werkzeuge können dazu beitragen, den Arbeitsaufwand bei der Wissensakquisition erheblich zu verringern. Besonders Hypertext-Systeme eröffnen erfolgversprechende Einsatzmöglichkeiten bei der Erhebung und Strukturierung von Wissen aus Texten. Geht man davon aus, daß in Zukunft vermehrt schriftliche Informationen in elektronisch gespeicherter Form vorliegen bzw. einfach in diese Form überführt werden können, sind die Voraussetzungen zur Anwendung von Hypertext-Systemen bei der Wissensakquisition zunehmend gegeben.[77]

Da aus betriebswirtschaftlicher Sicht die Anwendung in der Informatik entwickelter Konzepte zur Wissensverarbeitung an zentraler Stelle steht, bleibt abzuwarten, ob es der Forschung der Wissensakquisition gelingt das Defizit an praktikablen und leistungsfähigen Konzepten zu beseitigen. Außerdem bleibt abzuwarten inwieweit es gelingt, Erkenntnisse aus diesem Gebiet zur Bewältigung bisher nicht zufriedenstellend gelöster, betriebswirtschaftlicher Aufgaben zu nutzen.

---

76 Siehe hierzu Abschnitt 3.4.2 dieser Arbeit.
77 In Papierform vorliegende Texte können durch Lesegeräte (Scanner) relativ problemlos in eine elektronisch verarbeitbare Form überführt werden.

3.3. Wissensbasierte Systeme im Bereich des strategischen Technologiemanagements

3.3.1. Einordnung wissensbasierter Systeme in die Betriebswirtschaftslehre

Eine Einordnung wissensbasierter Systeme in die Betriebswirtschaftslehre kann nach unterschiedlichen Kriterien erfolgen. Als Unterscheidungsmerkmal bieten sich betriebliche Funktionsbereiche[78] oder Branchen[79] an. Eine weitere, weit verbreitete Einordnung erfolgt nach der Fristigkeit einer Entscheidung und den damit einhergehenden typischen Problemstrukturen und Informationscharakteristika. Hier wird üblicherweise eine Unterscheidung zwischen operativen, taktischen und strategischen Entscheidungsproblemen vorgenommen.[80]

Obwohl die Anzahl wissensbasierter Systeme in der Betriebswirtschaftslehre unüberschaubar groß geworden ist,[81] dürfte die Verbreitung dieser Systeme in der betrieblichen Praxis jedoch, trotz bestehenden Interesses seitens des Managements, nach wie vor als gering zu bezeichnen sein.[82] Dieser Umstand läßt sich zum Teil dadurch erklären, daß viele der bestehenden Systementwicklungen Prototypen sind und sich (noch) nicht im betrieblichen Einsatz befinden. Eine Reihe dieser Systeme zeigen jedoch durchaus erfolgversprechende Einsatz- und Entwicklungsmöglichkeiten in verschiedenen betrieblichen Anwendungsbereichen auf.

Wissensbasierte Systeme werden im Bereich der Unternehmensleitung meist als Informationssystem zur Unterstützung betrieblicher Entscheidungen eingesetzt. Trotz der relativ großen sprachlichen und definitorischen Verwirrung auf diesem Gebiet scheint es sinnvoll, die Entwicklung solcher DV-gestützter Informationssysteme in drei, im wesentlichen historisch aufeinanderfolgende Kategorien zu unterteilen.[83] Eine Systematisierung solcher Systeme erfolgt vorwiegend nach den Kriterien der

---

78   Vgl. von Weissenfluh (1990), S. 82ff.
79   Vgl. Mertens, Borkowski, Geis (1990).
80   Vgl. Blanning (1987), S. 26.
      Verbunden hiermit ist die Führungsebene, in der Entscheidungen getroffen werden. Je längerfristiger die Auswirkungen einer Entscheidung, desto organisatorisch höher wird diese Entscheidung getroffen werden.
81   Ein systematischer Überblick über bestehende wissensbasierte Systeme in betriebswirtschaftlichen Anwendungsgebieten findet sich bei Mertens, Borkowski, Geis (1990).
82   Vgl. Beheshtian-Ardekani, Salchenberger (1988).
83   Vgl. Simeonoff (1989), S. 391f. Eine ausführliche Beschreibung dieser Systemgenerationen findet sich bei Pfau (1990), S. 10ff.

Führungsebene, auf der die Systeme angewendet werden, der Strukturiertheit der zu bewältigenden Aufgabenstellung sowie den bei der Systementwicklung eingesetzten Technologien.[84] Die drei Systeme sind:

(1) Management-Informationssysteme:

Bei der Realisierung von Systemen zur Unterstützung von Managementaufgaben wurden zunächst prozedurale Programmiersprachen eingesetzt, mit denen Problemstellungen durch mathematisch exakte Verfahren gelöst werden. Solche Systeme sind in erster Linie geeignet, wohlstrukturierte Probleme zu bewältigen.[85] Systeme dieser Art haben im wesentlichen die Aufgabe der Informationsbereitstellung, bei der die Unterstützung des Managements in weitgehend standardisierter Form über Abfragesysteme oder durch regelmäßige Berichte erfolgt, die auf eine in der Regel große Datenbank zurückgreifen. Solche Systeme führen im wesentlichen Aggregationen quantitativer Daten und statistische Berechnungen durch.[86] Zur Unterstützung strategischer Managementaufgaben, bei denen vorwiegend qualitative Informationen vorliegen, sind Management-Informationssysteme daher nur beschränkt geeignet.

(2) Entscheidungsunterstützungssysteme:[87]

Computersysteme dieser Art können als Weiterentwicklung von Management-Informationssystemen verstanden werden. Als Entscheidungsunterstützungssysteme werden rechnergestützte Systeme bezeichnet, die die Entscheidungsträger in schlecht-strukturierten[88] Entscheidungssituationen unterstützten sollen.[89] Typischerweise arbeiten diese Programme interaktiv und benutzen Entscheidungsregeln und Modelle, die auf eine Datenbank zurückgreifen.[90]

---

84 Vgl. Beulens, Nunen (1988), S. 422.
    Ausführlicher zu der Begriffsvielfalt und weiteren Unterscheidungskriterien von Managementunterstützungssystemen Kleinhans, Rüttler, Zahn (1992), S. 3ff.

85 Bei Problemen dieser Art liegt eine operationale Problemdefinition vor und ein Algorithmus zur Bestimmung von Lösungen ist bekannt. Vgl. Kirsch (1977), S. 142f.

86 Vgl. Beulens, Nunen (1988), S. 422; Hruschka (1988), S. 159.

87 Häufig werden solche Systeme auch im deutschsprachigen Raum als «Decision-Support-Systeme» bezeichnet.

88 Schwach oder **schlecht strukturierte Probleme** sind gekennzeichnet durch das Fehlen eines Lösungsalgorithmus, das Vorliegen eines zumindest theoretisch unbegrenzten Suchraums und hieraus resultierend die Notwendigkeit zum Einsatz situativen Erfahrungswissens zur Begrenzung des Suchraumes sowie die Möglichkeit mehrerer richtiger Lösungen. Vgl. Weller (1991), S. 21. Außerdem zu dem Begriff des schlecht strukturierten Problems Kirsch (1977), S. 143f.

89 Vgl. etwa Hruschka (1988), S. 159; Krcmar (1990), S. 405.

90 Vgl. Turban, Watkins (1986), S. 122.

Solche Systeme haben die Aufgabe, Problemsituationen, die sich einer routine-mäßigen Behandlung entziehen, durch Computereinsatz effizienter lösbar zu machen.[91] Als wichtigstes Abgrenzungskriterium zwischen Management-Informationssystemen und Entscheidungsunterstützungssystemen wird die Strukturiertheit des zu unterstützenden Entscheidungsproblems angeführt.[92] Programmtechnisch werden beide Systemtypen mit einer prozeduralen Programmiersprache realisiert.

(3) Wissensbasierte Systeme:[93]

Als eine konzeptionelle Weiterentwicklung kann der Einsatz der oben bereits darge-stellten wissensbasierten Systeme zur Bewältigung betriebswirtschaftlicher Problemstellungen bezeichnet werden.

Mit diesen Systemen können im Gegensatz zu traditionellen Computerprogrammen, in denen typischerweise Algorithmen zur Problemlösung angewendet werden, besonders heuristische Lösungsprinzipien modelliert werden.[94] Während in konventionellen Entscheidungsunterstützungssystemen vorwiegend quantitative Daten verarbeitet werden, ergibt sich durch den Einsatz wissensbasierter Systeme die Möglichkeit, symbolische Informationen zu berücksichtigen.[95] Darüber hinaus verfügen solche Systeme über Konzepte, mit denen unvollständiges, unsicheres und vages Wissen abgebildet und zur Problemlösung angewendet werden kann.[96] Damit verfügen solche Systeme über Leistungsmerkmale, die ihren Einsatz besonders zur Unterstützung sogenannter «schlecht-strukturierter» Probleme erfolgversprechend scheinen lassen.[97]

Problemstellungen, die unter Anwendung wissensbasierter Systeme gelöst werden, sehen sich häufig der Kritik ausgesetzt, auch mit Hilfe einer konventionellen Programmiersprache realisierbar zu sein. Aus diesem Grund scheint hier eine **vergleichende Betrachtung zwischen Entscheidungsunterstützungssystemen und wissensbasierten Systemen** angebracht.

---

91 Vgl. Milling (1987), S. 83.
92 Vgl. Krallmann (1987), S. 109.
93 Die Abgrenzung zwischen Entscheidungsunterstützungssystemen und wissensbasierten Systemen wird nicht einheitlich vorgenommen. Als Entscheidungsunterstüt-zungssysteme werden im weiteren Verlauf der Arbeit ausschließlich solche Programme verstanden, die auf einer konventionellen Programmierung beruhen, während wissens-basierte Systeme die in Abschnitt 3.1 beschrieben Systemarchitektur besitzen.
94 Vgl. Luconi, Malone, Scott Morton (1986), S. 4.
95 Vgl. Henderson (1987), S. 334; Beerel (1987), S. 51; Turban (1988b), S. 547.
96 Vgl. z. B. Turban (1988a), S. 71.
97 Ausführlicher dazu Mockler, Dologite, (1988), S. 97, Plattfaut (1988), S. 82ff.; Kurbel, Pietsch (1989), S. 133.

Eine Alternative zu einem wissensbasierten System könnte in einem Entscheidungstabellensystem gesehen werden, in dem die zur Problembewältigung relevanten Zusammenhänge ebenfalls in Regelform dargestellt werden.[98] Ein Vergleich dieser beiden Systemtypen ergab jedoch, daß wissensbasierte Systeme aufgrund ihrer leistungsfähigeren Möglichkeiten zur Repräsentation von Wissen, ihrer größeren Flexibilität bei der Wissensverarbeitung, der Berücksichtigung von Unsicherheit und ihrer Erklärungskomponente erhebliche Vorteile gegenüber konventionell programmierten Entscheidungstabellensystemen aufweisen.[99] Die Laufzeitvorteile, die konventionell programmierte Systeme gegenüber wissensbasierten Systemen besitzen, sollten nicht überbewertet werden, da für viele betriebswirtschaftliche Probleme die Laufzeit eines Systems eher von untergeordneter Bedeutung sein dürfte. Durch eine ständige Leistungsverbesserung der Hardware wie auch der Entwicklungsumgebungen dürfte dieser Nachteil zunehmend in den Hintergrund rücken.[100] Aufgrund der Trennung zwischen Wissensdarstellung und Problemlösung ist im Vergleich zu konventionell programmierten Entscheidungsunterstützungssystemen eine flexiblere Programmierung und damit eine einfachere Modifizierung des Systems möglich.[101] Da in dem vorliegenden Themengebiet von einer ständigen Veränderung des zur Problembewältigung vorliegenden Wissens auszugehen ist, kommt diesem Merkmal eine besondere Bedeutung zu. Die zur Wartung und Erweiterung des Systems anfallende Zeit und die damit verbundenen Kosten sind geringer als bei konventionell programmierten Systemen.

Wissensbasierte Systeme eignen sich besonders zur Verarbeitung qualitativer Informationen. Daher eröffnet sich durch die Anwendung dieser Systeme die Möglichkeit, Informationen, die in konventionellen Systemen kaum Berücksichtigung finden können, formal abzubilden und im Problemlösungsprozeß anzuwenden. Die folgende Abbildung 3-4 stellt die Unterschiede zwischen Entscheidungsunterstützungssystemen und wissensbasierten Systemen zusammenfassend gegenüber.

---

98 Auf Entscheidungstabellensysteme soll hier nicht eingegangen werden. Siehe hierzu beipielsweise Strunz (1977).

99 Vgl. Jüttner, Feller (1989). S. 74.

100 Vgl. Geis, Schumann (1989), S. 446.

101 Vgl. Geis (1990), S. 130f.

Entscheidungsunterstützungssysteme	Wissensbasiertes Systeme
Numerische Informationen Algorithmus Deterministisches Wissen Keine Erklärung der Ergebnisse Datenbank Quantitative Ergebnisse	Symbolische Informationen Heuristiken Unsicheres Wissen Erklärungsfähigkeit der Ergebnisse Wissensbank (Wissensbasis) Qualitative Ergebnisse

Abbildung 3-4: Entscheidungsunterstützungssystem versus wissensbasiertes System[102]

3.3.2. Bestehende Ansätze im Bereich des strategischen Managements und des strategischen Technologiemanagements

Zur Bewältigung von Teilaufgaben des strategischen Managements können Computerprogramme herangezogen werden. Hierzu werden neben wissensbasierten Systemen auch konventionelle Entscheidungsunterstützungssysteme eingesetzt.[103]

Im folgenden sollen ausschließlich solche wissensbasierte Ansätze im Bereich der Unternehmensstrategie dargestellt werden, die sich methodisch hervorheben und

---

[102] In Anlehnung an Turban, Watkins (1986), S. 123 und Simeonoff (1989), S. 393.

[103] Als ein bekanntes System ist in diesem Zusammenhang beispielsweise **STRATPORT** zu nennen, das mit dem Ziel entwickelt wurde, das Top-Management bei der Formulierung von Geschäftsfeldstrategien zu unterstützen. Die in diesem System verarbeiteten Daten sind vorwiegend numerisch; das implementierte Modell ist formelmäßig abgebildet und die Systemergebnisse werden über eine Optimierungsprozedur ermittelt. Vgl. Larréché, Srinivasan (1981).
Weiterhin erwähnt sei hier ein Entscheidungsunterstützungssystem von Yoo und Digman mit dem eine umfassende Unterstützung der Aufgabengebiete des strategischen Managements angestrebt wird. Nach einer Analyse der Unternehmensumwelt und einer Festlegung der Unternehmensziele, bei der auf eine Datenbank zurückgegriffen und Modelle aus einer Modellbank angewendet werden, formuliert der Systemanwender unterschiedliche Strategien, von denen die vorteilhafteste ausgewählt wird. Vgl. Yoo, Digman (1987)
In dem System **SPACE** wird versucht, mit Hilfe einer auf dem Portfoliogedanken beruhenden Vorgehensweise aus den vier Faktoren der Wettbewerbsposition einer strategischen Geschäftseinheit, der Marktattraktivität, der Stabilität des Marktes und der finanziellen Position des Unternehmens Handlungsempfehlungen für die Unternehmensstrategie abzuleiten. Vgl. Homburg (1990).

solche, die Aspekte des Technologiemanagements behandeln. Von dieser Darstellung des gegenwärtigen Standes der Forschung ausgehend sollen Gestaltungshinweise und Anforderungen für das im folgenden zu entwickelnde System zur Analyse technologischer Diskontinuitäten abgeleitet werden.[104]

Die im Vergleich zu anderen Anwendungsgebieten relativ geringe Anzahl wissensbasierter Systeme im strategischen Management wird zum einen auf die Schwierigkeiten zurückgeführt, die in diesem Gebiet vorherrschenden Problemtypen modellmäßig abzubilden, zum anderen wird eine mangelnde Unterstützung durch das Management angeführt.[105]

Zunächst werden solche Systeme beschrieben, die **allgemeine Themen des strategischen Managements** bearbeiten, d. h. Aspekte des Technologiemanagements eher am Rande behandeln. Im Anschluß daran werden Systeme dargestellt, die schwerpunktmäßig Problemstellungen des Technologiemanagements untersützen.

Kps/Prolog ist ein Metasystem zur strategischen Planung.[106] Der mehrstufige Problemlösungsprozeß dieses Systems läßt sich wie folgt beschreiben:

Der Benutzer hat sein Problem zunächst zu artikulieren; ein Problem wird auf Basis von Ereignissen identifiziert. Im Anschluß daran wird eine problemabhängige Umweltanalyse und -prognose durchgeführt. Analog hierzu erfolgt eine Unternehmensanalyse. In diesem Programmteil werden durch Regelanfragen Umwelt- und Unternehmensrestriktionen für das strategische Planungsproblem ermittelt.

Die sich daran anschließende Planungsphase betrifft die Zielbestimmung, die im wesentlichen unter Anwendung der vorangegangenen Analyseergebnisse erfolgt.

Auf der Basis von Zielen, Umweltrestriktionen und Unternehmensrestriktionen wird nun eine sinnvolle Strategie abgeleitet.

Am Ende des Systemablaufs wird hergeleitet, welches Ergebnis im Sinne von Zielerfüllung sich aus einer gewählten Strategie ergibt. Dieses Planergebnis dient als Basis für eine spätere Kontrolle.

---

104 Die folgende Darstellung umfaßt nicht alle dem Bereich des strategischen Managements zuzurechnenden wissensbasierten Systeme. Umfangreichere Beschreibungen solcher Ansätze zur Unterstützung von Problemen des strategischen Managements finden sich bei Plattfaut, Kraetzschmar, Mertens (1987), S. 74; Plattfaut (1988), S. 76ff.; Schmidt (1989); Müller-Wünsch (1991), S. 68ff.

105 Vgl. Demetrius (1986), S. 233.
Eine empirische Untersuchung über die Anwendungsgebiete wissensbasierter Systeme ergab, daß von 182 untersuchten Systemen lediglich drei dem Bereich des strategischen Managements zugeordnet wurden. Vgl. von Weissenfluh (1990), S. 157ff.

106 Vgl. Schmidt, Ralfs (1988); Schmidt, R. (1989).

78

Positiv an diesem System ist zu bewerten, daß die Kommunikation der natürlichen Sprache angenähert ist, und der Benutzer seine Fragen und Dateneingaben in gewissen Grenzen frei gestalten kann. Die Konzeption ist so umfassend, daß es leicht möglich ist ein breites Spektrum an Problemstellung des strategischen Managements zu integrieren.

Mit dem wissensbasierten System CASA[107] (Computer-Assistierte Strategie-Analyse) wird angestrebt, ein Beratungskonzept für die Entwicklung von Strategien im Einklang mit der Umwelt und der Unternehmenskultur speziell für mittelständische Unternehmen zu bieten. Die Strategieberatung soll dadurch kostengünstiger und effektiver werden. Das in dem System implementierte Wissen wurde in einem ersten Schritt aus Lehrbüchern ermittelt; darüber hinaus wurde die Wissensbasis durch die Erfahrungen von Praktikern erweitert.[108]

Das System betrachtet Unternehmenskultur, Markt- und Wettbewerbssituation sowie die Kosten- und Ergebnislage als Erfolgsdimensionen. Nach einem allgemeinen Einstieg, in dem eine globale Beschreibung des Unternehmens erfolgt, wird das Unternehmen in Geschäftsfelder aufgeteilt, die im weiteren Verlauf Gegenstand einer detaillierteren Unternehmenskulturanalyse sind. Im Anschluß daran folgt die Markt- und Wettbewerbsanalyse. Als dritter Teil des Programmablaufs wird eine Analyse der strategischen Kosten- und Ergebnisposition vorgensommen.[109] Der schematische Programmablauf von CASA wird in Abbildung 3-5 gezeigt. Die Ergebnisdarstellung erfolgt vorwiegend in grafischer Form. Positiv an diesem System ist hervorzuheben, daß es in einer Unternehmensberatung praktisch zum Einsatz kommt und somit das Stadium des Prototypen überwunden hat.

---

107 Vgl. Müller-Wünsch, M. (1989); Müller-Wünsch, Woltering (1990); Krallmann (1990), S. 161ff.; Müller-Wünsch (1991).

108 Die Wissensbasis von CASA wird zwar allgemein beschrieben, jedoch im Detail nicht offengelegt. Eine Beurteilung des implementierten Wissens durch den Systemanwender ist daher nicht möglich. Es ist davon auszugehen, daß die Kenntnis der Wissensbasis für den Benutzer eines wissensbasierten Systems im Bereich des strategischen Managements zur Beurteilung der Ergebnisse von zentraler Bedeutung ist. Daher ist kaum zu erwarten, daß ein Anwender die Ergebnisse eines Systems akzeptiert, dessen Lösungsheuristiken für ihn nicht transparent sind.

109 Vgl. Müller-Wünsch (1991), S. 110f.

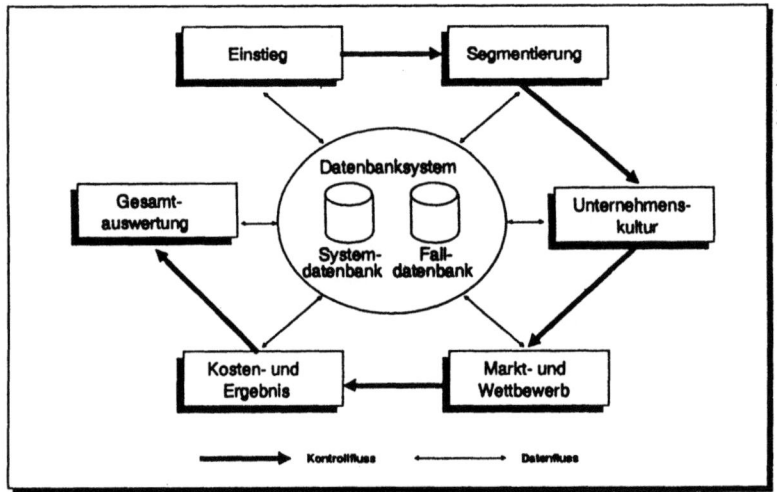

Abbildung 3-5: *Ablauf von CASA*[110]

Das System **SIAM**[111] (Strategisches Issue Analyse Modell) wird als eine mögliche Operationalisierung des strategischen Issue Managements von Ansoff[112] verstanden und dient der Analyse strategischer Diskontinuitäten. Mit der Analyse wird das Ziel verfolgt, die Unschärfe einer strategischen Situation für den Benutzer transparent zu machen und damit auf mögliche Diskontinuitäten hinzuweisen.[113]

Im ersten Teil des Programms wird eine Bestandsaufnahme der strategischen Größen durchgeführt. Dabei erfolgt eine «Validierung» der Regeln insofern, als sie von dem Anwender verändert, d. h. an die konkrete Situation angepaßt werden können.[114] Das implementierte Wissen entspricht im wesentlichen dem Bezugsrahmen zur Branchenanalyse nach Porter.[115] Im Anschluß an die Bestandsaufnahme wird die eigentliche Diagnose durchgeführt.[116] Während dieses Vorganges wird der Anwender um seine Einschätzung gebeten, ob eine Umweltentwicklung bestimmte strategische Sachverhalte beeinflußt und mit welcher Wahrscheinlichkeit diese Entwicklung eintritt. Als

---

110 Entnommen aus Müller-Wünsch (1991), S. 110.

111 Vgl. Liebl (1990).

112 Vgl. Ansoff (1980).

113 Vgl. Liebl (1990), S. 102.

114 Es wird davon ausgegangen, daß die implementierten Regeln nicht für alle Branchen bzw. Analysebereiche Gültigkeit besitzen. Durch diese Option kann ein System auf die spezifischen Bedingungen eines Unternehmens und seiner Umwelt angepaßt werden.

115 Vgl. Porter (1980). Darüber hinaus wurden zur Ergänzung der Wissensbasis weitere Literaturquellen herangezogen. Vgl. hierzu Liebl (1990), S. 74ff.

116 Vgl. Liebl (1990), S. 91f.

Ergebnis erzeugt dieses System die Positionierung einer strategischen Situation auf einer Matrix, in der die Sicherheit der Ergebnisse und das Ausmaß der Ergebnisauswirkungen aufgetragen sind. Anhand der Matrixpositionierung soll eine Beurteilung der Tragweite bei Veränderungen und ein Hinterfragen widersprüchlicher Ergebnisse unterstützt werden,[117] diese Informationen sollen wiederum Hinweise auf eine mögliche Diskontinuität geben.

Dieses System enthält kein für eine Analyse technologischer Diskontinuitäten spezifisches Wissen und kann daher zur Bewältigung der hier vorliegenden Problemstellung nicht eingesetzt werden. Generell stellt sich die Frage, inwieweit dieser doch sehr allgemein gehaltene Ansatz in der Lage ist, eine relativ konkrete Unterstützung realer Problemstellungen zu geben. Vorteilhaft an dem System ist hervorzuheben, daß eine explizite, grafische Darstellung der Unschärfe einer Entscheidungssituation erfolgt, die geeignet scheint, den Anwender hinsichtlich einer möglichen Diskontinuität zu sensibilisieren.

Neben den oben dargestellten Systemen finden sich weitere, dem strategischen Management zuzurechnende Ansätze, die hier jedoch nur kurz erwähnt werden sollen.

Mit dem regelbasierten System EXTRABS[118] wird das Ziel verfolgt, eine Branchenstrukturanalyse in der strategischen Planung zu unterstützen. Das in dem System implementierte Wissen entspricht dem Bezugsrahmen zur Branchenanalyse von Porter.[119] Bemerkenswert an diesem System ist, daß bei der Aggregation von Faktoren und der Ableitung von Strategieempfehlungen Unsicherheit und Unschärfe explizit in der Wissensbasis modelliert werden. Das System ist ein Prototyp; über praktische Anwendungen wird nicht berichtet.

Ähnlich hierzu wird mit STRATASSIST[120] versucht, die Generierung strategischer Alternativen zu unterstützen. Die Unschärfe der natürlichen Sprache wird in diesem System ebenfalls berücksichtigt und das implementierte Wissen stammt auch hier aus Porters Werk zur Wettbewerbsanalysen.[121] Dieses System dürfte jedoch schon aufgrund seines sehr geringen Umfangs von 52 Regeln nur beschränkt für einen praktischen Einsatz geeignet sein.

---

117 Vgl. Liebl (1990), S. 70.
118 Vgl. Lelke, Werners (1991).
119 Vgl. Porter (1980).
120 Vgl. Green Hall (1987); Whalen, Schott, Green Hall, Ganoe (1987), S. 115f.
121 Vgl. Porter (1980).

Mit dem System **STRATEGIC PLANNER** wird ein umfassender Ansatz zur Unterstützung der strategischen Planung vorgestellt.[122] Aus einer Auswertung des in der Literatur über strategische Planung enthaltenen Wissens wird in diesem System ein Bezugsrahmen entwickelt, um damit eine vorläufige Situationsanalyse zu ermöglichen. Während des Programmablaufs werden zunächst Branchenfaktoren gesammelt und analysiert. Im Anschluß daran werden Chancen und Risiken sowie Erfolgsgrößen für das Unternehmen abgeleitet und eine Bewertung der Stärken und Schwächen sowohl der Wettbewerber als auch des Unternehmens vorgenommen, woraus eine Unternehmensstrategie abgeleitet wird.

SAES ist ein System zur allgemeinen strategischen Situationsanalyse eines Unternehmens. Besonders interessant an diesem System ist, daß bei der Erhebung des Wissens mehrere Wissensquellen und Experten herangezogen wurden.[123] Voneinander abweichende Expertenmeinungen werden dem Benutzer des Systems mitgeteilt. Das System kann aufgrund seiner Dokumentationsfunktion als Informationssystem bezeichnet werden, darüber hinaus soll es Anregungen für eine mögliche Neuausrichtung des Unternehmens geben.

Das System **EUROEXPERT** wurde konzipiert, um Entscheidungsträgern die Möglichkeit zu bieten, intuitiv gewählte Strategien auf deren Plausibilität in verschiedenartigen Umweltkonstellationen hin zu überprüfen. Inhaltlich wurden in der Wissensbasis die Auswirkungen der Vollendung des Europäischen Binnenmarktes modellmäßig abgebildet.[124] Mit diesem System soll gezeigt werden, wie unter Anwendung des wissensbasierten Ansatzes die implementierten Modelle kommuniziert, d. h. dem Anwender mitgeteilt und auf einfache Art revidiert werden können.[125]

Während die vorangegangenen Systeme dem Bereich des allgemeinen strategischen Managements zuzurechnen sind, werden im folgenden solche wissensbasierte Systeme beschrieben, die Aspekte des **strategischen Technologiemanagements** behandeln. Die geringe Anzahl der in diesem Gebiet vorliegenden Systeme verdeutlicht die bisher

---

122 Vgl. Mockler, Dologite (1987), S. 51ff.
123 Vgl. Goul (1987), S. 136ff.
124 Vgl. Wandel (1991), S. 126.
125 Vgl. ebenda, S. 151.

nur untergeordnete Bedeutung dieser Informationstechnologie im Bereich des Technologiemanagements.[126]

Mit ICS[127] (Integrated Consulting System) wird ein System vorgestellt, das den Wettbewerb in einer Branche mit großer Produktdifferenzierung und mehreren Fertigungsstätten analysieren und prognostizieren soll. Als Stärke dieses Systems ist die mögliche Einbeziehung sowohl quantitativer als auch qualitativer Daten in den Problemlösungsprozeß hervorzuheben.

Das Gesamtsystem ist in die drei Module Technologie, Markt und Unternehmen aufgeteilt. Die Analyse des Faktors Technologie umfaßt ausschließlich Fertigungsanlagen des Unternehmens und wird sowohl unabhängig, als auch hinsichtlich der Interdependenzen zu dem Markt- und dem Unternehmensmodul durchgeführt. Der Zusammenhang zwischen Markt und Technologie wird hergestellt, indem angenommen wird, daß mit einer Technologie unterschiedliche Produkte hergestellt werden können, die wiederum in unterschiedlichen Märkten abgesetzt werden.

Das System liefert zunächst eine Matrix, in der das Angebot und die Nachfrage in einer Branche aufgezeigt wird, die Nachfrage wird dabei nach Märkten, das Angebot nach Unternehmen bzw. Fertigungsstätten aufgeteilt.[128] Diese Matrix wird auf Plausibilität überprüft; der Benutzer kann Veränderungen der Daten interaktiv vornehmen. Im Anschluß daran werden von dem System unter Anwendung von Heuristiken Unternehmensstrategien generiert.[129] Das bei der Strategiebildung zur Anwendung kommende Wissen wird weder beschrieben, noch werden Angaben über dessen Herkunft gemacht und kann daher nicht beurteilt werden.

---

126 Neben wissensbasierten Systemen werden für den Bereich des Technologiemanagements ebenfalls konventionell programmierte Entscheidungsunterstützungssysteme vorgeschlagen.
Milling (1987) beschreibt ein konventionell programmiertes Simulationssystem zur Entscheidungsunterstützung. Die Simulationen basieren auf einem Diffusionsmodell für Produktinnovationen, das durch das Aufkommen neuer Produkte oder Technologien verursachte Substitutionsprozesse abbildet. Ziel ist es, unter Anwendung der Simulationsergebnisse geeignete Preisstrategien neuer Produkte festzulegen.
Das von Gottinger (1989) vorgestellte «strategische Entscheidungsunterstützungssystem für Technologie-Management» verfolgt das Ziel, eine Auswahl von F&E-Projekten unter strategischen Gesichtspunkten zu unterstützen. Dabei werden wesentliche Faktoren der Technologie-Diffusion als Modell-Input erfaßt und daraus Erfolgsgrößen generiert, mit denen eine Projektauswahl unter strategischen Gesichtspunkten ermöglicht wird.
127 Vgl. Jaffer, Tse (1988), S. 183ff.
128 Vgl. ebenda, S. 200.
129 Vgl. ebenda, S. 191.

Das wissensbasierte System STRATEX[130] ist ein Analyseinstrument, das eine Produktstrategieauswahl unterstützen soll.[131] Wie dies auch aus Abbildung 3-6 ersichtlich ist, besteht dieser Ansatz im wesentlichen aus der Kombination eines Markt- und eines Technologieportfolios.[132] Der Faktor Technologie sowie die Schnittstelle zwischen Markt und Technologie wird somit explizit bei der strategischen Analyse einbezogen.

Während des Programmablaufs wird im wesentlichen eine Positionierung auf den jeweiligen Achsen der Portfolios durch das Abfragen von Indikatoren vorgenommen. Diese Indikatoren sind hierarchisch, ähnlich eines Kennzahlensystems angeordnet und werden durch eine gewichtete Mittelwertbildung aggregiert. Die Gewichtungen der einzelnen Indikatoren können dabei kontextabhängig verändert werden. Nach einer Positionierung des Untersuchungsobjekts auf den Achsen der Portfolios werden sowohl aus dem Markt- als auch aus dem Technologieportfolio jeweils 9 Grundstrategien abgeleitet. Durch die Kombination der Grundstrategien ergeben sich 81 mögliche Detailstrategien bzw. Handlungsempfehlungen.

Die Ermittlung der Indikatorwerte erfolgt in dem System dialoggesteuert über Fragestellungen, die über eine numerische Skala beantwortet werden. Systemintern werden somit weitgehend quantitative Informationen verarbeitet, was eine wissensbasierte Programmierung nicht unbedingt notwendig scheinen läßt.[133]

---

130 Vgl. Plattfaut, Kraetzschmar, Mertens (1987), S. 71ff., Plattfaut (1988), S. 79f.; Dräger (1990), S. 42ff.

131 Dieses System soll vor allem als sogenannte «intelligente Checkliste» dienen. Vgl. Mertens (1989b), S. 261.

132 Ausführlicher zu dem in diesem System implementierten Technologieportfolio Pfeiffer, Metze, Schneider, Amler (1982).

133 Gleicher Ansicht ist Reminger (1990a), S. 60f.
     Eine konventionelle Programmierung dieses Systems mit der Programmiersprache Cobol wurde ebenfalls durchgeführt. Eine Darstellung dieses Systems und eine vergleichende Betrachtung zwischen wissensbasierter und konventioneller Vorgehensweise findet sich bei Geis (1990), S. 114ff.

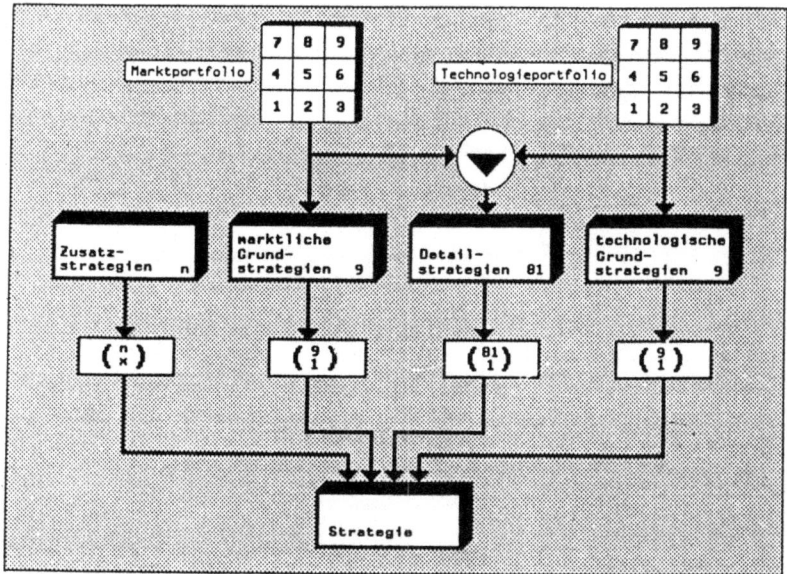

Abbildung 3-6: *Strategiebildung im Planungsmodell STRATEX* [134]

Eine Weiterentwicklung von STRATEX stellt STRATEX II dar.[135] Dieses System sieht eine Berücksichtigung unternehmensspezifischer Entscheidungskriterien vor. Durch die flexible Erstellung unternehmensindividueller Kriterienkataloge kann das Basissystem auf die spezifische Situation eines Unternehmens angepaßt werden.

In dem **Expertensystem zur Unterstützung der strategischen Technologieplanung**[136] werden mehrere Konzepte im Bereich des Technologiemanagements, wie Technologielebenszyklusmodelle und Technologieportfolios abgebildet und zur strategischen Technologieplanung eingesetzt. Während des Programmablaufs wird zunächst das Technologiepotential ermittelt. Hierbei wird die Technologie hinsichtlich der Unterstützung strategischer Unternehmensziele, des Weiterentwicklungspotentials, der Anwendungsbreite, des synergetischen Nutzens sowie hinsichtlich möglicher Substitutionstechnologien und Technikfolgen untersucht. Das Weiterentwicklungspotential der Technologie wird hierbei besonders detailliert analysiert. Nach der Bestimmung des Technologiepotentials erfolgt eine Analyse der

---

134 Entnommen aus Plattfaut (1988), S. 91.
135 Vgl. Mertens, Borkowski, Geis (1990), S. 236f.
136 Siehe Reminger (1990a), S. 62ff.
   Im Sinne der in der vorliegenden Arbeit vorgenommenen Definition ist dieses System als wissensbasiertes System zu verstehen.

Technologieposition. Hier wird die Technologie hinsichtlich des technischen Beherrschungsgrades, der F&E-Ressourcen, der Forschungsphase[137] und des innerbetrieblichen Technologietransfers untersucht.[138] Aus den hieraus resultierenden Ergebnissen werden Strategieempfehlungen abgeleitet. Die folgende Abbildung 3-7 gibt die Inhalte des Systems wieder.

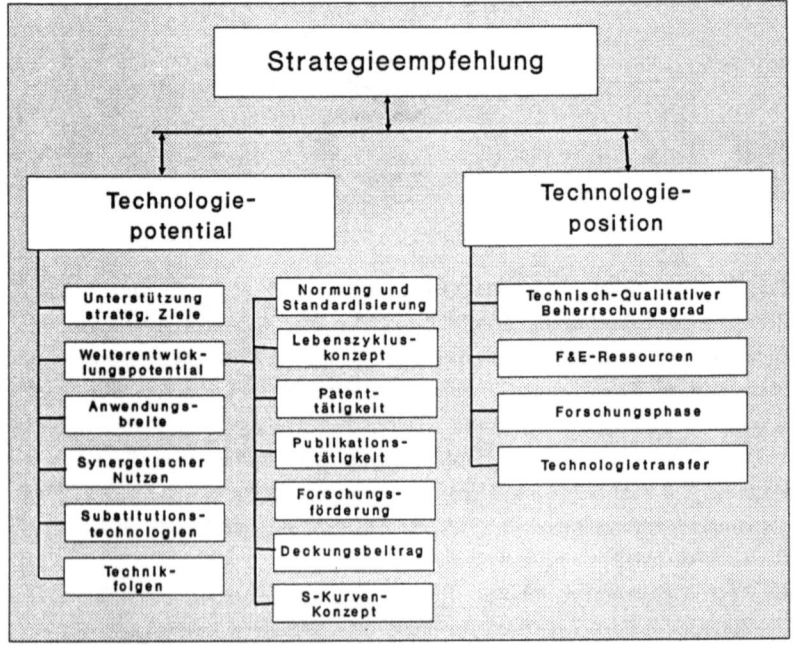

Abbildung 3-7:   *Aufbau der Wissensbasis des Expertensystems zur strategischen Technologieplanung*[139]

---

137   Eine Unterscheidung wird hier zwischen Grundlagenforschung, angewandter Forschung und experimenteller Entwicklung vorgenommen.

138   Vgl. Reminger (1990a), S. 160ff.

139   Siehe Reminger (1990a), S. 160ff.

Eine Weiterentwicklung dieses Systems kommt zur Zeit bei der Siemens AG zur Beurteilung von Technologien in diesem Unternehmen praktisch zum Einsatz.[140] Insofern hebt es sich von Prototypen ab, die teilweise theoretisch und methodisch anspruchsvollere Konzeptionen aufweisen, einem umfangreicheren Praxistest jedoch noch nicht ausgesetzt wurden. Der Nutzen durch den Systemeinsatz wird vor allem in der Zeitersparnis während des Beurteilungsprozesses einer Technologie gesehen.[141]

Das **Expertensystem zur Beurteilung von F&E-Projekten**[142] dient der Überwachung von F&E-Projekten und unterstützt die Entscheidung, ob ein F&E-Projekt fortgeführt oder abgebrochen werden soll.[143] Damit wird bezweckt, die Allokation der F&E-Ressourcen zu verbessern, d. h. knappe Finanzmittel vielversprechenden Projekten vorzubehalten.

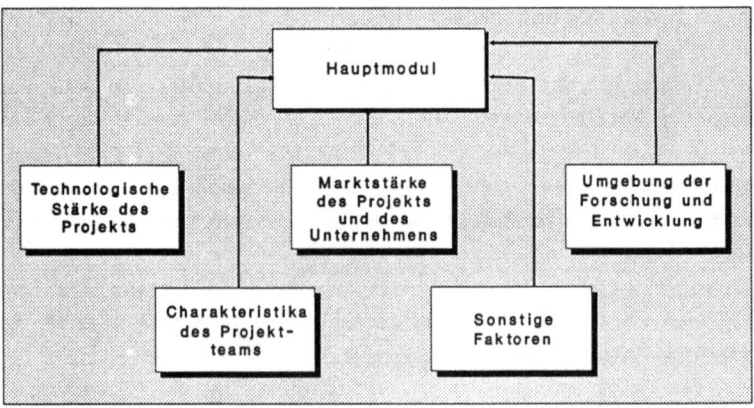

Abbildung 3-8:   *Aufbau des Expertensystems zur Beurteilung von F&E-Projekten*[144]

---

140   Vgl. Reminger (1990b); Reminger (1991).
141   Vgl. Reminger (1990b), S. 39.
142   Vgl. Balachandra (1988); Balachandra (1989), S. 123ff.
143   Wilkinson beschreibt ein konventionell programmiertes System, das ebenfalls eine Hilfestellung bei der Auswahl, der Beurteilung und dem Abbruch von F&E-Projekten geben soll. Zur Bewältigung dieser Aufgabe werden mehrere Verfahren herangezogen. Zur qualitativen Beurteilung von F&E-Projekten dient ein dreidimensionaler Matrixansatz, der die Dringlichkeit des Projekts, die Zeit bis zur Beendigung und den Innovationsbedarf als Variablen beinhaltet. Außerdem wird anhand von Indikatoren eine Analyse hinsichtlich des Abbruchs eines F&E-Projektes durchgeführt. Vgl. Wilkinson (1991a,b,c).
144   Vgl. Balachandra (1988), S. 114.

Die Wissensbasis des Systems wurde aus einer Datenbank, in der Informationen von über 100 F&E-Projekten enthalten sind, induktiv abgeleitet.[145] Das System ist hierarchisch und modular aufgebaut; das Gesamtproblem teilt sich, wie dies auch aus Abbildung 3-8 ersichtlich ist, in vier Teilgebiete auf. Diese Module untersuchen die technologische Stärke des Projekts, die Marktstärke des Projektes und des Unternehmens, die Umgebung der betrieblichen Forschung und Entwicklung sowie die Charakteristika des Projektteams. Die Ergebnisse der vier Teilmodule gehen in das Hauptmodul ein. Als Ergebnis generiert das System die Empfehlung einer Projektfortsetzung bzw. eines Projektabbruchs. Die Ausrichtung dieses System ist eher operativ, Faktoren einer strategischen Beurteilung von F&E-Projekten, wie die Zuordnung einer Technologie in einen Lebenszyklus, werden eher am Rande berücksichtigt.

3.3.3. Bewertung bestehender Ansätze

Aus den vorangegangenen Beschreibungen der einzelnen wissensbasierten Systeme im strategischen Management wird deutlich, daß die bestehenden Ansätze sich sowohl inhaltlich als auch konzeptionell sehr stark voneinander unterscheiden. Die Mehrzahl der oben beschriebenen Systeme sind Prototypen und werden folglich noch nicht praktisch eingesetzt, einige finden jedoch in der betrieblichen Praxis bereits routinemäßigen Einsatz.

Während für den allgemeinen Bereich des strategischen Managements schon eine Reihe wissensbasierter Systeme entwickelt wurden, liegen solche Systeme für das Technologiemanagement kaum vor.

Das einzige System, das speziell zur Analyse strategischer Diskontinuitäten entwickelt wurde, ist SIAM. Dieses System ist jedoch aufgrund seiner allgemeinen Wissensbasis, in der kein spezifisches Wissen zur Analyse von Technologien in ihrem inner- und überbetrieblichen Umfeld enthalten ist, kaum dazu geeignet, Hinweise auf das mögliche Auftreten einer technologischen Diskontinuität zu geben. **Es bleibt daher festzuhalten, daß ein wissensbasiertes System, das sich umfassend mit der Analyse technologischer Diskontinuitäten befaßt, bisher nicht vorliegt.** Berücksichtigt man die Bedeutung dieser Problemstellung, scheint es sinnvoll, für diesen Anwendungsbereich ein solches System zu konzipieren.

---

145 Eine Beschreibung dieser Daten findet sich bei Balachandra (1989), S. 31ff.

Obwohl eine Vielzahl der beschriebenen Systeme ihr Wissen aus veröffentlichten Texten beziehen, werden bei der Ermittlung der Wissensbasis in der Regel nur eine geringe Anzahl von Texten berücksichtigt.[146] Werden im Entwicklungsprozeß mehrere Wissensquellen, d. h. mehrere Autoren oder Veröffentlichungen, herangezogen, ist zu erwarten, daß sich dadurch die Möglichkeit einer detaillierteren Darstellung des Problemlösungswissens ergibt. Auch wenn bei einem solchen Vorgehen widersprüchliches Wissen zu verarbeiten ist, dürfte bei einer geeigneten Systemkonzeption eine zur Bewältigung komplexer Problemstellungen leistungsfähigere Wissensbasis entstehen.

Eine Transparenz der Wissensbasis ist in vielen Fällen nicht gegeben, da der genaue Inhalt der Wissensbasis sowie die Herkunft des implementierten Wissens häufig nicht nachvollziehbar ist.[147] Bei der Anwendung eines wissensbasierten Systems ist stets zu gewährleisten, daß das während des Programmablaufs zur Anwendung kommende Wissen transparent ist. Die Kenntnis der Lösungsheuristiken sowie Hintergrundinformationen, die Hinweise über die Zuverlässigkeit des Wissens geben, tragen erheblich zur Akzeptanz eines Systems und zur Beurteilung der generierten Ergebnisse bei.

Generell ist festzustellen, daß es an Konzepten fehlt, die aufzeigen, wie im Bereich des strategischen Managements aus mehreren Wissensquellen ermitteltes Wissen in geeigneter Weise aufbereitet und systematisch in einer Wissensbasis dargestellt werden kann. Auf spezifische Probleme, die bei einer literaturgestützten Wissensakquisition auftreten, wird bei den vorliegenden Systembeschreibungen nicht eingegangen.

3.4. Wissensbasierte Vorgehensweisen zur Analyse von Diskontinuitäten

Prinzipiell sind unterschiedliche Vorgehensweisen denkbar, wie wissensbasierte Systeme zur Analyse von Diskontinuitäten eingesetzt werden können. Aus diesen Alternativen soll eine, für die konkrete Aufgabenstellung geeignete Vorgehensweise ausgewählt werden.

---

146 Porters Veröffentlichungen finden in diesem Zusammenhang eine besondere Beachtung.

147 Dies mag zum Teil an der unvollständigen Beschreibung der Systeme in den verfügbaren Publikationen liegen.
Teilweise wird der konkrete Inhalt der Wissensbasis dem Systemanwender jedoch auch bewußt vorenthalten. Einerseits ist nachvollziehbar, wenn Experten ihr Wissen nicht offenlegen wollen, andererseits dürfte die Anwendung einer Wissensbasis, deren Inhalt nicht transparent ist, erhebliche Akzeptanzprobleme zur Folge haben. Ein Entscheider wird sich kaum auf die Ergebnisse eines Systems verlassen, dessen Lösungsheuristiken ihm nicht bekannt sind.

3.4.1. Wissensbasierte Simulation zur Analyse von Diskontinuitäten

Eine Möglichkeit zur Analyse von Diskontinuitäten besteht in der Anwendung des Simulationsansatzes.[148] Allgemein dient die Simulation dazu, die Auswirkungen von bestimmten Annahmen auf ein Modell vorherzusagen. Voraussetzung hierfür ist ein Modell des zu simulierenden Systems, das Parameter und Beziehungen zwischen den Parametern enthält. Die Simulation besteht darin, für gewisse Eingabewerte Ausgabewerte abzuleiten.[149]

Die Simulation wird als ein mächtiges Werkzug zum Lösen von Problemen verstanden, für die, wie dies auch bei der vorliegenden Aufgabenstellung der Fall ist, kein geschlossener Algorithmus bekannt ist.[150] Bei der Anwendung dieses Ansatzes auf das vorliegende Problem ist es zunächst notwendig, die zu analysierende Technologie und das dafür relevante Umfeld modellmäßig abzubilden. Es ist denkbar, Diskontinuitäten durch den Einbau von Schwellenwerten oder Sprungfunktionen in das Modell zu integrieren.[151] Durch die Simulation bestimmter Situationen und Reaktionsstrategien (What-if Analyse) wird eine analytische Durchdringung des Problems erzielt. Dieser Ansatz ermöglicht dem Entscheidungsträger das Austesten unterschiedlicher Strategien.[152] Bei einem solchen Vorgehen kann untersucht werden, unter welchen Umweltbedingungen oder Wettbewerbsstrategien des eigenen oder fremder Unternehmen mit einer technologischen Diskontinuität zu rechnen ist.

In diesem Zusammenhang ist besonders der von Forrester entwickelte «System Dynamics»-Ansatz zu erwähnen, bei dem das Problem modellmäßig in einem kybernetischen System abgebildet wird.[153] Charakteristisch an diesem Simulationsansatz sind die Rückkopplungsschleifen, in denen die Zustandsvariablen des Systems miteinander verbunden werden.[154]

Die bei traditionellen Simulationsmodellen notwendige Quantifizierung sowohl des Modells als auch der Variablen macht die Realisierung eines Simulationssystems für Problemstellungen des strategischen Managements, in denen vorwiegend qualitative

---

148 Vgl. Scholz (1987), S. 127.
149 Vgl. Puppe (1990), S. 182.
150 Vgl. Unseld (1990), S. 31.
151 Es wird darauf hingewiesen, daß die Leistungsfähigkeit des Modells zur Analyse von Diskontinuitäten stark von den in das Modell eingebauten Beziehungsstrukturen abhängt. Vgl. Müller (1981), S. 138.
152 Vgl. Müller (1981), S. 136.
153 Vgl. Forrester (1961). Morecroft (1984) schlägt diesen Ansatz zur Beurteilung der Auswirkungen unterschiedlicher Unternehmensstrategien vor.
154 Eine im Rahmen der vorliegenden Arbeit interessante Studie wurde von Milling (1972) durchgeführt, in der unter Anwendung des «System Dynamics»-Ansatzes die Auswirkungen des technologischen Fortschritts auf den Produktionsprozeß analysiert werden.

Informationen und unsichere Wirkungszusammenhänge vorliegen, schwierig. Durch den Einsatz wissensbasierter Systeme ist es möglich, unsichere Wirkungszusammenhänge und qualitative Informationen in den Simulationslauf zu integrieren, weshalb sich zur Unterstützung von Problemen des strategischen Managements wissensbasierte Simulationsmodelle prinzipiell anbieten.[155]

Als ein Mangel traditioneller Simulationssysteme wird angegeben, daß die Modelle von dem Anwender nur schwer modifiziert werden können.[156] Solche Modifizierungen sind jedoch häufig zweckmäßig, um nicht nur mögliche Umweltzustände und Reaktionsstrategien, sondern außerdem die Auswirkungen von Veränderungen der Ursache-Wirkungsbeziehungen auszutesten. Die Simulation kann von der Architektur wissensbasierter Systeme insofern profitieren, als durch die Modularität der Wissenseinheiten, die Transparenz des Wissens sowie die einfache Anwendbarkeit eine Modellgestaltung und -veränderung erleichtert wird.[157]

Schwierigkeiten bei der Entwicklung eines wissensbasierten Simulationssystems für die vorliegenden Problemstellung dürfte vor allem die Gestaltung eines umfassenden Modells bereiten. Zur Analyse technologischer Diskontinuitäten existieren zwar einige Erklärungsmodelle, diese Modelle behandeln jedoch nur Teilaspekte der Problemstellung und können nicht zu einem «Gesamtmodell» zusammengefaßt werden.[158]

Selbst wenn es gelingt, aus den bekannten Zusammenhängen, die zu einer technologischen Diskontinuität führen können, ansatzweise ein Modell zu gestalten, dürfte kaum von einer Verläßlichkeit des Gesamtsystems ausgegangen werden können.[159]

3.4.2. Verarbeitung natürlichsprachlicher Texte zur Analyse von Diskontinuitäten

Alternativ zu dem oben beschriebenen Simulationsansatz, bietet sich die Möglichkeit, durch die automatische Verarbeitung der in Texten enthaltenen Informationen, Aussagen zur Früherkennung und Analyse technologischer Diskontinuitäten abzuleiten. Dabei wird davon ausgegangen, daß Informationen, die auf mögliche Diskontinuitäten

---

155 Vgl. etwa Kleinhans (1989), S. 175ff.; Morecroft (1984).
156 Die Kenntnis programmtechnischer Einzelheiten ist bei einer Modellveränderung meist erforderlich. Vgl. Kleinhans (1989), S. 175.
157 Vgl. Unseld (1990), S. 33.
158 Siehe hierzu auch Abschnitt 2.6 dieser Arbeit.
159 Lebens weist in diesem Zusammenhang ebenfalls darauf hin, daß die Kenntnisse über technologische Diskontinuitäten noch zu gering sind, als daß ein Simulationsmodell entworfen werden könnte. Vgl. Lebens (1986), S. 97.

hinweisen, in Texten unterschiedlichster Art mit einem hinreichend großen zeitlichen Vorlauf enthalten sind.[160]

Eine Lektüre aller möglicherweise relevanten Veröffentlichungen in der Fachliteratur ist aufgrund der beschränkten Sichtungskapazität von Experten sowie einer ständig wachsenden Anzahl von Veröffentlichungen kaum möglich. Informationen stehen zunehmend in elektronisch gespeicherter Form zur Verfügung. Prinzipiell entsteht daraus die Möglichkeit, durch den Zugriff auf solche Informationsquellen relevante Frühwarninformationen durch Computerunterstützung automatisiert zu ermitteln. Der Vorteil einer solchen Vorgehensweise liegt besonders darin, daß große verbale Datenmengen, die öffentlich zur Verfügung gestellt werden, einer rationellen Analyse unterzogen werden können.

Eine solche Vorgehensweise wurde zur Diagnose von Unternehmensentwicklungen und -krisen sowie allgemein zur Unterstützung schlecht-strukturierter Probleme bereits zu Beginn der 80er Jahre basierend auf einer konventionellen Datenverarbeitung vorgeschlagen. Bei diesem Vorgehen wird das für die jeweilige Problemstellung relevante, kontrollierte Vokabular in ein Kategorienschema gegliedert; jedes Wort des Vokabulars wird bestimmten Kategorien zugeordnet. Bei der inhaltsanalytischen Auswertung der Texte werden die Worthäufigkeiten der jeweiligen Kategorien ermittelt und ausgewertet. Aus der auftretenden Häufigkeiten bestimmter Wortgruppen werden Rückschlüsse auf mögliche Unternehmensentwicklungen bzw. -krisen gezogen, d. h. Frühwarnsignale ermittelt.[161] Diese Vorgehensweise stößt auf ihre Grenzen, wenn versucht wird, zusammenhängende Texte oder Wörter in ihrem Kontext einer automatischen Analyse zu unterziehen.

Durch die Anwendung natürlichsprachlicher Systeme ergibt sich gegenüber einer Inhaltsanalyse mit konventionellen Programmiertechniken, die mit weitgehend starren Kategorisierungsschemata arbeiten, die Möglichkeit einer flexibleren und leistungsfähigeren Analyse, indem Begriffe und Begriffsverknüpfungen in ihrem Textzu-

---

160 Vgl. Kirsch, Trux (1979), S. 66.
Diese Annahme stützt sich auf die Ergebnisse in Abschnitt 2.2.2.2 dieser Arbeit. Neue Technologien breiten sich in stabilen Mustern aus und kündigen sich mit einem zeitlichen Vorlauf durch Medien an. In Manuskripten und Fachzeitschriften sind neue Ideen relativ früh erkennbar. Es scheint daher prinzipiell möglich, durch eine Analyse geeigneter Medien Früherkennungsinformationen zu gewinnen. Vgl. Krampe (1989), S. 361. Ebenso sieht Merkle neben Patenten Veröffentlichungen als wesentliche Informationsquelle, in denen bereits frühzeitig Hinweise auf neue technologische Entwicklungen enthalten sind. Vgl. Merkle (1989), S. 401.
161 Vgl. Schmidt, R. (1981a); Schmidt,.R. (1981b); Schmidt, R. (1983).

sammenhang verarbeitet oder im Idealfall längere zusammenhängende Texte ausgewertet werden.[162]

Der Gedanke, zur Früherkennung von Diskontinuitäten natürlichsprachliche Systeme anzuwenden, wurde bereits aufgegriffen. Richter beschreibt die Konzeption eines Früherkennungssystems, bei der zunächst die Primärinformationen aus Texten unter Anwendung natürlichsprachlicher Systeme erfaßt und strukturiert werden. In einer anschließenden Exploration dieser Informationen werden signifikante Abweichungen zwischen den ermittelten und den erwarteten verbalen Zusammenhängen registriert. Im Anschluß daran wird eine Diagnose der Signale hinsichtlich ihrer unternehmensinternen Relevanz vorgenommen und daraus Reaktionsstrategien abgeleitet.[163]

Bei der Durchführung der Diagnose ist es möglich, Komponenten eines eingelesenen Textes bestimmten Klassen zuzuordnen. Treten ungewohnte, von inhaltlichen Kontexterwartungen abweichende Verknüpfungen unterschiedlicher Klassen auf, kann dieses neue Muster als ein schwaches Signal für das Auftreten einer Diskontinuität interpretiert werden.[164] Eine dazu vergleichbare Möglichkeit besteht darin, einen Text auf unerwartete Wortkombinationen hin zu untersuchen und diese als Signale für Diskontinuitäten zu bewerten.[165] Die Häufung von Hinweisen auf eine neue Technologie, die ebenfalls die Funktion einer im Unternehmen bestehenden Technologie erbringt, kann beispielsweise als Bedeutungsanstieg dieser Technologie bzw. als Frühwarnsignal gewertet werden.

Der Nachweis der Funktionsfähigkeit und praktischen Anwendbarkeit dieses interessanten Ansatzes steht noch aus. Der Einsatz natürlichsprachlicher Systeme in der betrieblichen Praxis ist - zumindest aus heutiger Sicht - noch zurückhaltend zu beurteilen. Ein wesentlicher Engpaß bei der Realisierung solcher Systeme ist besonders ihr noch nicht zufriedenstellender Leistungsstand.[166] Weiterhin fehlt zur Zeit noch das Verständnis, wie natürlichsprachliche Informationen, selbst wenn sie in einer formali-

---

162 Vgl. Liebl (1991), S. 30f.
     Natürlichsprachliche Systeme verfügen noch nicht über den Leistungsstand, um bei einer automatischen Wissensakquisition eingesetzt werden zu können, da hierbei längere zusammenhängende Texte «verstanden» werden müssen. Bei der Anwendung solcher Systeme zur Früherkennung ist es nicht zwingend notwendig, Texte zusammenhängend interpretieren zu können. Eine Verbesserung gegenüber konventionellen inhaltsanalytischen Vorgehensweisen ist bereits erzielt, wenn einzelne Sätze oder Satzfragmente korrekt verarbeitet werden können. Der Einsatz natürlichersprachlicher Systeme zur Früherkennung dürfte somit realistischer sein als zur automatischen Wissensakquisition. Siehe hierzu auch die Ausführungen in Abschnitt 3.2.2.3 dieser Arbeit.
163 Vgl. Richter (1991).
164 Vgl. Zelewski (1987), S. 263; ähnlich dazu Scholz (1987), S. 160.
165 Vgl. Liebl (1991), S. 31.
166 Siehe hierzu Abschnitt 3.2.2.3 dieser Arbeit.

sierten Struktur vorliegen, im Sinne einer betrieblichen Früherkennung zuverlässig aufzuarbeiten und zu interpretieren sind. Die betriebswirtschaftliche Forschung hat auf diesem Gebiet noch eine bedeutende Vorarbeit zu leisten, bis solche Systeme den für eine praktische Anwendung notwendigen Entwicklungsstand erreicht haben.

3.4.3. Dialogorientierte, befragende Analyse technologischer Diskontinuitäten

Als weitere Vorgehensweise zur Bewältigung von Diskontinuitäten wird die Anwendung **befragender Verfahren** vorgeschlagen. Bei diesen Verfahren werden die Meinungen von Experten zu Diskontinuitäten ermittelt oder aus Antworten zu nicht explizit auf Diskontinuitäten gerichteten Fragen indirekt auf Diskontinuitäten geschlossen.[167]

Die praktische Anwendung der in Kapitel zwei dargestellten Modelle und Typologien erfordert von dem Anwender die meist qualitative Beurteilung bestimmter Faktoren. Diese zur Problembewältigung erforderlichen Informationen können über die Beantwortung von Fragestellungen, ähnlich eines Fragebogens, ermittelt werden.

Befragende Verfahren erfordern nicht unbedingt die Formulierung eines in sich geschlossenen, vollständigen Modells, vielmehr ist es möglich, einzelne Komponenten zur Problembewältigung unabhängig voneinander zu implementieren. Diese Komponenten können getrennt voneinander durchlaufen werden, was zu unterschiedlichen Lösungen führen kann. Aus einer Beurteilung der Abweichungen zwischen den Ergebnissen besteht die Möglichkeit, im Sinne des Verfahrens der Diskontinuitätenbefragung, Rückschlüsse auf mögliche Diskontinuitäten zu ziehen.

Durch die Veränderungen von subjektiv zu beantwortenden Fragen können in aufeinanderfolgenden Programmabläufen Ergebnisänderungen untersucht werden. Dadurch ergibt sich die Möglichkeit, die Auswirkungen unterschiedlicher Expertenmeinungen auf das Ergebnis zu untersuchen, bzw. unterschiedliche Zukunftsszenarios durchzuspielen.

Entwicklungsumgebungen für wissensbasierte Systeme unterstützen einen flexiblen, dialogorientierten Programmablauf. Befragende Verfahren lassen sich daher mit solchen Entwicklungswerkzeugen besonders gut realisieren.

---

167 In diesem Zusammenhang könnte auch der Begriff des «fragegeleiteten Konzepts» Anwendung finden. Über die Beantwortung kritischer Fragen gelangt man zu einer ersten und vorläufigen Beurteilung des Untersuchungsgegenstandes. Vgl. Grenz (1988), S. 196.

Durch die interne Logik wissensbasierter Systeme können mehrstufige, komplexe Verkettungen von Variablen abgebildet werden, von Antworten auf Fragestellungen können auch **indirekt**, d. h. über mehrere Inferenzschritte, Rückschlüsse auf Diskontinuitäten gezogen werden.

Befragende Verfahren wurden bereits in bestehenden Systemen, die sich mit der Problemstellung betrieblicher Diskontinuitäten beschäftigen, angewendet. Mit dem konventionellen Entscheidungsunterstützungssystem **ANSPLAN-A** soll eine strategische Analyse bei einer turbulenten Unternehmensumwelt unterstützt werden. Dabei findet das Konzept der «Schwachen Signale» Berücksichtigung. In dem modular aufgebauten System werden zunächst über von dem Anwender zu beantwortende Fragestellungen die zukünftigen Erwartungen hinsichtlich einer Geschäftseinheit abgeschätzt. Hiervon ausgehend werden die Ausirkungen auf die Geschäftseinheit analysiert.[168] Das oben bereits dargestellte Analysesystem für Diskontinuitäten SIAM[169] basiert ebenfalls auf einer fragegeleiteten Vorgehensweise und dokumentiert somit neben den oben angeführten Gründen die Eignung befragender Verfahren bei einer wissensbasierten Analyse von Diskontinuitäten.

Zusammenfassend bleibt festzuhalten, daß zur Bewältigung der vorliegenden Problemstellung unter Anwendung des in der Literatur vorliegenden Wissens eine befragende Vorgehensweise am geeignetsten ist.

---

168 Daraus werden Normstrategien festgelegt, die vorsehen, entweder die gegenwärtige Strategie sofort zu ändern oder sich mehrere Strategieoptionen für die Zukunft offen zu halten. Nach dieser Festlegung ist es möglich, konkrete Programme zu entwickeln, die eine Realisierung der Strategien ermöglichen. Vgl. Ansoff (1986).

169 Vgl. Abschnitt 3.3.2 dieser Arbeit.

4. Konzeption eines wissensbasierten Systems zur Analyse technologischer Diskontinuitäten

Dieses Kapitel beschreibt die Entwicklung des wissensbasierten Systems zur Analyse technologischer Diskontinuitäten. Mit der ausführlichen Darstellung des Entwicklungsprozesses wird das Ziel verfolgt, eine über das hier vorliegende Themengebiet hinaus anwendbare Vorgehensweise bei der Entwicklung und Gestaltung eines literaturgestützten, wissensbasierten Systems aufzuzeigen. Der Entwicklungsprozeß wird hier in die drei Hauptphasen der Problemabgrenzung, der Wissensakquisition und der Implementierung und Wartung unterteilt.[1]

Der Schwerpunkt des Entwicklungsprozesses liegt auf der Wissensakquisition, bei der das zur Problembewältigung relevante Wissen in der Fachliteratur ermittelt, strukturiert und formalisiert wird. Probleme bei der Strukturierung einer Wissensbasis, die mehrere Wissensquellen, d. h. das Wissen mehrerer Experten bzw. mehrerer Veröffentlichungen beinhaltet, werden ausführlich behandelt.

4.1. Problemabgrenzung und Beurteilung des Themengebietes

4.1.1. Problemabgrenzung

Die Problembeschreibung und -abgrenzung ergibt sich im wesentlichen aus den vorangegangenen Ausführungen in Abschnitt 2.2 dieser Arbeit und ist daher nur kurz zu skizzieren.

Das im folgenden konzipierte System soll als Analyseinstrument dienen, das in der Lage ist, zunächst allgemeine Hinweise auf mögliche technologische Diskontinuitäten abzuleiten und im Anschluß daran ein erkanntes Problem einer differenzierteren Betrachtung zu unterziehen. Von der Problemstrukturierung ausgehend soll eine Situationsbeurteilung sowie eine Betrachtung möglicher Folgen eines Technologieüberganges für das Unternehmen vorgenommen werden.

Gegenstand der Untersuchung ist ein strategisches Technologiefeld, d. h. eine in einem Unternehmen bestehende Technologie in ihrem inner- und überbetrieblichen Umfeld.[2]

---

1 Siehe hierzu Abschnitt 3.2.1 dieser Arbeit.
2 Siehe hierzu Abschnitt 2.1 dieser Arbeit.

96

4.1.2. Beurteilung des Themengebietes

Eine Problemstellung sollte bestimmte Eigenschaften besitzen, damit von einer erfolgreichen Realisierung eines wissensbasierten Systems ausgegangen werden kann.[3] Je größer die Übereinstimmung zwischen der idealtypischen und der realen Problemstruktur ist, desto erfolgversprechender dürfte die Entwicklung eines solchen Systems sein.[4] Nach der Eingrenzung der Problemstellung ist daher zunächst zu beurteilen, inwieweit die vorliegende Aufgabenstellung und die damit verbundene Problemstruktur zur Entwicklung eines wissensbasierten Systems geeignet ist.[5]

(a) Der Einsatz eines Expertensystems bzw. eines wissensbasierten Systems sollte in Erwägung gezogen werden, wenn das Problem durch konventionelle Programmiermethoden nicht zufriedenstellend gelöst werden kann.

Bei der Bearbeitung strategisch relevanter Probleme sind vorwiegend qualitative und teilweise auch unsichere Daten unter Anwendung heuristischer Lösungsprinzipien zu verarbeiten.[6] Wie bereits erläutert wurde, stoßen konventionelle Programmiermethoden bei der Bearbeitung solcher Problemtypen, die auch als «schlecht strukturierte» Probleme bezeichnet werden, auf ihre Grenzen.[7] Das zur Problembewältigung relevante Wissen ist dynamisch, d. h. es kann sich im Zeitablauf verändern.[8] Die Architektur wissensbasierter Systeme, in der eine Trennung zwischen Wissensdarstellung in der Wissensbasis und Problemlösung durch den Inferenzmechanismus vorgenommen wird, ermöglicht eine im Vergleich zu konventionellen Programmiermethoden einfache Aktualisierung und Erweiterung eines bestehenden Systems.

---

3   Anforderungskataloge, die zur Beurteilung der Eignung des Einsatzes von wissensbasierten Systemen dienen, finden sich beispielsweise bei Demetrius (1986), S. 235; Lebsanft, Gill (1987); Prerau (1990), S. 98ff.; Gabriel, Frick (1991), S. 556.
    In diesem Zusammenhang wird von Masud und Hommertzheim (1988) eine Methode vorgeschlagen, in denen mehrere mögliche Projekte anhand bestimmter Faktoren bewertet und anschließend in eine Rangordnung gebracht werden. Die Rangzahl wird als Maß für die Eignung einer Projektdurchführung gewertet.
4   Gabriel, Frick (1991), S. 555f. Dieses Kriterium wird auch als Werkzeug-Aufgaben-Fit bezeichnet. Vgl. Krcmar (1991), S. 37.
5   Es kann davon ausgegangen werden, daß die folgenden Ausführungen generell für Probleme des strategischen Managements gelten, da die Analyse technologischer Diskontinuitäten als Teilgebiet des strategischen Managements vergleichbare Problemstrukturen aufweist.
6   Vgl. Müller (1981), S. 105; Zimmermann (1993).
7   Siehe Abschnitt 3.3.1 dieser Arbeit.
8   Diese Feststellung wird allgemein für wirtschafts- und sozialwissenschaftliches Wissen getroffen. Vgl. Witte (1981), S. 18.

(b) *Fachspezifisches Wissen, das sich auf die Problemstellung bezieht, muß verfügbar sein.*

Das Themengebiet technologischer Diskontinuitäten wird, wie bereits aus den Ausführungen in Kapitel zwei deutlich wird, in einer größeren Anzahl von Veröffentlichungen behandelt. In der Fachliteratur ist somit Wissen zur Gestaltung der Wissensbasis enthalten; inwieweit dieses Wissen zur Problembewältigung hilfreich bzw. ausreichend ist, kann an dieser Stelle noch nicht abgeschätzt werden.

(c) *Es muß die Notwendigkeit oder zumindest das Bedürfnis bestehen, das Wissen in einem System abzubilden. Ist das Fachwissen einfach und günstig zugänglich, scheint die Entwicklung eines solchen Systems aus wirtschaftlichen Überlegungen nicht sinnvoll.*

Das Wissen in diesem Gebiet liegt über eine größere Anzahl von Veröffentlichungen zerstreut vor, was die Wissenserhebung und -strukturierung für eine Anwendung bei realen Problemstellungen sehr aufwendig macht. Liegt das Wissen in einer systematisierten und für praktische Problemstellungen verwertbaren Form vor, ist dies als erhebliche Arbeitserleichterung zu werten. Die Bedeutung des Problems diskontinuierlicher Technologieübergänge für Unternehmen läßt eine Anwendung des über dieses Gebiet vorliegenden Wissens zur Bewältigung der Problemstellung darüber hinaus wünschenswert scheinen.

(d) *Eine begrenzte Leistungsfähigkeit des Systems muß akzeptabel sein. Wie bei einem menschlichen Experten darf nicht erwartet werden, daß das System in jedem Fall bestmögliche Ergebnisse liefert.*

Zur Zeit kann nicht davon ausgegangen werden, daß Experten das vorliegende Problem generell zufriedenstellend bewältigen, da die Kenntnisse über das Auftreten technologischer Diskontinuitäten nur unvollständig sind. Aus diesem Grund ist ebensowenig zu erwarten, daß ein wissensbasiertes System zur Analyse technologischer Diskontinuitäten in der Lage ist, eine Problemstellung abschließend oder in jedem Fall korrekt zu bewältigen. Wenn es jedoch gelingt, unter Zuhilfenahme des im weiteren Verlauf der Arbeit dargestellten Systems eine Entscheidungsverbesserung zu erreichen, kann eine erfolgreiche Systementwicklung angenommen werden.

(e) *Ist die Aufgabe des zu entwickelnden Systems vergleichbar mit einem erfolgreich realisierten System, kann mit einer gewissen Wahrscheinlichkeit von einem Erfolg der Systementwicklung ausgegangen werden.*

Die in dem Bereich des strategischen Managements bereits erfolgreich entwickelten wissensbasierten Systeme dokumentieren die Einsatzfähigkeit dieser Informationstechnologie für das vorliegende Themengebiet. Insofern spricht dieses Kriterium für die Durchführbarkeit des hier geplanten Systems.

(f) *Die von dem System zu übernehmende Aufgabe muß klar definierbar und gut abgrenzbar sein. Allgemeinwissen soll zur Problemlösung nicht in größerem Umfang benötigt werden.*

Wissensbasierte Systeme haben ihre Leistungsfähigkeit vor allem in eng abgegrenzten Themengebieten demonstriert.[9] Wie aus den Ausführungen in Kapitel zwei deutlich wird, sind technologische Diskontinuitäten das Ergebnis komplexer Ursache-Wirkungszusammenhänge, die nicht in ihrer Gesamtheit verstanden werden. Mögliche Ursachen, die eine solche Diskontinuität hervorrufen, sind äußerst vielschichtig und sind in dem gesamten Unternehmensumfeld zu finden. Von einer guten Abgrenzbarkeit der Problemstellung kann somit in dem vorliegenden Gebiet nicht ausgegangen werden.

Die Eignung der Aufgabenstellung zur Entwicklung eines wissensbasierten Systems kann zusammenfassend wie folgt beurteilt werden.

Die Charakteristika des vorliegenden Themengebietes decken sich im wesentlichen mit den gestellten Anforderungen. Es finden vorwiegend heuristische Lösungsprinzipien Anwendung, mit denen größtenteils qualitative, unsichere Daten zu verarbeiten sind. Existierende wissensbasierte Systeme im Bereich des strategischen Managements können darüber hinaus als Anzeichen für die Machbarkeit des oben eingegrenzten Projektes gewertet werden.

Von der geforderten guten Abgrenzbarkeit des Wissensgebietes, die beinhaltet, daß Allgemeinwissen nicht in größerem Umfang benötigt wird, kann hier nicht ausgegangen werden. Daraus ergeben sich Rückschlüsse hinsichtlich der Aufgabe und der Funktion eines solchen Systems im Entscheidungsprozeß, worauf im weiteren Verlauf dieser Arbeit noch ausführlicher eingegangen wird.[10]

---

9   Vgl. von Weissenfluh (1990), S. 180.
10   Siehe hierzu insbesondere Abschnitt 6.1.2 dieser Arbeit.

4.1.3. Fachliteratur als Wissensquelle

Zur Entwicklung eines wissensbasierten Systems stehen unterschiedliche Wissensquellen zur Verfügung. Die am häufigsten gewählte Vorgehensweise dürfte die persönliche Erhebung des Wissens von Experten darstellen. Daneben besteht jedoch ebenfalls die Möglichkeit, Wissen aus öffentlich zugänglichen Quellen wie Datenbanken oder Publikationen unterschiedlichster Art zu erheben.[11]

Der Stellenwert von Literatur bei der Entwicklung eines wissensbasierten Systems wird sehr unterschiedlich beurteilt. Einerseits findet sich die Aussage, es sei möglich, einen Großteil des Wissens eines Experten aus der entsprechenden Literatur zu ermitteln,[12] andererseits wird häufiger behauptet, daß in Texten enthaltenes Wissen nur heranzuziehen ist, um einen ersten Prototyp zu realisieren, mit dem lediglich die prinzipielle Leistungsfähigkeit des Ansatzes demonstriert werden kann. Diese Auffassung hebt Feigenbaum mit der Bemerkung «... *What masters really know is not written in the textbooks of the masters*»[13] anschaulich hervor.
In nachfolgenden Entwicklungsphasen wird es als notwendig erachtet, expertenspezifisches Wissen zusätzlich einzubeziehen.[14] Obwohl es sicherlich zutrifft, daß durch eine zusätzliche Einbeziehung von privatem Wissen die Leistungsfähigkeit einer Wissensbasis gesteigert werden kann, scheint dennoch der Schluß verfrüht, Publikationen generell als subsidiäre Wissensquelle zu bewerten. Eine detailliertere, vom individuellen Fall abhängige Sichtweise scheint angebracht, um die Bedeutung von Fachliteratur als Wissensquelle in einem bestimmten Fachgebiet individuell einschätzen zu können. Die folgenden Ausführungen versuchen aufzuzeigen, daß Veröffentlichungen in dem hier vorliegenden Anwendungsgebiet eine beträchtliche Bedeutung beizumessen ist.

Problemspezifische Bedeutung von Fachliteratur:
Ein typisches Anwendungsgebiet von wissensbasierten Systemen im technischen Bereich ist die Diagnose von Fehlfunktionen spezieller Maschinen. Zur Lösung eines solchen Problems stehen meist nur sehr wenige Spezialisten zur Verfügung. In vielen dieser Fälle ist das zur Problembewältigung notwendige Wissen nicht oder nur äußerst unvollständig dokumentiert. In der für dieses Gebiet relevanten Fachliteratur ist

---

11 So wird für den Bereich des Marketing festgestellt, daß die meisten wissensbasierten Systeme auf diesem Gebiet ihr Wissen aus in der Literatur veröffentlichten Forschungsergebnissen beziehen. Vgl. Kroeber-Riel, Lorson, Neibecker (1992), S. 97.
12 Vgl. Ruqian, Cungen (1990), S. 291.
13 Feigenbaum (1979), S. 8.
14 Vgl. Kerschberg, Dickinson (1988), S. 130; Attarwala, Basden (1985), S. 145; Breuker, Wielinga (1987), S. 18.

aufgrund der Einzigartigkeit des Problems kein ausreichendes Fachwissen enthalten. Um für diese Aufgabe ein leistungsfähiges System entwickeln zu können, muß man bei der Wissenserhebung auf den menschlichen Experten direkt zurückgreifen.

Für Themengebiete, die in der wissenschaftlichen Diskussion eine größere Beachtung finden, ist die Bedeutung von Veröffentlichungen als Wissensquelle unterschiedlich zu beurteilen.

In der Wissenschaft spielt die schriftliche Kommunikation eine besondere Rolle, da Veröffentlichungen eine wichtige Voraussetzung für die Anerkennung innerhalb der «Scientific Community» darstellen.[15] Die Kommunikation des Wissens auf diesem Gebiet ist international und erfolgt zu einem großen Teil über Bücher und Fachzeitschriften, die öffentlich zugänglich sind. Diese Feststellung trifft auch für den Bereich der Betriebswirtschaftslehre zu.

Die für ein spezielles Gebiet in Frage kommenden Experten können häufig nicht persönlich zur Wissenserhebung, wie etwa durch Interviews, herangezogen werden, weshalb das Wissen dieser Experten bei einer personenbezogenen Wissensakquisition unberücksichtigt bliebe. Durch das Auswerten von Veröffentlichungen dieser Experten eröffnet sich jedoch die Möglichkeit, zumindest einen Teil ihres Wissens bei der Entwicklung der Wissensbasis einzubeziehen.

Von dem Veröffentlichungszeitpunkt neuer wissenschaftlicher Erkenntnisse bis zur Rezeption dieses Wissens in der Praxis kann erhebliche Zeit vergehen. Bei der Erhebung des Wissens von Praktikern besteht daher die Gefahr, daß das Wissen nicht den neuesten Erkenntnissen entspricht. Durch die Berücksichtigung neuester wissenschaftlicher Forschungsergebnisse eröffnet sich dagegen die Möglichkeit, eine besonders aktuelle Wissensbasis zu erzeugen.

Zieht man außerdem zur Wissenserhebung nicht nur einige wenige Veröffentlichungen, sondern die in einem Themengebiet vorliegenden Veröffentlichungen möglichst umfassend heran, scheint es möglich, hieraus eine durchaus detaillierte Wissensbasis zu entwickeln, da davon auszugehen ist, daß sich das beschriebene Wissen zumindest teilweise ergänzt.[16] Behandeln unterschiedliche Veröffentlichungen gleiche Themengebiete, kann es auch zu voneinander abweichenden Ergebnissen oder Einschätzungen sowie zu Widersprüchen kommen. Die Konsequenzen, die dieser Umstand auf die Konzeption des Systems hat sind kritisch zu untersuchen.[17]

---

15 Dieser Sachverhalt wird auch mit der Phrase «Publish or Perish» anschaulich umschrieben.
16 Vgl. Boose, Gaines (1989), S. 382.
17 Siehe hierzu Abschnitt 4.2.3.1 dieser Arbeit.

Läßt man wissenschaftliche Veröffentlichungen bei der Wissensakquisition außer Acht, bedeutet dies, auf besonders zuverlässiges Wissen bei der Gestaltung der Wissensbasis zu verzichten.[18]

Zusammenfassend läßt sich festhalten, daß für den Bereich der Betriebswirtschaftslehre Fachliteratur eine wichtige Wissensquelle darstellt. Durch die umfassende Analyse der für ein Anwendungsgebiet relevanten Fachliteratur ist es möglich, zur Problembewältigung wesentliches Wissen zu erheben, das bei einer personenbezogenen Wissenserhebung nicht ermittelt werden kann.

4.2. Wissensakquisition aus Fachliteratur

Im folgenden wird die in dem vorliegenden Projekt angewendete Verfahrensweise der Wissensakquisition ausführlich dargestellt.[19] Dadurch wird der Entwicklungsprozeß des Systems und der Inhalt der Wissensbasis transparent und nachvollziehbar. Ziel dieser, im Vergleich zu anderen Arbeiten ausführlichen Beschreibung ist die Darstellung einer Verfahrensweise zur Wissensakquisition aus Fachliteratur, die über das vorliegende Themengebiet hinaus auch in Gebieten mit vergleichbaren Charakteristika Anwendung finden kann.[20] Die im folgenden dargestellte Verfahrensweise einer literaturgestützten Wissensakquisition soll dazu beitragen, einen Teil des noch zu bewältigenden Forschungsdefizits in diesem Bereich zu schließen.[21]

Im folgenden werden besonders spezifische Probleme behandelt, die bei einer literaturgestützten Wissensakquisition unter Einbeziehung einer größeren Anzahl von Veröffentlichungen auftreten, da diese bisher vernachlässigt wurden. Hierbei werden vorwiegend inhaltliche und weniger datentechnische Problemstellungen betrachtet. Bestrebungen, das in der Fachliteratur über ein Themengebiet vorliegende Wissen umfassend und systematisch zu berücksichtigen, sind selten.[22] Dieser Umstand kann

---

18 Siehe hierzu die Ausführungen in Abschnitt 4.2.3.2 dieser Arbeit.

19 Siehe hierzu auch Lehmann (1991).

20 In dem Auseinanderklaffen zwischen der Methode der Wissenserhebung und der Problemstruktur wird ein erhebliches Problem bei der Wissensakquisition gesehen. Aus diesem Grund ist die Auswahl einer für das konkrete Problem geeigneten Vorgehensweise bei der Wissensakquisition von großer Bedeutung. Vgl. Nwana, Paton, Bench-Capon, Shave (1991) S. 61.

21 Vgl. beispielsweise Gabriel, Frick (1991), S. 550.

22 Eine Ausnahme bildet hier die Vorgehensweise von Bünte und Albers (1990), bei der Ergebnisse empirischer Untersuchungen unter Anwendung metaanalytischer Verfahren zur Entwicklung einer Wissensbasis großzahlig herangezogen werden.

unter anderem auf ein methodisches Defizit zurückgeführt werden. Es fehlt an Konzepten, die aufzeigen, wie das in unterschiedlichen Veröffentlichungen dargestellte Wissen systematisch in eine Wissensbasis überführt werden kann.

Die im folgenden dargestellte Methode geht über die in der Literatur dargestellten und bei existierenden Systemen angewandten Verfahren insofern hinaus, als auf eine größere Anzahl von Veröffentlichungen zurückgegriffen wird. Diese Vorgehensweise empfiehlt sich, da bei der vorliegenden Aufgabenstellung nicht davon auszugehen ist, daß ein einzelner Autor das für eine Problembewältigung in dem Themengebiet vorliegende Wissen vollständig darstellen kann.

Das Verfahren der Wissensakquisition ist in Anlehnung an Abschnitt 3.2.2.2 als direkt, modellbasiert und manuell einzuordnen. Das allgemein anwendbare Wissen wird direkt aus den Formulierungen in den Texten entnommen, also nicht aus Fallbeispielen induktiv ermittelt.

Der Prozeß der Wissensakquisition unterteilt sich in mehrere aufeinanderfolgende Phasen. Diese Phasen werden im wesentlichen sequentiell abgearbeitet, Rückkopplungen sind teilweise vorgesehen. Abbildung 4-1 beschreibt die Phasen der Wissensakquisition speziell für die Einbeziehung von Fachliteratur als Wissensquelle.

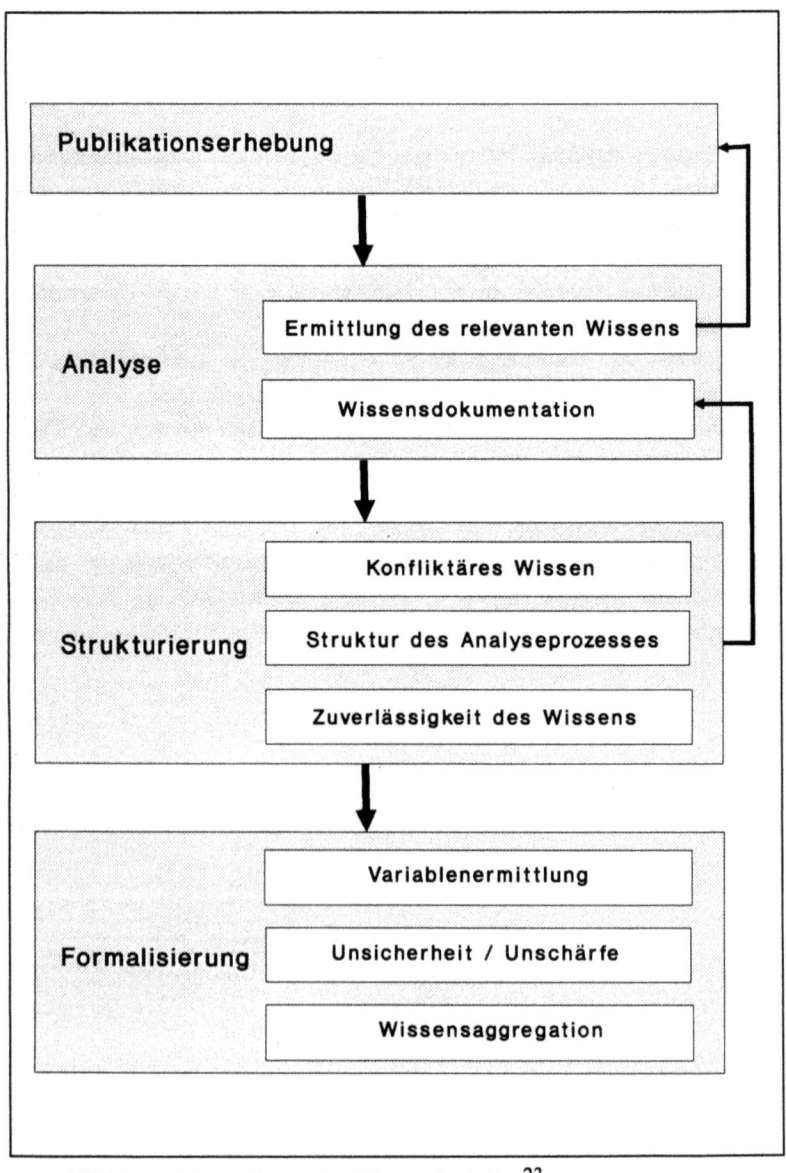

Abbildung 4-1:   Phasen der Wissensakquisition[23]

---

23   In Anlehnung an Rajan, Motta. Eisenstadt (1989), S. 114.

4.2.1. Publikationserhebung

Aufgabe der Wissenserhebung ist es, das für die Aufgabenstellung relevante Wissen zu identifizieren. Das Ergebnis dieser Aktivität ist eine Sammlung unstrukturierten Wissens, das die Ausgangsbasis für die anschließende Datenanalyse bildet.[24] Da im vorliegenden Fall Veröffentlichungen als Wissensquelle dienen, ist es Ziel des ersten Schrittes der Wissensakquisition, eine für das Themengebiet geeignete Literatursammlung zusammenzustellen.

Zur Publikationserhebung können mehrere Vorgehensweisen gewählt werden:

a) **Publikationserhebung mit Hilfe von Literaturdatenbanken:**
    In dem vorliegenden Projekt wurde zunächst auf die Literaturdatenbank ABI-Inform zurückgegriffen. Diese Datenbank beinhaltet zum Großteil Veröffentlichungen aus betriebswirtschaftlichen Fachzeitschriften des englischen Sprachraums. Bei dieser Variante der Literaturrecherche standen Publikationen ab 1970 zur Verfügung.
    Außerdem wurde die Literaturdatenbank ECONIS der Bibliothek des Instituts für Weltwirtschaft an der Universität Kiel herangezogen. Durch Anwendung dieser Datenbank ist vor allem eine Ergänzung durch deutschsprachige, wirtschaftswissenschaftliche Veröffentlichungen ab 1986 möglich.
    Durch geeignete Systemabfragen kann mit dieser Erhebungsmethode Literatur effizient gesucht werden. Ein weiterer Vorteil dieser Vorgehensweise bei der Publikationserhebung ist deren Aktualität. Besonders neue Publikationen, die bisher in anderen Veröffentlichungen noch nicht zitiert wurden und über Literaturhinweise somit nicht auffindbar sind, können mit Hilfe einer aktuellen Literaturdatenbank ermittelt werden.

b) **Publikationserhebung durch Verweise in bereits ermittelten Texten:**
    Über die Literaturverweise bereits identifizierter neuerer Veröffentlichungen konnte der Literaturumfang zusätzlich ergänzt werden. Die Lektüre der Texte ist in dieser Phase der Wissensakquisition noch nicht vorgesehen und erfolgt erst in dem nachfolgenden Schritt der Analyse des erhobenen Wissens. Insofern kann die Publikationserhebung als iterativer Prozeß verstanden werden.

c) **Publikationserhebung durch Expertenbefragung:**
    Als weitere Möglichkeit zur Identifikation relevanter Veröffentlichungen bietet sich die Befragung mit dem Themengebiet vertrauter Experten an.[25]

---

24 Vgl. Rajan, Motta, Eisenstadt (1989), S. 115.
25 Diese Verfahrensweise wählten Schmidt, Schmalhofer (1990), S. 307.

Diese Vorgehensweise wurde hier nicht angewendet, da davon auszugehen ist, daß aufgrund des intensiven Literaturstudiums sowie der umfangreichen Datenbankabfragen der Umfang relevanter Publikationen nicht weiter vergrößert werden kann.

Die hier gewählte manuelle Vorgehensweise der Wissensakquisition ist sehr aufwendig. Daher kann bei der Publikationserhebung in Gebieten mit einer großen Anzahl relevanter Veröffentlichungen ein Konflikt entstehen. Einerseits ist man bestrebt, das in einem Themengebiet veröffentlichte Wissen vollständig zu berücksichtigen, andererseits entstehen aufgrund der sehr aufwendigen manuellen Methode der Wissensakquisition Kapazitätsengpässe, die eine Beschränkung des Literaturumfangs, d. h. eine Selektion von Publikationen erforderlich machen.
Die Auswahl von Veröffentlichungen hat vor allem nach dem Kriterium der Qualität zu erfolgen. Ziel muß es sein, ausschließlich solche Veröffentlichungen in den weiteren Verlauf der Wissensakquisition einzubeziehen, die eine Mindestanforderung hinsichtlich der Qualität erfüllen. Veröffentlichungen, die bestimmten Qualitätsanforderungen nicht genügen, sind bereits in der Phase der Publikationserhebung auszuschließen.
Da in dieser Phase der Wissensakquisition der Inhalt der jeweiligen Veröffentlichungen noch nicht bekannt ist, bleibt ausschließlich die Möglichkeit, die Qualität von Veröffentlichung indirekt zu bewerten.

Zur Bewertung der Qualität von Veröffentlichungen werden unterschiedliche Verfahren diskutiert:[26]

a) **Beurteilung des Mediums einer Veröffentlichung:**
Bei dieser Vorgehensweise wird angenommen, daß die Kenntnis des Mediums einer Veröffentlichung Rückschlüsse auf die Qualität der Veröffentlichung selbst zuläßt. Aufsätze in wissenschaftlichen Fachzeitschriften werden vor ihrer Veröffentlichung von Referenten, die als Experten auf dem jeweiligen Gebiet gelten, hinsichtlich ihrer Qualität beurteilt und zur Veröffentlichung freigegeben bzw. abgelehnt. Es werden ausschließlich solche Artikel tatsächlich veröffentlicht, die den Mindestanforderungen der Referenten genügen; insofern kann eine «untere

---

26 Neben den im folgenden dargestellten vorwiegend quantitativen Verfahren wird auch vorgeschlagen, die Einschätzung von Veröffentlichungen anhand von Checklisten vorzunehmen. Ballstaedt listet beispielsweise 14 Fragen auf, die zur Beurteilung von Veröffentlichungen herangezogen werden können. Diese Fragen sind subjektiv zu beantworten und als eine Checkliste zu verstehen. Das Problem liegt bei diesem Vorgehen darin, von den Antworten konkrete Rückschlüsse auf die Qualität der Veröffentlichung abzuleiten. Vgl. Ballstaedt (1982), S. 168f.

Schwelle von Qualität»[27] bei solchen Zeitschriften angenommen werden.[28] Daraus läßt sich die Notwendigkeit einer Rangordnung[29] der Veröffentlichungsquellen oder zumindest eine Klassifizierung in «zu berücksichtigende» und «nicht zu berücksichtigende» Veröffentlichungsquellen ableiten.[30]

Das oben eingegrenzte Themengebiet ist dem Technologiemanagement zuzuordnen. Obwohl für den wirtschaftswissenschaftlichen Bereich Untersuchungen bezüglich der Qualität von Fachzeitschriften bereits durchgeführt wurden,[31] sind diese für das vorliegende Themengebiet nicht anwendbar, da hier spezielle Zeitschriften zu berücksichtigen sind, die sich auf dem Gebiet des Technologiemanagements etabliert haben. Diese Zeitschriften wurden in den vorliegenden Untersuchungen bisher nicht berücksichtigt.

b) Beurteilung der Autoren:

Neben der Beurteilung der Qualität des Veröffentlichungsmediums besteht die Möglichkeit, die Reputation der Autoren als Auswahlkriterium für die relevanten Publikationen heranzuziehen.[32] Ein solches Vorgehen ist vergleichbar mit der Auswahl geeigneter Experten bei Entwicklungsprojekten wissensbasierter Systeme. Kriterien, die bei der Ermittlung geeigneter Experten herangezogen werden, können auch hier zur Anwendung kommen.[33]

---

27 Vgl. Backes-Gellner (1987), S. 41.

28 Dieser Argumentation liegt die Annahme zugrunde, daß bei der Beurteilung der Qualität von Referenten objektive Kriterien gegenüber subjektiven überwiegen.

29 Pommerehne unterscheidet zwischen drei Verfahren zur Bestimmung von Rangordnungen bei wirtschaftswissenschaftlichen Zeitschriften. Erstens kann unter der Annahme, daß die Qualität der Publizierenden von der Qualität der Hochschule, an der sie lehren, abhängt, eine Beurteilung anhand der institutionellen Zugehörigkeit der Publizierenden vorgenommen werden. Zweitens ist es denkbar, eine Bewertung durch professionelle Ökonomen vorzunehmen. Drittens besteht die Möglichkeit, anhand der Häufigkeit, mit der in Zitaten auf Veröffentlichungen einer bestimmten Zeitschrift hingewiesen wird, die Zeitschrift zu beurteilen. Vgl. Pommerehne (1986), S. 284.

30 Es wird darauf hingewiesen, daß die Anzahl wissenschaftlicher Zeitschriften stark zunimmt. Schon aus diesem Grund dürfte eine vollständige Publikationserhebung unter Einbeziehung aller in Frage kommender Zeitschriften in den meisten Fällen unmöglich sein. Vgl. Backes-Gellner (1987), S. 45; Wagner (1987), S. 178.
Ist die Bewertung wissenschaftlicher Zeitschriften, wenn auch mit Einschränkungen, noch möglich, dürfte die Beurteilung von Verlagen oder Veröffentlichungsreihen im Vergleich dazu noch größere Probleme aufwerfen.

31 Vgl. Pommerehne (1986) und die dort angegebene Literatur.

32 Vgl. Ballstaedt (1982), S. 168.

33 Eine ausführliche Auflistung von Kriterien zur Auswahl geeigneter Experten scheint hier nicht notwendig. Ein Überblick über solche, weitgehend subjektiv zu beurteilende Kriterien findet sich beispielsweise bei Prerau (1990), S. 173ff.

c) Zitationsanalyse zur Beurteilung der Qualität von Veröffentlichungen:

Zitationsmaße haben zum Ziel, die Bedeutung oder Qualität eines wissenschaftlichen Beitrags anhand der Häufigkeit der Zitationen durch andere Wissenschaftler zu messen.[34] Dieser Vorgehensweise liegt die Annahme zugrunde, daß die Häufigkeit, mit der bestimmte Publikationen zitiert werden, zumindest als Maß für Einfluß innerhalb der wissenschaftlichen Gemeinschaft interpretiert werden kann. Einfluß wiederum kann als Qualität der wissenschaftlichen Veröffentlichung interpretiert werden, wenngleich dieser Zusammenhang nicht als zwingend zu verstehen ist.[35]

Eine Schwäche dieser Vorgehensweise ist die Tatsache, daß neueren Veröffentlichungen, die bisher noch nicht oft zitiert wurden, unter Anwendung dieses Verfahrens eine geringe Qualität zugerechnet wird.

Der Aufwand einer Zitationsanalyse ist erheblich. Kann man auf bereits durchgeführte Zitationsanalysen zurückgreifen, ist die Verwertung dieser Ergebnisse durchaus empfehlenswert. Die Durchführung einer solchen Analyse eigens zur Publikationserhebung für die Entwicklung eines wissensbasierten Systems dürfte jedoch in der Regel kaum zu rechtfertigen sein.[36]

Wurde eine Publikationserhebung durch Befragung mehrerer Experten vorgenommen, kann die Häufigkeit der Nennungen einzelner Veröffentlichungen bzw. Autoren als Hinweis für deren Qualität interpretiert werden.

d) Veröffentlichungszeitpunkt:

Geht man davon aus, daß Wissen im Bereich der Betriebswirtschaftslehre nicht statisch ist, sondern sich im Zeitablauf verändert, kann angenommen werden, daß neuere Veröffentlichungen die aktuelle Situation ceteris paribus besser abbilden als ältere Veröffentlichungen. Es ist daher tendenziell davon auszugehen, daß das in neueren Publikationen enthaltene Wissen zur Bewältigung einer Problemstellung von größerer Bedeutung ist.

---

34 Dieses Vorgehen unterstellt, daß unbedeutende Veröffentlichungen nicht in größerem Umfang zitiert werden, bedeutende Werke jedoch auf weitere Forschungsarbeiten Einfluß nehmen, was sich in Literaturverweisen nachfolgender Veröffentlichungen äußert. Verzerrungen der Ergebnisse können z. B. aufgrund von «Selbstzitationen» oder sogenannter «Zitierkartelle» entstehen. Vgl. Backes-Gellner (1987), S. 42.

35 Vgl. Rigter (1986), S. 38. Es wird argumentiert, daß eine Mindestqualität erforderlich ist, damit eine Veröffentlichung Einfluß nehmen kann, d. h. in folgenden Publikationen zitiert wird. Vgl. Moed, Burger, Frankfort, van Raan (1985), S. 134.

36 Die Zitationsanalyse wurde bereits zur Publikationserhebung bei der Entwicklung wissensbasierter Systeme angewendet. Alberico und Micco verwenden im Rahmen der Entwicklung eines solchen Systems bei der Auswahl der für den Themenbereich «bedeutenden» Literaturquellen die Zitationsanalyse. Eine genauere Verfahrensbeschreibung wird jedoch nicht gegeben. Vgl. Alberico, Micco (1990), S. 118.

Vorgehen und Ergebnis der Publikationserhebung:

Um den Literaturumfang auf einen praktikablen Umfang zu reduzieren, wurden ausschließlich Veröffentlichungen ab 1980 herangezogen. Veröffentlichungen, in denen quantitative Verfahren zur Bewältigung des Problems dargestellt werden, werden hier nicht weiter berücksichtigt, da davon auszugehen ist, daß solche Lösungsverfahren mit Hilfe konventioneller Programmiermethoden erfolgversprechender abgebildet werden können.[37]

Darüber hinaus bleiben Texte, in denen das Phänomen technologischer Diskontinuitäten nur am Rande dargestellt wird und die über die Wiedergabe bereits bekannter Lösungskonzepte und Zusammenhänge nicht hinausgehen, im weiteren Verlauf der Wissensakquisition unberücksichtigt. Abbildung 4-2 gibt die für den weiteren Verlauf der Wissensakquisition relevanten Literaturquellen wieder.

Dem Thema überwiegend gewidmete Monographien und Dissertationen:
Foster (1986a)
Lebens (1986)
Weiss (1989)

Artikel aus wissenschaftlichen Fachzeitschriften:

Abernathy, Clark (1985)	Krubasik (1982)
Anderson, Tushman (1991)	Krubasik (1984)
Anderson, Tushman, (1990)	Lee, Nakicenovic (1988)
Ayres (1988)	Olleros (1986)
Brockhoff (1984a)	Pogany (1986)
Foster (1982a)	Roussel (1984)
Foster (1982b)	Tushman, Anderson (1986)

Beiträge in Sammelwerken/Teile von Monographien:

Brockhoff (1984b)	Klingebiel (1989)
Twiss, Goodridge (1989)	Michel (1987)
Utterback, Kim (1985)	Perlitz (1988)
Wildemann (1987)	Servatius (1985)
Wildemann (1986)	Steele (1989)

Abbildung 4-2: *Ergebnis der Publikationserhebung*

---

37 Außerdem dürfte die praktische Realisierung dieser Ansätze unabhängig von der Programmiertechnik erhebliche Schwierigkeiten bereiten. Siehe hierzu die in Abschnitt 2.5 skizzierten Ansätze.

Insgesamt wurden über 20 Literaturquellen identifiziert, die sich ausführlich mit technologischen Diskontinuitäten befassen oder zumindest über die Darstellung und Wiederholung bekannter Grundmodelle hinaus Aussagen über dieses Themengebiet machen. Ein großer Teil der Veröffentlichungen sind Aufsätze aus Fachzeitschriften, darüber hinaus liegen auch drei Bücher vor, die sich ausführlich mit dem Thema technologische Diskontinuitäten befassen.[38] Aufgrund der umfangreichen Publikationserhebung ist davon auszugehen, daß das über das Themengebiet veröffentlichte Wissen weitgehend vollständig erfaßt wurde.

Für die weitere Durchführung der Wissensakquisition ist es von zentraler Bedeutung, daß eine ausreichende Anzahl an Publikationen vorliegt, in denen Wissen über das relevante Themengebiet dargestellt wird. Wie aus der vorangegangenen Übersicht zu entnehmen ist, kann davon ausgegangen werden, daß die verfügbare Literatur eine hinreichend gute Ausgangsbasis für die Entwicklung eines wissensbasierten Systems zur Analyse technologischer Diskontinuitäten darstellt.

4.2.2. Analyse des erhobenen Wissens

4.2.2.1. Ermittlung relevanten Wissens

Um das für die Aufgabenstellung relevante Wissen zu ermitteln, müssen in den themenrelevanten Veröffentlichungen die Textstellen identifiziert werden, in denen für die Problembewältigung bedeutsame Aussagen formuliert werden.[39]
Das relevante Wissen wurde hier durch die Lektüre der Texte manuell ermittelt. Textstellen, in denen zur Problembewältigung wesentliche Zusammenhänge dargestellt werden, wurden markiert, was zu einer deutlichen Verringerung des Datenumfangs führt.[40]
Prinzipiell kann dieser Vorgang, soweit die Texte in elektronisch lesbarer Form vorliegen bzw. in eine solche übertragbar sind, auch computerunterstützt erfolgen. Bei der Computerunterstützung dieses Prozesses ist es möglich, insbesondere Ansätze

---

38   Foster (1986); Lebens (1986); Weiss (1989).
39   Vgl. Rajan, Motta, Eisenstadt (1989), S. 115.
40   Vgl. Breuker, Wielinga (1987), S. 26.

des «Information Retrieval» heranzuziehen.[41] In Regelform darstellbares Wissen wird in der natürlichen Sprache häufig mit Wörtern wie «Wenn ... dann» oder «Falls ...» umschrieben; die Suche nach solchen Wörtern kann das Identifizieren relevanter Textstellen erleichtern.

Mit dem vorliegenden Projekt wird das Ziel verfolgt, ein Analysesystem zu entwickeln. Solche Systeme generieren keine Handlungsempfehlungen.[42] Daher werden bei der Ermittlung des relevanten Wissens Textstellen, in denen Handlungsempfehlungen formuliert werden, nicht berücksichtigt.

Wissen wird hinsichtlich seiner Funktion im Problemlösungsprozeß unterschieden. Eine Unterscheidung kann zwischen Fachwissen und Prozeßwissen erfolgen. Unter Fachwissen wird dabei Wissen verstanden, das Fakten und Kenntnisse über Zusammenhänge beinhaltet, die zur Darstellung des Problems und zur Problemlösung benötigt werden.[43] Prozeßwissen bezieht sich auf die Struktur und den Ablauf des Problemlösungsprozesses.[44] Während Fachwissen direkt in der Wissensbasis implementiert wird, dient Prozeßwissen hauptsächlich zur Gestaltung des Inferenzmechanismus und zur Strukturierung der Wissensbasis.[45] Solches Wissen wird häufig in Meta-Regeln implementiert.[46]

An einem Beispiel soll gezeigt werden, wie bei der Wissensakquisition aus einer Textstelle Regeln in der Wissensbasis erzeugt werden. Anhand der in Abbildung 4-3

---

41   Bei der fallbasierten Wissensakquisitionsmethodik COKAM+ werden beispielsweise solche Ansätze des Information Retrieval angewendet. Relevante Textstellen können bei dieser Methode mit Hilfe unterschiedlicher Verfahren gesucht werden. Zum einen ist eine Schlüsselwortsuche möglich, darüber hinaus können Textstellen mit Hilfe von Synonymen gesucht werden, wodurch eine Erweiterung des Suchraums entsteht. Als dritte Möglichkeit kann eine Suche auf semantischer Ebene durchgeführt werden. Dieses Verfahren ist dem Gebiet natürlichsprachlicher Systeme zuzuordnen. Siehe hierzu auch Abschnitt 3.2.2.3 dieser Arbeit. Vgl. Schmidt (1991), S. 8f.

42   Ausführlicher dazu Abschnitt 4.2.3.3 dieser Arbeit.

43   Wissen über Fakten wird als ontologisches Wissen und Kenntnisse über die Verknüpfungen der Fakten als nomologisches Wissen bezeichnet. Vgl. Baldwin, Kasper (1986), S. 162; Hauschildt (1990), S. 525.
       Vergleichbar hierzu wird auch zwischen deklarativem und prozeduralem Wissen unterschieden. Vgl. etwa Schmidt, Ralfs (1988), S. 6ff.

44   Vgl. Baldwin, Kasper (1986), S. 162; McGovern, Samson, Wirth (1991), S. 264f.

45   Vgl. Breuker, Wielinga (1987), S. 28.

46   Meta-Regeln können als Regeln über Regeln bezeichnet werden. Sie sind zwischen der Wissensbasis und dem Inferenzmechanismus angeordnet und steuern den Problemlösungsprozeß. Vgl. Farreny (1988), S. 52.

identifizierten Regeln wird an mehreren Stellen dieser Arbeit die Wissensakquisition beispielhaft illustriert.

Die hier identifizierten Regeln finden sich im Wissensdokument als Regeln mit der Kennziffer 17-19 und 17-20 wieder.[47] In der Wissensbasis ist der Inhalt der Regel 17-19 in den Regeln 454, 455 und 456 abgebildet. Die Ergebnispräsentation erfolgt durch Regel 184.[48]

2.1. The New Technology Enters a Market Demanding New Performance

Radical innovations, like any other type of innovation, require a recognition of needs and a knowledge of technical and material resources. Growing dissatisfaction with some aspect of an existing product, a growing latent demand expressed through an increasing variety of user experiments with alternatives to existing products or techniques, or growing public demand through direct product regulation, may result in discontinuous changes in products. Similarly, clearly evident rewards in terms of market share and profitability for dramatically greater productivity, or increasingly tighter constraints on costs and on resource availability, may result in discontinuous change in production processes.

In either case, because performance will initially be unreliable and costs higher, a new technology will tend to start in a relatively small market where its unique performance advantages are critical— one ordinarily not occupied or of no great importance to the producers of the established product. Crude as it is, the new technology will gain ground by competing in these submarkets, and its use will expand by means of its capture of a series of them. For example, mechanical means for making ice were first used in the rural South where less expensive naturally frozen ice shipped in from the North was unavailable. As mechanical ice-making technology improved, it became increasingly competitive with natural ice harvested from rivers and ponds and moved successively northward until the last commercial operation using harvested ice closed its doors in Massachusetts in 1948. (Since writing this the authors have been informed of continuing natural ice harvesting operations today in Minnesota, Maine, and Canada.)

Abbildung 4-3: *Identifizierung einer Regel im Text*[49]

---

47 Siehe Abbildung 4-5 dieser Arbeit.
48 Siehe Abbildung 5-3 dieser Arbeit.
49 Textausschnitt aus Utterback, Kim (1985), S. 121.

4.2.2.2. Wissensdokumentation

Nach der Ermittlung des relevanten Wissens wird dieses Wissen dokumentiert. Dadurch entsteht ein Schriftstück, in dem ausschließlich das in den Texten enthaltene und zur Problembewältigung relevante Wissen vorliegt. Diese Vorgehensweise hat gegenüber einer direkten Implementierung des Wissens den Vorteil, daß dadurch weiterhin die Software- und Hardwareunabhängigkeit beibehalten wird.[50]

Die Dokumentation erfolgt in einer für das weitere Vorgehen geeigneten, standardisierten Struktur. Das daraus entstehende Dokument dient zum einen dazu, die für das Themengebiet relevanten Textstellen zu dekontextualisieren, so daß einzelne, in sich verständliche Wissenseinheiten entstehen. Außerdem wird das über mehrere Texte verteilt vorliegende Wissen zusammengefaßt und ist damit im weiteren Verlauf der Systementwicklung einfacher zu handhaben. Darüber hinaus besitzt das Wissensdokument besonders für die folgende Strukturierung des vorliegenden Wissens eine zentrale Bedeutung.

Bei der Systementwicklung wird aus den im folgenden dargelegten Gründen eine regelbasierte Dokumentation des Wissens gewählt.
Die Dokumentation des Wissens hat in einer einheitlichen Struktur zu erfolgen. Für die vorliegende Problemstellung bietet sich, wie im folgenden noch erläutert wird, eine regelbasierte Darstellung des Wissens an. Aus diesem Grund wird in dieser Phase der Wissensakquisition das Wissen in einer Wenn-Dann-Struktur formuliert.
Die regelbasierte Wissensrepräsentation wird in existierenden Systemen überwiegend eingesetzt und gilt für eine Vielzahl von Fällen als die beste Repräsentationsform zur Abbildung des menschlichen Problemlösungsverhaltens.[51] Es hat sich gezeigt, daß besonders für empirisches und zersplittertes, d. h. nicht zusammenhängend vorliegendes Wissen, wie es auch in dem vorliegenden Themengebiet auftritt, Regeln eine geeignete Repräsentationsform darstellen.[52] Hinzu kommt, daß Ergebnisse sozialwissenschaftlich-empirischer Untersuchungen typischerweise in Wenn-Dann-Beziehungen formulierbar sind.[53]

---

50 Dieser Aspekt ist besonders von Bedeutung, wenn das für ein Themengebiet erhobene Wissen unter Umständen auch für weitere Systementwicklungen Verwendung finden kann oder eine Neuimplementierung eines Systems auf einer anderen Hard- oder Softwareumgebung erforderlich wird.
51 Vgl. Hayes-Roth (1987), S. 963ff.; Prerau (1990), S. 254.
52 Vgl. Puppe (1986), S. 5; Struß (1991), S. 4.
53 Vgl. Witte (1981), S. 28f.

Zur Bewältigung der an das System gestellten Analyseaufgabe sind, wie im weiteren Verlauf der Arbeit noch näher erläutert wird, anhand von Indikatoren Signale abzuleiten, die Hinweise auf eine mögliche technologische Diskontinuität geben. Die Ermittlung von Signalen weist Parallelen zu indikatororientierten Früherkennungssystemen auf, in denen unterstellt wird, daß Gesetzmäßigkeiten zwischen Indikatoren oder Signalen heute und bestimmten Zuständen in der Zukunft bestehen, die in Wenn-Dann-Strukturen darstellbar sind.[54] Diese Sachverhalte lassen sich daher durch eine regelbasierte Wissensrepräsentation angemessen abbilden.

Darüber hinaus sind Klassifizierungs- bzw. synonym dazu Diagnoseaufgaben zu lösen.[55] Solche Aufgabentypen lassen sich ebenfalls mit einer regelbasierten Wissensdarstellung bewältigen. Bei der regelbasierten Diagnostik wird aufgrund spezifischen Expertenwissens auf die individuelle Struktur eines Unternehmens bzw. eines Untersuchungsgegenstandes geschlossen.[56] Ein durch eine regelbasierte Wissensdarstellung realisierbarer heuristischer Diagnostikansatz bietet sich besonders an, wenn das Problem durch eine limitierte Zahl von relevanten Merkmalen beschrieben werden kann, die Anzahl möglicher Lösungen ex ante bekannt und überschaubar groß ist sowie zur Lösung der Problemstellung Heuristiken bekannt sind, die angeben, welche Beziehungen zwischen Merkmalen und Problemlösungen bestehen.[57] Die Zuordnung einer Technologie zu einer Lebenszyklusphase bzw. eines Technologieübergangs zu dem Typen einer bestehenden Typologie sind Problemstellungen, auf die diese Bedingungen zutreffen.

Zusammenfassend ist daher festzuhalten, daß eine regelbasierte Wissensrepräsentation zur Darstellung des Wissens in dem hier vorliegenden Themengebiet durchaus geeignet scheint.

Die folgende Abbildung 4-4 beschreibt die Struktur, in der die einzelnen Regeln im Wissensdokument vorliegen.

---

54   Vgl. Müller (1981), S. 124ff.
55   Vgl. hierzu Abschnitt 3.1 dieser Arbeit.
56   Vgl. Kretschmar (1989), S. 12.
      Alternativ zu der regelbasierten betrieblichen Diagnostik unterscheidet Kretschmar eine modellbasierte Diagnostik, bei der das Wissen über die betrieblichen Strukturen in einem Modell repräsentiert werden, mit dessen Hilfe unterschiedliche Situationen simuliert werden können.
57   Vgl. Puppe (1987), S. 1.

NR:	Kennziffer der Regel.
GEBIET:	Themengebiet, dem die Regel zugeordnet werden kann.
WENN:	Verbale Darstellung der Regelprämisse
	(Antezedensbedingung).
DANN:	Verbale Darstellung der Schlußfolgerung (Konklusion).
QUELLE:	Literaturangabe, kurze Zitierweise.
ERLÄUTERUNG:	Allgemeine Anmerkungen zum besseren Verständnis der
	Regel, Erklärung der Regel im Kontext, Querverweise zu
	anderen Regeln.

Abbildung 4-4: **Aufbau der Regeln im Wissensdokument**

In dem Feld **NR** wird jeder Regel eine eindeutige Kennziffer zugeordnet. Bei der späteren Implementierung werden in der Wissensbasis die Kennziffern der Regeln vermerkt, umgekehrt werden in dem Wissensdokument bei der Implementierung ebenfalls die Regelnummern der Wissensbasis eingetragen. Dadurch wird ein eindeutiger Zusammenhang zwischen Wissensbasis und Wissensdokument hergestellt, der Prozeß der Wissensakquisition bleibt auf diese Weise transparent und nachvollziehbar.

Das Feld **GEBIET** dient der Einordnung der Regel in ein Themengebiet. Dieses Feld ist besonders für die nachfolgende Phase der Wissensstrukturierung relevant und wird in dieser Phase verändert bzw. aktualisiert. Erste Anhaltspunkte zur Strukturierung einer Problemstellung können insbesondere aus Gliederungen von Übersichtsartikeln bzw. Büchern entnommen werden, die sich mit dem jeweiligen Gebiet befassen.[58]

Der eigentliche Inhalt der Regel wird in den Feldern **WENN** und **DANN** dargestellt. Diese Felder beinhalten die Antezedensbedingungen der Regel bzw. die Konklusion. Das Wissen wird in dieser abschließenden Phase der Wissenserhebung nach Möglichkeit so dokumentiert, wie es in den Texten vorgefunden wird. Die Originalformulierungen, d. h. bestimmte Redewendungen und das Vokabular werden unverändert übernommen.[59] Eine Standardisierung des Vokabulars, das bereits als ein erster Schritt der Formalisierung zu verstehen ist, wird in dieser Phase noch nicht vorgenommen.[60]

---

58 Alberico und Micco betonen ebenfalls die Wichtigkeit von Übersichtsartikeln zur Organisation eines Wissensgebietes. Vgl. Alberico, Micco (1990), S. 116.

59 Neben Veröffentlichungen in deutscher Sprache liegt ein Teil der Texte in englischer Sprache vor. Diese Texte werden bei der Dokumentation ins Deutsche übersetzt.

60 Teilweise ist es notwendig, Formulierungen und Satzstellungen leicht zu verändern, um das Wissen in der vorgegebenen Wenn-Dann Struktur abbilden zu können.

Das Feld **QUELLE** beinhaltet den Literaturverweis, d. h. die Angabe der Textstelle, in der die Regel formuliert wurde, und stellt die Beziehung zwischen dem Text und dem Wissensdokument her, um so die Transparenz und Nachvollziehbarkeit der Wissensakquisition zu erhalten.

In dem Feld **ERLÄUTERUNG** werden soweit notwendig allgemeine Erläuterungen wie Erklärungen zur Regel, Querverweise zu inhaltlich vergleichbaren oder widersprüchlichen Regeln oder allgemeine Hinweise zum besseren Verständnis der Regel vermerkt.

Die Verwaltung des Wissensdokuments wurde wie folgt realisiert:
In der vorliegenden Form wurde das Wissensdokument mit einem Textverarbeitungsprogramm erstellt. Als Alternative hierzu bietet sich die Organisation eines solchen Dokuments in einer Datenbank an. Dadurch ist eine Systematisierung des Wissens nach unterschiedlichen Kriterien wie. Autoren, Themengebieten oder Veröffentlichungsquellen und somit eine einfachere Handhabung großer Datenmengen möglich.
Eine weitere Möglichkeit der Dokumentation kann durch die Anwendung von Hypertext-Systemen erfolgen.[61] Die Strukturierung der Textstellen erfolgt bei solchen Systemen über Querverweise und Gruppierungen zwischen unterschiedlichen Textstellen. Der Vorteil einer solchen Vorgehensweise liegt besonders darin, daß die einzelnen Textstellen weiterhin in ihrem Kontext dargestellt bleiben und sich die Erstellung eines separaten Wissensdokuments erübrigt. Nachteilig bei einem solchen Vorgehen ist, daß in den Texten das in Regelform darstellbare Wissen teilweise nicht explizit in Wenn-Dann Aussagen formuliert vorliegt und unter Anwendung von Hyptertext-Systemen keine einheitliche Darstellungsweise problemrelevanten Wissens erzielt wird, wie dies bei dem hier erstellten Wissensdokument der Fall ist. Die nachfolgende Strukturierung und insbesondere die Formalisierung der Regeln kann in einem solchen Fall erheblich erschwert werden.

Im folgenden soll der Umfang und die Struktur des dokumentierten Wissens beschrieben werden.
Abbildung 4-5 zeigt einen exemplarischen Ausschnitt aus dem Wissensdokument.

---

61   Siehe hierzu die Ausführungen in Abschnitt 3.2.2.3 dieser Arbeit.

```
NR.:                7-5
GEBIET:             Problemerkennung - Phasenzuordnung in S-Kurve
WENN:               Geringe Möglichkeiten für die Einführung radikal
                    neuer Produkte;
                    Preiswettbewerb mit geringen Gewinnmargen;
                    gesteigerter Konkurrenzkampf um Marktanteile in einem
                    gesättigten Markt;
                    Notwendigkeit, die Kosten zu reduzieren, mit einer
                    Technologie, die auf den Fertigungsprozeß
                    ausgerichtet ist;
                    industrielle Konzentration mit dem Erscheinen weniger
                    dominanter Unternehmen;
                    Verlagerung auf Qualität, die sich oft in der
                    Entwicklung von Produkten mit einer längeren Service-
                    zeit bemerkbar macht, dieser Vorgang kann die Größe
                    des gesamten Marktes reduzieren, der aufgrund der
                    Marktsättigung in hohem Maße von Ersatzinvestitionen
                    abhängt;
                    hohe finanzielle Aufwendungen sind notwendig, um
                    kleine Verbesserungen der technischen Leistungs-
                    fähigkeit zu erreichen.
DANN:               Stadium ist Annäherung an die Reife.
QUELLE:             Twiss, Goodridge (1989), S. 19.
ERLÄUTERUNG:        Qualitative Faktoren zur Zuordnung einer Technologie
                    in die Reifephase eine technologischen S-Kurve. Diese
                    Faktoren wurden aus einer Aufzählung übernommen und
                    sind weder mit der Kojunktion «und» noch mit «oder»
                    verbunden. Bei der Anwendung dieser Regel kann davon
                    ausgegangen werden, daß die Zuordnung in die
                    Reifephase mit zunehmender Anzahl zutreffender
                    Kriterien eindeutiger wird.

NR.:                14-33
GEBIET:             Problemerkennung - Phasenzuordnung
                    Branchenlebenszyklus
WENN:               Wechsel von Leistungs- auf Kostenwettbewerb und
                    Differenzierung findet über geringe Designvariationen
                    und strategische Positionierungstaktiken statt.
DANN:               Inkrementale Phase.
QUELLE:             Anderson, Tushman (1990), S. 618.
ERLÄUTERUNG:        Siehe ebenfalls Regel 15-3.

NR.:                15-3
GEBIET:             Problemerkennung - Phasenzuordnung
                    Branchenlebenszyklus
WENN:               Rate der Designexperimente sinkt stark und der
                    Schwerpunkt des Wettbewerbs wechselt zu
                    Marktsegmentation und Kostensenkung (durch Design-
                    und Kostenverbesserungen).
DANN:               Inkrementale Phase.
QUELLE:             Anderson, Tushman (1991), S. 28.
ERLÄUTERUNG:        Siehe ebenfalls Regel 14-33.
```

Fortsetzung nächste Seite

```
NR.:            15-4
GEBIET:         Problemerkennung - Folgerung aus Branchenlebenszyklus
WENN:           Inkrementale Phase.
DANN:           Phase wird durch das Auftreten einer technologischen
                Diskontinuität beendet.
QUELLE:         Anderson, Tushman (1991), S. 28.
ERLÄUTERUNG:    Signal für eine technologische Diskontinuität.

NR.:            17-19
GEBIET:         Problemerkennung - Produkttechnologie
WENN:           Wachsende Unzufriedenheit mit einigen Aspekten eines
                bestehenden Produkts und
                wachsende, latente Nachfrage, die sich durch eine
                steigende Anzahl bei Benutzerexperimenten
                hinsichtlich Produktalternativen oder Techniken
                äußert oder
                wachsende öffentliche Nachfrage durch direkte
                Produktregulation.
DANN:           Diskontinuierliche Änderungen von Produkttechnologien
                können auftreten.
QUELLE:         Utterback, Kim (1985), S. 121.
ERLÄUTERUNG:    Signal für eine mögliche Diskontinuität bei
                Produkttechnologien.

NR.:            17-20
GEBIET:         Problemerkennung - Prozeßtechnologien
WENN:           Deutliche (offensichtliche) Wettbewerbsvorteile in
                Form von steigendem Marktanteil und Gewinnen bei Pro-
                duktivitätsverbesserung sowie größere Restriktionen
                bzgl. Kosten und Verfügbarkeit von Ressourcen.
DANN:           Diskontinuierliche Veränderungen im Produktionsprozeß
                können auftreten.
QUELLE:         Utterback, Kim (1985), S. 121.
ERLÄUTERUNG:    Signal für eine mögliche Diskontinuität bei
                Prozeßtechnologien
```

Abbildung 4-5:   *Exemplarischer Ausschnitt aus dem Wissensdokument*

Aus den vorliegenden Publikationen wurden über 400 Regeln ermittelt, die zur Analyse diskontinuierlicher Technologieübergänge herangezogen werden können.[62] Mit der hier erstellten Dokumentation liegt eine umfangreiche Sammlung des in der Fachliteratur dargestellten Wissens über diskontinuierliche Technologieübergänge in natürlicher Sprache vor. Diese Dokumentation dient als Ausgangsbasis für die weitere Entwicklung des Systems. Man kann davon ausgehen, daß das Dokument im wesentlichen das gegenwärtig auf diesem Gebiet veröffentlichte Wissen umfaßt. Die zeitliche Beschränkung auf Veröffentlichungen ab 1980 dürfte die Vollständigkeit nicht in relevantem Umfang einschränken.[63]

---

62 Die Anzahl der aus den jeweiligen Publikationen ermittelten Regeln variiert dabei stark.

63 Der Begriff der Vollständigkeit bezieht sich hier zunächst ausschließlich auf das in der Literatur dargestellte Wissen und nicht darauf, inwieweit dieses Wissen zur Problembewältigung ausreichend ist.

4.2.3. Strukturierung des Wissens

In der folgenden Phase der Wissensakquisition wird das gesammelte und dokumentierte Wissen strukturiert, d. h. in ein abstraktes Modell gebracht, in dem der Problemlösungsablauf und das in den vorangegangenen Schritten ermittelte und dokumentierte Wissen Berücksichtigung finden.[64]

Bevor die Strukturierung des vorliegenden Wissens erfolgen kann, sind prinzipielle Überlegungen notwendig, wie das von mehreren Autoren dargestellte Wissen in dem vorliegenden Themengebiet zur Problembewältigung sinnvoll gegliedert werden kann. Weiterhin ist zu klären, inwieweit das Kriterium der Qualität bzw. der Zuverlässigkeit von Wissen sowie der Ablauf eines Analysevorganges bei der Strukturierung des dokumentierten Wissens Berücksichtigung finden kann. Diese Probleme sind auch über die hier vorliegende Aufgabenstellung hinaus von Interesse und werden aus diesem Grund ausführlicher behandelt.

4.2.3.1. Strukturierung von Wissen aus mehreren Wissensquellen

Eine häufig zu findende Aussage bezüglich des Leistungsvermögens wissensbasierter Systeme ist, daß diese Systeme in der Lage sind, das Wissen mehrerer Experten zu integrieren.[65] Gleichzeitig wird jedoch darauf hingewiesen, daß diesem Aspekt bei der Entwicklung wissensbasierter Systeme bisher nur wenig Aufmerksamkeit geschenkt wurde.[66]

Im folgenden ist eine für die vorliegende Aufgabenstellung geeignete Darstellungsform des Wissens zu ermitteln, die es ermöglicht, das aus mehreren Wissensquellen stammende Wissen in angemessener Weise zu integrieren.

4.2.3.1.1. Problematik konfliktären Wissens

Grundsätzlich ist davon auszugehen, daß ein System, das ausschließlich Wissen eines Experten enthält, hinsichtlich der Leistungsfähigkeit eingeschränkter ist als ein solches System, das Wissen einer Gruppe von Experten bzw. Autoren beinhaltet.[67] Dies wird besonders dann der Fall sein, wenn eine Person allein nicht über das zur Problem-

---

64   Vgl. Rajan, Motta, Eisenstadt (1989), S. 116.
65   Vgl. beispielsweise Simeonoff (1989), S. 394; Gabriel, Frick (1991), S. 545; Müller-Böling, Kirchhoff (1991), S. 234.
66   Vgl. Moore, Miles (1991), S. 255.
67   Vgl. Mittal, Dym (1985), S. 33.

bewältigung notwendige Wissen verfügt,[68] wie es im Bereich des strategischen Managements anzunehmen ist.

Charakteristisch für solche Themengebiete ist, daß die für eine Wissensakquisition in Frage kommenden Experten über unterschiedliches Wissen zur Problembewältigung verfügen und gegebene Informationen aufgrund ihrer individuellen mentalen Modelle unterschiedlich interpretieren.[69] Bei der Anwendung dieser verschiedenen Modelle werden jeweils unterschiedliche Teilaspekte eines Problems aus unterschiedlichen Blickwinkeln betrachtet, weshalb davon auszugehen ist, daß sich das Wissen der Experten bzw. Publikationen zumindest teilweise im Problemlösungsprozeß ergänzt, und dadurch eine detailliertere Darstellung des themenrelevanten Wissens möglich wird.[70]

Für die Entwicklung eines wissensbasierten Systems in dem vorliegenden Gebiet ist daher zu fordern, daß das in einer größeren Anzahl von Veröffentlichungen enthaltene Wissen bei der Gestaltung der Wissensbasis heranzuziehen ist.

Je nachdem, ob die Wissensgebiete der einzelnen Autoren bzw. Experten sich auf voneinander getrennte Themengebiete beziehen oder inhaltliche Überschneidungen aufweisen, kann zwischen **nicht-konfliktärem** und **konfliktärem** Ausgangswissen unterschieden werden.

Bei **nicht-konfliktärem** Ausgangswissen trägt ein Experte lediglich Wissen für jeweils ein Teilproblem bei, das von anderen Teilproblemen klar abgegrenzt und überschneidungsfrei ist. In einem solchen Fall können widersprüchliche Aussagen zwischen Autoren bzw. sich widersprechende Ergebnisse wissenschaftlicher Untersuchungen nicht auftreten, da sich deren Aussagen auf fachlich unterschiedliche Gebiete beziehen. Liegt eine solche Ausgangssituation vor, entstehen bei der Wissensakquisition keine prinzipiellen Probleme; das vorliegende Wissen kann direkt in die Wissensbasis überführt werden.

Liegt **konfliktäres** Ausgangswissen vor, beziehen sich die Aussagen unterschiedlicher Wissensquellen zum Teil auf die gleichen Themengebiete. In diesem Fall treten aufgrund der inhaltlichen Überschneidungen im allgemeinen Redundanzen und Inkonsistenzen bzw. Widerspüche auf. Die von verschiedenen Experten dargestellten Zusammenhänge können ebenso wie die Ergebnisse wissenschaftlicher Untersuchungen voneinander abweichen.

---

68 Vgl. Beerel (1987), S. 126.
69 Vgl. Dutton, Fahey, Narayanan (1983), S. 314; Carrico, Girard, Jones (1989), 51.
70 Eine ausführliche Erörterung der Vorteile einer Wissenserhebung bei mehreren Experten findet sich bei Moore, Miles (1991).

120

Aus der Beschreibung der unterschiedlichen Konzepte zur Erklärung von technologischen Diskontinuitäten in den Abschnitten 2.3 und 2.4 wird deutlich, daß die vorgestellten Modelle und Typologien inhaltlich nicht überschneidungsfrei sind. In dem vorliegenden Themengebiet ist daher von konfliktärem Ausgangswissen auszugehen.[71]

Der unterbreitete Vorschlag, bereits in einem frühen Stadium der Systementwicklung aus mehreren möglichen Lösungskonzepten ein einziges Konzept auszuwählen, um so eventuelle Widersprüche erst überhaupt nicht entstehen zu lassen, scheint keinesfalls zufriedenstellend.[72] Dieses Vorgehen führt zu der Reduzierung einer vorhandenen Meinungsvielfalt auf die Auffassung eines einzelnen Experten. Ein auf diese Weise konzipiertes System liefert zwar ein eindeutiges Ergebnis, dem Anwender wird das zur Problembewältigung hilfreiche Wissen weiterer Wissensquellen jedoch bewußt vorenthalten. Bei diesem Vorgehen wird eine bestehende Vielfalt von Expertenmeinungen und Ergebnissen wissenschaftlicher Untersuchungen bewußt ignoriert, was zur Konsequenz hat, daß die daraus resultierende Wissensbasis das in einem Themengebiet vorliegende Wissen nicht repräsentativ wiedergibt.

Zur Integration konfliktären Wissens aus mehreren Wissensquellen werden unterschiedliche Vorgehensweisen vorgeschlagen. Im folgenden werden solche Verfahren beschrieben und hinsichtlich ihrer Anwendbarkeit für die vorliegende Aufgabenstellung beurteilt.[73] Die Festlegung auf eine bestimmte Vorgehensweise hat grundlegende Auswirkungen auf die Gestaltung der Wissensbasis und des Programmablaufs.

Prinzipiell ist zwischen zwei Verfahrensweisen zur Handhabung widersprüchlichen Wissens zu unterscheiden. Zum einen kann der Widerspruch durch eine **Konsensbildung** im Rahmen der Wissensakquisition beseitigt werden, indem aus mehreren konfliktären Aussagen unter Anwendung spezieller Verfahrensweisen (siehe Kapitel 4.2.3.1.2) eine gemeinsame Aussage generiert wird, wodurch aus konfliktärem Ausgangswissen eine **nicht-konfliktäre Wissensbasis** entsteht. Zum anderen ist es möglich, bestehende Widersprüche bewußt beizubehalten und konfliktäres Wissen in

---

71 Es kann angenommen werden, daß eine solche Sachlage nicht nur für das vorliegende Themengebiet, sondern auch für weitere betriebswirtschaftliche Bereiche, wie etwa dem strategischen Management, anzunehmen ist. Vgl. hierzu auch Krcmar (1991), S. 45.

72 Vgl. Turban (1988a), S. 74; Krcmar (1991), S. 45.

73 Diese Verfahren sind von den Konfliktlösungsstrategien zu unterscheiden, die während des Inferenzprozesses angewendet werden. Bei solchen Verfahren geht es darum, während des Programmablaufs aus Regeln eine Abarbeitungsreihenfolge zu bestimmen. Ziel dieser Verfahren ist primär eine Verbesserung des Programmablaufs und nicht, das Problem auftretender Widersprüche zwischen mehreren Regeln inhaltlich zu bewältigen. Ausführlicher hierzu Nebendahl (1990), S. 81f.

der Wissensbasis **separat** zu implementieren, um so bestehende Inkonsistenzen bewußt aufzeigen zu können.[74] In diesem Fall wird aus dem konfliktären Ausgangswissen eine **konfliktäre Wissensbasis** erzeugt.[75]

4.2.3.1.2. Konsensverfahren

Bei dieser Verfahrensgruppe wird aus nicht übereinstimmenden Aussagen verschiedener Wissensquellen eine gemeinsame Aussage generiert, die hier als Konsensaussage bezeichnet werden soll. Aus sich widersprechendem bzw. voneinander abweichendem Ausgangswissen entsteht eine nicht-konfliktäre Wissensbasis, die als ein Modell des Themengebietes verstanden werden kann. In diese Gruppe einzuordnende Verfahren werden in **interaktive** und **analytische** Verfahren unterteilt.[76]

Interaktive Verfahren:

Bei interaktiven Verfahren wird ein Konsens durch die Interaktion der Experten einer Gruppe ermittelt. Eine Möglichkeit der Konsensfindung wird darin gesehen, jedem Experten die Aussagen der anderen Gruppenmitglieder mitzuteilen, worauf dieser die Möglichkeit hat, seine eigene Aussage zu modifizieren bzw. zu revidieren. Ziel ist es, auf diese Weise in mehreren Durchgängen einen Konsens bezüglich einer Aussage bzw. eines Zusammenhangs zu erreichen.[77] Als weitere Möglichkeit wird die Ermittlung eines Konsenses in einer Diskussion vorgeschlagen.[78] Ähnlich dazu wird empfohlen, bei sich inhaltlich überschneidenden Themengebieten zunächst die Experten individuell zur Wissensakquisition heranzuziehen und in einem nachfolgenden Schritt in kleinen Gruppen Widersprüche aufzulösen.[79] Maßnahmen, die zu ergreifen sind, falls auch nach mehreren Diskussionsrunden keine konsensfähige Aussage zustande kommt, werden in diesem Zusammenhang nicht erörtert.

---

74 Vgl. Zelewski (1989), S. 73.
75 Die Unterscheidung zwischen einer **nicht-konfliktären** und einer **konfliktären** Wissensbasis wird von Reboh vorgeschlagen. Vgl. Reboh (1989), S. 145.
76 Vgl. Alexander, Evans (1988), S. 49.
77 Diese Vorgehensweise entspricht weitgehend der **Delphi-Methode**. Eine kritische Betrachtung dieser Methode gibt Brockhoff (1977), S. 80ff.
78 Vgl. Wolf (1989), S. 138ff. In diesem Sinne ist auch das von Liou, Weber und Nunamaker (1990) beschriebene Vorgehen zu sehen.
79 Vgl. McGraw, Seale (1988), S. 34.

Zur Konfliktlösung sich widersprechender Expertenmeinungen werden auch Abstimmungsverfahren vorgeschlagen.[80] Inwieweit ein solches Vorgehen gerade bei stark voneinander abweichenden Aussagen zu einer Verbesserung der Wissensbasis führt, ist jedoch fraglich.

Interakive Methoden setzen eine Kommunikation der Experten untereinander voraus und sind bei einer literaturgestützten Wissensakquisition nicht anwendbar, da die Aussagen in den Texten unabänderbar vorliegen und eine Kommunikation mit den Autoren sowie eine daraus resultierende Änderung der Aussagen nicht möglich ist.

Analytische Verfahren:

Bei einem analytischen Verfahren wird aus mehreren Aussagen eine gemeinsame Gesamtaussage nach einer fest vorgegebenen Verfahrensweise generiert, ohne daß dabei eine Interaktion der Experten erforderlich wäre. Aus mehreren Regeln im Wissensdokument, die aus unterschiedlichen Veröffentlichungen stammen und sich auf den gleichen Sachverhalt beziehen, wird nach einer festgelegten Vorschrift eine «resultierende» Regel erzeugt. Das Prinzip analytischer Konsensverfahren wird in Abbildung 4-6 beschrieben.

Eine in diese Verfahrensgruppe einzuordnende Vorgehensweise ist die Ermittlung der Konsensaussage durch Berechnung eines gewichteten Mittelwertes der Ausgangsaussagen.[81] Auf diese Weise gehen alle Ausgangsaussagen prinzipiell mit in das Endergebnis ein.[82] Probleme bei der Kombination mehrerer Expertenaussagen können besonders dann auftreten, wenn eine Unabhängigkeit der Ausgangsaussagen nicht

---

80 Vgl. Alberico, Micco (1990), S. 117.
Bei diesem Vorgehen bleibt unklar, wie das Wissen verändert werden soll, wenn sich zwar mehrere Experten widersprechen, die Ursache des Widerspruchs jedoch an unterschiedlichen Punkten ansetzt und die Vorschläge zur Abänderung voneinander abweichen.

81 Bei der Verknüpfung von unsicherem Wissen aus unterschiedlichen Wissensquellen scheinen mittelwertbildende Verfahren Anwendung finden. Siehe Budescu, Zwick, Wallsten, Erev (1990), S. 673.
Bei dieser Untersuchung konnte davon ausgegangen werden, daß für den Empfänger der Informationen kein Grund besteht, die Reputation der Experten unterschiedlich einzuschätzen. Vgl. Budescu, Zwick, Wallsten, Erev (1990), S. 659. Für den vorliegenden Themenbereich trifft diese Annahme nicht ohne weiteres zu, insofern ist eine Übertragbarkeit dieser Ergebnisse auf den vorliegenden Fall problematisch.

82 Vgl. Morris (1977), S. 686.
Bei der Mittelwertbildung können neben quantitativen Werten auch Werte mit qualitativen Ausprägungen Anwendung finden, soweit diese ordinal skalierbar sind.

angenommen werden kann.[83] Die Gewichtung der Regeln wird sich in den meisten Fällen nach der Qualität der Aussage oder nach der Reputation der Experten richten.[84] Bei einer literaturgestützten Wissensakquisition kann zur Ermittlung der Gewichte außerdem die Qualität der Veröffentlichungsquelle herangezogen werden.[85] Schwierigkeiten bei der praktischen Durchführung dieses Vorgehens dürfte vor allem die Ermittlung geeigneter, operationalisierbarer Kriterien zur Gewichtung der einzelnen Aussagen bereiten.[86]

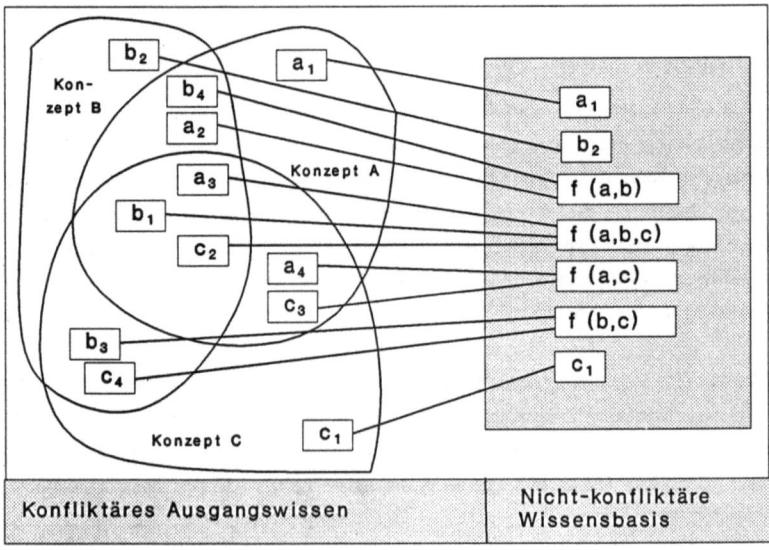

Abbildung 4-6: **Prinzip analytischer Konsensverfahren**

---

83 Ausführlicher zu dieser Problematik Bunn (1987), S. 230ff. und Ling, Rudd (1989), S. 444ff.

84 Vgl. Reboh (1989), S. 146.

85 Siehe hierzu die Ausführungen in Abschnitt 4.2.1 dieser Arbeit.
   Lock gibt weitere Kriterien zur Gewichtung, wie die Vorhersagegenauigkeit der Experten, die Selbsteinschätzung von Experten oder die Einschätzung von Experten durch Gruppenmitglieder an. Vgl. Lock (1987), S. 118.

86 Hierfür können Kriterien angewendet werden, die zur Beurteilung der Zuverlässigkeit von Wissen in Abschnitt 4.2.3.2 herangezogen werden. So wäre es beispielsweise sinnvoll, das Wissen mit einer höheren Zuverlässigkeit unzuverlässigem Wissen vorzuziehen.

Liegen bezüglich eines bestimmten Sachverhalts eine größere Anzahl von Ergebnissen aus empirischen Untersuchungen vor, bieten **metaanalytische Verfahren** eine Möglichkeit, aus diesen Ergebnissen verallgemeinerbares Wissen abzuleiten.[87] In dem hier vorliegenden Themengebiet ist die Anzahl der verfügbaren empirischen Studien zur Anwendung metaanalytischer Verfahren zum einen nicht hinreichend groß, zum anderen herrschen eher explorative Studien vor, auf die solche Verfahren nicht anwendbar sind.

Als eine Variante analytischer Konsensverfahren können **Auswahlverfahren** verstanden werden, bei denen aus mehreren inhaltlich konkurrierenden Aussagen eine ausgewählt wird.[88]

Brazdil und Torgo schlagen ein Verfahren der Wissensintegration aus unterschiedlichen Quellen vor, bei dem Regeln mit einer hohen «Qualität» anderen Regeln mit einer geringeren Qualität generell vorgezogen werden.[89] Die Autoren zeigen an einem Beispiel, daß die Integration des Wissens aus mehreren separaten Wissensbasen in eine gemeinsame Wissensbasis zu einer Leistungssteigerung des Systems führt.

Eine häufig vorgeschlagene Variante eines Auswahlverfahrens, die die Qualität eines Experten implizit als Bewertungsmaß enthält, sieht vor, unter den vorhandenen Experten einen sogenannten «Hauptexperten» auszuwählen.[90] Dieser Hauptexperte soll zur Gestaltung der Wissensbasis zunächst ausschließlich herangezogen werden, den weiteren Experten bzw. Wissensquellen wird anschließend daran lediglich die Verfeinerung der Wissensbasis überlassen. Von der Meinung des Hauptexperten abweichende Aussagen werden in diesem Fall ignoriert.[91] Übertragbar wäre dieses Vorgehen auf den vorliegenden Fall prinzipiell, indem einzelne Autoren oder Texte als zentrale Wissensquellen definiert würden und bei auftretenden Widersprüchen vorrangig Berücksichtigung fänden.

---

87   Einen Überblick über metaanalytische Verfahren geben Farley, Lehmann (1986). Bünte und Albers (1990) schlagen metaanalytische Verfahren zur Entwicklung von wissensbasierten Systemen im Bereich des Marketing vor, um die auf diesem Gebiet vorhandenen Ergebnisse empirischer Studien umfassend berücksichtigen zu können.

88   Eine extreme Gewichtung der Ausgangsaussagen findet hier insofern statt, als daß einer Aussage das Gewicht eins und den verbleibenden das Gewicht null zugewiesen wird.

89   Vgl. Brazdil, Torgo (1990), S. 97.

90   Ein solches Vorgehen wird beispielsweise vorgeschlagen von Harmon, King (1987), S. 222f.; Beerel (1987), S. 121 sowie von Chadha, Mazlack und Pick (1991), S. 7. Carrico, Girard und Jones schlagen dieses Verfahren nur dann vor, wenn zwei Experten zur Wissensakquisition herangezogen werden und empfehlen bei einer größeren Expertenzahl Verfahren, bei denen die Mehrheitsmeinung zum Tragen kommt. Eine Begründung hierfür wird jedoch nicht angegeben. Vgl. Carrico, Girard, Jones (1989), S. 51f.

91   Vgl. Moore, Miles (1991), S. 267.

Konsensverfahren sind für die vorliegende Aufgabenstellung wie folgt zu beurteilen:

Ein bei der praktischen Durchführung von analytischen Konsensverfahren zentrales Problem ist die Bewertung bzw. Gewichtung des Ausgangswissens, das in die Konsensbildung mit einfließt. Hierzu sind geeignete Bewertungskriterien der Aussagen notwendig, die jedoch schwer zu operationalisieren und nur bedingt zuverlässig sind. Selbst unter der Annahme, daß eine zweckmäßige Gewichtung gefunden werden kann, besteht zusätzlich das Risiko einer fehlenden Akzeptanz seitens der Anwender, die die Gewichtungs- bzw. Auswahlkriterien als ungeeignet erachten können.

Neben Problemen der praktischen Durchführbarkeit von Konsensverfahren stellt ein grundsätzlicheres Problem die Frage nach der generellen Eignung solcher Verfahren zur Bewältigung der hier vorliegenden Problemstellung.

Hierbei sind im wesentlichen zwei Fragen zu beantworten:

a) **Ist die aus der Konsensbildung resultierende Beseitigung einer Meinungsvielfalt bei der Bewältigung von Problemstellungen des strategischen Managements sinnvoll?**

Der vorliegende Problemtyp ist weder exakt lösbar noch routinemäßig analysierbar, daher ergeben sich üblicherweise stark abweichende Beurteilungen der Fachleute. Die Anwendung eines Konsensverfahrens bewirkt einen Informationsverlust, d. h. es ist nicht mehr nachvollziehbar, aus welchen Textquellen bestimmte Aussagen stammen, und wie groß die Abweichungen der Aussagen vor der Konsensbildung waren. Darüber hinaus bewirkt die Konsensbildung ein Nivellieren stark voneinander abweichender Aussagen. Dieser Effekt ist umso größer, je stärker sich die Ausgangsaussagen voneinander unterscheiden; besonders unkonventionelle Expertenäußerungen sowie von der herrschenden Meinung abweichende empirische Befunde sind nach einer Konsensbildung für den Anwender nicht mehr erkennbar.

Das im Rahmen der Diskontinuitätenhandhabung diskutierte Konzept der **Diskontinuitätenbefragung** geht davon aus, daß gerade abweichende Expertenmeinungen, die statistisch als Ausreißer betrachtet werden können, Hinweise auf eine mögliche Diskontinuität geben können.[92] Zieht man diesen Gedanken bei der Analyse möglicher Diskontinuitäten heran, ist es unumgänglich, voneinander abweichende Expertenmeinungen hervorzuheben und sie nicht unter Anwendung eines Konsensverfahrens einander anzugleichen und somit zu verbergen.

---

92 Siehe Abschnitt 2.2.2.2 dieser Arbeit.

Für Problemstellungen, bei denen ein weitgehend anerkanntes Modell oder eine Vorgehensweise, nach der allgemein verfahren wird, existiert, kann davon ausgegangen werden, daß das Problemlösungswissen nicht prinzipiell voneinander abweicht. In solchen Fällen können Konsensverfahren durchaus sinnvoll angewendet werden, da die Unterschiede des zur Problemlösung vorliegenden Wissens nicht erheblich sind. Durch die Konsensbildung ist es bei solchen Problemstellungen möglich, die Redundanz des Ausgangswissens zu verringern und im Problemlösungsprozeß ausschließlich die wesentlichen Wissensbestandteile anzuwenden.[93]

Bei der Entwicklung einer nicht-konfliktären Wissensbasis unter Anwendung von Konsensverfahren wird ein ursprünglich vorhandenes Meinungsspektrum mit zum Teil nur schwer zu rechtfertigenden Auswahl- bzw. Gewichtungsverfahren reduziert. Das Vorliegen stark voneinander abweichender Meinungen ist eine Information, die bei der Entscheidungsfindung von Bedeutung ist, und daher dem Systemanwender mitgeteilt werden muß.

b) Können einzelne Aussagen bzw. Regeln kontextunabhängig beurteilt werden?

Ein weiterer Kritikpunkt beruht auf der Annahme der Konsensverfahren, daß einzelne Wissenseinheiten isoliert betrachtet werden können.

Experten wenden ihr Wissen meist kontextabhängig, d. h. in umfassenderen Lösungskonzepten an. Ebenso sind die in Veröffentlichungen beschriebenen Zusammenhänge als Bestandteil geschlossener Lösungskonzepte oder Modelle zu sehen.[94] Für die vorliegende Problemstellung scheint es aus diesem Grund unzulässig, aus diesen Lösungskonzepten einzelne Wissenseinheiten aus ihrem Kontext zu lösen und, wie es bei den Konsensverfahren geschieht, einer isolierten Betrachtung zu unterziehen.

Als Ergebnis ist festzuhalten, daß die Anwendung von Konsensverfahren zur Integration unterschiedlicher Expertenmeinungen bzw. Forschungsergebnisse in einer Wissensbasis für die vorliegende Problemstellung nicht geeignet ist.

---

93 Ähnlich hierzu sehen Miles und Moore das Ausmaß des Konflikts zwischen Experten als entscheidendes Kriterium zur Auswahl einer geeigneten Verfahrensauswahl. Vgl. Miles, Moore (1991), S. 257.

94 Kleinhans unterscheidet hinsichtlich des Formalisierungsgrades unterschiedliche Modellarten. In Textform dargestellte Modelle sind als natürlichsprachliche Modelle zu verstehen. Ein natürlichsprachliches Modell ist strukturierter als ein mentales Modell, jedoch noch vager als ein formalsprachliches oder vollständig definiertes Modell. Vgl. Kleinhans (1989), S. 40.

4.2.3.1.3. Separate Darstellung von Lösungskonzepten

Bei dieser Verfahrensgruppe wird, im Gegensatz zu den Konsensverfahren, Wissen nicht in einzelnen, kleinen Einheiten, sondern in zusammenhängenden Problemlösungskonzepten bearbeitet. Mehrere Lösungskonzepte werden getrennt voneinander in unterschiedlichen Wissensteilbasen implementiert; Interaktionen zwischen verschiedenen Lösungskonzepten können dadurch gesteuert, d. h. bewußt zugelassen oder unterbunden werden.

Begründet wird die getrennte Darstellung der einzelnen Lösungswege damit, daß bestimmte Denkmuster auf der individuellen Erfahrung einzelner Experten beruhen und eine unterschiedliche Methodik bei der Problemlösung angewendet wird. Es wird angenommen, daß Probleme durch unterschiedliche Vorgehensweisen erfolgreich gelöst werden können.[95]

Bei der Bewältigung von Problemen des strategischen Managements treffen, wie bereits oben erörtert wurde, diese Annahmen zu. Für das vorliegende Themengebiet ist es daher vorteilhaft, die unterschiedlichen Konzepte zur Bewältigung der Problemstellung jeweils als Einheit aufzufassen und demzufolge voneinander getrennte Lösungswege vorzusehen.

Zur Realisierung separater Lösungswege ergeben sich unterschiedliche konzeptionelle Vorgehensweisen. Liegt **nicht-konfliktäres Ausgangswissen** vor, bei dem sich das Wissen der Experten auf unterschiedliche Teilgebiete der Problemstellung bezieht und sich keine Widersprüche bezüglich einer bestimmten Aussage ergeben können, ist dieses Vorgehen weitgehend unproblematisch. Nach der inhaltlichen Eingrenzung eines Problems, die mit Hilfe von Abfragen bestimmter Rahmenbedingungen erfolgen kann, ist es möglich, einzelne Lösungswege auszuwählen und zur Problembewältigung einzusetzen.

Das Problemlösungswissen der Experten wird in voneinander getrennten Wissensteilbasen implementiert. Abhängig von der jeweiligen Problemstellung werden einzelne Wissensteilbasen bzw. Lösungskonzepte ausgewählt und zur Bewältigung des jeweiligen Problems angewendet. Ein System ermittelt bei einer solchen Konzeption in jedem Fall ein eindeutiges Ergebnis.[96]

---

95 Vgl. Turban (1988a), S. 74.

96 Sind mehrere Lösungskonzepte anwendbar, ergänzen diese sich gegenseitig. Inhaltliche Überschneidungen liegen nicht vor, weshalb sich die Ergebnisse auf unterschiedliche Aspekte der Problemstellung beziehen und sich demzufolge auch nicht widersprechen können.

Ist wie im vorliegenden Fall von **konfliktärem Ausgangswissen** auszugehen, d. h. überschneiden sich die Lösungskonzepte unterschiedlicher Autoren inhaltlich, kann die Problembewältigung nicht nach der oben geschilderten Vorgehensweise erfolgen. Die eindeutige Auswahl eines bestimmten Lösungskonzeptes für eine Problemstellung ist bei konfliktärem Ausgangswissen in der Regel nicht möglich, da mehrere Konzepte die erforderlichen Bedingungen erfüllen und damit zur Anwendung kommen können. Die Konsequenz hieraus ist, daß sich bei der Anwendung mehrerer Lösungskonzepte für eine Problemstellung auch mehrere Ergebnisse ergeben, die sich auf den gleichen Problembereich beziehen und demzufolge auch voneinander abweichen bzw. sich widersprechen können.

Zur separaten Darstellung von Lösungskonzepten bei konfliktärem Ausgangswissen ergeben sich zwei Möglichkeiten:

a) **Auswahl eines Lösungskonzeptes:** Mehrere Lösungskonzepte werden getrennt voneinander implementiert. Der Anwender des Systems kann, vorausgesetzt daß mehrere Lösungskonzepte zur Problembewältigung anwendbar sind, nach seiner individuellen Einschätzung ein Lösungskonzept aus den anwendbaren Konzepten auswählen.[97] Bei dieser Verfahrensweise kommt jeweils nur ein Ergebnis zustande, das abhängig von dem individuell ausgewählten Lösungskonzept ist.

b) **Auswahl mehrerer Lösungskonzepte:** Mehrere Lösungskonzepte werden auch hier getrennt voneinander implementiert. Während des Problemlösungsprozesses kommen alle anwendbaren Lösungskonzepte zum Einsatz; im allgemeinen entstehen bei dieser Vorgehensweise daher mehrere Ergebnisse in unterschiedlichen Wissensteilbasen. Die Ergebnisse ergänzen sich zum Teil, können sich jedoch auch widersprechen, falls die Lösungskonzepte inhaltliche Überschneidungen aufweisen.

Die vorangegangenen Ausführungen werden in der folgenden Abbildung 4-7 grafisch dargestellt.

---

97 Die Anwendbarkeit der Lösungskonzepte ist in einem vorgelagerten Schritt zu überprüfen.

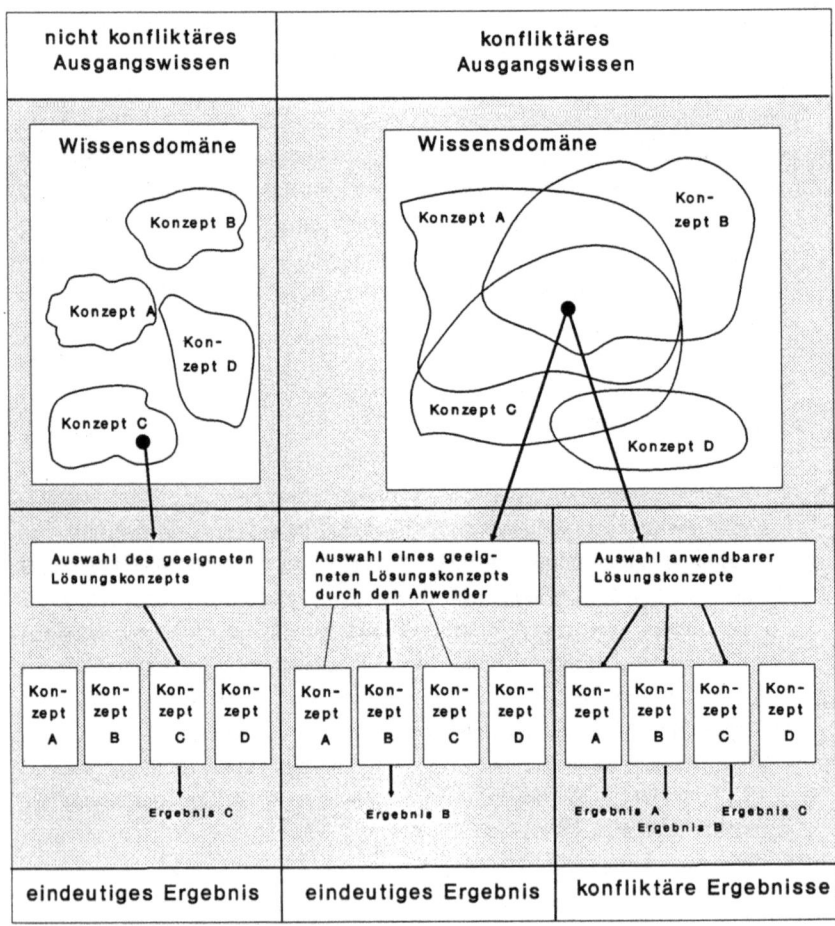

Abbildung 4-7: *Möglichkeiten zur separaten Darstellung mehrerer Lösungskonzepte*

Zur Analyse technologischer Diskontinuitäten liegen eine Reihe unterschiedlicher Lösungskonzepte vor. Auf ein umfassendes Modell dieses Themengebietes kann nicht zurückgegriffen werden und das vorliegende Wissen liegt über eine Reihe von Wissensquellen zerstreut vor, außerdem kann von keiner Einigkeit bei der Problemlösungsstrategie ausgegangen werden. In einem solchen Fall wird die Anwendung mehrerer Lösungskonzepte als besonders sinnvoll erachtet.[98] **Daher scheint im vorliegenden Fall die Konzeption separater Lösungswege kombiniert mit der Auswahl mehrerer Lösungskonzepte am vorteilhaftesten.**

---

98 Vgl. Bunn (1987), S. 239.

Auf diese Weise besteht die Möglichkeit, das Problemlösungswissen möglichst unverändert abzubilden, da bestehende Lösungskonzepte in sich geschlossen dargestellt
werden. Die Auswahl mehrerer Lösungskonzepte bietet sich besonders an, um die
Stärken einzelner Konzepte zu nutzen und gleichzeitig spezifische Schwächen durch
Anwendung alternativer Konzepte auszugleichen. Da die Modelle inhaltlich unterschiedliche Schwerpunkte besitzen, ist davon auszugehen, daß sie sich teilweise
ergänzen.

**Sogenannte Blackboard-Systeme besitzen eine zur programmtechnischen
Realisierung separater Lösungskonzepte geeignete Systemarchitektur.**[99]
Bei solchen Systemen wird das Gesamtproblem in Teilprobleme untergliedert, die in
unterschiedlichen Wissensteilbasen modular implementiert werden. Die
Wissensteilbasen werden nach Möglichkeit so gestaltet, daß sie sich inhaltlich nicht
überschneiden und jede Wissensteilbasis autonom ein Teilproblem löst. Die
Wissensrepräsentations- und Inferenzmethoden können in den jeweiligen Modulen
durchaus unterschiedlich sein.[100] So entstehen Teilergebnisse, die sich zu einem
Gesamtergebnis ergänzen. Die einzelnen Wissensteilbasen kooperieren im
Problemlösungsprozeß, wobei die Interaktion zwischen den einzelnen
Wissensteilbasen bei dieser Vorgehensweise jedoch in der Regel gering ist.
Das Medium der Interaktion wird als «blackboard» bezeichnet, ein Informationspool,
in dem Fakten und Zustände vorübergehend eingetragen werden.[101] Datentechnisch
wird dieses Konzept durch eine global zugängliche Datenbank realisiert, auf die alle
Wissensteilbasen Zugriff haben und ihre Ergebnisse eintragen können.[102] Die in
diesem Medium gespeicherten Daten können von den Wissensteilbasen verwendet und
autonom weiterverarbeitet werden.[103]
Bei dieser Systemarchitektur ist zur Steuerung des Programmablaufs eine Einheit
notwendig, die den Zustand des Blackboards ständig überwacht, koordiniert und
bestimmte Wissensteilbasen zur Problemlösung auswählt.[104]
Die Abbildung 4-8 beschreibt den Aufbau eines Blackboard-Systems.

99   Vgl. Alexander, Evans (1988), S. 51.
100 Vgl. Parsaye, Chignell (1988), S. 145.
101 Vgl. Jackson (1987), S. 97; Nebendahl (1990), S. 80.
102 Vgl. Reddy, O'Hare (1991), S. 172.
103 Vgl. Zelewski (1987), S. 264.
104 Ausführlicher dazu Craig (1988), S. 111ff.

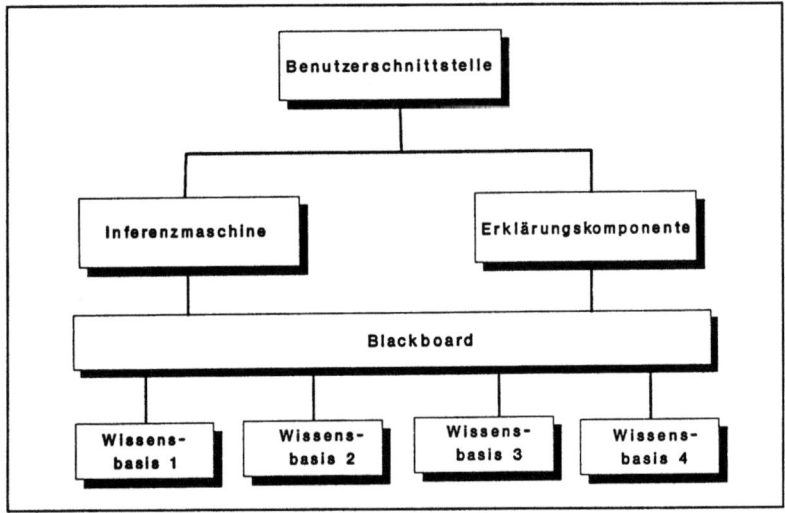

Abbildung 4-8: *Aufbau eines Blackboard-Systems*[105]

Falls sich Wissensgebiete inhaltlich überschneiden, können widersprüchliche Ergebnisse entstehen. Die Ergebnisse entstehen bei dem Blackboard-Konzept jedoch in voneinander unabhängigen Wissensbasen bzw. Lösungswegen, weshalb während des Problemlösungsprozesses keine Konflikte zwischen unterschiedlichen Lösungskonzepten entstehen können. Der Lösungsweg der jeweiligen Ergebnisse ist bei diesem Vorgehen nachvollziehbar und damit auch besser interpretierbar.

4.2.3.2. Zuverlässigkeit von Wissen als Strukturierungsmerkmal

Wie im vorangegangenen Abschnitt herausgearbeitet wurde, ist eine Betrachtung des dokumentierten Wissens sowohl auf der Ebene von zusammenhängenden Lösungs-konzepten als auch auf der Ebene einzelner Wissenseinheiten möglich. Für die vor-liegende Problemstellung wurde festgestellt, daß eine Strukturierung des Wissens nach Lösungskonzepten vorzunehmen ist, da einzelne Wissenseinheiten in der Regel nur kontextabhängig anwendbar sind.

Zur Beurteilung der aus den jeweiligen Lösungskonzepten resultierenden Ergebnisse ist es von grundlegender Bedeutung, inwieweit das in ihnen enthaltene Wissen als zuverlässig bewertet wird. Im folgenden soll daher erörtert werden, wie Wissen

---

105 In Anlehnung an Bryant (1988), S. 52.

hinsichtlich seiner Zuverlässigkeit zu differenzieren ist und auf welche Weise dieses Kriterium bei der Strukturierung der Problemstellung und der späteren Gestaltung der Wissensbasis heranzuziehen ist. Hinsichtlich der Zuverlässigkeit wird hier zwischen Wissen unterschieden, das mit wissenschaftlichen Methoden ermittelt wurde und solchem, das hier als individuelles Wissen bezeichnet wird und subjektive Erfahrungen von Experten umfaßt. Die folgende Abbildung 4-9 gibt diese Kategorisierung wieder.

I. Wissenschaftlich hergeleitetes Wissen
- Formal hergeleitetes Wissen - Empirisch hergeleitetes Wissen
II. Individuelles Wissen
- Erfahrungen - Heuristiken - Vermutungen

Abbildung 4-9:   *Kategorisierung von Wissen nach Zuverlässigkeit*

Wissenschaftlich hergeleitetes Wissen: Das Kriterium wissenschaftlich bewiesenen Wissens bezieht sich auf die intersubjektive Nachprüfbarkeit von Wissen.[106] Die subjektive Meinung bzw. Erfahrungen des Autors treten bei solchen Untersuchungen in den Hintergrund, weshalb eine Personenunabhängigkeit der Ergebnisse angenommen werden kann. Formal abgeleitetes Wissen ist im Bereich des strategischen Managements in der Regel nicht zu finden. Soweit wissenschaftlich hergeleitetes Wissen vorliegt, sind dies Ergebnisse empirischer Untersuchungen.[107]

Individuelles Wissen: Individuelles Wissen basiert auf den Erfahrungen und Überzeugungen einzelner Experten und hat sich oft über einen langen Zeitraum angesammelt. Die Zuverlässigkeit dieses Wissens ist nicht direkt überprüfbar, es besteht lediglich die Möglichkeit, Kriterien heranzuziehen, mit denen Rück-

---

106   Wissen dieser Art wird auch als objektives Wissen bezeichnet. Vgl. Popper (1982), S. 18.

107   In den Beschreibungen empirischer Studien sind sowohl die Datenbasis als auch die Methodik, mit der die Ergebnisse ermittelt wurden, nachvollziehbar.

schlüsse auf dessen Zuverlässigkeit indirekt gezogen werden können.[108] Verfahren der Wissensakquisition, bei denen Experten heranzogen werden, berücksichtigen ausschließlich Wissen dieser Kategorie. Neben dem Wissen, das direkt von menschlichen Experten ermittelt wurde, sind in diese Kategorie auch Veröffentlichungen einzuordnen, in denen Autoren über ihre individuellen Erfahrungen berichten.

Wissenschaftlich bestätigtes Wissen ist intersubjektiv erfahrbar, insofern kann man davon ausgehen, daß es im Vergleich zu raum-zeitlich singulären und individuellen Erfahrungen eine höhere Zuverlässigkeit besitzt.[109] **Generell ist daher festzuhalten, daß wissenschaftlich bestätigtes Wissen aufgrund seiner höheren Zuverlässigkeit einen größeren Beitrag zur Problembewältigung leisten kann und bei der Bearbeitung einer Problemstellung bevorzugt heranzuziehen ist.**

Hauschildt plädiert aus diesem Grund bei der Entwicklung eines wissensbasierten Systems für eine theoriegestützte, empirisch fundierte Ermittlung des Wissens. Bei diesem Vorgehen sind theoretisch fundierte, sich in der Realität bestätigende Zusammenhänge zu berücksichtigen.[110] Das Kriterium, inwieweit Wissen empirisch belegt ist, wird hier somit zur Bewertung von Wissen explizit herangezogen. Eine Theorie, die nicht durch empirische Untersuchungen abgestützt ist, sowie individuelle Erfahrungen, die sich als nicht empirisch relevant erweisen, sind bei der Gestaltung der Wissensbasis demnach auszuschließen.

Neben Ergebnissen empirischer Untersuchungen werden in der Fachliteratur auch Konzepte zur Problembewältigung dargestellt, die im wesentlichen auf den individuellen Erfahrungen von Experten beruhen.[111] Diesem Wissen wird häufig eine besondere Bedeutung bei der Entwicklung wissensbasierter Systeme beigemessen.[112] Der generelle Ausschluß individuellen Wissens hieße demnach, auf wertvolles, zur Problembewältigung relevantes Wissen zu verzichten.

Aus den vorangegangenen Ausführungen wird deutlich, daß von einem Konflikt bei der Auswahl des problemrelevanten Wissens auszugehen ist. In Anbetracht der

---

108 Dieses Wissen wird auch als **subjektiv** bezeichnet. Auf welche Weise dieses Wissen zustande kommt, hat die Psychologie festzustellen. Vgl. Popper (1982), S. 18.

109 Vgl. Kriz (1981), S. 47f.

110 Vgl. Hauschildt (1990), S. 527.

111 Es ist jedoch davon auszugehen, daß Experten in ihrem Fachgebiet die relevanten Ergebnisse wissenschaftlicher Studien kennen. Insofern dürften die Ergebnisse dieser Studien auch bei ihrer individuellen Vorgehensweise Eingang gefunden haben.

112 Vgl. etwa Feigenbaum (1977); Wright, Ayton (1987), S. 13f.

knappen Ressource Fachwissen ist man bestrebt, das verfügbare Wissen möglichst umfassend bei der Entwicklung eines wissensbasierten Systems heranzuziehen. Steigen die Anforderungen an die Zuverlässigkeit des Wissens, verringert sich zunehmend das zur Entwicklung der Wissensbasis verbleibende Ausgangswissen. Wird der Anspruch erhoben, ausschließlich wissenschaftlich bestätigte Zusammenhänge bei der Ermittlung der Wissensbasis heranzuziehen, besteht die Gefahr, daß das zur Problembewältigung wertvolle Wissen qualifizierter Experten unberücksichtigt bleibt.

Prinzipiell ist daher zu fordern, daß individuelles Wissen bei der Entwicklung einer Wissensbasis einzubeziehen ist, soweit davon ausgegangen werden kann, daß es zu einer Verbesserung der Entscheidungsgrundlage für den Systemanwender führt. Bei der Beurteilung der Qualität individuellen Wissens ist man auf «subjektive» Kriterien angewiesen. Anhaltspunkte zur Beurteilung der Zuverlässigkeit individuellen Wissens können die Reputation des Autoren bzw. die Qualität der Publikationsquelle geben.[113]

Empirische Untersuchungen sind hinsichtlich ihrer Methodik äußerst unterschiedlich. Dieser Kategorie sind sowohl explorative Studien zuzuordnen, die hauptsächlich zum Ziel haben, Zusammenhänge zwischen Variablen eines Entscheidungsproblems zu suchen,[114] als auch Studien, denen eine großzahlige Datenbasis oder Vollerhebungen zugrunde liegen. Um eine hohe Zuverlässigkeit einer bestimmten Beziehung zu gewährleisten, ist diese in unterschiedlichen Situationen empirisch zu untersuchen.[115] Solange eine Hypothese noch nicht hinreichend streng oder hinreichend oft geprüft wurde, kann daher noch nicht beurteilt werden, ob sie falsch ist oder nicht.[116] Die Zuverlässigkeit der Resultate empirischer Untersuchungen ist demnach differenziert zu beurteilen, woraus deutlich wird, daß auch empirisch ermitteltes Wissen bei der Gestaltung einer Wissensbasis nicht einheitlich gehandhabt werden kann.

Werden unterschiedliche Lösungskonzepte in einer einzigen großen Wissensbasis implementiert, besteht selbst unter der Annahme, daß das implementierte Wissen widerspruchsfrei d. h. konsistent ist, die Gefahr, daß während des Problemlösungsprozesses, in dem eine Verkettung einer größeren Anzahl von Regeln erfolgt, der

---

113 Hier sei wiederum auf die Ausführungen in Abschnitt 4.2.1 dieser Arbeit über die Möglichkeiten zur Beurteilung von Experten und Veröffentlichungsquellen verwiesen.

114 Vgl. Hammann, Erichson (1990), S. 59.

115 Es ist davon auszugehen, daß die Reliabilität erhöht wird, wenn ein bestimmter Zusammenhang in mehreren empirischen Studien bestätigt wird. Zur Beurteilung dieses Kriteriums können metaanalytische Verfahren Anwendung finden. Vgl. Farley, Lehmann (1986), S. 6.

116 Vgl. Kirsch (1981), S. 17.

Programmablauf insofern unkontrolliert verläuft, als Regeln unterschiedlicher Zuverlässigkeit miteinander verknüpft werden. Auf diese Weise können sich Fehler über mehrere Inferenzstufen hinweg fortpflanzen. Die aus solchen Inferenzprozessen resultierenden Gesamtergebnisse können kaum hinsichtlich ihrer Zuverlässigkeit beurteilt werden und dürften zur Unterstützung komplexer Entscheidungssituationen nur beschränkt geeignet sein.

Um einen möglichst großen Umfang des publizierten Wissens einbeziehen zu können und gleichzeitig sicherzustellen, daß bei der Anwendung dieses Wissens Ergebnisse entstehen, deren Zuverläßigkeit von den Anwendern beurteilt werden kann, ist zu fordern, daß aus unterschiedlichen Texten ermitteltes Wissen in der Wissensbasis voneinander getrennt darzustellen ist.[117]

Bei der Anwendung von Lösungskonzepten ist es von Bedeutung, deren Zuverlässigkeit und Anwendbarkeit beurteilen zu können. Aus diesem Grund scheint es zweckmäßig, Hintergrundinformationen, mit denen das implementierte Wissen beurteilt werden kann, dem Anwender während des Programmablaufs mitzuteilen.[118] Diese Informationen können dem Anwender über Kommentierungen im System, beispielsweise über die Hilfefunktion, angezeigt werden. Der Anwender kann sich mit diesen Informationen ein kritisches Bild über den Gehalt und die Anwendbarkeit der implementierten Lösungskonzepte auf die konkrete Problemstellung machen.

Aus diesen Informationen kann individuell die Bedeutung der aus den Lösungskonzepten abgeleiteten Ergebnisse zur Problembewältigung abgeschätzt werden. Der Anwender hat aufgrund dieser Informationen selbst zu entscheiden, inwieweit ihm die Lösungskonzepte zuverlässig scheinen und ob er sie während des Entscheidungsprozesses anwenden möchte.

4.2.3.3. Ablaufstruktur eines Analysesystems in der strategischen Planung

Der Prozeß der strategischen Planung wird üblicherweise in eine Abfolge von Phasen unterteilt. Wie aus Abbildung 4-10 ersichtlich ist, ist die strategische Analyse und Prognose als die erste Phase dieses Prozesses zu sehen. Daran schließt sich die Formulierung strategischer Ziele an. Sind diese Ziele klar formuliert, können

---

117 Innerhalb eines Textes wird hier eine einheitliche Reliabilität angenommen.

118 Solche Informationen beinhalten bei empirischen Studien eine Beschreibung der Datenbasis und der Methodik, mit der die Ergebnisse ermittelt wurden. Bei Lösungskonzepten, die dem Bereich des individuellen Wissens zuzurechnen sind, werden im wesentlichen Erläuterungen zu den Autoren und der Veröffentlichungsquelle gegeben.

Handlungsempfehlungen bzw. Strategien abgeleitet werden, die zu einer Verringerung der Lücke zwischen dem analysierten Ist- und dem angestrebten Soll-Zustand beitragen sollen. Nach einer Durchführungsplanung wird der erstellte Plan auf Unternehmensebene abgestimmt und schließlich kontrolliert und an die konkreten Gegebenheiten angepaßt.

Das hier zu entwickelnde System soll die Analysephase des strategischen Planungsprozesses unterstützen.

Unter einer **strategischen Analyse** ist ein Prozeß zu verstehen, der eine Aufklärungsfunktion zu erfüllen hat. Diese Funktion umfaßt die Suche und Diagnose von aktuellen und potentiellen strategischen Problemen innerhalb eines Unternehmens, innerhalb des Wettbewerbs sowie in seinen vorhandenen und zukünftig möglichen Umwelten.[119] Eine Analyse hat demzufolge zwei aufeinanderfolgende Aufgaben zu erfüllen. Die erste Aufgabe beinhaltet das Offenlegen bzw. Erkennen von Problemen; dieser Prozeß wird auch als **Problemerkennung**[120] oder Problementdeckung[121] bezeichnet und weist Analogien zu dem Begriff der **Früherkennung** auf.[122]

Neben der Problemerkennung bzw. Früherkennung beinhaltet eine Analyse als zweite Aufgabe die Strukturierung eines erkannten Problems; dieser Prozeß wird auch als **Problemdiagnose**, Problemformulierung oder Problemstrukturierung bezeichnet.[123] Im weiteren soll hier der Begriff der Problemdiagnose verwendet werden. In dieser Phase geht es darum, die zur Verfügung stehenden Informationen zu interpretieren und zu beurteilen, um das vorliegende Problem besser verstehen zu können.[124] Der Problemdiagnose wird eine besondere Bedeutung beigemessen, da sie die folgenden Phasen des Entscheidungsprozesses wesentlich beeinflußt.[125] Ausgehend von den Ergebnissen einer Analyse ist eine **Situationsbeurteilung** möglich und künftige

---

119 Vgl. Trux, Müller, Kirsch (1984), S. 45.
     Pfohl sieht die Aufgaben einer Analyse darin, Variablen aufzufinden und Beziehungen zwischen den Variablen herzustellen, durch die entweder Probleme angezeigt oder strukturiert werden können. Vgl. Pfohl (1981), S. 153.
120 Vgl. Bühler (1985).
121 Vgl. Kühn (1980a, b); Kühn, Walliser (1987).
122 Vgl. z. B. Bühler (1985), S. 330.
     Hammer sieht die strategische Frühaufklärung vergleichbar zu den vorangegangenen Ausführungen als einen Teilprozeß der strategischen Analyse. Vgl. Hammer (1988), S. 267.
123 Diese unterschiedlichen Bezeichnungen beschreiben inhaltlich ähnliche Sachverhalte. Ausführlicher dazu Courtney, Paradice, Ata Mohammed (1987), S. 374f.
124 Vgl. z. B. Dutton, Fahey, Narayanan (1983), S. 308.
125 Vgl. Mintzberg, Raisinghani, Théorét (1976), S. 274.
     Kleinhans sieht ebenfalls die Problemerkenntnis und die Problemanalyse als die entscheidenden Phasen in dem strategischen Planungsprozeß. Vgl. Kleinhans (1989), S. 134.

Entwicklungen können im Sinne einer qualitativen **Prognose** besser abgeschätzt werden.[126] Generell wird durch die Problemdiagnose eine differenziertere Betrachtungsweise und bessere Durchdringung der Problemstellung erzielt.

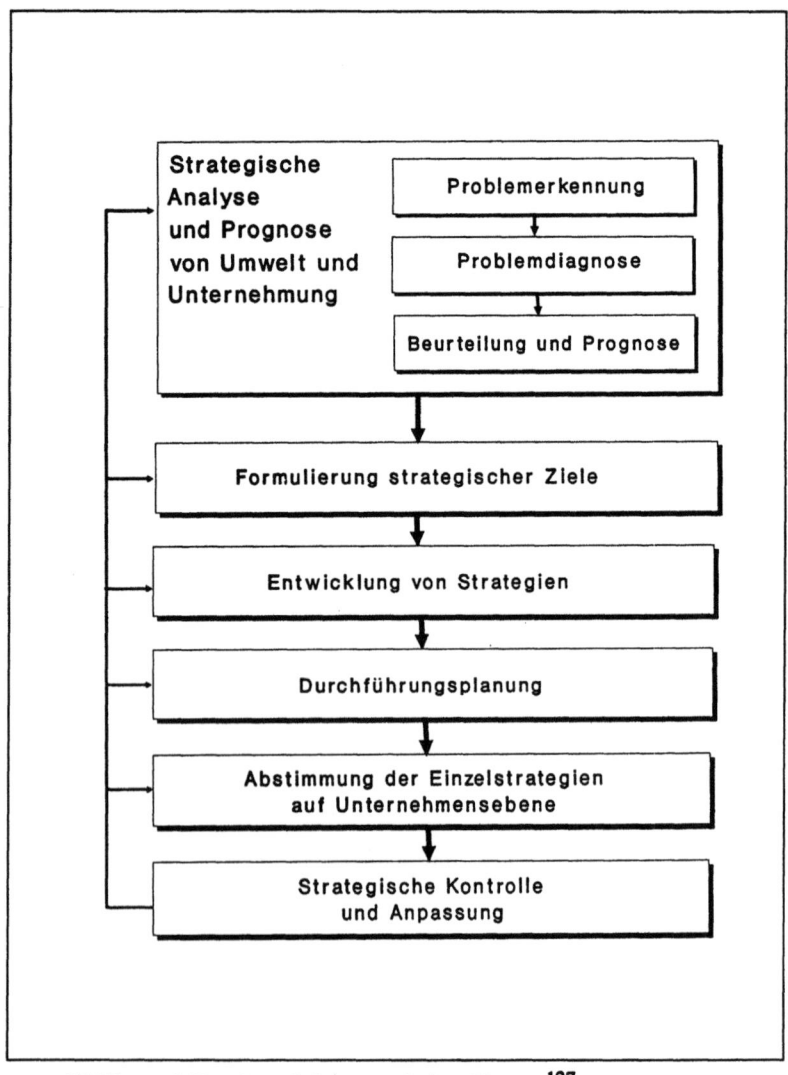

Abbildung 4-10: **Prozeß der strategischen Planung**[127]

---

126 Vgl. Sprengel (1984), S. 45.
127 In Anlehnung an Hammer (1988), S. 130.

Früherkennung als Bestandteil einer Analyse technologischer Diskontinuitäten:

Wie bereits in Kapitel zwei dieser Arbeit festgestellt wurde, ist es für ein Unternehmen von zentraler Bedeutung, mögliche diskontinuierliche Entwicklungen im Bereich der Technologie frühzeitig zu erkennen, um zur Problembewältigung bereits antizipativ Maßnahmen einleiten zu können. Zur Bewältigung dieser Aufgabe können Früherkennungssysteme eingesetzt werden.

Früherkennungs- oder Frühwarnsysteme sind eine spezielle Art von Informationssystemen, die für den jeweiligen Benutzer mögliche Gefährdungen und Chancen mit zeitlichem Vorlauf signalisieren sollen.[128] Solche Systeme liefern im Gegensatz zu Prognosesystemen keine Vorhersagen bestimmter Variablen, sondern beschränken sich üblicherweise auf ein qualitatives Ergebnis im Sinne einer Ja-Nein Aussage bzw. eines Signals.[129]

Die Bedeutung von Früherkennungssystemen für das strategische Technologiemanagement wurde bereits in mehreren Studien nachgewiesen.[130] Der Faktor Technologie ist demnach, wenn es um die Früherkennung diskontinuierlicher Unternehmensentwicklungen geht, ein wesentlicher Faktor, den es unbedingt einzubeziehen gilt.[131]

---

128 Vgl. Hahn (1979), S. 76.
Früherkennungssysteme werden als eine Weiterentwicklung von Frühwarnsystemen verstanden. Im Gegensatz zu Frühwarnsystemen ist es bei Früherkennungssystemen nicht ausschließlich das Ziel, Risiken und Bedrohungen zu identifizieren, sondern ebenfalls mögliche Chancen zu suchen. Früherkennungssysteme versuchen strategische Antworten auf die registrierten Herausforderungen zu geben und gehen über die Funktion von Frühwarnsystemen hinaus, die sich auf eine Informationsvermittlung beschränken. Vgl. Wiedmann (1989), S. 303.

129 Vgl. Schmidt (1990), Sp. 753.

130 Wie die Ergebnisse einer Studie in der Chemie- und Grundstoffindustrie verdeutlichen, treten Überraschungen oder Störgrößen, die als Abweichungen vom «normalen», geplanten Entscheidungsprozeß verstanden wurden, im Bereich des strategischen Forschungsmanagements relativ häufig auf. Daraus wird die Notwendigkeit abgeleitet, ein Frühwarnsystem für diesen Bereich zu entwickeln, um sich so auf «Störfälle» frühzeitig einstellen, und nachteilige Folgen bei verspäteter Erkennung vermeiden zu können. Vgl. Domsch, Fischer (1990), S. 862ff.
Eine Untersuchung bei umsatzstarken österreichischen Unternehmen ergab ebenfalls, daß den Umweltbereichen Absatz und technologische Entwicklung eine besondere Bedeutung im Rahmen der strategischen Früherkennung zugeschrieben wird. Vgl. Simon (1986), S. 223.
Amerikanische Industrieunternehmen gaben übereinstimmend dazu an, daß technologische Entwicklungen und Substitutionen für eine Früherkennung besonders relevant sind. Vgl. Ziegler (1980), S. 62.

131 Zu den gleichen Schlußfolgerungen gelangen Butler (1988), S. 15 sowie Krystek (1986), S. 284.

Frühwarn- oder Früherkennungssysteme haben sich seit ihrer Entstehung konzeptionell weiterentwickelt, woraus sich eine, im wesentlichen historisch aufeinanderfolgende Aufteilung in drei Generationen anbietet:[132]

1. Generation:

Diese Ansätze entstanden aus der Weiterentwicklung der betriebsinternen operativen Planungsrechnungen. Bei diesen Systemen versucht man durch Abweichungs- und Ursachenanalysen nicht bis zum Eintreten des Ereignisses zu warten, sondern bereits im voraus einen permanenten Vergleich zwischen «Plan» und dem hochgerechneten bzw. «voraussichtlichen Ist» durchzuführen. Abweichungen zwischen Plan zum Periodenende und voraussichtlichem Ist zum Periodenende werden als Frühwarninformation gewertet. Bei dieser Konzeption werden bereits bestehende Pläne fortgeschrieben und gegebenenfalls aktualisiert. Zum Erkennen prinzipieller Probleme, die einen Plan generell in Frage stellen, ist dieses Konzept nicht geeignet, weshalb der zeitliche Horizont dieser Frühwarnsysteme als kurzfristig einzustufen ist.[133]

Die auf dem Grundgedanken der 1. Generation basierenden Frühwarnsysteme arbeiten überwiegend mit quantitativen Informationen in Form eines Soll-Ist-Vergleichs basierend auf Indikator- und Kennzahlenmodellen. Zur Verarbeitung solcher Informationen bietet sich eine konventionelle, prozedurale Programmierung an, wissensbasierte Ansätze vermögen auf diesem Gebiet keine neuen Impulse zu setzen.[134]

2. Generation:[135]

Systeme dieser Generation basieren auf der Überlegung, daß es möglich ist, Indikatorkataloge zu entwickeln, mit denen im Verborgenen bereits bestehende unternehmensinterne und -externe Gefahrenherde oder Chancen im voraus identifiziert werden können. Zwischen der Veränderung des Indikators und dem Eintreten eines Ereignisses wird eine zeitlich verschobene Korrelation unter-

---

132 Hahn (1983), S. 7ff.; Klausmann (1983).
    Die Klassifizierungsversuche betrieblicher Früherkennungssysteme sind sehr verschiedenartig. Müller (1987) unterscheidet alternativ zu der hier gewählten Gliederung hinsichtlich der konzeptionellen Orientierung der Ansätze zwischen indikatororientierten, modellorientierten, analyseorientierten, informationsquellenorientierten und netzwerkorientierten Ansätzen.

133 Vgl. Klausmann (1983), S. 41; Wiedmann (1989), S. 322.

134 Vgl. Zelewski (1987), S. 260.

135 Analog dazu wurde für Früherkennungssysteme dieser Art der Begriff des **strukturkonstanten** Konzeptes vorgeschlagen. Für Frühwarnsysteme der dritten Generation wird der Begriff des **strukturvariablen** Konzeptes verwendet. Vgl. Zelewski (1987), S. 256.

stellt. Durch die Beobachtung geeigneter Indikatoren sollen rechtzeitig Hinweise auf zukünftige Ereignisse abgeleitet werden.[136] Die zeitliche Prognose des Eintretens des Ereignisses tritt dabei zugunsten einer Signalisierung des Ereignisses in den Hintergrund.

Die bei strategischen Problemen zu verarbeitenden Indikatoren sind in der Regel qualitativ und die Indikatorverkettungen häufig komplex und unsicher. Zur Realisierung von Früherkennungssystemen dieses Typs ist daher der Einsatz wissensbasierter Systeme durchaus in Betracht zu ziehen.[137]

3. Generation:
Früherkennungssysteme dieser Art basieren prinzipiell auf dem bereits skizzierten Konzept der «schwachen Signale». Man geht auch hier davon aus, daß Diskontinuitäten nicht zufällig auftreten, sondern daß ihrem Auftreten bestimmte Entwicklungsmuster und Ereignisse bereits vorangegangen sind. Eine Häufung von Ereignissen oder Stellungnahmen von Schlüsselpersonen, die sich aus unterschiedlichen Informationsquellen ermitteln lassen, können als Signal für eine bevorstehende Diskontinuität interpretiert werden.

Diese Systeme haben unter strategischen Gesichtspunkten eine besondere Bedeutung, da es mit ihnen im Gegensatz zu den vorangegangenen Systemgenerationen möglich scheint, die in diesem Problembereich vorwiegend auftretenden qualitativen Informationen und vagen Zusammenhänge in geeigneter Weise zu modellieren. Aufgrund dieser Problemstrukturen scheint zur Realisierung eines Früherkennungssystems dieser Generation der Einsatz von Verfahren der künstlichen Intelligenz erfolgversprechend. Vielversprechende Möglichkeiten dürften sich hier insbesondere durch den Einsatz natürlichsprachlicher Systeme eröffnen, mit deren Anwendung in Textform vorliegende Informationen bei einer Früherkennung verarbeitet werden können.[138]

Aus den vorangegangenen Ausführungen sind für die Gestaltung der Wissensbasis und des Programmablaufs folgende Rückschlüsse zu ziehen:
Um das über technologische Diskontinuitäten vorliegende Wissen in einem Analyseprozeß anwendbar zu machen, ist eine Unterscheidung zwischen Lösungskonzepten

136 Vgl. Kirsch, Trux (1979), S. 52.
137 Zelewski sieht Einsatzmöglichkeiten der künstlichen Intelligenz bei Früherkennungssystemen dieser Generation besonders für den Bereich der Mustererkennung, mit deren Hilfe strukturierte Teilstrukturen in großen Informationssammlungen aufgefunden werden können, und in Verbindung mit quantitativen Verfahren. Gleichzeitig wird aber auch darauf hingewiesen, daß solche Probleme bereits mit konventionellen Programmiermethoden gelöst wurden. Vgl. Zelewski (1987), S. 260.
138 Vgl. Zelewski (1986); Liebl (1990), S. 28ff. Siehe auch Abschnitt 3.4.2 dieser Arbeit.

vorzunehmen, die vorwiegend zur Problemerkennung herangezogen werden, und solchen, die zur Problemdiagnose eingesetzt werden können. Regeln, mit denen eine Situationsbeurteilung der zu analysierenden Technologie erfolgt oder künftige Entwicklungstendenzen eingeschätzt werden können, schließen sich an die Problemdiagnose an und sind ebenfalls getrennt zu behandeln.

4.2.3.4. Strukturierung des vorliegenden Wissens

Für die vorliegende Aufgabenstellung ist ein Konzept zu finden, mit dem das dokumentierte Wissen in geeigneter Weise dargestellt werden kann. Die Ergebnisse der vorangegangenen Ausführungen über die Darstellungsmöglichkeiten konfliktären Wissens und die Beurteilung der Qualität von Wissen sowie die Struktur eines erweiterten Analysesystems bilden die Grundlage für die Strukturierung des vorliegenden Wissens.

Zusammenfassend wurden folgende Ergebnisse zur Gestaltung der Wissensbasis abgeleitet:

a) **Zusammenhängende Darstellung von Wissen, das einem bestimmten Lösungskonzept zurechenbar ist:**
Wissenseinheiten sind in ihrem Kontext anzuwenden; löst man einzelne Regeln aus diesem Kontext, kann von einer korrekten Anwendung dieser Regeln bei der Bewältigung eines Problems nicht ausgegangen werden.

b) **Getrennte Darstellung mehrere Lösungskonzepte:**
Bei einer voneinander getrennten Darstellung unterschiedlicher Lösungskonzepte bleibt der Inferenzprozeß nachvollziehbar und kontrollierbar.[139] Für die unterschiedlichen, in Kapitel zwei dargestellten Modelle und Typologien sind separate Lösungswege vorzusehen. Eine Implementierung des Wissens in einer unstrukturierten Wissensbasis würde zu unzuverlässigen Ergebnissen führen.

c) **Unterscheidung des Wissens nach den Phasen des Analyseprozesses:**
Bei der Strukturierung des Wissens wird eine Aufteilung zwischen Konzepten zur Problemerkennung, zur Problemdiagnose und den daraus abzuleitenden Beurteilungen und Prognosen vorgenommen.
Im Rahmen der Problemerkennung werden solche Konzepte herangezogen, mit denen anhand qualitativer Indikatoren Hinweise auf mögliche technologische

---

139 Die Darstellung der einzelnen Lösungskonzepte geht in der Regel mit bestimmten Veröffentlichungen einher. Insofern besteht eine direkte Beziehung zwischen Lösungskonzept und Text, d. h. Wissen aus unterschiedlichen Texten wird in der Regel getrennt voneinander dargestellt.

Diskontinuitäten abgeleitet werden. Hier sind Kriterienkataloge und Lebenszyklusmodelle einzuordnen, mit denen das Problem allgemein, d. h. aus einer
relativ globalen Perspektive betrachtet wird.

Zur Problemdiagnose werden vorwiegend die in Abschnitt 2.3 dargestellten
Typologien eingesetzt. Unter Anwendung dieser Typologien ist es möglich, zu
einer Strukturierung des Problems zu gelangen, und davon ausgehend differenziertere Situationsbeurteilungen bzw. zukunftsgerichtete Aussagen abzuleiten.

Die Abbildung 4-11 beschreibt das Ergebnis der Strukturierung des zuvor erhobenen
und dokumentierten Wissens.

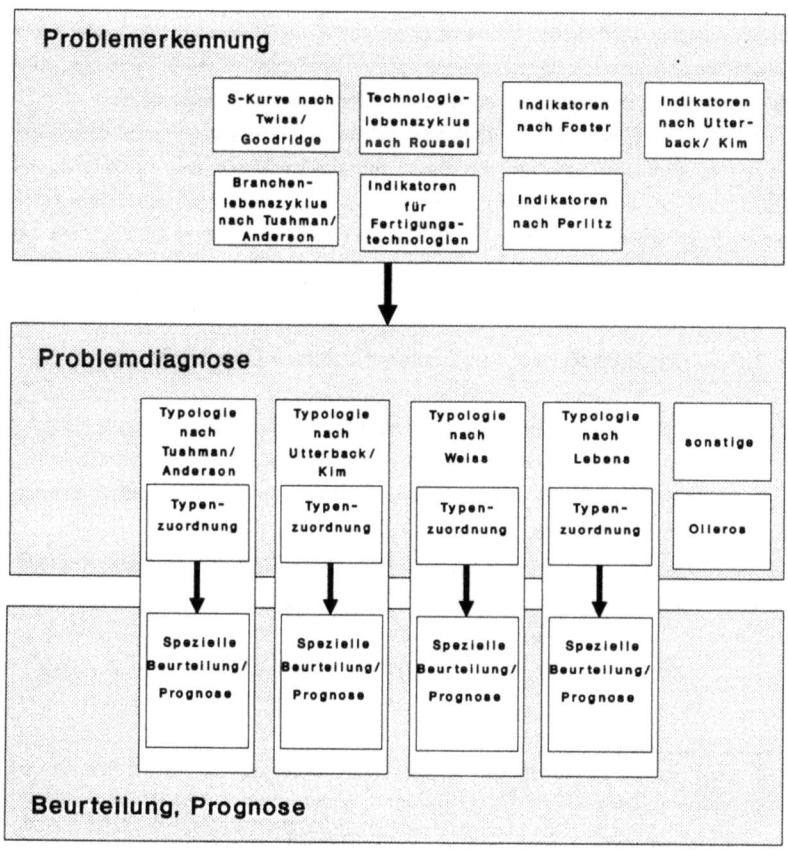

Abbildung 4-11: *Strukturierung des vorliegenden Wissens*

4.2.4. Formalisierung des Wissens

Um das bisher erhobene, dokumentierte und strukturierte Wissen in einer Wissensbasis implementieren zu können, ist eine Formalisierung der natürlichsprachlichen
Regeln erforderlich. Besonders bedeutsam in dieser Phase der Wissensakquisition ist
neben der Formalisierung des Vokabulars die formale Darstellung von Unsicherheit
und von Prozessen, in denen mehrere Variablen im Rahmen einer Klassifikationsaufgabe oder eines Aggregationsprozesses zu verknüpfen sind.

4.2.4.1. Formalisierung des Vokabulars

Ein wesentlicher Schritt bei der Formalisierung ist die Standardisierung der natürlichen Sprache. Ziel dieses Prozesses ist es, durch die Vereinheitlichung des Vokabulars Variablenbezeichnungen für eine spätere Implementierung zu erzeugen, ohne
dabei jedoch implementationsspezifische Anforderungen zu berücksichtigen.
Eine Automatisierung dieses Prozesses ist durch Anwendung eines datenbank-
gestützten Thesaurus möglich. Als Synonyme abgespeicherte Begriffe können mit
Hilfe eines solchen Systems automatisch auf einen Standardbegriff reduziert werden,
wodurch ein Standardvokabular entsteht. Dieses standardisierte Vokabular kann zur
Bestimmung der Variablennamen herangezogen werden.[140]

4.2.4.2. Repräsentation von Unsicherheit und Unschärfe

Die vorliegenden Regeln beschreiben zum Teil unsichere Gesetzmäßigkeiten; bei
Gültigkeit der Wenn-Komponente einer Regel besteht nur eine eingeschränkte Gültigkeit der Dann-Komponente. Die Zusammenhänge sind in diesem Fall nicht determi-
nistisch sondern stochastisch.[141]
Dieser Sachverhalt wird in der natürlichen Sprache allgemein mit sogenannten linguistischen Termen dargestellt, numerische Wahrscheinlichkeitsangaben werden in der

---

140   Eine von natürlichsprachlichen Texten ausgehende Standardisierung der Sprache wird
       auch von Tauzovich, et al. (1986) vorgenommen. Die Übersetzung dieser standar-
       disierten Sprache in die interne, formale Darstellungsweise einer Wissensbasis erfolgt
       im Anschluß an die Standardisierung bei diesem Vorgehen manuell.
141   Diese Eigenschaft kann generell für wirtschaftliche und sozialwissenschaftliche
       Zusammenhänge angenommen werden. Vgl. Witte (1981), S. 19.

Regel nicht verwendet.[142] Beispiele solcher verbaler Wahrscheinlichkeitsaussagen sind selten, häufig, meistens oder oft.

Neben dem Phänomen **Unsicherheit** ergibt sich das Problem, daß verbale Aussagen häufig nicht eindeutig interpretiert werden können, d. h. vage oder unscharf sind. Den linguistischen Häufigkeitsangaben «selten» oder «oft» kann beispielsweise kein exakter Wert im Sinne einer numerischen Wahrscheinlichkeitsangabe zugeordnet werden, vielmehr kommt ein Wertebereich in Frage. Während sich Unsicherheit auf die Gültigkeit einer Aussage bezieht, umfaßt **Unschärfe** das Phänomen, daß der Inhalt einer Information nicht notwendigerweise eindeutig interpretierbar ist.[143]

Um das vorliegende Wissen in der Wissensbasis darstellen zu können, ist eine Formalisierung dieser unsicheren Regelzusammenhänge notwendig.

Hierbei sind im wesentlichen zwei Aufgaben zu behandeln. Zunächst ist ein Verfahren zu ermitteln, mit dem unsicheres Wissen in geeigneter Weise formal dargestellt und verarbeitet werden kann. Die meisten der praktisch zur Anwendung kommenden Verfahren erfordern eine numerische Darstellung von Unsicherheit.

Werden numerische Verfahren angewendet, ergibt sich als zweites Problem die Transformation der verbalen Wahrscheinlichkeitsaussagen in numerische Werte.

4.2.4.2.1. Verfahren zur formalen Darstellung von unsicherem und unscharfem Wissen

Als ein Leistungsmerkmal wissensbasierter Systeme wird hervorgehoben, daß sie in der Lage sind, in ihrer Wissensbasis unsicheres Wissen abbilden und während des Inferenzprozesses anwenden zu können.[144] Zur formalen Darstellung und Verarbeitung von Unsicherheit existiert keine einheitliche Vorgehensweise, bestehende Systeme wenden unterschiedliche Konzepte an.

Prinzipiell wird eine Unterscheidung zwischen numerischen und symbolischen Verfahren zur Darstellung von Unsicherheit vorgenommen. Während bei numerischen Verfahren Unsicherheit formal in Zahlen abgebildet wird, bleiben im Gegensatz dazu

---

142 Eine Studie von Erev und Cohen bestätigt diese Beobachtung. Dort wurde unter anderem festgestellt, daß sowohl Experten als auch Nichtexperten zur Beschreibung vager Wahrscheinlichkeiten verbale Aussagen gegenüber numerischen Angaben bevorzugen. Vgl. Erev, Cohen (1990), S. 15.

143 Vgl. Dubois, Prade (1988), S. 67; Kruse, Gebhardt, Klawonn (1991), S. 15.

144 Vgl. statt vieler Mockler, Dologite (1988), S. 97.

bei symbolischen Verfahren die verbalen Beziehungen zwischen den einzelnen Objekten bestehen.[145]

Die Mehrzahl bestehender wissensbasierter Systeme wenden, soweit Unsicherheit überhaupt vorgesehen ist, numerische Verfahren an. Der Vorteil dieser Verfahren wird besonders in ihrer Eigenschaft gesehen, unsicheres Wissen in einfachen, quantitativen Werten darstellen zu können. Symbolische Verfahren scheinen für praktische Anwendungen bisher keine große Bedeutung zu besitzen.

Im wesentlichen kann zwischen vier numerischen Verfahren unterschieden werden, die jeweils einen unterschiedlichen theoretischen Hintergrund besitzen. Diese Konzepte sind die klassische Wahrscheinlichkeitstheorie (Bayes'sche Theorie), das Konzept der Sicherheitsfaktoren (Certainty Factors), die Dempster-Shafer Theorie und die Theorie unscharfer Mengen (Fuzzy-Set Theorie).[146] Im folgenden werden das Konzept der Sicherheitsfaktoren und die Theorie unscharfer Mengen kurz behandelt, auf eine umfassende Darstellung und Diskussion aller existierender Konzepte soll hier jedoch verzichtet werden.[147]

a) Formale Darstellung von Unsicherheit durch Sicherheitsfaktoren:

Eine große Anzahl bestehender wissensbasierter Systeme wendet das Konzept der Sicherheitsfaktoren zur formalen Darstellung von Unsicherheit an.[148]

Als Sicherheitsfaktor wird ein Zahlenwert bezeichnet, der der Prämisse einer Regel, der Konklusion einer Regel oder einer Variablen zugeordnet werden kann.[149] Dem realen Zahlenwert liegt eine Skala zugrunde, die von -100 bis +100 reicht.[150] Diese Zahl gibt das «Vertrauen» in die Gültigkeit einer Aussage bzw. einer Regel an. Eine Regel wird in diesem Zusammenhang auch als Hypothese oder Evidenz bezeichnet.[151] Eine positive Zahl beschreibt eine Steigerung, eine negative eine Verringerung des Sicherheitsfaktors; ein solcher Faktor drückt somit eine

---

145 Eine vergleichende Betrachtung sowohl numerischer als auch symbolischer Verfahren findet sich bei Clark (1990).

146 Vgl. Clark (1990).

147 Umfassende Übersichten und Beurteilungen dieser Verfahren finden sich etwa bei Sheridan (1991), Clark (1990) und Ng, Abramson (1990).

148 Vgl. Karras, Kredel, Pape (1987), S. 48.
Dies dürfte unter anderem darauf zurückzuführen sein, daß eine Reihe von Entwicklungsumgebungen mit großer Marktbedeutung dieses Verfahren übernommen haben. Vgl. Buhl, Massler, Weinhardt. (1991), S. 213.

149 Vgl. Fischer (1989), S. 71.

150 Teilweise wird in der Literatur der Wertebereich der Sicherheitsfaktoren auch zwischen -1 und +1 angenommen. Die folgenden Ausführungen beziehen sich auf den Wertebereich von -100 bis +100, sind jedoch direkt übertragbar.

151 Vgl. Ng, Abramson (1990), S. 40; Magill, Leech (1991) , S. 60.

146

Veränderung aus und stellt keine absolute Angabe der Gültigkeit einer Regel oder Variablen dar.[152]

Die Verrechnung der Sicherheitsfaktoren (CF) erfolgt gemäß der im folgenden dargestellten Vorgehensweise:[153]

a) Bestimmung des resultierenden Sicherheitsfaktors der Antezedensbedingung einer Regel:
Zur Verknüpfung von Variablen stehen der Minimaloperator (AND) und der Maximaloperator (OR) zur Verfügung; die Beeinflussung der Reihenfolge der Berechnung durch das Einfügen von Klammern ist möglich.

$$CF \ (A \ AND \ B) \quad = minimum \ (CF \ A, \ CF \ B)$$
$$CF \ (A \ OR \ B) \quad = maximum \ (CF \ A, \ CF \ B)$$

b) Verrechnung des aus den Antezedensbedingungen resultierenden Sicherheitsfaktors mit dem Sicherheitsfaktor der Konklusion:
Die resultierenden Sicherheitsfaktoren einer Regel errechnen sich multiplikativ aus dem resultierenden Sicherheitsfaktor der Antezedensbedingung und den Sicherheitsfaktoren der Variablen in der Konklusion.

$$CF \ (Regel) \ = CF \ (Antezedens) \cdot CF \ (Konklusion)/100$$

c) Berechnung des resultierenden Sicherheitsfaktors einer Variablen:
Einer Variablen kann in mehreren Regeln ein Wert mit einem bestimmten Sicherheitsfaktor zugewiesen werden. Der hinzukommende Sicherheitsfaktor einer Variable wird mit dem bestehenden Sicherheitsfaktor der Variable im Verhältnis der noch verbleibenden, d. h. zu erklärenden Sicherheit verknüpft; Abbildung 4-12 skizziert diesen Sachverhalt. Das Hinzukommen eines positiven Sicherheitsfaktors erhöht den resultierenden Sicherheitsfaktor und damit das Vertrauen in die Gültigkeit einer Variablen. Durch das Hinzukommen eines negativen Sicherheitsfaktors verringert sich der resultierende Wert, das Vertrauen in die Gültigkeit der Variablen sinkt in diesem Fall. Je häufiger einer Variablen während des Problemlösungsprozesses ein positiver Sicherheitsfaktor zugewiesen wird, desto größer ist der resultierende Sicherheitsfaktor.

---

152 Vgl. Sheridan (1991), S. 103.
153 Vgl. Clark (1990), S. 119. Die Ausführungen von Clark gehen davon aus, daß einem Sicherheitsfaktor die Zahlenskala -1 bis +1 zugrunde liegt. Aus diesem Grund unterscheiden sich die hier angegebenen Formeln.

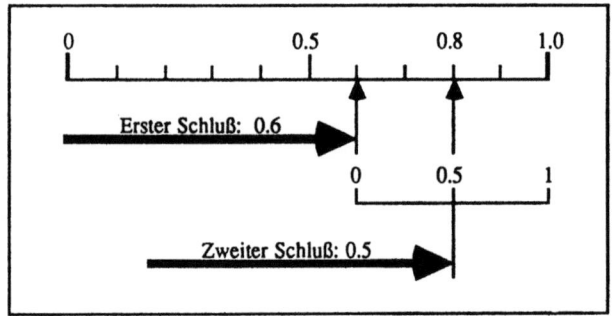

Abbildung 4-12: Kombination zweier Sicherheitsfaktoren[154]

Abhängig davon, ob die Sicherheitsfaktoren positiv oder negativ sind, kommen unterschiedliche Rechenvorschriften zur Anwendung.

Wenn CF_{alt} und $CF_{neu} > 0$:

$$CF_{(neu,\ alt)} = CF_{alt} + CF_{neu}\ (1 - CF_{alt})/100$$

Wenn entweder CF_{alt} oder $CF_{neu} < 0$:

$$CF_{(neu,\ alt)} = (CF_{alt} + CF_{neu})/\ (1 - \min\ (|CF_{alt}|,\ |CF_{neu}|))/100$$

Wenn CF_{alt} und $CF_{neu} < 0$:

$$CF_{(neu,\ alt)} = CF_{alt} + CF_{neu}\ (1 + CF_{alt})/100$$

Die Reihenfolge, mit der die aus verschiedenen Regeln resultierenden Sicherheitsfaktoren einer Variablen verrechnet werden, hat keinen Einfluß auf das Gesamtergebnis.[155]

---

154 Entnommen aus Karras, Kredel, Pape (1987), S. 50.
155 Vgl. Buhl, Massler, Weinhardt (1991), S. 215.

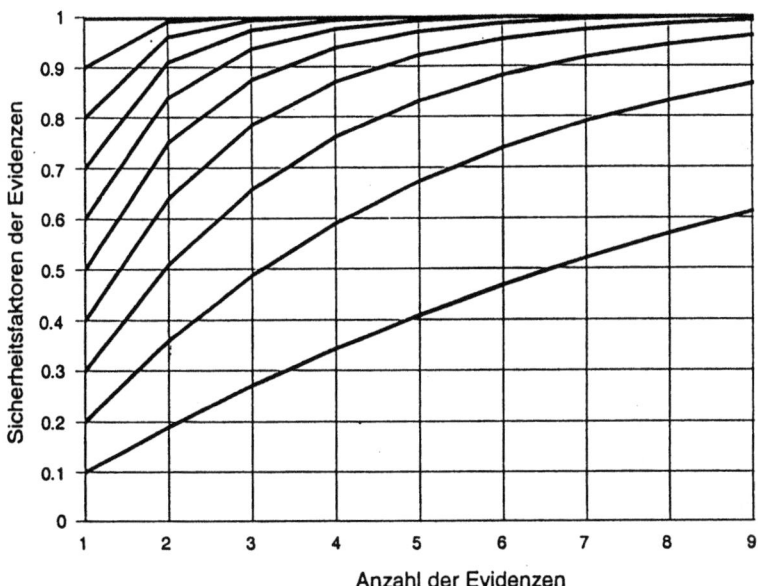

Y-axis label: Sicherheitsfaktoren der Evidenzen

X-axis label: Anzahl der Evidenzen

Abbildung 4-13: Beispiel für die Verrechnung positiver Sicherheitsfaktoren[156]

Abbildung 4-13 gibt exemplarisch die resultierenden Sicherheitsfaktoren bei mehrfacher Verrechnung positiver Sicherheitsfaktoren wieder. Mit der wachsenden Anzahl positiver Sicherheitsfaktoren erhöht sich der resultierende Sicherheitsfaktor, die Gesamtsicherheit kann dabei jedoch den Wert eins nie überschreiten.

Aus der vorangegangenen Abbildung wird deutlich, daß bei kleinen Sicherheitsfaktoren eine große Anzahl von Evidenzen erforderlich ist, um einen hohen Grad an Sicherheit zu erzielen. Sobald eine Variable in mehreren Regeln ermittelt wird, kann bei der Anwendung des Konzeptes der Sicherheitsfaktoren nicht mehr davon ausgegangen werden, daß einzelne Regeln modular sind, d. h. als unabhängige Wissenseinheiten behandelt werden können.[157]

---

156 Entnommen aus Wandel (1992), S. 41.
157 Ausführlicher dazu Dubois, Prade (1989), S. 71; Henrion, Breese, Horvitz (1991), S. 71.

b) Theorie unscharfer Mengen zur Darstellung von Unschärfe:

Die Theorie unscharfer Mengen ermöglicht es, die Unschärfe natürlicher Sprache formal abzubilden. Im Gegensatz zu gewöhnlichen Mengen, bei denen Elemente entweder zu einer Menge gehören oder nicht, werden hier beliebige Zugehörigkeitsgrade zwischen 0 und 1 zugelassen. Ein Wert von 1 bedeutet volle Zugehörigkeit, ein Wert von 0 keine Zugehörigkeit zu der Menge. Die Zuordnung eines Elementes zu einer Menge erfolgt durch Zugehörigkeitsfunktionen.

Folgendes Beispiel soll dies verdeutlichen. Ein Mensch, der 2 Meter groß ist, wird sicherlich als groß bezeichnet werden, jemand, der 1,70 Meter groß ist, ist weder groß noch klein, sondern besitzt eine partielle Zugehörigkeit zu den beiden Mengen «groß» und «klein». Ähnlich hierzu ist eine unscharfe Beschreibung von linguistischen Häufigkeitsaussagen möglich, wie dies Abbildung 4-14 verdeutlicht.

Zur Darstellung von Unschärfe wird die Theorie unscharfer Mengen bereits in wissensbasierten Systemen eingesetzt.[158] Schwierigkeiten bei der praktischen Anwendung dieses Konzeptes bereitet vor allem die empirische Ermittlung von Zugehörigkeitsfunktionen.[159] Für praktische Anwendungen werden die Funktionen häufig intuitiv festgelegt, da zuverlässige Zugehörigkeitsfunktionen in vielen Fällen nicht vorliegen.[160] Ein solches intuitives Vorgehen ist jedoch kaum zu rechtfertigen.

Zusammenfassend ist hier festzuhalten, daß zur Zeit noch nicht davon ausgegangen werden kann, daß das Problem der formalen Darstellung unsicheren Wissens zufriedenstellend gelöst ist.[161] Hieraus den Schluß zu ziehen, generell auf diese Konzepte bei der Entwicklung eines wissensbasierten Systems zu verzichten, scheint jedoch nicht gerechtfertigt. Durch die Anwendung von Verfahren zur Verarbeitung von Unsicherheit kann im Gegensatz zu rein deterministischen Ansätzen unsicheres Wissen bei der Gestaltung einer Wissensbasis zumindest ansatzweise berücksichtigt werden. Ein kritischer Umgang mit diesen Verfahren ist jedoch angebracht, besonders bei längeren Inferenzketten, in denen Unsicherheiten über mehrere Regeln hinweg weiterverrechnet werden, oder bei der Aggregation mehrerer unsicherer Einzelurteile ist die

---

158 Eine umfassende Beschreibung über die Integration der Theorie unscharfer Mengen in wissensbasierten Systemen gibt Zadeh (1983).
159 Vgl. Clark (1990), S. 125.
160 Vgl. Kruse, Gebhardt, Klawonn (1991), S. 14.
161 Zelewski kritisiert, daß bei den im allgemeinen bevorzugten Konzepten zur Darstellung unsicheren Wissens eine stringente Theorie nicht vorhanden ist und die während des Lösungsprozesses eines Problems ermittelten Folgerungssicherheiten häufig den Anschein erwecken, weitgehend willkürlich berechnet zu sein. Vgl. Zelewski (1991), S. 242.

Gefahr einer Fehlerakkumulation aufgrund ungenauer bzw. fehlerhafter Sicherheitsfaktoren und Verrechnungsformeln groß.

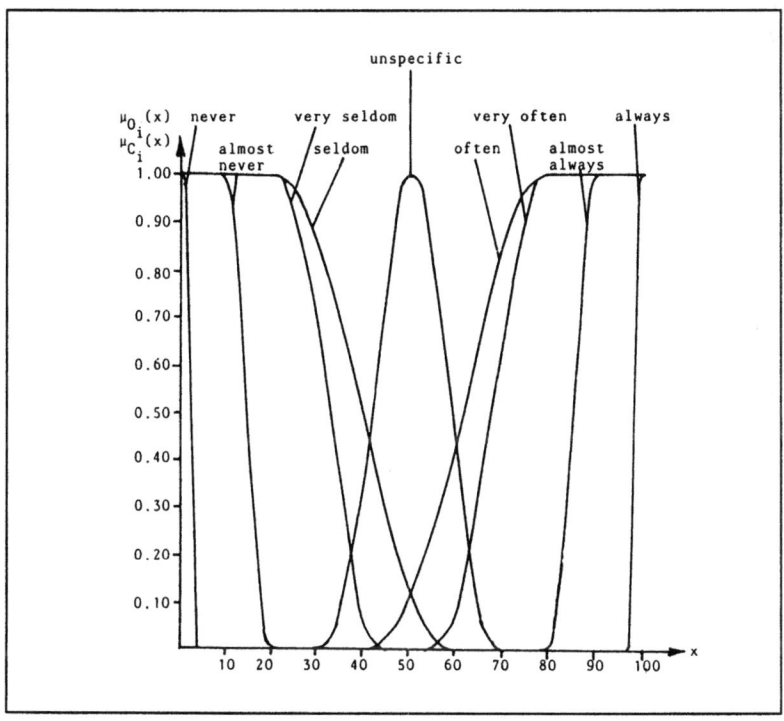

Abbildung 4-14: *Unschärfedarstellung linguistischer Variablen für*
Häufigkeit[162]

---

162 Vgl. Zimmermann (1988), S. 165.

4.2.4.2.2. Quantifizierung verbaler Wahrscheinlichkeitsaussagen

Numerische Verfahren erfordern zur Darstellung von Unsicherheit in der Wissensbasis die Angabe numerischer Werte. Zur Repräsentation natürlichsprachlicher Regeln in einer Wissensbasis ist es daher notwendig, die verbalen Wahrscheinlichkeitsaussagen in numerische Werte zu überführen.

Bei der Beurteilung eines wissensbasierten Systems ist es von zentraler Bedeutung, daß die zur Anwendung kommenden numerischen Werte mit der Realität in Einklang stehen.[163] Zur Bewältigung dieser Aufgabe ist daher auf Ergebnisse empirischer Studien zurückzugreifen, in denen die Zusammenhänge zwischen verbalen und numerischen Wahrscheinlichkeitsangaben untersucht wurden.[164]

Zur Formalisierung des vorliegenden Wissens wird die Studie von Beyth-Marom herangezogen. Diese Studie bietet sich zum einen aufgrund der Reichhaltigkeit an linguistischen Variablen an, zum anderen sind die bei dieser Untersuchung herangezogenen Versuchspersonen Experten im Bereich der politischen Prognose.[165] Es kann davon ausgegangen werden, daß dieses Themengebiet ähnliche Charakteristika aufweist wie Problemstellungen des strategischen Managements.

Probleme, die während des Transformationsprozesses auftreten, sind besonders interpersonelle Unterschiede bei der Zuordnung von numerischen Werten zu linguistischen Termen und Überschneidungen zwischen unterschiedlichen Termen. Einzelne Personen scheinen in der Wahl ihrer linguistischen Terme zur Darstellung von Unsicherheit dagegen weitgehend konsistent zu sein.[166] Wie aus der nachfolgenden Abbildung 4-15 hervorgeht, können den verbalen Ausdrücken numerische Bereiche zugeordnet werden.

---

163 In diesem Zusammenhang wird festgestellt, daß zwar einige wissensbasierte Systeme zur Darstellung von Unsicherheit formal anspruchsvolle Verfahren anwenden, die jeweiligen Werte und Funktionen mit denen Unsicherheit abgebildet wird, kaum oder überhaupt nicht empirisch gerechtfertigt werden können. Vgl. Budescu, Zwick, Wallsten, Erev (1990), S. 673.

164 Vgl. Beyth-Marom (1982); Budescu, Wallsten (1987), S. 76 und die dort zitierte Literatur sowie die Literaturübersicht bei Zimmermann (1993), S. 806.

165 Vgl. Beyth-Marom (1982).

166 In einem Experiment von Budescu und Wallsten (1985), bei dem es Aufgabe war, 11 linguistische Terme in mehreren Durchgängen in eine Rangfolge zu bringen, handelten die Versuchspersonen konsistent. Die Rangzahlen der verbalen Aussagen zwischen verschiedenen Personen variierten dabei jedoch, was auf die interpersonellen Unterschiede bei der Benutzung verbaler Wahrscheinlichkeitsaussagen hinweist.

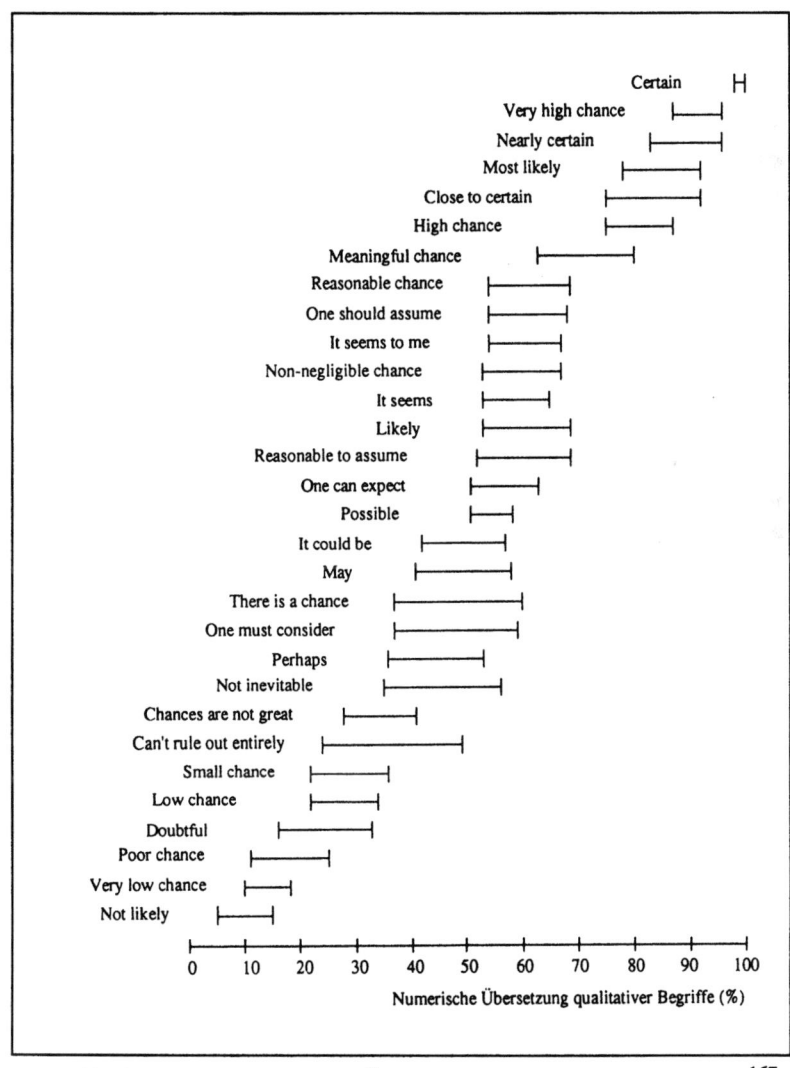

Certain
Very high chance
Nearly certain
Most likely
Close to certain
High chance
Meaningful chance
Reasonable chance
One should assume
It seems to me
Non-negligible chance
It seems
Likely
Reasonable to assume
One can expect
Possible
It could be
May
There is a chance
One must consider
Perhaps
Not inevitable
Chances are not great
Can't rule out entirely
Small chance
Low chance
Doubtful
Poor chance
Very low chance
Not likely

0 10 20 30 40 50 60 70 80 90 100
Numerische Übersetzung qualitativer Begriffe (%)

Abbildung 4-15: *Numerische Übersetzung verbaler Häufigkeitsangaben*[167]

Aus der vorangestellten Abbildung wird deutlich, daß die Bedeutung der linguistischen Häufigkeitsaussagen Überschneidungen aufweisen. Es ist festzustellen, daß
zwischen einigen Wahrscheinlichkeitsaussagen keine merklichen Unterschiede beste-

167 Vgl. Beyth-Marom (1982), S. 262. Abbildung entnommen aus Liebl (1990), S. 59.

hen. Die Streuung der Werte verdeutlicht die unscharfe Bedeutung dieser verbalen Ausdrücke.[168]

Für die praktische Anwendung scheint es aufgrund der erheblichen Überschneidungen zweckmäßig, die linguistischen Häufigkeitsaussagen zu gruppieren. Basierend auf den oben dargestellten Ergebnissen wird die in Abbildung 4-16 beschriebene Aufteilung in sieben Gruppen vorgeschlagen, die eine für praktische Anwendungen hinreichend genaue Unterscheidung bietet.

Rang:	1	2	3	4	5	6	7
Bereich:	0-10	10-30	30-50	50	50-70	70-90	90-100
Mittelwert:	5	20	40	50	60	80	95
	- very small chance	- small chance	- perhaps	- it could be	- likely	- high chance	- very high chance
	- poor chance	- doubtful	- may		- reasonable to assume	- close to certain	- most likely
			- chance not great		- one should assume		
					- reasonable chance		
					- it seems to me		
					- can expect		
					- it seems		

Abbildung 4-16: *Klassen zur numerischen Übersetzung verbaler Häufigkeitsaussagen*[169]

Bei der Formalisierung von Unsicherheit unter Anwendung des Verfahrens der Sicherheitsfaktoren bietet es sich an, als numerische Werte das arithmetische Mittel der angegebenen Bereiche heranzuziehen. Bei englischen Originaltexten haben die Originalformulierungen Berücksichtigung zu finden, um mögliche Verzerrungen zu vermeiden, die bei einer Übersetzung auftreten können.[170] Zur Transformation von verbalen Häufigkeitsaussagen in numerische Werte, wie sie in der Wissensbasis

---

168 Diese Feststellungen sind im wesentlichen in Übereinstimmung mit anderen Untersuchungen wie die von Wallsten, Budescu, Rapport, Zwick, Forsyth (1986), Budescu, Wallsten (1985) und Simpson (1963).

169 Beyth-Marom (1982), S. 267.

170 Die Bedeutung linguistischer Terme scheint über Sprachgrenzen hinweg stabil zu sein. Insofern kann davon ausgegangen werden, daß die Anwendung der englischsprachigen Untersuchungen auf deutschsprachige Wahrscheinlichkeitsangaben zulässig ist. Vgl. Liebl (1990), S. 57 und die dort angegebene Literatur.

erforderlich sind, wird die oben dargestellte Einteilung in verschiedene Klassen angewendet.

Durch das hier gewählte Vorgehen scheint der Faktor der Unsicherheit in der Wissensbasis angemessen berücksichtigt. Der Aspekt der sprachlichen Unschärfe, der sich in der Häufigkeitsverteilung der jeweiligen linguistischen Terme äußert, findet hierbei jedoch keine Berücksichtigung.

4.2.4.3. Formalisierung von Aggregations- und Klassifizierungsprozessen

Die während eines Programmablaufs ermittelten Einzelinformationen lassen sich nur dann in einer Entscheidung berücksichtigen, wenn es gelingt, diese Informationen sinnvoll miteinander zu verknüpfen und so aus der Vielzahl der eingegebenen Fakten entscheidungsrelevante Ergebnisse abzuleiten.

Zur Verknüpfung von Informationen werden in der natürlichen Sprache Konjunktionen, insbesondere «und», verwendet. Aufgabe bei der Formalisierung natürlichsprachlicher Regeln ist es somit, eine geeignete formale Darstellungsform für den verbalen Ausdruck «und» zu finden.
Das linguistische «und», in dem die Menschen denken, schließt meist einen gewissen Grad der Kompensation ein.[171] Die Bedeutung dieses Wortes in der natürlichen Sprache weicht somit von der in der formalen Sprache der boolschen Algebra ab, in der «UND» als Minimaloperator und «ODER» als Maximaloperator abgebildet wird.[172] Eine direkte Transformation der natürlichsprachlichen Konjunktionen «und» und «oder» in die gebräuchlichen Minimal- bzw. Maximaloperatoren ist daher im allgemeinen unzulässig; es bedarf spezieller Berechnungsverfahren, mit denen das kompensatorische, menschliche Aggregationsverhalten besser approximiert werden kann.

Hierfür werden verschiedene Operatoren vorgeschlagen, die einen Ausgleich zwischen mehreren Bewertungen zulassen und zwischen dem Minimum- und dem Maximumoperator anzusiedeln sind. Neben mathematisch relativ einfachen Verfahren, wie der

---

171 Vgl. Zimmermann, Zysno (1980), S. 37; von Altrock (1991).
172 Vgl. Budescu, Zwick, Wallsten, Erev (1990), S. 659.

Mittelwertbildung, werden insbesondere Operatoren diskutiert, die auf der Theorie unscharfer Mengen basieren.[173]

Bei der Modellierung von Aggregationsprozessen bietet es sich an, kurz auf die Ergebnisse von Untersuchungen einzugehen, in denen das menschliche Aggregationsverhalten untersucht wurde.

Häufig scheinen Experten Informationen zu aggregieren, indem sie den arithmetischen Mittelwert berechnen. Die Einbeziehung von Gewichten ist denkbar, wenngleich menschliche Experten in komplexen Situationen scheinbar Gewichtungen in größerem Umfang nicht vornehmen.[174]

In einer Untersuchung von Zimmermann und Zysno wird festgestellt, daß ein Operator, der sich aus einer gewichteten Kombination des nicht-kompensatorischen «und» und des voll-kompensatorischen «oder» ermittelt, bei dem also die klassische Trennung zwischen diesen beiden Operatoren aufgehoben wird, die beste Übereinstimmung mit dem menschlichen Aggregationsverhalten aufweist.[175]

Generell ist hier festzuhalten, daß bei Anwendung kompensatorischer Operatoren im Vergleich zu Minimal- bzw. Maximaloperatoren, eine bessere Approximation menschlichen Aggregationsverhaltens zu erzielen ist.

Es ist festzustellen, daß ein allgemeingültiges Verfahren, mit dem menschliches Aggregationsverhalten abgebildet werden kann, nicht existiert. Dieser Sachverhalt dürfte weniger auf das Fehlen geeigneter mathematischer Modelle, sondern vielmehr auf ein mangelndes Verständnis der einer Aggregation zugrunde liegenden menschlichen Verhaltensweisen zurückzuführen sein.[176]

Menschliches Aggregationsverhalten kann sowohl interpersonell als auch intrapersonell, abhängig von der jeweiligen Situation, variieren. Die Auswahl geeigneter

---

173 Eine formale Beschreibung und Diskussion dieser Operatoren soll hier nicht vorgenommen werden. Siehe hierzu beispielsweise Rommelfanger, Unterharnscheidt (1988), S. 480.

174 In einer empirischen Studie über das Verhalten von Experten bei der Aggregation von Bonitätskriterien bei der Kreditbeurteilung wurde festgestellt, daß Kreditexperten offensichtlich in einer als komplex zu bezeichnenden Beurteilungssituation Einzelbewertungen durch arithmetische Mittelwertbildung aggregieren. Alle Kriterien werden gleich gewichtet, was als eine maximale Kompensation gewertet werden kann. Diese Ergebnisse sprechen somit gegen eine Gewichtung von Einzelkriterien.
In der Untersuchung wurden 14 unterschiedliche Verknüpfungsoperatoren getestet. Die Operatoren reichen vom einfachen Minimum- bzw. Maximumoperator über mittelwertbildenden Verfahren bis hin zu Operatoren, die der Theorie der unscharfen Mengen zuzurechnen sind. Vgl. Rommelfanger, Unterharnscheidt (1988).

175 Vgl. Zimmermann, Zysno (1980); Zimmermann, Zysno (1983).

176 Vgl. Zimmermann, Zysno (1980), S. 50.

Aggregationsoperatoren hat daher situationsabhängig zu erfolgen.[177] Bei der Auswahl geeigneter Operatoren bieten die Ergebnisse empirischer Untersuchungen auf diesem Gebiet eine wichtige Hilfestellung.[178]

Es ist zu fordern, daß bei der Entwicklung wissensbasierter Systeme die angewandten Aggregationsoperatoren transparent sind, damit sich der Systemanwender über die angewandten Aggregationsverfahren ein eigenes Urteil bilden kann.[179] Weiterhin sollte bei der Systementwicklung die Anwendung unterschiedlicher Aggregationsverfahren ermöglicht werden, indem etwa die zur Entwicklung von wissensbasierten Systemen angebotenen Entwicklungsumgebungen mehrere Aggregationsoperatoren zur Verfügung stellen, die von dem Systementwickler kontextabhängig ausgewählt werden können.[180] Unter den verfügbaren Operatoren sollten kompensatorische Operatoren enthalten sein. Auf diese Weise bekommt der Experte oder Systementwickler kein Aggregationsverfahren von der Entwicklungsumgebung vorgeschrieben. Es ist auch denkbar, daß Operatoren durch Parametereinstellungen kontextabhängig angepaßt werden können.

Zur Bewältigung der vorliegenden Problemstellung treten Aggregationsaufgaben vor allem im Rahmen der Problemerkennung auf, bei der anhand einer Reihe von Einzelindikatoren Signale zu ermitteln sind. Je mehr Indikatoren auf eine technologische Diskontinuität hinweisen, desto deutlicher wird das resultierende Signal. Eine hierzu vergleichbare Aufgabe besteht bei Klassifizierungsaufgaben, die in dem vorliegenden Themengebiet bei der Phasenzuordnung einer Technologie in einen Lebenszyklus oder bei der Zuordnung eines Technologieübergangs in eine Typologie zu lösen sind.

---

177 Vgl. Budescu, Zwick, Wallsten, Erev (1990), S. 658.

178 Neben einer empirischen Überprüfung mit realem menschlichen Aggregationsverhalten haben solche Operatoren weitere Kriterien zu erfüllen, die sich vorwiegend auf die technische Realisierbarkeit beziehen. Hier ist unter anderem die Forderung nach einem vertretbaren Rechenaufwand zu nennen. Vgl. Zimmermann (1988), S. 34f.

179 Hier ist auch die Möglichkeit denkbar, daß der Anwender, falls er das Aggregationsmaß nicht akzeptiert, entweder eine ihm plausible Aggregationsformel definieren kann, oder seinen individuell ermittelten Aggregationswert eingibt, der im weiteren Problemlösungsprozeß Eingang findet. Auf diese Weise könnte vor allem die Benutzerakzeptanz eines Systems erhöht werden.

180 Damit ist das Problem der Formalisierung natürlich nicht gelöst; der Systementwickler hat nach wie vor das Problem der Auswahl eines geeigneten Aggregationsverfahrens. Die Entwicklungsumgebung schränkt diese Wahl in diesem Fall jedoch nicht bereits ex ante ein.

157

Realisierung von Aggregations- und Klassifizierungsaufgaben unter Anwendung von Sicherheitsfaktoren:

Neben den oben kurz erwähnten Operatoren können Aggregations- und Klassifikationsprobleme unter Anwendung des bereits dargestellten Verfahrens der Sicherheitsfaktoren bewältigt werden.[181]

Je mehr Indikatoren auf einen bestimmten Sachverhalt hinweisen, desto stärker wird das daraus resultierende Signal bzw. desto eindeutiger die Zuordnung zu einer Klasse. Dieser Sachverhalt wird durch das Konzept der Sicherheitsfaktoren abgebildet, indem die Indikatoren in unterschiedlichen Regeln implementiert und miteinander verrechnet werden. Die Aggregation der Sicherheitsfaktoren erfolgt also nicht innerhalb einer Regel, sondern schrittweise über mehrere Regeln verteilt. Die Konjunktion «und» trennt zwei Regeln voneinander.[182] Zwischen den dokumentierten und den implementierten Regeln besteht damit keine direkte Übereinstimmung mehr.

Die Phasen von Lebenszyklen bzw. einzelne Typen von Typologien werden durch idealtypische Eigenschaften beschrieben, die in der Regel nicht alle auf das Analyseobjekt zutreffen. Je größer die Übereinstimmung zwischen der zu analysierenden Technologie und diesen idealtypischen Mustern, desto größer ist der resultierende Sicherheitsfaktor ist, und desto eindeutiger kann eine Zuordnung der Technologie zu dem Muster erfolgen. Der Diskontinuitätstyp bzw. die Lebenszyklusphase, denen der höchste Sicherheitsfaktor zugeordnet wird, weist die größte Übereinstimmung mit der Realität auf, und ist daher für eine bestimmte Situation als zutreffend anzunehmen.

Bei der späteren Implementierung wird die Aggregation von qualitativen Kriterien und die Zuordnung zu Phasen von Lebenszyklen bzw. zu Typen von Typologien anhand des Konzeptes der Sicherheitsfaktoren vorgenommen. Hierbei finden die Verrechnungsformeln von Sicherheitsfaktoren, wie sie in Kapitel 4.2.4.2.1 beschrieben wurden, Anwendung.

---

181 Siehe Kapitel 4.2.4.2.1 dieser Arbeit.

182 Aus einer Regel in dem Wissensdokument, in der mehrere Indikatoren enthalten sind, entstehen so mehrere Regeln in der Wissensbasis.

5. Programmtechnische Realisierung des wissensbasierten Systems

Nach Beendigung der Wissensakquisition, in der das Wissen ermittelt, strukturiert und formalisiert wurde, sind die Voraussetzungen zur programmtechnischen Realisierung des Systems gegeben. Während die vorangegangene Phase der Wissensakquisition noch weitgehend unabhängig von implementationsspezifischen Problemen ist, hat hier die Festlegung auf eine geeignete Hard- und Softwareumgebung zu erfolgen.

5.1. Implementierung unter Anwendung der Entwicklungsumgebung Personal Consultant Plus

5.1.1. Mögliche Implementierungsformen

Bei der Realisierung eines wissensbasierten Systems ist zum einen eine Implementierung in einer Programmiersprache der 5. Generation wie etwa in PROLOG oder LISP möglich,[1] zum anderen kann die programmtechnische Realisierung unter Anwendung spezieller Entwicklungsumgebungen erfolgen.

Die Anwendung einer Programmiersprache hat den Vorteil einer individuellen, der Problemstellung angepaßten Gestaltbarkeit des Systems, erfordert jedoch viel Zeit sowie umfangreiche Programmierkenntnisse. Neben der eigentlichen Wissensbasis sind die Benutzerschnittstelle, die Erklärungskomponente und Schnittstellen zu externen Datenbanken grundlegend neu zu programmieren.

Entwicklungsumgebungen können als ein wissensbasiertes System mit einer leeren Wissensbasis bezeichnet werden, d. h. sie verfügen in ihrer Konzeption über die für ein wissensbasiertes System charakteristischen Komponenten, wie die Wissensakquisitions- und Erklärungskomponente sowie eine Problemlösungskomponente.[2] Die Entwicklung eines wissensbasierten Systems konzentriert sich unter Anwendung einer solchen Software im wesentlichen auf das Füllen und die Gestaltung der Wissensbasis mit aufgabenspezifischem Wissen; dem Prozeß der Wissensakquisition kommt bei dieser Vorgehensweise eine zentrale Bedeutung zu.[3] Die Entwicklung eines

---

1   Einen Überblick über die auf diesem Gebiet verfügbaren Programmiersprachen gibt z. B. Altenkrüger (1987).

2   Vgl. Turban (1988), S. 77.

3   Vgl. Krallmann (1987), S. 114.

wissensbasierten Systems mit einer Entwicklungsumgebung dürfte generell weniger Kosten verursachen als unter Anwendung einer Programmiersprache.[4]

Bei der Anwendung einer Entwicklungsumgebung ist man hinsichtlich der Benutzeroberfläche und möglicher Inferenzmechanismen weitgehend festgelegt. Durch die Festlegung auf eine bestimmte Entwicklungsumgebung werden die Gestaltungsmöglichkeiten eines wissensbasierten Systems in vielen Bereichen festgelegt. Die Auswahl einer für die Aufgabenstellung geeigneten Entwicklungsumgebung ist daher zur Realisierung des Systems von zentraler Bedeutung.[5]

Vorteilhaft bei dieser Vorgehensweise ist vor allem die Vereinfachung und zeitliche Verkürzung der Implementierung, was besonders für eine anwendungsorientierte und wirtschaftliche Beurteilung eines wissensbasierten Systems relevant ist. An den Systementwickler werden nicht in dem Maße Anforderungen an Programmierkenntnisse gestellt, wie dies bei der Implementierung in einer Programmiersprache der Fall ist.[6] Gerade für die Betriebswirtschaftslehre, die wissensbasierte Systeme besonders hinsichtlich ihrer Anwendungsmöglichkeiten zu beurteilen hat, bietet sich somit die Systementwicklung unter Anwendung einer Entwicklungsumgebung an.

Gegenwärtig auf dem Markt angebotene Entwicklungsumgebungen für wissensbasierte Systeme sind hinsichtlich ihrer möglichen Einsatzgebiete, der Leistungsfähigkeit und ihrer Kosten sehr unterschiedlich.[7] Man grenzt solche Systeme vor allem hinsichtlich ihrer Wissensrepräsentationsformen ab; «einfache» Systeme verfügen über nur eine, «hybride» Systeme über mehrere mögliche Wissensrepräsentationsformen.[8] Außerdem differenziert man zwischen deduktiven Systemen, bei denen die Eingabe von Wissen explizit in Regeln erfolgt, und induktiven Systemen, bei denen die Regeln aus Fallbeispielen über spezielle Algorithmen abgeleitet werden und somit eine fallbasierte Wissensakquisition unterstützen.[9]

---

4   Entwicklungsumgebungen sind von den in Abschnitt 3.2.2.3 diskutierten computergestützten Wissensakquisitionswerkzeugen zu unterscheiden. Wissensakquisitionswerkzeuge unterstützen ausschließlich die Transformation von Ausgangswissen in die geeignete Repräsentationsform einer Wissensbasis. Mit solchen Werkzeugen ist es nicht möglich, Wissen während eines Problemlösungsprozesses gezielt auszuwerten.

5   Vgl. hierzu auch Karst (1991), S. 58.

6   Vgl. Jacobs (1990), S. 232f.

7   Eine Übersicht über Entwicklungsumgebungen, die auf Personal Computern lauffähig sind, geben beispielsweise Mantz, Scheer, Uthmann (1988).
     Kriterien zur Beurteilung von Entwicklungsumgebungen diskutieren Karras, Kredel, Pape (1987), S. 31ff.

8   Vgl. Kurbel (1989), S. 38.

9   Vgl. dazu ausführlicher Fischer (1989), S. 49ff.

Aufgrund der bei der Wissensdokumentation gewählten Struktur der Wenn-Dann Regeln wurde bereits während der Wissensakquisition eine Festlegung auf eine regelbasierte Wissensdarstellung vorgenommen. Die Regeln wurden direkt aus den Texten abgeleitet. Fallbeispiele, aus denen induktiv Regeln ermittelt werden können, wurden bei der Wissenserhebung nicht herangezogen. Zur Implementierung des vorliegenden Wissens ist daher eine deduktive, regelbasierte Entwicklungsumgebung erforderlich. In diese Klasse ist die im folgenden beschriebene Entwicklungsumgebung «Personal Consultant Plus» einzuordnen.

5.1.2. Die Entwicklungsumgebung «Personal Consultant Plus»

Die Implementierung des im folgenden dargestellten Systems wurde mit der Entwicklungsumgebung Personal Consultant Plus durchgeführt, die in der vorliegenden Version auf einem IBM kompatiblen Personalcomputer lauffähig ist.

Personal Consultant Plus ist eine Entwicklungsumgebung, die auf einer Variante der Programmiersprache LISP basiert und besonders zur Bewältigung von Klassifizierungsaufgaben geeignet ist.[10] Die Wissensbasis kann in mehrere Wissensteilbasen unterteilt werden, die hierarchisch angeordnet sind. Zur Repräsentation des Wissens stehen Produktionsregeln zur Verfügung, die gruppiert werden können. Die formale Darstellung und Verarbeitung von unsicherem Wissen ist unter Einsatz des in Abschnitt 4.2.4.2.1 bereits dargestellten Verfahrens der Sicherheitsfaktoren möglich. Unsicherheit kann sich in dieser Entwicklungsumgebung zum einen auf die Gültigkeit einer Regel beziehen, zum anderen kann die (subjektive) Unsicherheit des Anwenders bei der Eingabe der Informationen während des Programmablaufs berücksichtigt werden. Die Aggregation von qualitativen Informationen kann zwischen mehreren Regeln unter Anwendung der Sicherheitsfaktoren erfolgen. Zur Verknüpfung mehrerer Variablen innerhalb einer Regel stehen die Minimal- und Maximaloperatoren UND und ODER zur Verfügung.[11]

---

10   Vgl. Turban (1988), S. 348. Entstanden ist diese Software aus dem System EMYCIN. EMYCIN (Empty MYCIN) ist eine Entwicklungsumgebung, die wiederum aus dem System MYCIN entstand, das dem Gebiet der medizinischen Diagnostik zuzurechnen ist. Aus dem System MYCIN wurde das themenspezifische Wissen entfernt, die verbleibende Hülle (EMYCIN) kann dazu verwendet werden, vergleichbare Problemstrukturen in anderen Themenbereichen zu bearbeiten.

11   Spezielle Operatoren, mit denen das kompensatorische, menschliche Aggregationsverhalten approximiert wird, wie es in Abschnitt 4.2.4.3 beschrieben wurde, liegen nicht vor. Aggregationen mehrerer Variablen werden bei der vorliegenden Entwicklungsumgebung unter Anwendung der Sicherheitsfaktoren durchgeführt, wie dies in Abschnitt 4.2.4.2.1 bereits formal beschrieben wurde.

Der Inferenzmechanismus von Personal Consultant Plus arbeitet wahlweise nach dem Prinzip der Rückwärts- oder Vorwärtsverkettung, wobei Kombinationen dieser beiden Problemlösungsstrategien möglich sind. Das System besitzt eine Funktion, mit der das Zustandekommen von Ergebnissen ansatzweise erklärt werden kann, indem jeweils die Regeln angezeigt werden, die zu einer Schlußfolgerung führten. Weiterhin stehen Funktionen zur Verfügung, mit der der Programmablauf und die damit verbundenen Regelverknüpfungen nachvollzogen und die Interdependenzen zwischen den Systemvariablen angezeigt werden können. Die Interaktion des Systems mit dem Anwender erfolgt während des Programmablaufs in Form eines flexiblen Frage-Antwort Dialogs.[12] Hilfetexte können zur Erläuterung der Fragestellungen bei der Dateneingabe herangezogen werden.

Die Programmerstellung wird durch einen Regeleditor unterstützt, der eine Syntaxüberprüfung durchführt; die Variablen werden automatisch verwaltet. Personal Consultant Plus erstellt die Menüs, mit denen Variablenwerte abgefragt werden, selbständig. Darüber hinaus ist es möglich, extern erstellte Grafiken in den Programmablauf zu integrieren. Schnittstellen zu dem Datenbanksystem dBase und dem Tabellenkalkulationsprogramm Lotus sind vorgesehen.

5.2. Interner Aufbau des Systems

5.2.1. Aufbau der Wissensbasis

Um das vorliegende Wissen inhaltlich konsistent abbilden und während des Programmablaufs anwenden zu können, ist eine Strukturierung der Wissensbasis erforderlich.

Die Wissensbasis ist in hierarchisch angeordnete Wissensteilbasen gegliedert und kann prinzipiell in zwei Blöcke unterteilt werden. Der erste Block enthält die Variablen, die von dem Anwender während des Programmablaufs eingegeben werden. Die Variablen sind die Ausgangsinformationen, d. h. Fakten und subjektive Einschätzungen des Anwenders, mit denen während des Problemlösungsprozesses Schlußfolgerungen abgeleitet werden. Im zweiten Block sind das in Regelform vorliegende Wissen, sowie die Variablen, denen während des Inferenzprozesses Ergebniswerte zugewiesen werden, abgespeichert.

---

12 Ausführlicher zu interaktiven Entscheidungsunterstützungssystemen Müller (1983).

Regeln können nur auf Variablen zurückgreifen, die in der selben oder einer hierarchisch übergeordneten Wissensteilbasis enthalten sind. Daten, die während des Programmablaufs von dem Anwender eingegeben werden, sind als allgemeingültige Fakten zu verstehen, auf die alle Lösungskonzepte gleichberechtigt Zugriff haben müssen, und daher auf einer höheren Hierarchiestufe der Wissensbasis abzuspeichern.

Im Variablenteil wird zwischen vier Gruppen unterschieden. Variablen über technologische Diskontinuitäten stellen Sachverhalte und Einschätzungen des Anwenders dar, die bei einem möglichen diskontinuierlichen Technologieübergang auftreten. Branchen- bzw. Umweltvariablen beschreiben für die Analyse eines diskontinuierlichen Technologieübergangs relevante Zustände außerhalb des Unternehmens, insbesondere der für die Technologie relevanten Branche. Unternehmensvariablen enthalten Informationen über problemrelevante Eigenschaften des Unternehmens, in dem die Technologie analysiert wird. Technologievariablen beschreiben die Charakteristika der bestehenden sowie der neuen, potentiellen Konkurrenztechnologie.

Der Aufbau des Regelblockes entspricht der in Abbildung 4-10 dargestellten Strukturierung des aufgabenspezifischen Wissens. Das bestehende System beinhaltet über 400 Regeln. Prinzipiell wird eine Unterscheidung zwischen Konzepten zur Problemerkennung und solchen zur Problemdiagnose vorgenommen. Um die Konzepte selbständig anwenden und den Informationsaustausch zwischen mehreren Lösungskonzepten kontrollieren zu können, sind für die implementierten Lösungskonzepte jeweils separate Wissensteilbasen vorgesehen.

Die folgende Abbildung 5-1 gibt den realisierten Aufbau der Wissensbasis wieder.

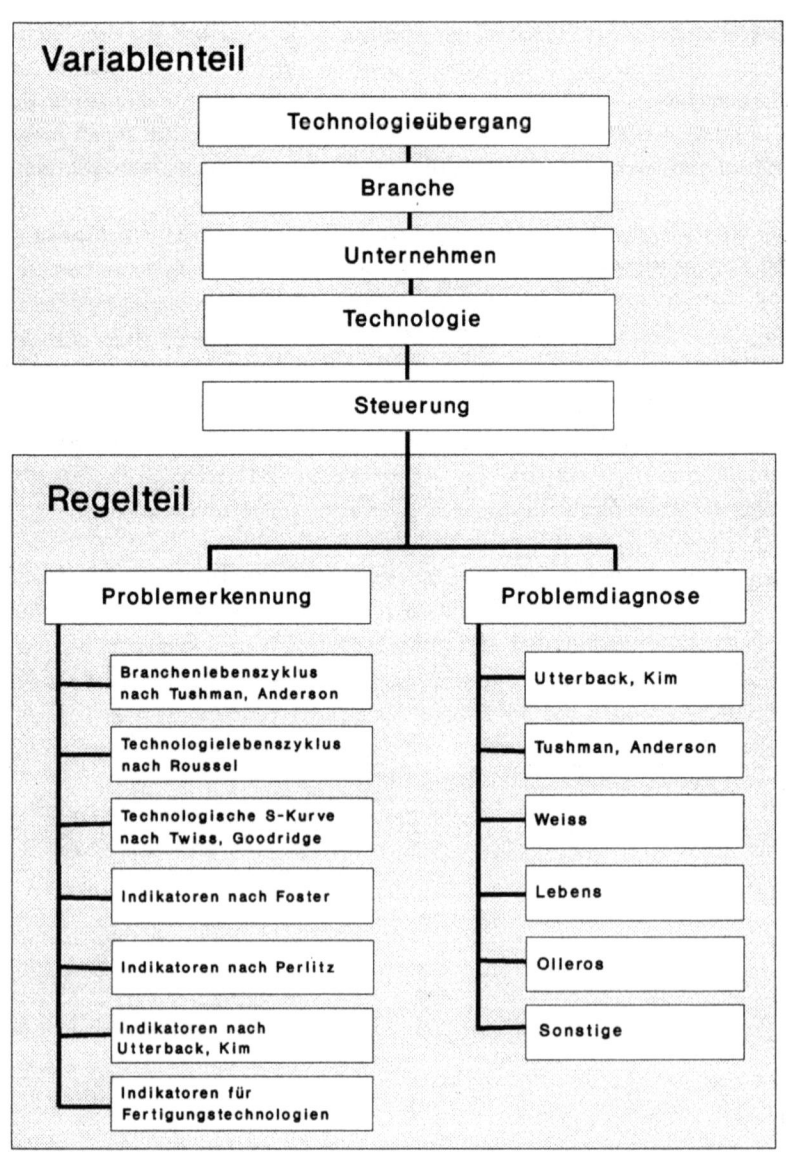

Abbildung 5-1: *Aufbau der Wissensbasis*

5.2.2. Interne Darstellung des Wissens

Im folgenden wird exemplarisch die interne Darstellung von Variablen und Regeln in der Wissensbasis beschrieben. In den Abbildungen 5-2 und 5-3 finden sich als Beispiel einige Variablen und Regeln aus der Wissensbasis.

```
TD-PREIS-LEISTUNG-VERBESSERUNG
    TRANSLATION ::   Verbesserung des Preis-Leistungsverhältnisses
                     bei Technologieübergang
    PROMPT ::   Erwarten Sie langfristig eine grundlegende
                Verbesserung des Preis-Leistungs-Verhältnisses bei
                einer Einführung der neuen Technologie ?
    TYPE ::     YES/NO


B-F&E-AUFWAND-DIFFERENZ
    TRANSLATION ::   Unterschied im F&E-Aufwand ohne Marktwirkung
    PROMPT :: Gibt es zwischen den Konkurrenten, die in die
              bestehende Technologie investieren, große
              Unterschiede im F&E-Aufwand ohne erkennbare
              Marktwirkungen?
    TYPE :: YES/NO
    USED-BY :: (RULE276)
    CERTAINTY-FACTOR-RANGE :: FULL


U-MARKTFÜHRER
    TRANSLATION ::   Unternehmen ist bei der bestehenden
                     Technologie ein Marktführer
    PROMPT ::   Nimmt Ihr Unternehmen in dem für die bestehende
                Technologie relevanten Markt eine führende Stellung
                ein?"
    TYPE ::     YES/NO
    USED-BY ::  (RULE065)
    HELP ::     Von einer führenden Stellung ist hier auszugehen,
                wenn Sie im Vergleich zu ihren Konkurrenten auf
                diesem Gebiet große Marktanteile besitzen.


T-ALT-ANWENDUNGSGEBIET-ANZAHL
    TRANSLATION ::   Anzahl der Anwendungsgebiete der bestehenden
                     Technologie
    PROMPT ::   Wie beurteilen Sie die Anzahl der Anwendungsgebiete
                der bestehenden Technologie?
    TYPE ::     SINGLEVALUED
    EXPECT ::   (GROSS UNBEDEUTEND KEINE)
    USED-BY ::  (RULE330)


T-ALT-ANWENDUNGSGEBIETE-NEU
    TRANSLATION :: Neue Anwendungsgebiete der bestehenden
                   Technologie
    PROMPT ::   Können Anwendungen der bestehenden Technologie auf
                einem neuen Gebiet eine wichtige Quelle von
                Innovationen werden?
    TYPE ::     YES/NO
    ANTECEDENT-IN :: (RULE426)
```

Abbildung 5-2:   Darstellung von Variablen in der Wissensbasis

In der Kopfzeile steht die formale Variablenbezeichnung, die bei der internen Wissensverarbeitung Anwendung findet.

TRANSLATION: Dieses Feld enthält die natürlichsprachliche Bezeichnung der Variablen, und kommt bei dem Einsatz der Erklärungskomponente sowie bei Übersichten über Variablenwerte und Ergebnissen zur Anwendung.

PROMPT: In diesem Feld befindet sich die Fragestellung, mit der ein Variablenwert von dem Anwender ermittelt wird. Die Fragestellung wird während des Programmablaufs am Bildschirm angezeigt. Dieses Feld ist nur für Variablen erforderlich, deren Werte von dem Anwender eingegeben werden müssen.

TYPE: Hier wird der Datentyp definiert. Es wird beispielsweise festgelegt, ob eine Frage mit JA/NEIN beantwortet werden soll bzw. wieviele Werten eine Variable gleichzeitig annehmen kann.

EXPECT: Dieses Feld beinhaltet die alternativen Werte, die eine Variable annehmen kann. Hier können mögliche Variablenwerte frei definiert werden. Es können Alternativen wie «klein, mittel, groß» oder «selten, häufig, immer» vorgesehen werden.

HELP: Hier können Hilfetexte eingegeben werden, die während des Programmablaufs zur Erläuterung der Fragestellung angefordert werden können.

CERTAINTY-FACTOR-RANGE: Um die Unsicherheit des Anwenders bei der Dateneingabe berücksichtigen zu können, ist teilweise vorgesehen, Sicherheitsfaktoren bei der Beantwortung der Fragestellungen anzugeben.

In der Feldern **ANTECEDENT-IN** und **USED-BY** wird angegeben, in welchen Regeln der Wissensbasis die Variablen in der Antezedensbedingung auftreten bzw. allgemein verwendet werden.

Darstellung von Regeln:

```
RULE454
   SUBJECT :: PE-UTTERBACK-KIM-RULES
   DESCRIPTION :: (17-19)
   QUELLE :: "Utterback, Kim (1985), S. 121."
   IF   :: (T-TYP = PRODUKTTECHNOLOGIE AND
            B-PRODUKT-UNZUFRIEDENHEIT)
   THEN :: (TD-SIGNAL-UTTERBACK-KIM CF 50)

RULE455
   SUBJECT :: PE-UTTERBACK-KIM-RULES
   DESCRIPTION :: (17-19)
   QUELLE :: "Utterback, Kim (1985), S. 121."
   IF   :: (T-TYP = PRODUKTTECHNOLOGIE AND
            B-PRODUKT-NACHFRAGE-WACHSEND)
   THEN :: (TD-SIGNAL-UTTERBACK-KIM CF 50)

RULE456
   SUBJECT :: PE-UTTERBACK-KIM-RULES
   DESCRIPTION :: (17-19)
   QUELLE :: "Utterback, Kim (1985), S. 121."
   IF   :: (T-TYP = PRODUKTTECHNOLOGIE AND
            B-PRODUKT-NACHFRAGE-REGULIERUNG)
   THEN :: (TD-SIGNAL-UTTERBACK-KIM CF 50)

RULE184
   SUBJECT :: PE-UTTERBACK-KIM-RULES
   ANTECEDENT :: YES
   DESCRIPTION :: (Ergebnispräsentation: Problemerkennung
                   Utterback/Kim Produkttechnologie)
   IF   :: (T-TYP = PRODUKTTECHNOLOGIE AND IFTRACED
            TD-SIGNAL-UTTERBACK-KIM FRAME )
   THEN :: (PRINT "Die Indikatoren von Utterback weisen mit einer
            Signalstärke von" (CERTAINTY TD-SIGNAL-UTTERBACK-KIM)
            " (von 100) auf eine mögliche Diskontinuität bei
            einer Produkttechnologie hin." )
            :LINE "Ein Wert von über 60 ist als ein deutliches
            Signal für eine mögliche Diskontinuität zu werten.")

RULE254
   SUBJECT :: PE-FERTIGUNGSTECHNOLOGIE-RULES
   ANTECEDENT :: YES
   DESCRIPTION :: (10-23)
   QUELLE :: "Wildemann (1987), S. 490."
   IF   :: (T-F-ALT-AMORTISATIONSZEITPUNKT)
   THEN :: (TD-SIGNAL-F-AMORTISATION AND
            PRINT "Bei der Fertigungstechnologie wurde der
            Amortisationszeitpunkt bereits überschritten.
            Diese Beobachtung kann als Signal für einen Übergang
            auf eine neue Fertigungstechnologie gewertet werden."
```

Fortsetzung nächste Seite

```
RULE031
 SUBJECT :: DI-UTTERBACK-KIM-BEURTEILUNG-RULES
 DESCRIPTION ::  (17-6: 22-1)
 QUELLE :: "Utterback, Kim (1985), S. 116; Steele (1989), S.
          42."
 IF   :: (T-NEU-LEISTUNGSPARAMETER)
 THEN :: (BE-UK-T-NEU-ERFOLG CF 50 AND PRINT "Die neue
          Technologie übertrifft die bestehende in mindestens
          einem Leistungsparameter oder verfügt über ein grund-
          legend neues Leistungskriterium. Eine
          notwendige Bedingung für den Erfolg der neuen
          Technologie ist somit erfüllt." )
```

Abbildung 5-3:   *Darstellung von Regeln in der Wissensbasis*

SUBJECT: Dieses Feld enthält die Bezeichnung der Regelgruppe, in der die Regel abgespeichert ist. Diese Gruppen sind Bestandteile einzelner Wissensteilbasen. Eine Wissensteilbasis kann mehrere Regelgruppen beinhalten.

ANTECEDENT: Hier wird festgelegt, ob die Regel während des Inferenzprozesses nach dem Prinzip der Vorwärts- bzw. der Rückwärtsverkettung abgearbeitet wird. Fehlt diese Eingabe, wird Rückwärtsverkettung angenommen.

DESCRIPTION: In diesem Feld kann eine verbale Umschreibung der Regel eingegeben werden. Das hier realisierte System enthält in diesem Feld die Kennziffern, wie sie in dem Wissensdokument definiert wurden, um so den Bezug zwischen den implementierten Regeln und dem Wissensdokument herzustellen.

QUELLE: Dieses Feld wurde für das vorliegende System individuell definiert und verweist auf die Literaturquelle, aus der die Regel entnommen wurde. Dadurch bleibt die Wissensbasis für den Systementwickler und den Anwender transparent.

IF: Dieses Feld beinhaltet die Antezedensbedingung, die eine Regel zu erfüllen hat, damit sie zur Anwendung kommen kann.

THEN: Dieses Feld enthält die Schlußfolgerung, die abgeleitet wird, falls eine Regel zur Anwendung kommt, d. h. die Antezedensbedingung zutrifft.

168

5.3. Ablauf der Analyse technologischer Diskontinuitäten

In diesem Abschnitt werden die Inhalte und der Ablauf des realisierten wissensbasierten Systems zur Analyse technologischer Diskontinuitäten dargestellt. Nach einer kurzen Schilderung der allgemeinen Charakteristika und des allgemeinen Programmablaufs werden die Inhalte der Problemerkennung und der Problemdiagnose genauer beschrieben.

5.3.1. Allgemeine Charakteristika des Programmablaufs

Der Programmablauf erfolgt in Form eines flexiblen, interaktiven Frage-Antwort-Dialogs. Um Schlußfolgerungen ableiten und relevante Informationen anzeigen zu können, benötigt das System Eingaben des Anwenders. Die Eingabe von Informationen erfolgt als Antwort auf Fragestellungen des Systems. Der Informationsbedarf des Systems ist nicht fest vorgegeben, sondern resultiert aus den zur Anwendung kommenden Lösungskonzepten und aus den während eines einge-schlagenen Lösungsweges erforderlichen Informationen. Der Informationsbedarf ist daher abhängig von der jeweiligen Problemstellung. Während des Programmablaufs werden nur solche Informationen abgefragt, die das System während des Problem-lösungsprozesses benötigt. Zur Erläuterung der Fragestellungen können zum Teil Hilfetexte angefordert werden.

Der Anwender beantwortet die von dem System gestellten Fragen mit verbalen Aussagen, die er in der Regel aus den am Bildschirm vorgegebenen Alternativen auswählt; für die jeweiligen Fragestellungen sind die Antwortmöglichkeiten somit meist fest vorgegeben.

Strategische Entscheidungsprozesse erfordern zukunftsorientierte Informationen, die in der Regel nur geschätzt werden können.[13] Während des Programmablaufs hat der Systemanwender daher Fragen zu beantworten, die häufig seine subjektive Ein-schätzung oder Prognose erfordern. Bei der Informationserhebung ist teilweise vorge-sehen, die subjektive Unsicherheit des Anwenders durch die Eingabe von Sicherheits-faktoren zu berücksichtigen und auf diese Weise in den Problemlösungsprozeß mit einzubeziehen.

---

13 Ausführlicher dazu Sprengel (1984), S. 31f.

Die Einschätzungen mehrerer Experten können durchaus voneinander abweichen, weshalb kaum davon ausgegangen werden kann, daß bei der Analyse einer bestimmten Technologie mehrere Anwender die jeweiligen Fragestellungen identisch beantworten. Die Systemergebnisse hängen wesentlich von der Qualität der Eingabewerte und damit von der Sachkenntnis des Systemanwenders ab. Aus diesem Grund ist zu fordern, daß der Systemanwender gute Kenntnisse über die zu analysierende Technologie, über das Unternehmen, in dem die Analyse durchgeführt wird, sowie über die relevante Branche verfügen muß.

Der Inferenzmechanismus wurde bei den Klassifikations- und Aggregationsaufgaben nach dem Prinzip der Rückwärtsverkettung realisiert, bei dem die verfolgten Ziele bestimmter Lösungskonzepte vorgegeben werden. Die aus der Typenzuordnung und der Bestimmung des Diskontinuitätsausmaßes ableitbaren Schlußfolgerungen sind vorwiegend nach dem Prinzip der Vorwärtsverkettung implementiert.

Die Ergebnisse werden dem Anwender des Systems in vollständigen Sätzen mitgeteilt, was den Vorteil hat, daß die Originalformulierungen in den Texten im wesentlichen beibehalten werden und die in den Regeln dargestellte Unsicherheit dem Benutzer über verbale Aussagen mitgeteilt werden kann.
Teilweise werden bei der Ergebnisdarstellung auch Sicherheitsfaktoren ausgegeben. Diese Darstellungsweise bietet sich besonders an, wenn ein Ergebnis in unterschiedlicher Deutlichkeit bzw. Stärke auftreten kann. Besonders bei der Problemerkennung, die Signale unterschiedlicher Stärke generiert, scheint eine solche Vorgehensweise angebracht. Im Anhang dieser Arbeit findet sich ein Beispiel, in dem die Verrechnung der Sicherheitsfaktoren während des Programmablaufs beschrieben wird. Soweit dem Anwender numerische Werte im Ergebnis mitgeteilt werden, werden diese kommentiert. Im Anhang wird anhand eines Beipiels verdeutlicht, wie die bei der Ergebnisdarstellung herangezogenen Sicherheitsfaktoren während des Programmablaufs berechnet werden.

5.3.2. Ablaufprinzip des Analysesystems

Der Analysevorgang ist entsprechend des Ablaufs einer strategischen Planung in mehrere Phasen unterteilt. Zu Beginn steht ein **allgemeiner Teil**, in dem im wesentlichen Informationen eingegeben werden, anhand der die Durchführbarkeit der Analyse sowie die Anwendbarkeit der implementierten Lösungskonzepte geprüft werden. Die **Problemerkennung** technologischer Diskontinuitäten ist im Anschluß daran der erste Schritt des Analyseprozesses. Die Phase der Problemerkennung hat die Aufgabe, Anregungsinformationen bereitzustellen, d. h. Informationen zu beschaffen, zu verarbeiten, zu speichern und zu kommunizieren, die zur Auslösung von Entscheidungsprozessen erforderlich sind.[14] Es geht hier darum, mögliche technologische Diskontinuitäten frühzeitig zu identifizieren und nicht erst im Nachhinein eine bestehende Änderung zu dokumentieren; die Ergebnisse dieses Programmteils sind somit auch als Frühwarninformationen bzw. Signale im Sinne einer Ja/Nein-Information zu verstehen.

Während der Problemerkennung werden Lösungskonzepte eingesetzt, bei denen von den eingegebenen Informationen des Anwenders direkt oder indirekt Hinweise auf das mögliche Auftreten einer technologischen Diskontinuität abgeleitet werden. Der Systemanwender soll während dieser Phase auf mögliche Diskontinuitäten aufmerksam gemacht, d. h. sensibilisiert werden.

Falls sich während der Problemerkennung Anzeichen für eine technologische Diskontinuität ergeben, schließt sich auf Wunsch des Anwenders die Phase der **Problemdiagnose** an. Bestehen keine Anzeichen für eine solche Diskontinuität, empfiehlt sich an dieser Stelle die Beendigung des Programms.

Die Problemdiagnose dient der genaueren Untersuchung eines möglichen Technologieübergangs und damit einer Verbesserung der Entscheidungsgrundlage zur Bestimmung geeigneter Maßnahmen. In dieser Phase des Analyseprozesses soll das im vorangegangenen Schritt identifizierte Problem näher spezifiziert und strukturiert werden.

Während der Problemdiagnose finden Konzepte Anwendung, mit denen die Auswirkungen eines möglichen Technologieübergangs auf das Unternehmen und die Branche näher untersucht werden können. Hierfür werden als Grundlage die in Abschnitt 2.4 beschriebenen Analyseansätzes angewendet. Der mögliche Technologieübergang wird zunächst hinsichtlich seines Ausmaßes beurteilt und einzelnen Typen der vorliegenden Typologien zugeordnet. Ausgehend von den Ergebnissen dieser Typenzuordnungen und den während des Programmablaufs zusätzlich eingegebenen Informationen kann der mögliche Technologieübergang genauer beurteilt und Auswirkungen eines Technologieüberganges im Sinne einer qualitativen Prognose besser abgeschätzt werden.

Während der Problemdiagnose wird die zugrunde liegende Problemstellung einer differenzierteren Betrachtung unterzogen als dies bei einem reinen Problemerkennungs- bzw. Früherkennungssystem der Fall ist.

Die folgende Abbildung 5-4 beschreibt schematisch das Prinzip des Programmablaufs.

---

14   Vgl. Kühn, Walliser (1978), S. 227.

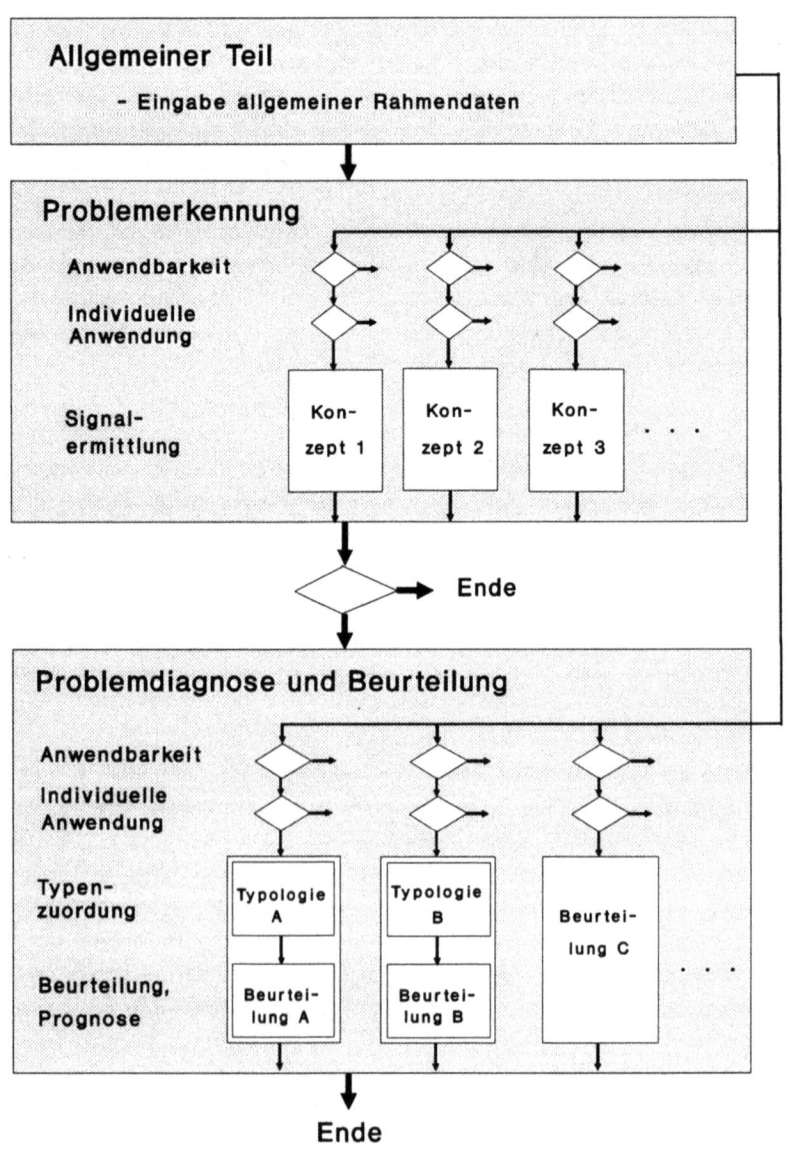

Abbildung 5-4: *Allgemeine Darstellung des Programmablaufs*

Das Prinzip des Programmablaufs entspricht im wesentlichen der in Abschnitt 4.2.3.1 diskutierten Konzeption separater Lösungswege, bei dem mehrere sich inhaltlich überschneidende Lösungskonzepte unabhängig voneinander Anwendung finden.

Damit ein bestimmtes Lösungskonzept während des Programmablaufs zum Einsatz kommen kann, sind zwei Bedingungen zu erfüllen. Zum einen muß von einer Anwendbarkeit des Lösungskonzeptes ausgegangen werden können, zum anderen muß der Wunsch des Anwenders bestehen, das prinzipiell anwendbare Lösungskonzept zur Problembewältigung heranzuziehen.

1) **Anwendbarkeit des Lösungskonzeptes:**

   Mit den im allgemeinen Teil des Systems eingegebenen Informationen wird zu Beginn des Programmablaufs überprüft, welche Lösungskonzepte zur Problembewältigung in Frage kommen.[15]

   Die Auswahl eines einzelnen Lösungskonzeptes zur Problemerkennung oder -diagnose ist in der Regel nicht sinnvoll, weshalb aus der Gesamtmenge der vorliegenden Lösungskonzepte solche bestimmt werden, die für die jeweilige Problemstellung anwendbar sind. Soll beispielsweise eine Produkttechnologie analysiert werden, können Lösungskonzepte, die speziell für Fertigungstechnologien vorgesehen sind, nicht zum Einsatz kommen.

2) **Anwendungswunsch des Lösungskonzeptes:**

   Damit ein Lösungskonzept tatsächlich zum Einsatz kommen kann, muß außerdem der Wunsch des Anwenders bestehen, ein prinzipiell anwendbares Lösungskonzept zur Problembewältigung heranzuziehen. Bevor ein Lösungskonzept eingesetzt werden kann, wird der Systemanwender daher gefragt, ob er dieses zur Bewältigung der konkreten Problemstellung heranziehen möchte. Dabei kann er über die Hilfefunktion Informationen anfordern, mit denen eine Beurteilung der Zuverläßigkeit des implementierten Lösungskonzeptes unterstützt werden soll.[16] Scheint dem Anwender ein bestimmtes Konzept nicht zuverlässig oder für die spezifische Problemstellung ungeeignet, braucht das Konzept nicht eingesetzt werden.

---

15 Dieser Vorgang wird auch als «model screening» bezeichnet. Vgl. Bunn, Kappos (1982), S. 179.

16 Diese Informationen beinhalten beipielsweise die Angabe, ob das Wissen empirisch ermittelt wurde oder individuelles Expertenwissen darstellt. Darüber hinaus werden der Name der Autoren und die Literaturquellen angegeben, aus denen das implementierte Wissen entnommen wurde.

Bei der Anwendung unterschiedlicher Lösungskonzepte entstehen mehrere Einzelergebnisse, die sich inhaltlich ergänzen, voneinander abweichen oder sich widersprechen können. Dieses Vorgehen ist in Analogie zu einer Befragung mehrerer Experten zu sehen, bei der ebenfalls nicht davon ausgegangen werden kann, daß die Experten, selbst wenn sie über identische Ausgangsinformationen verfügen, zu übereinstimmenden Schlußfolgerungen gelangen.

In diesem Zusammenhang stellt sich die Frage, inwieweit ein **Zusammenfassen dieser aus unterschiedlichen Wissensquellen stammenden Einzelergebnisse zu einem Gesamtergebnis** zweckmäßig ist.

Gegen eine Aggregation der Einzelergebnisse zu einem Gesamtergebnis spricht zunächst allgemein, daß jede Aggregation von Einzeldaten zu einem Informationsverlust führt. Der Informationsgehalt eines Gesamtergebnisses ist somit geringer als der Informationsgehalt der Einzelergebnisse.[17]

Hoch-aggregierte Kennzahlen werden besonders im Rahmen einer Früherkennung kritisch beurteilt, da bei solchen Kennzahlen die Gefahr besteht, daß sie Fehlentwicklungen und Chancen zu spät signalisieren.[18] Demgegenüber steht eine begrenzte Informationsverarbeitungskapazität des Menschen, die eine Aggregation von Einzelinformationen erforderlich macht.[19] Für ein computergestütztes System zur Unterstützung von Problemstellungen in dem vorliegenden Themengebiet ist daher zu fordern, daß zwar aggregierte Kennzahlen bzw. Signale zu ermitteln sind, die in eine hochaggregierte Kennzahl einfließenden Einzelinformationen jedoch für den Systemanwender gleichzeitig nachvollziehbar sein müssen.[20]

Das vorliegende System verfügt über Funktionen, mit denen die Entstehung von Ergebnissen ansatzweise erklärt werden kann, die in ein aggregiertes Ergebnis eingehenden Variablenwerte können also jederzeit im Überblick betrachtet werden. Insofern weisen wissensbasierte Systeme durch eine, wenn auch nur unvollkommene Erklärungsfähigkeit der Ergebnisse einen wesentlichen Vorteil gegenüber konventionellen Programmen auf, in denen solche Funktionen nicht standardmäßig enthalten sind. Einerseits können Aggregationen durchgeführt werden, andererseits bleibt der Aggregationsprozeß durch die Erklärungskomponente der Ergebnisse stets transparent.

---

17 Dieses Argument trifft bei wissensbasierten Systemen nur bedingt zu, da solche Systeme über Funktionen verfügen, mit denen die Einzelergebnisse nachvollziehbar bleiben.

18 Vgl. Müller-Merbach (1979), S. 152.

19 Vgl. Zimmermann (1982), S. 370.

20 Bei großen Datenmengen bietet es sich an, die Aggregation in mehreren Hierarchiestufen durchzuführen. Vgl. Zimmermann (1982), S. 372.

174

Gegen die Ermittlung eines Gesamtergebnisses aus unterschiedlichen Expertenmeinungen spricht der Grundgedanke des bei der Handhabung von Diskontinuitäten diskutierten Verfahrens der **Diskontinuitätenbefragung**, in dem gerade von abweichenden Expertenmeinungen auf eine mögliche Diskontinuität geschlossen wird.[21] Insbesondere bei der Analyse von Diskontinuitäten ist es daher erforderlich, unterschiedliche Expertenmeinungen nicht zu verbergen, indem diese beispielsweise zu Gesamtergebnissen zusammengefaßt werden, sondern im Gegenteil dazu, auf diese hinzuweisen.

Auf die Ermittlung eines Gesamtergebnisses wird daher in dem vorliegenden System sowohl bei der Problemerkennung als auch bei der Problemdiagnose verzichtet. Nach Beendigung der Problemerkennung und -diagnose liegen mehrere Einzelergebnisse vor, die von dem Systemanwender individuell zu begutachten sind.[22]

Um dem Anwender eine Hilfestellung bei der Interpretation und Beurteilung der Einzelergebnisse zu geben, besteht die Möglichkeit, die vorliegenden **Einzelergebnisse hinsichtlich ihrer Plausibilität zu prüfen.**

Hilfreich für den Systemanwender dürfte es vor allem sein, wenn er auf Unplausibilitäten der Teilergebnisse hingewiesen wird, da sich hierdurch für ihn die Gefahr verringert, inhaltlich widersprüchliche Ergebnisse nicht zu erkennen.

Unplausible Ergebnisse können durch die inkonsistente Beantwortung der Fragestellungen verursacht werden. In einem solchen Fall sind die eingegebenen Informationen von dem Anwender zu überprüfen und gegebenenfalls abzuändern.[23]

Selbst wenn die eingegebenen Informationen als konsistent angenommen werden können, besteht die Möglichkeit, daß aufgrund der Unterschiedlichkeit der Lösungskonzepte voneinander abweichende Ergebnisse entstehen. Diese Ergebnisse sind nicht als Fehler, sondern als inhaltlich begründete Unterschiede zwischen den einzelnen

---

21 Vgl. Abschnitt 2.2.2.2 dieser Arbeit.

22 In diesem Sinne äußern sich auch Baldwin und Kasper (1986), S. 170. Sie schlagen vor, bei der wissensbasierten Unterstützung strategischer Managementaufgaben mehrere Wissensquellen, d. h. mehrere Experten oder Autoren heranzuziehen, um dem Entscheider möglichst umfangreiche Informationen bereitzustellen. Unter Zuhilfenahme dieser Informationen hat der Entscheider seine Lösung anschließend selbständig abzuleiten.

23 Das System bietet die Möglichkeit, von dem Anwender eingegebene Variablenwerte nach einem Programmablauf abzuspeichern. Diese Variablen können für einen erneuten Programmablauf herangezogen werden. Dabei ist es möglich, einzelne Variablenwerte zu verändern und die Ergebnisveränderung aufgrund modifizierter Eingabedaten zu untersuchen.

    Diese Systemfunktion ist auch dann von Bedeutung, wenn der Anwender sich bezüglich seiner Einschätzung nicht sicher ist und die Auswirkungen alternativer Beurteilungen auf die Ergebnisse überprüfen möchte.

Konzepten zu verstehen. Der Hinweis auf sich widersprechende Resultate stellt für den Systemanwender zur Problembewältigung eine durchaus sinnvolle Information dar.

5.3.3. Inhalte der Problemerkennung

5.3.3.1. Allgemeine Beschreibung der Inhalte der Problemerkennung

Während der Problemerkennung wird mit Hilfe von Indikatoren geprüft, ob sich für die zu analysierende Technologie Hinweise eines diskontinuierlichen Technologieübergangs ergeben. Die jeweils erforderlichen Indikatoren werden entweder direkt von dem Benutzer in einem flexiblen Frage-Antwort-Dialog oder indirekt aus bereits eingegebenen Informationen über mehrstufige Regelverknüpfungen ermittelt. Diese Vorgehensweise weist Ähnlichkeiten zu dem indikatororientierten Früherkennungsansatz auf, bei dem ausgehend von Indikatoren auf eine mögliche Diskontinuität geschlossen werden soll. Zwischen dem Indikator und dem Frühwarnsignal besteht eine Wenn-Dann Beziehung; das Erfüllen der Antezedensbedingung bestimmt mit einer gewissen Wahrscheinlichkeit das Eintreten der zeitlich nachgelagerten Dann-Komponente.[24]

Während der Problemerkennung werden die anwendbaren Konzepte nacheinander abgearbeitet. Der Anwender hat sich außerdem jeweils selbst zu entscheiden, ob er ein bestimmtes Konzept verwenden möchte. Dabei werden ihm Hintergrundinformationen mitgeteilt, mit denen er sich ein Urteil über die einzelnen Lösungskonzepte bilden kann.

Die folgende Abbildung 5-5 gibt schematisch die Inhalte der bei der Problemerkennung technologischer Diskontinuitäten implementierten Lösungskonzepte wieder.

---

24   Vgl. Müller (1981), S. 124f.

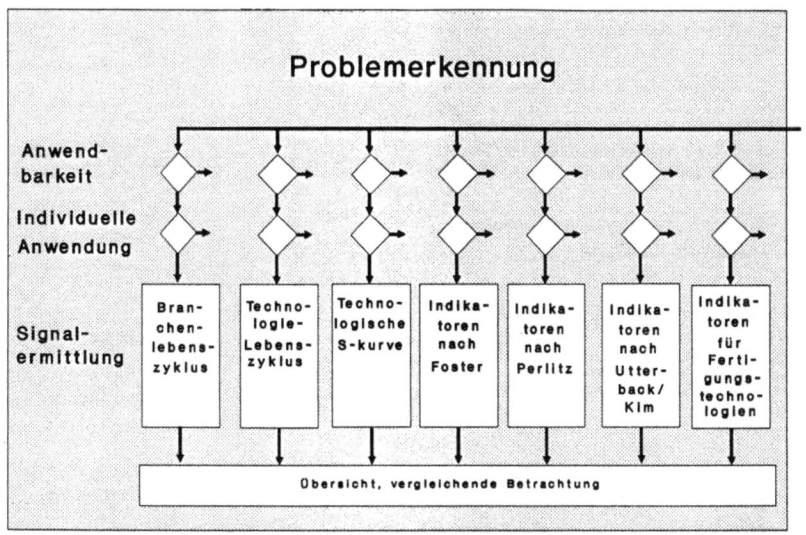

Abbildung 5-5: *Ablauf und Inhalte der Problemerkennung*

Im folgenden werden die Indikatoren und Wirkungszusammenhänge der Konzepte zur Problemerkennung wiedergegeben.

Bei der Problemerkennung finden unterschiedliche Lebenszyklus-Modelle, wie der Technologielebenszyklus, der Branchenlebenszyklus und das Modell technologischer S-Kurven Anwendung. Eine Technologie wird anhand einer Reihe qualitativer Kriterien bestimmten Phasen dieser Zyklen zugeordnet. Es wird davon ausgegangen, daß die Phase, der im Inferenzprozeß der höchste Sicherheitsfaktor zugeordnet wird, am besten auf die zu analysierende Technologie zutrifft. Von den Ergebnissen dieser Phasenzuordnung werden Signale ermittelt, d. h. Rückschlüsse auf die Möglichkeit des Auftretens einer technologischen Diskontinuität gezogen. Außerdem werden zur Problemerkennung Indikatoren herangezogen, die sich nicht direkt auf Modelle stützen.[25]

Die folgenden Abbildungen 5-6 bis 5-12 geben die Wirkungszusammenhänge der jeweiligen Lösungskonzepte wieder. Die Bezeichnungen der Indikatoren entsprechen den natürlichsprachlichen Übersetzungen der Variablen in der Wissensbasis.[26]

---

25   Die inhaltliche Diskussion dieses Wissens zur Problemerkennung findet sich in Kapitel 2.3 dieser Arbeit.

26   Diese Bezeichnungen entsprechen dem Feld TRANSLATION in der Wissensbasis.

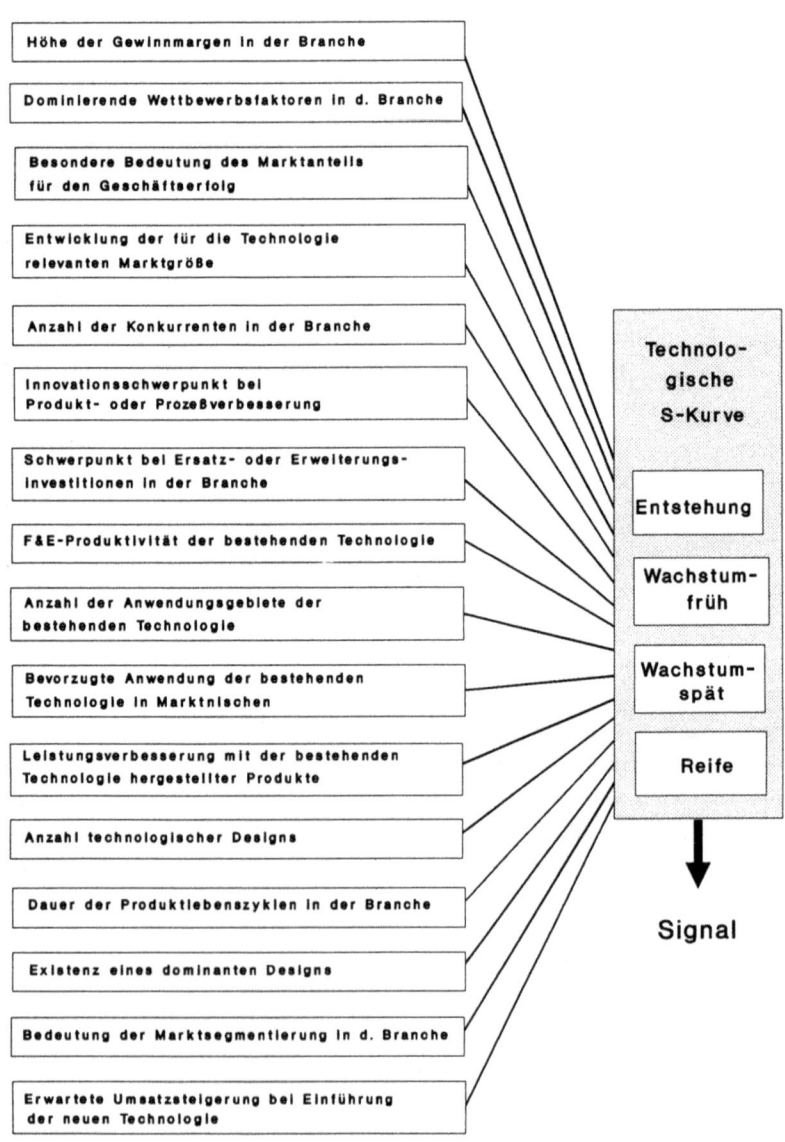

Abbildung 5-6: *Indikatoren zur Problemerkennung basierend auf dem Modell technologischer S-Kurven[27]*

---

27 Auswertung des Textes von Twiss, Goodridge (1989), S. 18f.

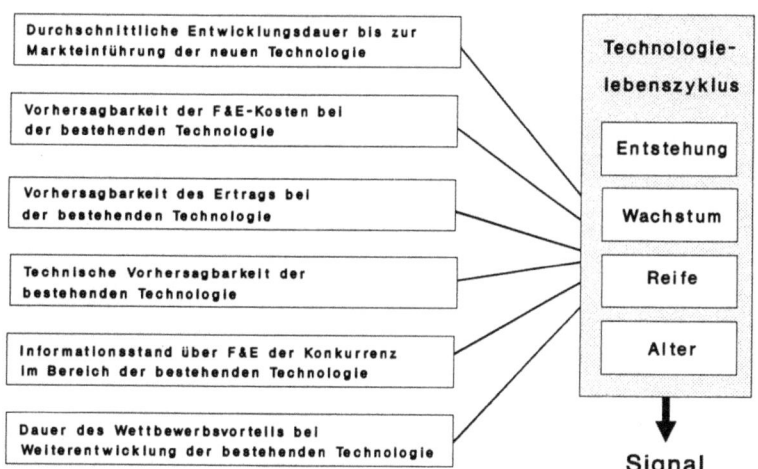

Abbildung 5-7: Indikatoren zur Problemerkennung basierend auf dem Technologielebenszyklus nach Roussel[28]

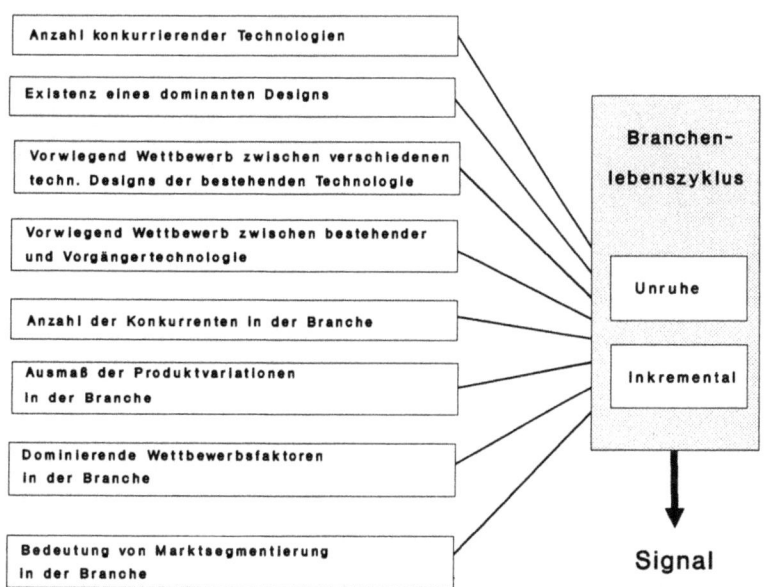

Abbildung 5-8: Indikatoren zur Problemerkennung basierend auf dem Branchenlebenszyklus nach Anderson und Tushman[29]

---

28 Auswertung des Textes von Roussel (1984). Siehe auch Abschnitt 2.3.2 dieser Arbeit.
29 Auswertung der Texte von Anderson, Tushman (1990); Anderson, Tushman (1991). Siehe hierzu auch Abschnitt 2.3.3 dieser Arbeit.

Im werden Indikatoren dargestellt, die als Hinweise für eine technologische Diskontinuität interpretiert werden. Diese Indikatoren beziehen sich zum Teil indirekt auf die oben dargestellten Modelle, begründen sich jedoch auch unabhängig von diesen Konzepten auf empirischen Beobachtungen oder expertenspezifischen Erfahrungen. In Kapitel 2.3.4 dieser Arbeit wurden die Indikatoren bereits diskutiert.

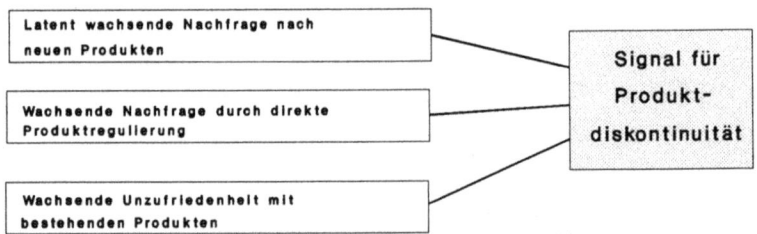

Abbildung 5-9: *Indikatoren zur Problemerkennung für*
Produkttechnologien nach Utterback und Kim[30]

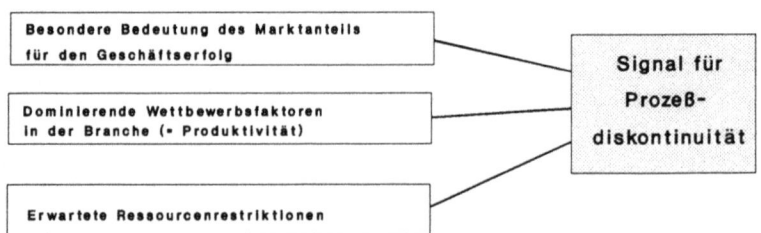

Abbildung 5-10: *Indikatoren zur Problemerkennung für*
Fertigungstechnologien nach Utterback und Kim[31]

---

30 Auswertung des Textes von Utterback, Kim (1985), S. 121.
31 Auswertung des Textes von Utterback, Kim (1985), S. 121.

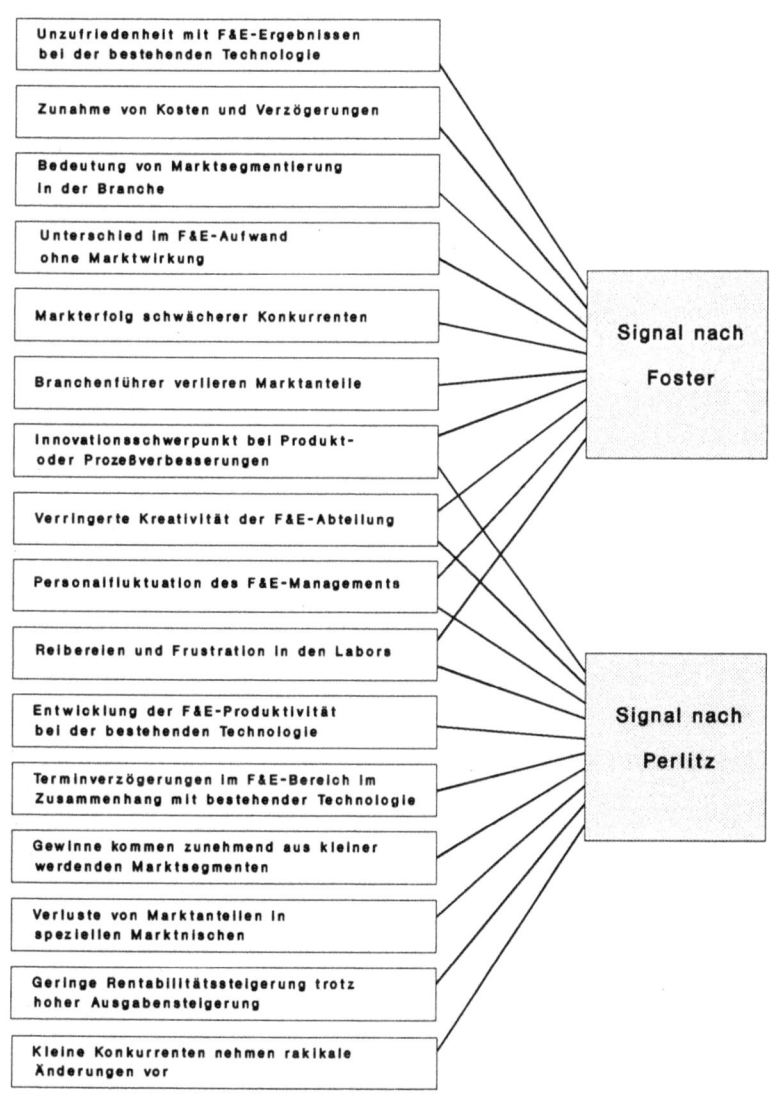

Abbildung 5-11: Indikatoren zur Problemerkennung nach Foster und
Perlitz[32]

The figure contains the following boxes (left column, top to bottom):

- Unzufriedenheit mit F&E-Ergebnissen bei der bestehenden Technologie
- Zunahme von Kosten und Verzögerungen
- Bedeutung von Marktsegmentierung in der Branche
- Unterschied im F&E-Aufwand ohne Marktwirkung
- Markterfolg schwächerer Konkurrenten
- Branchenführer verlieren Marktanteile
- Innovationsschwerpunkt bei Produkt- oder Prozeßverbesserungen
- Verringerte Kreativität der F&E-Abteilung
- Personalfluktuation des F&E-Managements
- Reibereien und Frustration in den Labors
- Entwicklung der F&E-Produktivität bei der bestehenden Technologie
- Terminverzögerungen im F&E-Bereich im Zusammenhang mit bestehender Technologie
- Gewinne kommen zunehmend aus kleiner werdenden Marktsegmenten
- Verluste von Marktanteilen in speziellen Marktnischen
- Geringe Rentabilitätssteigerung trotz hoher Ausgabensteigerung
- Kleine Konkurrenten nehmen rakikale Änderungen vor

Right column boxes:
- Signal nach Foster
- Signal nach Perlitz

---

32 Auswertung der Texte von Foster (1986a), S. 245ff. sowie Perlitz (1988), S. 53ff.

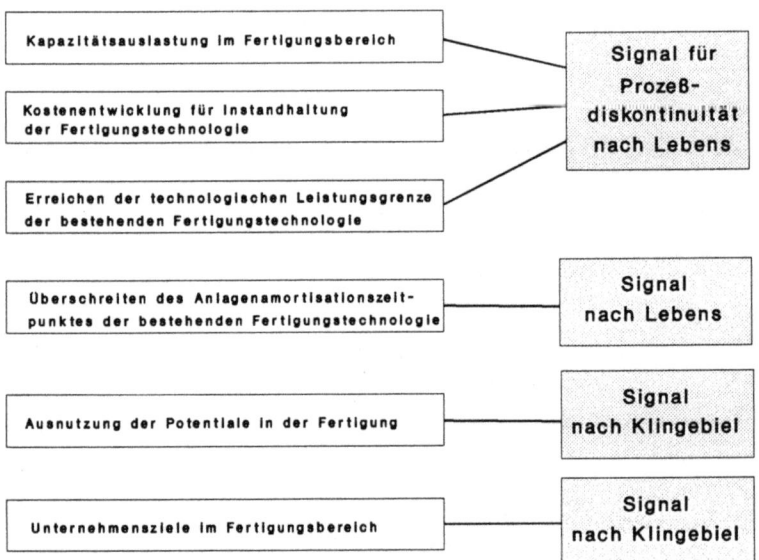

Abbildung 5-12: *Indikatoren zur Problemerkennung eines diskontinuierlichen Übergangs auf eine neue Fertigungstechnologie*

Vergleichende Betrachtung und Ergebnisübersicht:

Nachdem alle anwendbaren Lösungskonzepte zur Problemerkennung abgearbeitet wurden, werden überblickartig die Ergebnisse dieses Programmabschnitts angezeigt. Dadurch ergibt sich für den Anwender die Möglichkeit, die Ergebnisse direkt miteinander zu vergleichen. Mit diesen Resultaten kann sich der Systemanwender ein Gesamturteil über die mögliche Bedrohung der zu analysierenden Technologie durch eine Konkurrenztechnologie bilden. Aus den einzelnen Teilergebnissen wird kein Gesamtergebnis ermittelt, das eine globale Aussage über das mögliche Auftreten eines diskontinuierlichen Technologieübergangs trifft. Der Anwender hat unter Zuhilfenahme der einzelnen Ergebnisse selbständig zu beurteilen, inwieweit er eine technologische Diskontinuität für möglich hält.

Die resultierenden Einzelergebnisse werden einer vergleichenden Betrachtung unterzogen, um so festzustellen, ob eine weitgehend einheitliche Einschätzung der Situation vorliegt. Dem Anwender wird dadurch eine zusätzliche Hilfestellung gegeben, indem deutliche inhaltliche Unterschiede angezeigt werden.

182

5.3.3.2. Beispielhafte Ergebnisdarstellung der Problemerkennung

Anhand des Branchenlebenszyklus von Tushman und Anderson soll exemplarisch der Ablauf eines Konzeptes zur Problemerkennung dargestellt werden. Die in diesem Konzept zur Anwendung kommenden Wirkungszusammenhänge sind in Abbildung 5-8 dargestellt.

```
              Analyse technologischer Diskontinuitäten
```

```
    Möchten Sie die Analyse einer möglichen technologischen
    Diskontinuität mit Hilfe des Branchenlebenszyklus-Modells von
    Tushman und Anderson durchführen?

    JA
    NEIN

    Bitte einen Wert auswählen.
```

Auf Wunsch können Hintergrundinformationen über das in Frage kommende Lösungskonzept angefordert werden.

```
    Möchten Sie die Analyse einer möglichen technologischen
    Diskontinuität mit H ┌ Hilfe: ─────────────────────────────
    Tushman und Anderson  │
                          │ Dieses Modell beschreibt den Lebenszyklus einer
    JA                    │ Technologie auf Branchenebene. Zum Beginn wird
    NEIN                  │ eine Phase der Unruhe durchlaufen. Nach dem
                          │ Entstehen eines «dominanten Designs» geht die
                          │ Branche in eine «inkrementale Phase» über, in der
                          │ verstärkt mit einer technologischen Diskonti-
                          │ nuität zu rechnen ist.
                          │ Das Modell ist empirisch in den Branchen der
                          │ Herstellung von Flachglas, der Herstellung von
                          │ Behälterglas, der Minicomputerbranche und der
                          │ Zementbranche überprüft.
                          │
                          │ ** Mehr - Drücken Sie ENTER, um fortzufahren.

    Bitte einen Wert auswählen.
```

Welche der folgenden Wettbewerbsfaktoren sind in der für die
bestehende Technologie relevanten Branche von besonderer
Bedeutung?

```
            Ja
..·········       PRODUKTQUALITÄT
·······•··        KAPITAL
····•······       TECHNOLOGIE
·········•        PREIS
··········        KOSTEN
···•······        LEISTUNG
··········        PRODUKTIVITÄT
```

Bitte die entsprechenden Sicherheitsfaktoren eingeben.

Findet zur Zeit in der für die bestehende Technologie relevanten Branche
im wesentlichen ein Wettbewerb zwischen verschiedenen technologischen
Standards (Designs) und weniger zwischen der bestehenden Technologie und
ihrer Vorgängertechnologie statt?

JA
NEIN

Bitte einen Wert auswählen.

Ist bei der bestehenden Technologie Marktsegmentierung der Schlüssel für
Umsatzsteigerungen?

```
   Nein              Ja
··········      ·······•··      JA
```

Bitte den entsprechenden Sicherheitsfaktor eingeben.

Wie groß ist die Anzahl der mit der bestehenden Technologie
konkurrierenden Technologien?

KEINE
MEHRERE
VIELE

Bitte einen Wert auswählen.

```
Existiert in der Branche ein dominantes technologisches Design?

   JA            ┌ Hilfe: ─────────────────────────────────────┐
   NEIN          │                                             │
                 │  Unter einem technologischen Design ist ein │
                 │  bestimmtes technisches Prinzip, mit dem ein│
                 │  Problem gelöst wird, zu verstehen.         │
                 │  Von einem dominanten technologischen Design wird│
                 │  dann gesprochen, wenn in einer Branche ein │
                 │  bestimmtes Lösungsprinzip vorherrscht.     │
                 │                                             │
                 │                                             │
                 │  ** Ende - Drücken Sie ENTER, um fortzufahren.│
                 └─────────────────────────────────────────────┘
   Bitte einen Wert auswählen.
```

```
Wie beurteilen Sie zur Zeit die Produktvariationen in den für die
bestehende Technologie relevanten Märkten?

   GERING
   KONSOLIDIERUNG
   GROSS

   Bitte einen Wert auswählen.
```

```
Wie beurteilen Sie die Anzahl der Konkurrenten in der für die
bestehende Technologie relevanten Branche?

   GERING
   MITTEL
   GROSS

   Bitte einen Wert auswählen.
```

Die Darstellung der Ergebnisse erfolgt in vollständigen Sätzen.

```
   Die hier untersuchte Technologie wurde dem Branchenlebenszyklus wie
   folgt zugeordnet:  INKREMENTAL .
   Es ist davon auszugehen, daß in der inkrementalen Phase des
   Branchenlebenszyklus die Gefahr einer technologischen Diskontinuität
   besteht.

   Basierend auf diesem Ergebnis ist mit einer Signalstärke von  68
   (von 100) mit einer bevorstehenden technologischen Diskontinuität zu
   rechnen. Die Signalstärke entspricht dem Sicherheitsfaktor der
   inkrementalen Phase des Branchenlebenszyklus.

** Ende - Drücken Sie ENTER, um fortzufahren.
```

Abbildung 5-13:   *Bildschirmdialog am Beispiel des Branchenlebenszyklus nach Tushman und Anderson*

5.3.4. Inhalte der Problemdiagnose

5.3.4.1. Allgemeine Beschreibung der Inhalte der Problemdiagnose

Die aus der Problemerkennung resultierenden Ergebnisse beziehen sich ausschließlich auf das Gesamtphänomen eines möglichen diskontinuierlichen Technologieübergangs. Falls sich Anzeichen für eine solche Diskontinuität ergeben, empfiehlt sich eine detailliertere Untersuchung des möglichen Technologieübergangs, um sich so ein differenzierteres Bild hinsichtlich möglicher Chancen oder Risiken zu verschaffen. Daher schließt sich an die Problemerkennung auf Wunsch des Anwenders die Problemdiagnose an.

Während der Problemdiagnose werden im wesentlichen die in Abschnitt 2.4 dargestellten Typologien und die sich daraus ergebenden Schlußfolgerungen praktisch angewendet. Darüber hinaus wird das in weiteren Veröffentlichungen dargestellte Wissen herangezogen, in denen ebenfalls detailliertere Zusammenhänge diskontinuierlicher Technologieübergänge diskutiert werden. Abbildung 5-14 beschreibt den Ablauf und die Inhalte der Phase der Problemdiagnose.

Wie bereits bei der Problemerkennung werden auch hier auf Wunsch des Anwenders mehrere anwendbare Lösungskonzepte nacheinander abgearbeitet. Die Konzepte besitzen unterschiedliche inhaltliche Schwerpunkte, weshalb davon auszugehen ist, daß sie sich bei der Analyse einer bestehenden Technologie zumindest partiell ergänzen.

Bei den Konzepten zur Problemdiagnose, die auf Typologien basieren, teilt sich der Vorgang in die Teilaufgaben der **Typenzuordnung** und die daran anschließende **Beurteilung** und **Prognose** auf.

Ziel der Typenzuordnung ist die Zuordnung eines möglichen Technologieüberganges zu den Typen bestehender Diskontinuitäts-Typologien sowie die Einordnung der möglichen Technologieübergänge hinsichtlich ihres Ausmaßes.
Während dieser Klassifikationsaufgabe werden zunächst anhand qualitativer Indikatoren die Sicherheitsfaktoren der einzelnen Diskontinuitäts-Typen ermittelt. Es ist davon auszugehen, daß der Diskontinuitäts-Typ, dem die höchste Gesamtsicherheit zugeordnet wurde, die beste Übereinstimmung mit der realen Situation aufweist. Die Diskontinuitäts-Typen beschreiben idealtypische Muster; im allgemeinen ist nicht damit zu rechnen, daß die Charakteristika eines bestimmten Typs mit einen realen Technologieübergang voll übereinstimmen.

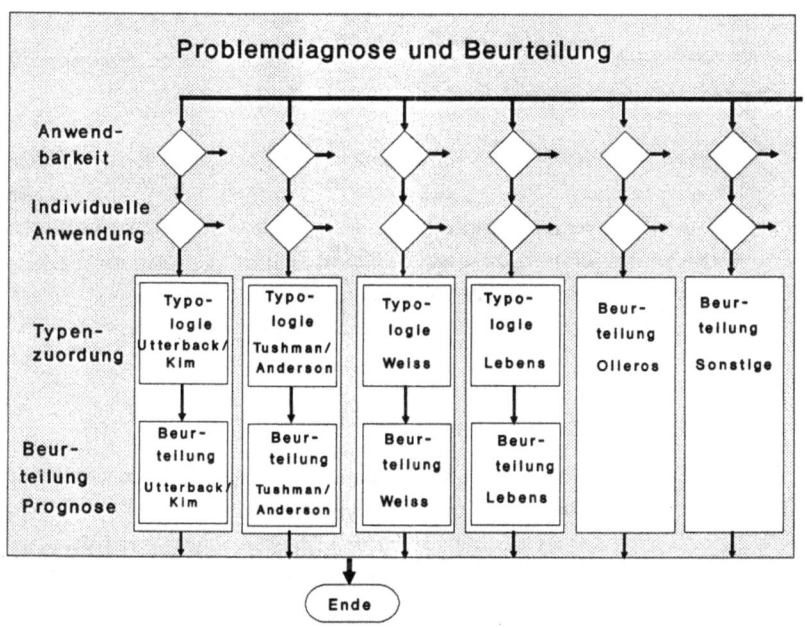

Abbildung 5-14: *Ablauf und Inhalte der Problemdiagnose technologischer Diskontinuitäten*

Ausgehend von den bisher vorliegenden Informationen und Ergebnissen, insbesondere denen der Typenzuordnung, ist eine detailliertere Beurteilung des fraglichen Technologieübergangs möglich. Auswirkungen eines möglichen Technologieüberganges für das Unternehmen und die Branche können im Sinne einer qualitativen Prognose besser abgeschätzt und die sich daraus ergebenden Chancen und Risiken früher erkannt werden.[33]

Die jeweiligen Typen implizieren beispielsweise eine unterschiedliche strategische Relevanz für das Unternehmen. Technologische Diskontinuitäten, die ganze Branchenstrukturen verändern und bei denen bestehendes unternehmensspezifisches

---

33 Ein ähnliches Vorgehen wählt Grenz (1988) zur Krisendiagnose von Unternehmen. Anhand einer Typologie von Krisenunternehmen, die aus Informationen von Jahresabschlußdaten ermittelt wurde, wird in einem fragegeleiteten Konzept eine Schnelldiagnose durchgeführt, die zu einer ersten und vorläufigen Beurteilung eines Unternehmens dient.

Know-how in großem Umfang obsolet wird, stellen eine größere Bedrohung für ein Unternehmen dar, als solche, bei denen weiterhin das bestehende unternehmensspezifische Know-how anwendbar bleibt.

Die Ergebnisdarstellung erfolgt in vollständigen Sätzen. Um eine Erklärungsfähigkeit der Ergebnisse zu ermöglichen und diese weiterverarbeiten zu können, ist intern eine formale Darstellung der Ergebnisvariablen notwendig. In der Wissensbasis werden die Ergebnisse daher sowohl verbal als auch formal dargestellt, um einerseits eine gute Kommunikation mit dem Anwender zu gewährleisten, und andererseits programmintern eine Weiterverarbeitung abgeleiteter Ergebnisvariablen zu ermöglichen.

Plausibilitätstest der Typenzuordnung:

Während der Problemdiagnose wird der fragliche Technologieübergang üblicherweise mehreren Typen unterschiedlicher Typologien zugeordnet.
Wie in Abschnitt 2.4 bereits erläutert wurde, gibt es zwischen den einzelnen Typologien zum Teil inhaltliche Überschneidungen. Es lassen sich Typenkombinationen ermitteln, die als inhaltlich konsistent und solche, die als inkonsistent zu interpretieren sind. Durch eine vergleichende Betrachtung der Ergebnisse der Tyenzuordung werden diese auf Inkonsistenzen überprüft. Treten unplausible Ergebnisse auf, werden diese dem Anwender mitgeteilt.

Die in den folgenden Abbildungen 5-15 bis 5-22 dargestellten Wirkungszusammenhänge geben einen Überblick über die Inhalte der Typenzuordnung und Beurteilung. Die Variablen werden in ihrer natürlichsprachlichen Bezeichnung dargestellt.

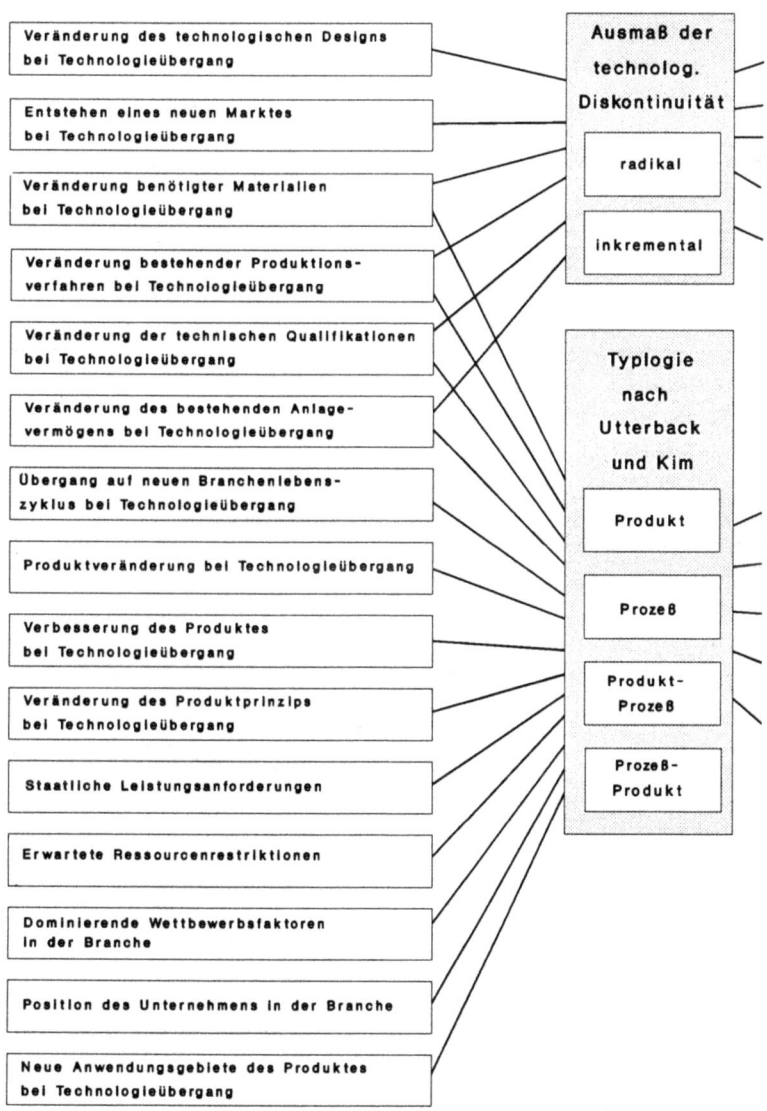

Abbildung 5-15: *Wirkungszusammenhänge der Typenzuordnung nach Utterback und Kim*[34]

---

34 Auswertung des Textes von Utterback, Kim (1985), S. 133ff. sowie Abschnitt 2.4.2.1 dieser Arbeit.

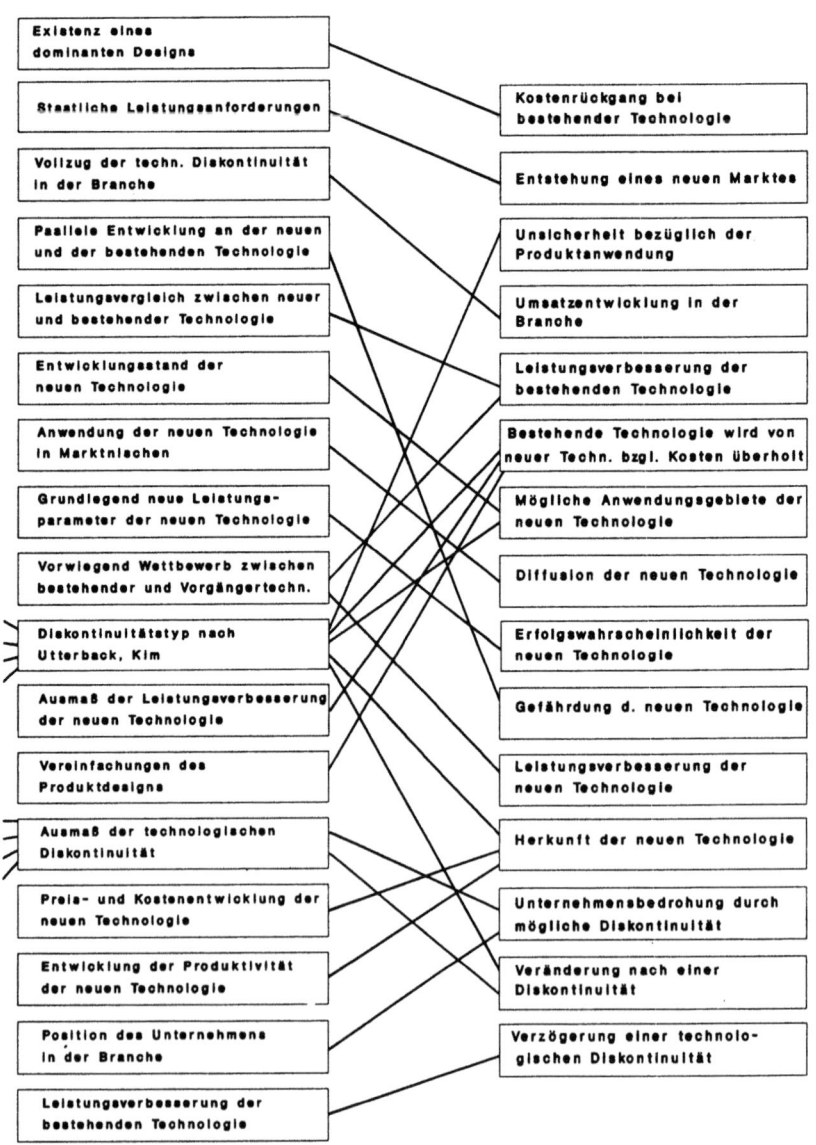

Abbildung 5-16:   *Wirkungszusammenhänge der Beurteilung nach Utterback und Kim*

190

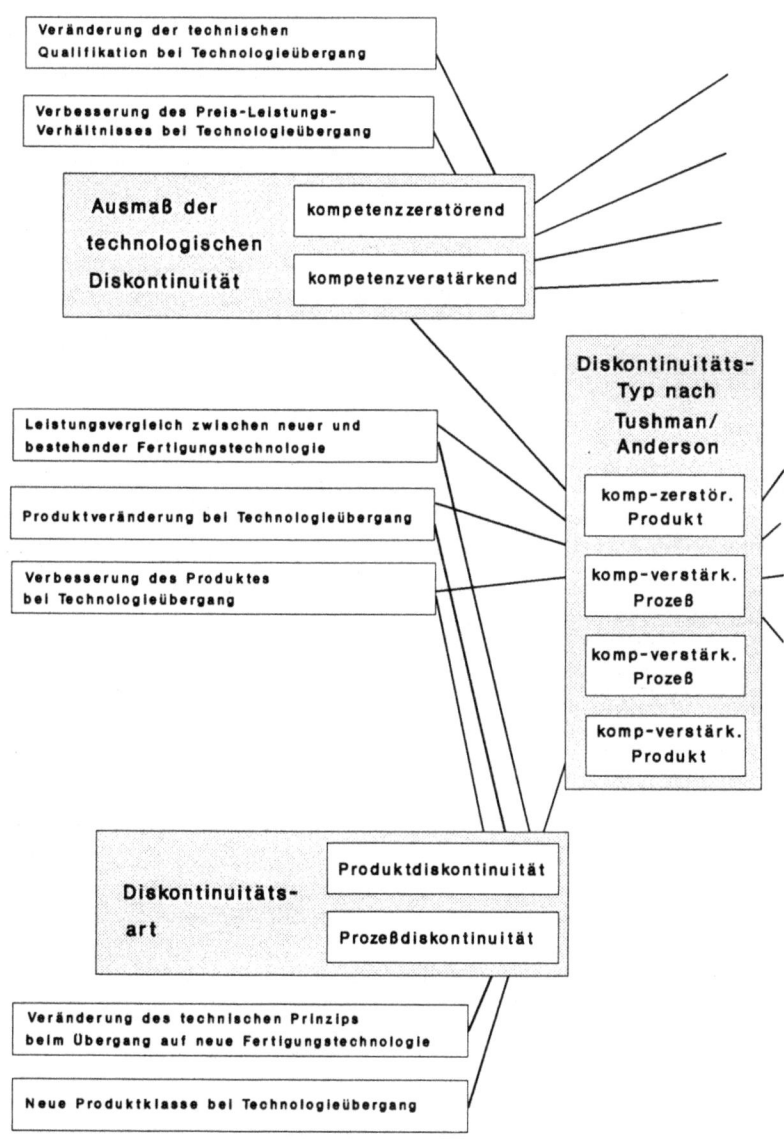

Abbildung 5-17: *Wirkungszusammenhänge der Typenzuordnung nach Anderson und Tushman*[35]

---

35 Auswertung des Textes von Tushman, Anderson (1986); Anderson, Tushman (1991) sowie Abschnitt 2.4.2.2 dieser Arbeit.

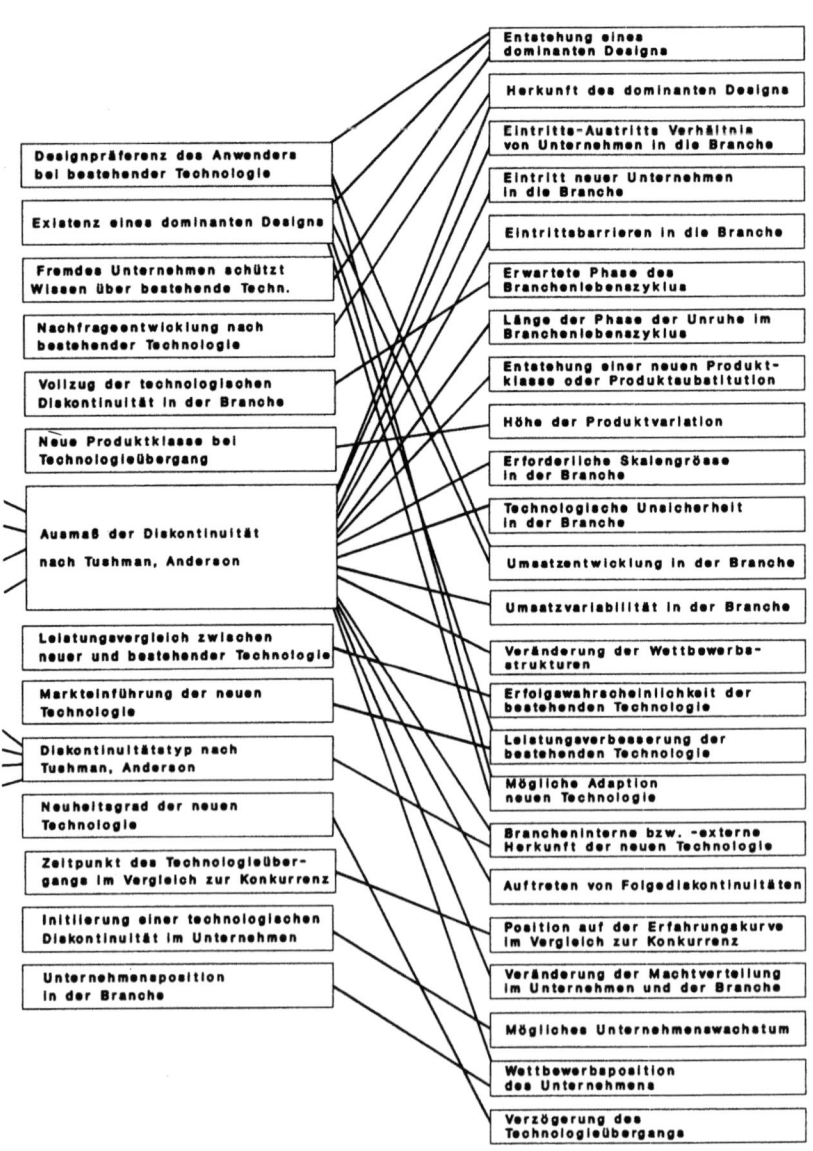

Abbildung 5-18: Wirkungszusammenhänge der Beurteilung nach Anderson und Tushman

Problemdiagnose speziell für Fertigungstechnologien:

Abbildung 5-21: *Wirkungszusammenhänge der Typenzuordnung nach Lebens[36]*

---

36 Vgl. Lebens (1986) sowie Abschnitt 2.4.2.4 dieser Arbeit. Außerdem werden hier ergänzend die Veröffentlichungen von Wildemann (1987) und Klingebiel (1989) herangezogen, die sich auf die Untersuchung von Lebens beziehen.

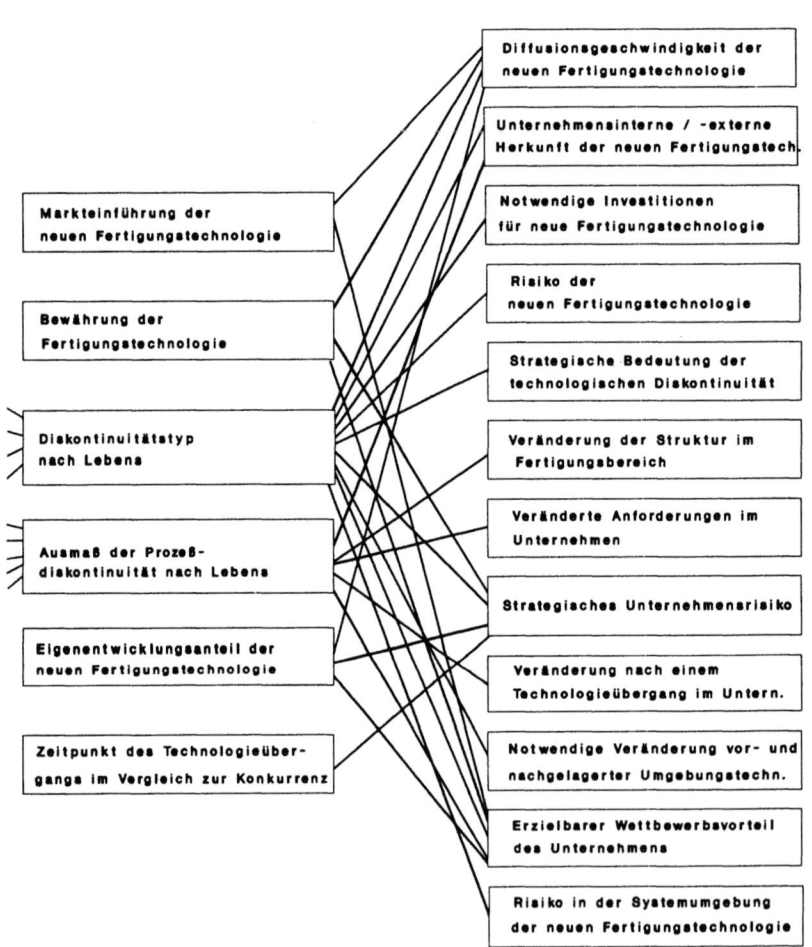

Abbildung 5-22: Wirkungszusammenhänge der Beurteilung nach Lebens

Technologieübergangshemmende Faktoren nach Weiss:

Neben Indikatoren, die auf einen möglichen diskontinuierlichen Technologieübergang hinweisen, werden in der Literatur solche Faktoren genannt, die Aufschluß hinsichtlich einer möglichen Verzögerung oder Verhinderung eines Technologieüberganges geben sollen. Die Berücksichtigung solcher Faktoren bei der Analyse einer technologischen Diskontinuität ist für eine umfassende Betrachtung der Problemstellung unerläßlich.

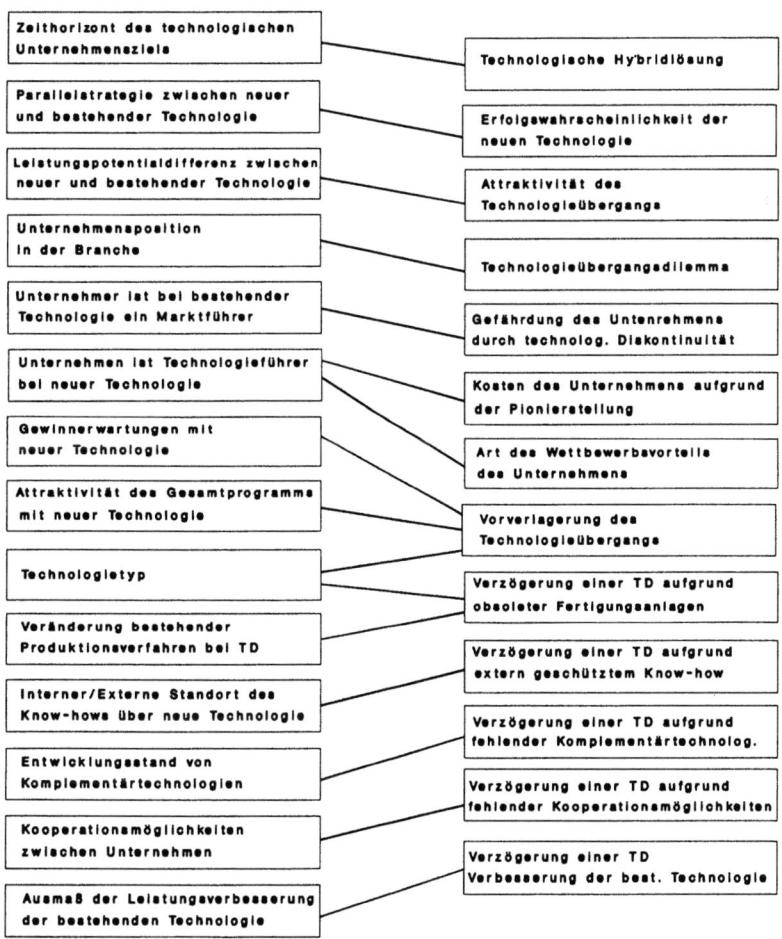

Abbildung 5-19:   Wirkungszusammenhänge
technologieübergangshemmender Faktoren nach Weiss

Zur Analyse von Technologieübergängen für Pionierunternehmen werden in dem System die von Olleros dargestellten Zusammenhänge herangezogen.

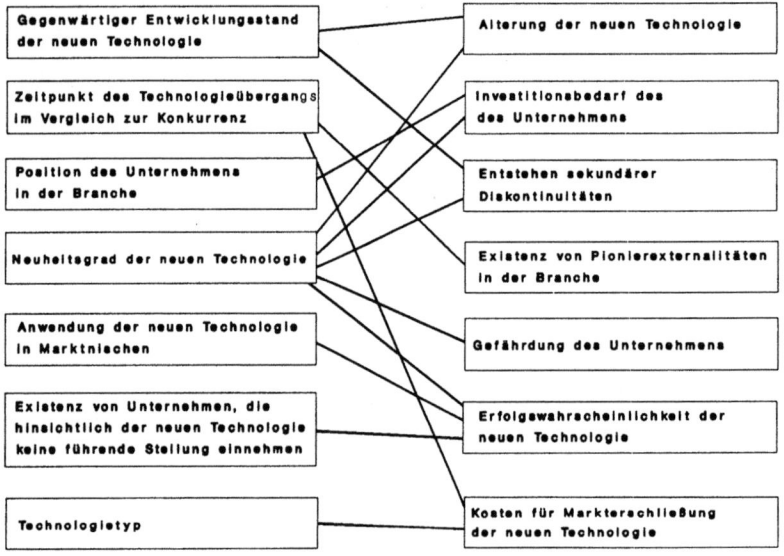

Abbildung 5-20:   *Wirkungszusammenhänge für Pionierunternehmen nach Olleros*[37]

---

37   Vgl. Olleros (1986) sowie Kapitel 2.4.2.5 dieser Arbeit.

5.3.4.2. Beispielhafte Ergebnisdarstellung der Problemdiagnose

Am Beispiel des Konzeptes von Utterback und Kim wird im folgenden exemplarisch der dialogorientierte Ablauf der Problemdiagnose beschrieben. Die diesem Ablauf zugrundeliegenden Wirkungszusammenhänge finden sich in den vorangegangenen Abbildungen 5-15 und 5-16. Die von dem System abgeleiteten Ergebnisse sind durch eine fette Schrift hervorgehoben.

```
          Analyse technologischer Diskontinuitäten

┌──────────────────────────────────────────────────────────────┐
│                                                                │
│      Möchten Sie eine Zuordnung der Technologie zu der         │
│      Typologie von Utterback und Kim vornehmen?                │
│                                                                │
│  JA                                                            │
│  NEIN                                                          │
│                                                                │
│  Bitte einen Wert auswählen.                                   │
│                                                                │
└──────────────────────────────────────────────────────────────┘


┌──────────────────────────────────────────────────────────────┐
│ Gehen Sie davon aus, daß die Einführung der neuen Technologie  │
│ das Entstehen eines neuen Marktes und damit verbunden eine     │
│ Zerstörung bestehender Marktstrukturen bewirkt?                │
│                                                                │
│      JA                                                        │
│      NEIN                                                      │
│                                                                │
│  Bitte einen Wert auswählen.                                   │
│                                                                │
└──────────────────────────────────────────────────────────────┘


┌──────────────────────────────────────────────────────────────┐
│ Werden bei der Anwendung der neuen Technologie grundlegend     │
│ neue Materialien verarbeitet?                                  │
│                                                                │
│      JA                                                        │
│      NEIN                                                      │
│                                                                │
│  Bitte einen Wert auswählen.                                   │
│                                                                │
└──────────────────────────────────────────────────────────────┘


┌──────────────────────────────────────────────────────────────┐
│ Werden durch die Einführung der neuen Technologie die in dem   │
│ Unternehmen vorhandenen Fertigungsanlagen weitgehend obsolet,  │
│ d. h. können bestehende Fertigungsanlagen nach Einführung der  │
│ neuen Technologie zum Großteil nicht weiter verwendet werden?  │
│                                                                │
│      JA                                                        │
│      NEIN                                                      │
│                                                                │
│  Bitte einen Wert auswählen.                                   │
│                                                                │
└──────────────────────────────────────────────────────────────┘
```

Wird durch die Einführung der neuen Technologie das in dem Unternehmen
vorhandene und für die bestehende Technologie wichtige Wissen und
Qualifikationsprofil der Mitarbeiter größtenteils obsolet?

JA
NEIN

Bitte einen Wert auswählen.

Werden mit der Einführung der neuen Technologie die bestehenden
Produktionsverfahren weitgehend obsolet, d. h. sind zur Anwendung der neuen
Technologie grundlegend neue Fertigungsverfahren notwendig?

JA
NEIN

Bitte einen Wert auswählen.

Erwarten Sie bei einer Einführung der neuen Technologie eine Veränderung des
bestehenden technologischen Designs?

JA
NEIN

Bitte einen Wert auswählen.

Welche Position besitzt das Unternehmen in der Branche in Bezug auf die
zu untersuchende Technologie und dem damit verbundenen Markt?

PIONIER
ETABLIERT

Bitte einen Wert auswählen.

Basierend auf der Analyse technologischer Diskontinuitäten nach
Utterback und Kim ist eine Diskontinuität mit dem Radikalitätsgrad
88 (von 100) zu erwarten. Dieser Wert ist als hoch zu interpretieren.

** Ende - Drücken Sie ENTER, um fortzufahren.

Welche der folgenden Wettbewerbsfaktoren sind in der für die
bestehende Technologie relevanten Branche von besonderer
Bedeutung?

```
          Ja
■■········· ·  PRODUKTQUALITÄT
■■■■■■■·· ·   KAPITAL
■■■■·······  TECHNOLOGIE
■■■■■■■■■·    PREIS
■■■■■■■■■■■   KOSTEN
■■■········   LEISTUNG
■■■■■■■■■■    PRODUKTIVITÄT
```

Bitte die entsprechenden Sicherheitsfaktoren eingeben.

Sind größere Restriktionen bezüglich der Kosten und der Verfügbarkeit von
Ressourcen zu erwarten?

JA
NEIN

Bitte einen Wert auswählen.

Stellt der Staat bestimmte (neue) Anforderungen hinsichtlich der
Leistung eines bestimmten, relevanten Produktes oder Prozesses oder sind
solche Anforderungen zu erwarten?

JA
NEIN

Bitte einen Wert auswählen.

Verändert sich das naturwissenschaftliche Prinzip des (neuen) Produktes
bei einem Übergang auf die neue Technologie?

JA
NEIN

Bitte einen Wert auswählen.

Wie beurteilen Sie die durch die Einführung der neuen Technologie
verursachte Produktveränderung?

    KEINE
    GERING
    WESENTLICH

Bitte einen Wert auswählen.

Gehen Sie davon aus, daß durch Einführung der neuen Technologie sowohl
bei der Produkt- als auch bei der Prozeßtechnologie ein Übergang
von einer zur Zeit weitgehend stabilen Situation auf eine unruhige Phase
stattfindet?

    JA
    NEIN

Bitte einen Wert auswählen.

Verändert sich das Produkt bei einem Technologieübergang aufgrund
veränderter Kosten oder Verfügbarkeit so grundlegend, daß sich dadurch
prinzipiell neue Anwendungsgebiete eröffnen?

    JA
    NEIN

Bitte einen Wert auswählen.

Verbessert sich die Leistungsfähigkeit des mit der neuen
Technologie hergestellten Produktes zum Zeitpunkt des
Technologieüberganges wesentlich?

    JA
    NEIN

Bitte einen Wert auswählen.

Existiert in der Branche ein dominantes technologisches Design?

    JA
    NEIN

Bitte einen Wert auswählen.

Die Typenzuordnung des zu analysierenden Technologieübergangs nach
der Typologie von Utterback/Kim ergab, daß besonders mit dem
Diskontinuitäts-Typ PRODUKT-PROZESS zu rechnen ist.

** Ende - Drücken Sie ENTER, um fortzufahren.

Nach dem Auftreten eines dominanten Designs ist mit inkrementalen
technologischen Verbesserungen dieser Technologie zu rechnen. Der
weitere Kostenrückgang ist gewöhnlich gering.

** Ende - Drücken Sie ENTER, um fortzufahren.

Wurde der Übergang auf die grundlegend neue Technologie in der Branche
bereits in größerem Umfang durchgeführt oder ist die Einführung der neuen
Technologie konkret zu erwarten?

    JA
    ERWARTET
    NEIN

    Bitte einen Wert auswählen.

Nach einem diskontinuierlichen Übergang auf eine neue Technologie
kann eine drastische Erhöhung der aggregierten Nachfrage nach den
Produkten einer Branche entstehen.

** Ende - Drücken Sie ENTER, um fortzufahren.

Findet zur Zeit der Wettbewerb hauptsächlich zwischen der bestehenden und
deren Vorgängertechnologie und weniger zwischen den Unternehmen, die die neue
Technologie vertreiben, statt?

    JA
    NEIN

    Bitte einen Wert auswählen.

Wie beurteilen Sie das gegenwärtige Leistungsvermögen der neuen
Technologie im Vergleich zu dem der bestehenden Technologie?

    ÜBERLEGEN
    GLEICH
    GERINGER

    Bitte einen Wert auswählen.

201

```
Wie beurteilen Sie das Ausmaß der Leistungsverbesserung der
neuen Technologie?

    KEINE
    BEGINNEND
    INKREMENTAL
    WESENTLICH

    Bitte einen Wert auswählen.
```

```
    Nach einer technologischen Diskontinuität, bei der sich sowohl das
    Produkt als auch der damit verbundene Prozeß verändert, wird
    gewöhnlich die bestehende Technologie nicht nur bezüglich der
    Leistungsfähigkeit überholt, sondern auch hinsichtlich der Stückkosten.

** Ende - Drücken Sie ENTER, um fortzufahren.
```

```
Sind bei der neuen Technologie erste Vereinfachungen des Produktdesigns
festzustellen?

    JA
    NEIN

    Bitte einen Wert auswählen.
```

```
    Aufgrund der Vereinfachung des Produktdesigns ist zu erwarten, daß
    die Stückkosten der neuen Technologie stark sinken.

** Ende - Drücken Sie ENTER, um fortzufahren.
```

```
Welchen Entwicklungsstand würden Sie der neuen Technologie zuordnen?

    UNAUSGEREIFT
    AUSGEREIFT

    Bitte einen Wert auswählen.
```

```
    Obwohl der Entwicklungsstand der neuen Technologie bisher noch nicht
    ausgereift ist, kann eine Anwendung der Technologie unter Umständen
    in speziellen Marktsegmenten (Marktnischen) erfolgen.

** Ende - Drücken Sie ENTER, um fortzufahren.
```

Findet eine neue, potentielle Substitutionstechnologie in relevanten
Teilmärkten oder Marktnischen Anwendung?

Diese Beschränkung des Anwendungsgebietes kann entweder durch (momentan) zu
hohe Kosten der neuen Technologie oder durch deren Unzuverläßigkeit
begründet sein.

JA
NEIN

Bitte einen Wert auswählen.

Obwohl die Anwendung der neuen Technologie sich zur Zeit auf
bestimmte Marktnischen beschränkt, ist eine Verbreitung der
Technologie auf andere Bereiche möglich und daher besonders zu
beachten.

** Ende - Drücken Sie ENTER, um fortzufahren.

Hat die neue Technologie demonstriert, daß Sie Leistungsparameter besitzt, die
in irgendeiner Art und Weise besser sind als die der bestehenden Technologie,
oder erbringt die neue Technologie Leistungen, die die bestehende
Technologie prinzipiell nicht erbringen konnte?

JA
NEIN

Bitte einen Wert auswählen.

Die neue Technologie übertrifft die bestehende in mindestens einem
Leistungsparameter oder verfügt über ein grundlegend neues
Leistungscharakteristikum. Eine notwendige Bedingung für den Erfolg
der neuen Technologie ist somit gegeben.

Grundlegend neue Produkttechnologien werden am wahrscheinlichsten von
Pionierunternehmen erzeugt, daher ist besonders auf branchenexterne
Unternehmen und Unternehmensgründungen zu achten.

Radikale Innovationen werden gewöhnlich durch die Anwender der
Technologie, durch kleine, neue Unternehmen oder durch größere
Unternehmen, die in neue Märkte diversifizieren, eingeführt.

Nach einer radikalen technologischen Diskontinuität entstehen
typischerweise neue Unternehmen. Bestehende Unternehmen verändern
sich erheblich oder werden im Extremfall sogar zerstört. Ein großer
Teil des bestehenden Kapitalstocks von Unternehmen, die auf der
bestehenden Technologie basieren, wird obsolet.

** Mehr - Drücken Sie ENTER, um fortzufahren.

```
Erwarten Sie eine Verbesserung der Leistungsfähigkeit der bestehenden
Technologie?
Falls ja, gehen Sie von inkrementalen oder wesentlichen Verbesserungen aus?

   KEINE
   INKREMENTAL
   WESENTLICH


   Bitte einen Wert auswählen.
```

```
   Aufgrund der beobachteten oder erwarteten Leistungsverbesserung der
   bestehenden Technologie ist es möglich, daß diese die neue
   Technologie wieder zurückdrängt, was zu einer Verzögerung des
   Technologieübergangs führt.

** Ende - Drücken Sie ENTER, um fortzufahren.
```

*Abbildung 5-23:   Bildschirmdialog am Beispiel des Konzeptes zur Problemdiagnose
                   nach Utterback und Kim*

Wie aus dem vorangegangenen Beispiel deutlich wird ist das System in der Lage, von
der Beantworung der Fragestellungen ausgehend konkrete Schlußfolgerungen
abzuleiten. Gegenüber den Konzepten, die bei der Problemerkennung angewendet
werden, wird hier eine differenziertere Beurteilung einer bestimmten Situation
vorgenommen. Über das eher globale Ergebnis der Problemerkennung hinaus, in der
allgemein untersucht wird, ob von einer technologischen Diskontinuität auszugehen ist
oder nicht, werden hier zunächst das Ausmaß des fraglichen Technologieübergangs
ermittelt, sowie eine Zuordnung in die Typologie vorgenommen. Hiervon ausgehend
werden spezifische Schlußfolgerungen abgeleitet.

Das in der Fachliteratur artikulierte Wissen wird hier somit konkret zur Bewältigung
realer Problemstellungen angewendet.

In der Regel werden neben dem oben exemplarisch ausgewählten Lösungskonzept
weitere Konzepte Anwendung finden. Dadurch ergibt sich für den Anwender eine
noch differenziertere, zum Teil jedoch auch kontroverse Bewertung einer
vorliegenden Problemstellung.

6. Beurteilung des realisierten Lösungsansatzes und Erweiterungsmöglichkeiten

In diesem Kapitel wird das realisierte System beurteilt und auf die Möglichkeiten des Einsatzes wissensbasierter Systeme für strategische Managementprobleme generell eingegangen. Erweiterungsmöglichkeiten des bestehenden Systems werden daran anschließend aufgezeigt.

6.1. Leistungsfähigkeit des bestehenden Systems

6.1.1. Beurteilung des realisierten Systems

Die Entwicklung wissensbasierter Systeme ist zeit- und kostenaufwendig. Obwohl festzustellen ist, daß erhebliche Fortschritte bezüglich der Verkürzung von Entwicklungszeiten wissensbasierter Systeme erzielt wurden,[1] wird der Entwicklungsaufwand eines solchen Systems noch mit mehreren Mannjahren veranschlagt, Erfahrungen des Entwicklungsteams dabei vorausgesetzt.[2]

Im Rahmen eines zeitlich begrenzten Forschungsprojektes ist es daher nicht möglich, ein den Anforderungen der Praxis in vollem Umfang gerecht werdendes System zu entwickeln. Der für einen umfassenden betrieblichen Einsatz notwendige Entwicklungsstand konnte daher mit dem hier entwickelten System nicht in vollem Umfang erreicht werden. Dennoch weist das hier vorliegende System Leistungsmerkmale auf, die über die eines Demonstrationsprototypen deutlich hinausgehen.[3]

Bei der Entwicklung des bestehenden Systems wurde das Ziel verfolgt, das in der Literatur über technologische Diskontinuitäten enthaltene Wissen möglichst umfassend

---

1   Vgl. Turban (1988), S. 71. Diese Fortschritte werden vor allem auf den verstärkten Einsatz leistungsfähiger Entwicklungswerkzeuge zurückgeführt. Vgl. Karst (1992), S. 6.

2   Vgl. Davis (1985), S. 26; Puppe (1986), S. 9; Zelewski (1989), S. 15. Für das im Bereich der Unternehmensstrategie einzuordnende System CASA (siehe Abschnitt 3.3.2) wurde beispielsweise ein Entwicklungsaufwand von etwa 4 Mannjahren benötigt. Vgl. Krallmann (1990), S. 167.

3   Hinsichtlich der Entwicklungsstadien wissensbasierter Systeme wird zwischen Demonstrationsprototypen, Forschungsprototypen, Feldprototypen und Betriebstypen unterschieden. Während Demonstrationsprototypen noch sehr klein sind und lediglich die Machbarkeit des Ansatzes aufzeigen, besitzen Forschungs- und Feldprototypen bereits eine Leistungsfähigkeit über die gesamte Problembreite, kommen aber besonders bei Grenzfällen noch zu falschen Lösungen. Ein Betriebstyp weist eine hohe Qualität der Problemlösung auf und ist bereits im routinemäßigen Einsatz. Vgl. Waterman (1986), S. 140; von Weissenfluh (1990), S. 53ff.

zu ermitteln und so aufzuarbeiten, daß es bei der Bewältigung realer Problemstellungen anwendbar ist.

Das beschriebene Analysesystem bildet in seiner Wissensbasis kein in sich geschlossenes Modell zur Problemerkennung und Problemdiagnose diskontinuierlicher Technologieübergänge ab, sondern ist eine strukturierte Zusammenstellung mehrerer, diesem Themengebiet zurechenbarer Lösungskonzepte, die sich bei der Analyse eines Problems zum Teil inhaltlich ergänzen.

Bei der zu lösenden Aufgabe der Analyse technologischer Diskontinuitäten sind vorwiegend qualitative Informationen zu verarbeiten. Typischerweise werden mehrere qualitative Indikatoren herangezogen, die während des Problemlösungsprozesses zu aggregieren sind. Bei der Verknüpfung der Variablen entstehen netzwerkartige Verkettungen. In solchen Fällen wird von einem Indikator nicht direkt auf ein Ergebnis geschlossen, vielmehr geht ein Indikator über zum Teil komplexe Kausalverkettungen indirekt in das Ergebnis ein.[4] Für solche Problemstrukturen sind Verfahren erforderlich, in denen die Ursache-Wirkungszusammenhänge dieser Art abgebildet werden können.[5] Während sich einfache Kausalverkettungen durchaus mit konventionellen Programmiermethoden modellieren lassen, wird der Vorteil wissensbasierter Systeme besonders bei komplexen, mehrstufigen Indikatorverkettungen deutlich. Aufgrund der Erklärungsfähigkeit der Ergebnisse, mit der eine Transparenz des Lösungsprozesses erzielt wird, sowie der Flexibilität bei der Gestaltung und Wartung der Wissensbasis, verfügen wissensbasierte Systeme darüber hinaus gegenüber konventionellen Systemen deutliche Vorteile.

Das zur Problembewältigung relevante Wissen der vorliegenden Aufgabenstellung verändert sich im Zeitablauf. Durch die hier gewählte wissensbasierte Vorgehensweise kann hinzukommendes Wissen aufgrund der Trennung zwischen Problemlösungskomponente und Wissensdarstellung besonders einfach in die Wissensbasis integriert bzw. bestehendes Wissen problemlos abgeändert werden.

Bei der Analyse technologischer Diskontinuitäten gibt es kaum deterministische Gesetzmäßigkeiten, sondern vornehmlich stochastische Kausalbeziehungen. Wissensbasierte Systeme stellen Verfahren zur Verfügung, mit denen solche Zusammenhänge zumindest annähernd abgebildet und im Problemlösungsprozeß angewendet werden können.

---

4 Für den Bereich der Früherkennung ist von einer besonderen Bedeutung netzwerkartiger Verknüpfungen auszugehen. Vgl. Wiedmann (1989), S. 318. Vergleichbar hierzu sehen Probst und Gomez generell ein Weg zur Bewältigung komplexer Probleme des strategischen Managements darin, Problemstellungen dieses Typs in netzwerkartigen Strukturen darzustellen. Vgl. Probst, Gomez (1990).

5 Vgl. Müller (1986), S. 251.

Bei der Interpretation der Ergebnisse hat man sich zu vergegenwärtigen, daß sie aus der Anwendung empirisch ermittelter Gesetzmäßigkeiten bzw. Expertenbeobachtungen resultieren. Zum Teil sind gerade Außenseiter besonders erfolgreich, die eine solche Gesetzmäßigkeit ignorieren. Daraus generell abzuleiten, daß solche stochastischen Zusammenhänge bei der Entscheidungsfindung zu ignorieren sind, ist jedoch nicht gerechtfertigt. Es empfiehlt sich, aus empirischen Studien gewonnene Erkenntnisse als heuristische Prinzipien ernst zu nehmen, sie jedoch nicht als Sachzwänge zu interpretieren, die auch durch größte Kreativität unüberwindbar scheinen. Prinzipiell besteht immer die Möglichkeit, durch ein abweichendes, unkonventionelles Verhalten Erfolge zu erzielen. Relativ eindeutige, empirisch ermittelte Zusammenhänge mit einer geringen nicht erklärter Restvarianz können jedoch durchaus signalisieren, daß möglicherweise frühere Versuche von Unternehmen, von dieser Norm abzuweichen, gescheitert sind.[6]

Mit der Wahl der Entwicklungsumgebung wurde gleichzeitig die Repräsentationsform des Wissens und das Verfahren zur Verarbeitung von Unsicherheit festgelegt. Das hier angewendete Konzept der Sicherheitsfaktoren ist besonders zur Bewältigung von Klassifikationsaufgaben konzipiert, sieht sich jedoch einer wachsenden Kritik ausgesetzt.[7] Die Formeln, mit denen die Sicherheitsfaktoren verrechnet werden, sind fest vorgegeben und können in der vorliegenden Entwicklungsumgebung nicht abgeändert werden. Eine Entwicklungsumgebung sollte mehrere Verrechnungsformeln bzw. Verfahren bereitstellen, zwischen denen bei der Systementwicklung ausgewählt werden kann bzw. eine Abänderung vorgegebener Verrechnungsformeln, beispielsweise durch variable Parametereinstellungen, ermöglichen; dadurch könnte eine bessere, der Problemstellung angepaßte Modellierung erreicht werden.[8]

Zusammenfassend ist festzuhalten, daß die hier gewählte wissensbasierte Vorgehensweise trotz einiger Schwachstellen insgesamt als der Problemstellung angemessen zu bewerten ist und gegenüber einem konventionellen Ansatz deutliche Vorteile aufweist.

---

6   Vgl. Kirsch (1981), S. 217.
7   Vgl. etwa Kruse, Gebhardt, Klawonn (1991), S. 15; Zelewski (1991).
8   Die Entwicklungsumgebung GURU verfügt beispielsweise über mehrere Verfahren zur
     Verarbeitung von Unsicherheiten, zwischen denen der Entwickler frei wählen kann.
     Ausführlicher dazu Mantz, Scheer, Uthmann (1988), S. 40; Engelmann (1990), S. 193f.

6.1.2. Expertenersatz versus Entscheidungsunterstützung

Bei der Beurteilung eines wissensbasierten Systems hat man die Frage zu beantworten, inwieweit das System geeignet ist, eine gestellte Aufgabe zu erfüllen.[9] Eine Voraussetzung für die Beurteilung eines wissensbasierten Systems ist somit die Festlegung der Aufgabenstellung, die ein solches System erfüllen soll.

Die Aufgaben wissensbasierter Systeme werden unterschiedlich definiert. In vielen Bereichen wird der **Expertenersatz** als Ziel einer Systementwicklung angegeben. Diese Anforderung wird teilweise bereits an den zugrunde liegenden Definitionen deutlich. Feigenbaum beispielsweise definiert Expertensysteme als *«A computer program that performs a specialized, usually difficult professional task at the level of (or sometimes beyond the level of) a human expert».*[10]

Basierend auf dieser Definition ist konsequenterweise die Leistungsfähigkeit eines wissensbasierten System zu beurteilen, indem ein Experte und das System unabhängig voneinander ein bestimmtes Problem zu lösen haben und die Systemergebnisse anschließend mit den Ergebnissen von Experten verglichen werden. Das wissensbasierte System wird den gestellten Ansprüchen gerecht, wenn die von dem System generierten Lösungen mindestens so gut wie die des Experten sind. Der Experte kann in einem solchen Fall von dem System ersetzt werden.

Damit ein wissensbasiertes System einem solchen Anspruch genügen kann, ist vorauszusetzen, daß das zur Problemlösung notwendige Wissen vollständig bekannt und in einer Wissensbasis darstellbar ist. Für den Bereich des strategischen Managements ist jedoch gerade von einer unvollständigen Kenntnis der Ursache-Wirkungszusammenhänge auszugehen. Versuche, wissensbasierte Systeme in diesem Bereich zu entwickeln, um einen Experten zu ersetzen, müssen daher scheitern.[11] Ebenso skeptisch ist für die vorliegende Problemstellung die Aussage zu werten, durch den Einsatz eines wissensbasierten Systems seien weniger qualifizierte Mitarbeiter notwendig.[12]

Geht man von dem Anspruch aus, daß der Experte durch ein wissensbasiertes System ersetzt werden soll, kann bei der Beurteilung solcher Systeme daher allgemein ein Paradoxon auftreten. Von einem wissensbasierten System wird die perfekte Lösung eines Problems erwartet, das ein Experte selbst nicht zu lösen in der Lage ist.[13]

---

9   Vgl. Bryant (1988), S. 59.
10   Feigenbaum, McCorduck (1983), S. 258.
11   Basierend auf der Annahme, wissensbasierte Systeme hätten zum Ziel, einen Experten zu ersetzen, wurde für den betriebswirtschaftlichen Bereich erhebliche Kritik an den Einsatzmöglichkeiten dieser Systeme geübt. Siehe beispielsweise Frank (1989), Ascher (1989); Weller (1991).
12   Vgl. Mertens, Borkowski, Geis (1990), S. 13.
13   Vgl. Hollnagel (1989), S. 169.

Weiterhin spricht gegen einen Expertenersatz die schlechte Abgrenzbarkeit der vorliegenden Problemstellung. Selbst große wissensbasierte Systeme können nur relativ eng begrenzte Gebiete mit einer hinreichenden Genauigkeit abbilden. Während menschliche Experten in der Lage sind, auch außerhalb ihres Wissensgebietes liegende Probleme mit ihrem Allgemeinwissen zumindest ansatzweise zu bewältigen, verfügen wissensbasierte Systeme außerhalb ihres Aufgabenbereiches über keinerlei Problemlösungskapazitäten. Bisherige Versuche, der menschlichen Intelligenz charakteristisches Allgemeinwissen in Programmen abzubilden, können als weitgehend erfolglos bezeichnet werden. Zur Bewältigung strategischer Managementprobleme wird aufgrund ihrer schlechten Abgrenzbarkeit auch Allgemeinwissen benötigt; ein wissensbasiertes System kann daher in diesem Bereich allenfalls den fachlichen Kernbereich abdecken, der zur Problembewältigung zwar sehr wichtig, jedoch nicht ausreichend ist.

Zur Bewältigung von Problemen des strategischen Managements sind Kreativität und Intuition notwendige Faktoren.[14] Diese Leistungen können von einem wissensbasierten System nicht erbracht werden. Vorschläge, die darauf abzielen, Problemstellungen, die kreative Lösungsverfahren erfordern, durch wissensbasierte Systeme zu unterstützen, sind zurückhaltend zu beurteilen.[15]

Aus den vorangegangenen Ausführungen ist zusammenfassend festzuhalten, daß wissensbasierte Systeme für die vorliegende Problemstellung ausschließlich eine assistierende Funktion im Sinne einer **Entscheidungsunterstützung** einnehmen können; Versuche, durch ein solches System den Experten zu ersetzen, müssen zwangsläufig scheitern.[16]

---

14   Vgl. Isenberg (1984), S. 85f.; McGinnis (1984). Dies ist auch speziell für den Bereich der technologischen Voraussage anzunehmen. Vgl. Pfeiffer, Staudt (1972).

15   Chung schlägt unter anderem zur Berücksichtigung von Kreativität in wissensbasierten Systemen vor, das Problemlösungswissen kreativer Personen in einer Wissensbasis zu implementieren und dieses Wissen auf allgemeine Probleme anzuwenden. Vgl. Chung (1987), S. 369ff. Bei dieser Vorgehensweise wird angenommen, daß kreative Personen Problemlösungsstrategien anwenden, die sich von «normalen» Personen unterscheiden, und daß dieser Prozeß in einem Computerprogramm festgehalten werden kann. Problematisch scheint hier die Annahme, daß kreative Personen in der Lage sind, das Wesen ihrer Kreativität explizit ausdrücken zu können. Es ist wohl eher davon auszugehen, daß kreative Personen die Besonderheit ihres Wissens nicht so gut vermitteln können, als daß es in einer Wissensbasis dargestellt mit ihrer eigenen Kreativität konkurrieren könnte.

16   Vgl. hierzu auch Baldwin, Kasper (1986), S. 170; von Windau (1990), S. 45; Wandel (1992), S. 95. Selbst unter der Annahme, daß ein wissensbasiertes System in der Lage ist, Problemstellungen so gut wie ein menschlicher Experte zu lösen, wird es einen Experten nicht ersetzen können, da ein solches System letztlich nicht die Verantwortung für eine Entscheidung übernehmen kann. Vgl. Mans (1989), S. 258.

Zur Beurteilung eines wissensbasierten Systems ist es im vorliegenden Themengebiet erforderlich, den Anwender und das wissensbasierte System als Gesamtsystem und nicht als konkurrierende Systeme aufzufassen. Bei dem Einsatz eines wissensbasierten Systems als Instrument zur Entscheidungsunterstützung wird angestrebt, die durchschnittliche Leistung des Gesamtsystems zu erhöhen. Eine Beurteilung des vorliegenden Analysesystems hat somit danach zu erfolgen, ob und inwieweit ein Experte mit Unterstützung durch das wissensbasierte System eine bessere Entscheidung trifft als ohne eine solche Unterstützung. Ein wesentliches Kriterium hierbei ist, ob dem Benutzer neue Einsichten vermittelt werden können und dieser bei seiner Entscheidungsfindung eine Hilfestellung erhält.[17]

Zur Verdeutlichung der unterstützenden Funktion wissensbasierter Systeme werden Bezeichnungen wie Intelligent Assistant[18], Strategy Support Model[19], Expert Support System[20], Executive Support System[21] oder intelligentes Entscheidungsunterstützungssystem[22] verwendet.

6.1.3. Nutzen durch den Systemeinsatz

Nach der ausführlichen Beschreibung des Systems hinsichtlich Aufbau und Funktionsweise scheint eine Beurteilung des Nutzens zweckmäßig, der durch den Systemeinsatz entsteht.[23] Generell ist davon auszugehen, daß sich die Beweggründe zum Einsatz wissensbasierter Systeme vorwiegend auf Effektivitätskriterien beziehen, Effizienzkriterien spielen eher eine untergeordnete Rolle.[24]

Strukturierung der Problemstellung: Der Analyseprozeß wird in Teilprobleme zerlegt, hierbei wird der Ablauf einer strategischen Analyse beachtet. Zunächst ist es

---

17   Vgl. Goul (1987), S. 132.
18   Vgl. Prerau (1990), S. 6.
19   Vgl. Morecroft (1984).
20   Vgl. Luconi, Malone (1986), S. 9; Silverman (1987), 80f.
21   Vgl. von Weissenfluh (1990), S. 176; Müller-Wünsch (1991), S. 56.
22   Vgl. Gabriel, Frick (1991), S. 561.
23   Eine Betrachtung der möglichen Nutzeneffekte, die durch den Einsatz wissensbasierter Systeme allgemein entstehen, soll hier nicht erfolgen. Siehe hierzu beispielsweise Olsen (1989), 120f.; Mertens, Borkowski, Geis (1990), S. 10ff.
      Eine Untersuchung des Nutzeneffektes wissensbasierter Systeme im Bereich des Controlling findet sich bei Kraemer, Scheer (1991), S. 220ff.
24   Vgl. Hauschildt (1990) S. 533f. Ähnlicher Ansicht ist Zelewski, der als Ziel des Einsatzes wissensbasierter Systeme vornehmlich die Steigerung der Qualität von informationsverarbeitenden Leistungen sieht. Vgl. Zelewski (1989), S. 72ff.

Ziel, ein vorhandenes oder latentes Problem zu erkennen, daran anschließend wird eine genauere Strukturierung und Beurteilung des Problems unterstützt.

Das realisierte System kann somit Ordnung in die komplexe Umwelt des Praktikers bringen. Dadurch ist es möglich, äußerst schlecht strukturierte Entscheidungsprobleme der Praxis etwas besser zu strukturieren, ohne sie gleich zu wohl-strukturierten Entscheidungen zu machen.[25]

Auswahl anwendbarer Lösungskonzepte: Verschiedene, zur Problembewältigung nützliche Konzepte kommen abhängig von den Rahmenbedingungen der konkreten Problemstellung und der Phase des Planungsprozesses zur Anwendung.

Sensibilisierung des Anwenders: Der Anwender wird durch die von dem System gestellten Fragestellungen auf problemrelevante Aspekte hingewiesen, die ohne Anwendung des Systems möglicherweise unberücksichtigt geblieben wären.[26] Insofern erfüllt das System die Funktion einer Checkliste.

Der Frage-Antwort-Dialog zwischen System und Anwender ist als eine Art Diskussion zu verstehen. Durch die Erklärungsfähigkeit der Ergebnisse werden die Systemergebnisse begründet, was für die Benutzerakzeptanz von erheblicher Bedeutung ist.[27]

Die realisierte Systemkonzeption vermeidet bewußt das Auflösen von Widersprüchen. Der Systemanwender wird auf voneinander abweichende Expertenurteile hingewiesen, um sich so intensiver mit dem Problem auseinanderzusetzen. Eine Verbesserung der Entscheidung soll zustande kommen, indem der Anwender sich mit den Kommentaren und der Kritik weiterer Experten auseinandersetzt und dadurch eine Sensibilisierung hinsichtlich möglicher Probleme erreicht wird.[28]

Informationsfunktion: Es kann nicht davon ausgegangen werden, daß das System alle zur Problembewältigung relevanten Aspekte beinhaltet. Durch die Systemanwendung kann jedoch zumindest eine Verbesserung des Kenntnisstandes des Anwen-

---

25 Eine vergleichbare Funktion hat ein Bezugsrahmen bei der Problembewältigung zu erfüllen. Vgl. hierzu Kirsch (1981), S. 199.

26 Vgl. hierzu auch Mockler, Dologite (1988), S. 101.

27 Vgl. Souder, Shrivastava (1985), S. 159.

28 In diesem Sinne ist auch die Einschätzung wissensbasierter Systeme von Ascher zu interpretieren. Er sieht ein potentielles Einsatzgebiet für wissensbasierte Systeme im Informieren, «Anstacheln» und «Streiten» mit dem Anwender, der selbst ein Experte ist. Der Anwender kann durch den Analyseprozeß geleitet werden, indem bestimmte Sachverhalte angezeigt werden, sobald spezielle Probleme auftreten. Er kann so auf Aspekte aufmerksam gemacht werden, die im Entscheidungsprozeß außerdem zu berücksichtigen sind und er selbst unter Umständen nicht bemerkt hätte. Vgl. Ascher (1989), S. 149f.

ders hinsichtlich des problemrelevanten Wissens erreicht werden, da davon auszugehen ist, daß der Entscheider aufgrund mangelnder menschlicher Sichtungskapazitäten meist nur einen Teil der in der Fachliteratur dargestellten Ursache-Wirkungszusammenhänge kennt.[29] Mit dem System werden Erkenntnisse wissenschaftlicher Studien für konkrete Problemstellungen anwendbar gemacht.

Wissensintegration: Zuvor isoliert bestehende unverknüpfte Wissensbestände mehrerer Autoren werden in der Wissensbasis zusammengefaßt und problemspezifisch anwendbar.[30] Das Aufdecken von Inkonsistenzen und Wissenslücken wird dadurch erheblich vereinfacht.

Wissensverknüpfung und -aggregation: Die von dem Anwender eingegebenen Einzelinformationen werden zu aussagekräftigen Entscheidungsgrößen verarbeitet. Aus einer größeren Anzahl von Indikatoren werden Signale abgeleitet. Gleichzeitig ist es möglich, die einen aggregierten Wert beeinflussenden Einzelwerte nachzuvollziehen und so die erforderliche Transparenz des Problemlösungsprozesses zu gewährleisten.

Wissensmultiplikation: Die Wissensbasis kann beliebig oft kopiert und somit einer großen Zahl von Fachleuten zugänglich gemacht werden.
Dieser Aspekt ist besonders unter wirtschaftlichen Gesichtspunkten relevant. Die Entwicklung eines wissensbasierten Systems ist sehr kostenintensiv. Kommt ein solches System in mehreren Unternehmen zum Einsatz, verteilen sich dadurch die Entwicklungskosten. Die Realisierung eines wissensbasierten Systems dürfte häufig erst unter solchen Bedingungen wirtschaftlich sinnvoll sein.

6.1.4. Beurteilung der literaturgestützten Vorgehensweise

Ein Ziel der Arbeit war, anhand eines programmtechnisch realisierten Systems zu beurteilen, inwieweit in der Literatur dargestelltes Wissen zur Entwicklung einer leistungsfähigen Wissensbasis geeignet ist.

Ergebnisse wissenschaftlicher Studien, insbesondere empirischer Untersuchungen, werden meist publiziert. Beschränkt man sich bei der Wissenserhebung ausschließlich auf den menschlichen Experten, bleibt gerade das als besonders zuverlässig einzuordnende, mit wissenschaftlichen Methoden hergeleitete Wissen bei der Gestaltung einer Wissensbasis unberücksichtigt. Durch die umfassende Einbeziehung dieses

---

29   Vgl. Zelewski (1989), S. 73.
30   Vgl. ebenda, S. 73.

publizierten Wissens ist daher von einer Qualitätsverbesserung der Wissensbasis und somit auch der Entscheidungsunterstützung auszugehen.

Ein weiterer Grund für die Berücksichtigung von Veröffentlichungen bei der Wissensakquisition ist die Aktualität dieses Wissens. Die Verbreitung von Wissen unterliegt einem Diffusionsprozeß. Das in den einschlägigen Fachzeitschriften veröffentlichte Wissen wird von den Experten übernommen und kann damit deren Entscheidungsverhalten bei der Bewältigung anstehender Probleme indirekt beeinflussen. Dieser Prozeß nimmt Zeit in Anspruch. Eine ausschließliche Berücksichtigung menschlicher Experten bei der Wissensakquisition birgt daher die Gefahr, daß das erhobene Wissen veraltet ist und gerade wichtige Erkenntnisse neuerer Untersuchungen bei der Gestaltung der Wissensbasis unbeachtet bleiben. Durch die Einbeziehung wissenschaftlicher Forschungsergebnisse in eine Wissensbasis besteht die Möglichkeit, die Diffusion dieses Wissens in die Praxis über die Systemanwendung zu beschleunigen.

Unter wirtschaftlichen Gesichtspunkten ist festzuhalten, daß die Kosten einer umfangreichen Literaturrecherche im Vergleich zu anderen Wissensquellen relativ gering sind.[31] Verfahren, die ihr Wissen direkt von Experten beziehen, verursachen erhebliche Kosten, bezieht man die Lohnkosten der Experten während der Zeit der Wissenserhebung mit in die Betrachtung ein. Unterstellt man weitere Fortschritte bei der Automatisierung der Wissensakquisition, wird eine literaturgestützte Wissensakquisition unter wirtschaftlichen Gesichtspunkten zunehmend interessanter.

Hält der Trend an, daß die Anzahl wissenschaftlicher Fachzeitschriften weiterhin zunimmt,[32] ist davon auszugehen, daß in Zukunft größere Textmengen zu bewältigen sind, um auf dem neuesten Stand der Forschung zu bleiben. Dadurch verbessert sich gleichzeitig die Ausgangsbasis für eine Wissensakquisition aus Veröffentlichungen. Durch den Einsatz von Hypertext-Systemen und in eingeschränktem Umfang auch von natürlichsprachlichen Systemen kann die Wissensakquisition auf diesem Gebiet zunehmend effizienter durchgeführt werden.

Neben den Vorteilen einer literaturgestützten Vorgehensweise sind auch die Schwächen dieses Vorgehens zu nennen.

Bei der Entwicklung des vorliegenden Systems wurde ausschließlich auf in der Fachliteratur dargestelltes, d. h. öffentlich zugängliches Wissen zurückgegriffen. Eine detailliertere Darstellung problemrelevanten Wissens und damit eine Vergrößerung

---

31 Vgl. auch Hauschildt (1990), S. 534.
32 Vgl. Backes-Gellner (1989), S. 45.

der Wissensbasis ist nur begrenzt durch die Auswertung weiterer Veröffentlichungen möglich, da die in diesem Gebiet vorliegenden Veröffentlichungen bereits großzahlig berücksichtigt wurden. So wertvoll das in Publikationen enthaltene Wissen auch sein mag, enthält es doch nur einen Teil des gesamten, zur Verfügung stehenden Wissens. Bei einer Erweiterung der Wissensbasis hat man daher auf nicht schriftlich fixiertes, subjektives Expertenwissen zurückzugreifen.

Wie Abbildung 6-1 verdeutlicht, kann subjektives Expertenwissen in unterschiedliche Kategorien eingeteilt werden. Ein Teil von Expertenwissen ist in Schriftform verfügbar; bei einer literaturgestützten Wissensakquisition kann ausschließlich dieses Expertenwissen erhoben werden. Darüber hinaus verfügen Experten über Wissen, das sie zwar formulieren können, jedoch bisher noch nicht in schriftlicher Form vorliegt. Zur Erhebung dieses Wissens sind direkte Verfahren der Wissensakquisition geeignet. Außerdem wird davon ausgegangen, daß Experten über Wissen verfügen, das sie nicht in natürlicher Sprache formulieren können; solches Wissen wird auch als implizites Wissen bezeichnet.[33] Bei einer personengebundenen Wissensakquisition ist es möglich, zumindest einen Teil dieses impliziten Expertenwissens unter Anwendung indirekter Verfahren zu ermitteln und zur Gestaltung der Wissensbasis heranzuziehen.[34]

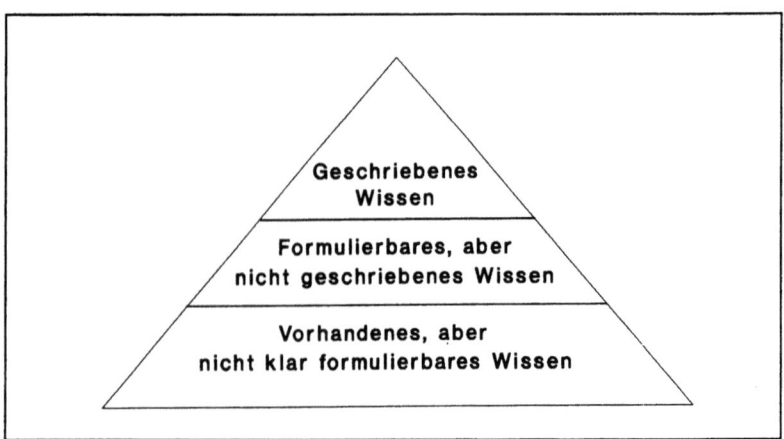

Abbildung 6-1: *Stufen subjektiven Wissens*[35]

---

33 Ausführlicher zu der Problematik von implizitem Wissen Berry (1987).
34 Siehe hierzu die in Abschnitt 3.2.2.2 vorgenommene Unterscheidung zwischen direkten und indirekten Verfahren der Wissensakquisition.
35 Entnommen aus Chmielewicz (1979), S. 133.

Der von Frank in diesem Zusammenhang vorgebrachten Kritik, Expertenwissen sei nicht formalisierbar, da Wissen bedeute « ... *nicht sagen zu können*», kann hier nicht gefolgt werden.[36] Die Konsequenz dieser Argumentation wäre, daß jede Kommunikation von Wissen, d. h. die Weitergabe von Wissen durch die Sprache generell unmöglich ist. Dennoch sei hier eingeräumt, daß besonders bei der Ermittlung impliziten Wissens erhebliche, zum Teil auch unüberwindbare Schwierigkeiten bestehen, so daß nicht davon ausgegangen werden kann, daß Expertenwissen je vollständig offengelegt werden kann.

In der Literatur finden sich vorwiegend allgemeine, generalisierende Aussagen. Dieses allgemeine Wissen kann als Ausgangsbasis dienen, für eine detaillierte Behandlung realer Probleme sind jedoch darüber hinaus unternehmens- und branchenspezifische Kenntnisse unentbehrlich. Solches Wissen ist in veröffentlichter Form kaum enthalten und muß direkt über den Experten ermittelt werden.

Die hier gewählte literaturgestützte Wissensakquisition ist nicht als konkurrierendes Verfahren zu einer personengebundenen Wissensakquisition zu verstehen, vielmehr können und sollen sich diese beiden Vorgehensweisen ergänzen. Dennoch ist festzuhalten, daß in Publikationen eine Fülle problemrelevanten Wissens enthalten ist, das bei der Gestaltung von Wissensbasen von großer Bedeutung ist, was die Anzahl der aus der Wissenserhebung resultierten Regeln des vorliegenden Systems verdeutlicht.

6.1.5. Perspektiven beim Einsatz wissensbasierter Systeme zur Unterstützung des vorliegenden Problemtyps

Es ist zu erwarten, daß weitere Fortschritte bei kommerziell angebotenen Entwicklungsumgebungen erzielt werden. Hier sind leistungsfähigere Möglichkeiten bei der Wissensrepräsentation sowie bessere Verfahren zur Verarbeitung von Unsicherheit und Unschärfe von besonderem Interesse. Damit sind sicherlich nicht die prinzipiellen Probleme gelöst, die auf einem mangelnden Verständnis menschlicher Denkprozesse und einer unvollständigen Kenntnis des Problemlösungswissens beruhen, dennoch können dadurch bestehende Restriktionen seitens der Softwareunterstützung abgebaut werden.

Ein Engpaß bei der Anwendung wissensbasierter Systeme ist der im Vergleich zu konventionell programmierten Systemen hohe Rechenaufwand. Es ist jedoch damit zu rechnen, daß in Zukunft die Entwicklung umfangreicherer Wissensbasen möglich

---

36   Vgl. Frank (1989), S. 27.

wird, da von einer Leistungssteigerung der Hardware in Bezug auf Rechengeschwindigkeit und Speicherkapazität ausgegangen werden kann.[37]

Außerdem ist zu erwarten, daß in Zukunft elektronische Medien an Bedeutung gewinnen und sich damit die Voraussetzungen für eine automatische Wissensakquisition verbessern. Unter Anwendung von Hypertext-Systemen ergeben sich Möglichkeiten, schriftlich fixiertes Wissen unabhängig von einer späteren Implementierung zu strukturieren und zu modellieren. Der Einsatz natürlichsprachlicher Systeme zur automatischen Wissensakquisition in Themengebieten mit einem großen Vokabular und komplexen grammatikalischen Strukturen ist jedoch für die nähere Zukunft noch skeptisch zu beurteilen. Die noch zu überwindenden Hindernisse auf diesem Gebiet sind zur Zeit noch beachtlich.

Wissensbasen werden in den meisten Fällen für spezielle Probleme entworfen und können nur für einen eingeschränkten Bereich eingesetzt werden. Die Anwendung einer bereits erstellten Wissensbasis in angrenzenden Gebieten ist zur Zeit kaum möglich. Erreicht man es, Wissensbasen so zu entwerfen, daß sie in unterschiedlichen Anwendungsgebieten verwendbar sind, würde der Einsatz wissensbasierter Systeme unter wirtschaftlichen Gesichtspunkten wesentlich interessanter.[38] Wenn es gelingt, mehrere wissensbasierte Systeme ein Problem miteinander lösen zu lassen, kann die mühevolle Erweiterung bestehender Systeme unterbleiben. In einem solchen Fall ist es möglich, Systeme unabhängig voneinander zu entwickeln und diese anschließend in ein Gesamtsystem zu integrieren.[39] Obwohl erste Anstrengungen zur Bewältigung dieser Aufgabe unternommen wurden, ist dieses Problem vor allem aufgrund einer mangelnden Standardisierung im Bereich der Wissensrepräsentation noch nicht zufriedenstellend gelöst.[40]

Der Begriff der künstlichen Intelligenz erweckt häufig die falsche Vorstellung, daß man eine perfekte Modellierung der intellektuellen Fähigkeiten von Menschen anstrebt. Zutreffender dürfte die Bezeichnung «maschinelle Wissensverarbeitung» sein; man versucht Wissen zu speichern und für Schlußfolgerungen zu nutzen.

---

37 Für wissensbasierte Systeme im betriebswirtschaftlichen Bereich dürften die Nachteile, die sich aufgrund einer verlängerten Rechenzeit ergeben, eher von untergeordneter Bedeutung sein.

38 Ausführlicher zur Wiederverwendbarkeit von Wissensbasen Czedik (1992).

39 Ausführlicher hierzu Bolte (1991).

40 Vgl. Czedik (1992).

6.2. Erweiterungsvorschläge des bestehenden Systems

Mit dem bestehenden System wurde aufgezeigt, wie eine Analyse technologischer Diskontinuitäten unter Anwendung eines wissensbasierten Ansatzes unterstützt werden kann. Eine Erweiterung des Leistungsumfanges des bestehenden Systems kann auf unterschiedliche Weise erfolgen. Im folgenden werden einige Erweiterungsmöglichkeiten skizziert.

6.2.1. Branchen- und unternehmensspezifische Systemerweiterung

Der Einsatz des vorliegenden Systems beschränkt sich weder auf ein bestimmtes Unternehmen noch auf eine Branche. Dies hat einerseits den Vorteil eines breiten Anwendungsspektrums, andererseits läßt der Inhalt der Wissensbasis keine auf ein bestimmtes Unternehmen oder Branche ausgerichtete Analyse zu. Bei dem betrieblichen Einsatz eines Analysesystems ist davon auszugehen, daß ein solches System um so wirkungsvoller ist, je umfangreicher es Branchen- und Unternehmensspezifika einbezieht.[41]

Bei einer Weiterentwicklung des bestehenden Systems zu einem unternehmensspezifischen Analysesystem ist zum einen eine Erweiterung der Wissensbasis notwendig, zum anderen kann eine Veränderung der in der bestehenden Wissensbasis dargestellten Zusammenhänge erforderlich werden, da diese nicht auf die spezifische Unternehmenssituation zutreffen müssen.

Aufgrund des Vorteils wissensbasierter Systeme, gegenüber konventionell programmierten Systemen leicht modifizierbar zu sein, eröffnet sich die Möglichkeit, dem Anwender die Veränderung und Erweiterung des Systems selbst zu überlassen. Eine solche Änderung würde zu einem «maßgeschneiderten» Analyseinstrument führen, bei dem das bestehende System als allgemeingültige Komponente des Gesamtsystems zu verstehen ist,[42] die als Grundlage für eine unternehmens- oder branchenspezifische Weiterentwicklung dient,[43] und als Ausgangsbasis für mehrere Weiterentwicklungen in unterschiedlichen Unternehmen herangezogen werden kann.

---

41 Speziell für Früherkennungssysteme Ziegler (1980), S. 62.

42 Mit dem System STRATEX II wurde bereits ein solches Ziel verfolgt. Dem Anwender wird in diesem Fall ein flexibles System zur Verfügung gestellt, in das er auf einfache Weise unternehmensspezifische Gesichtspunkte zu verschiedenen strategischen Geschäftsfeldern integrieren kann. Vgl. Mertens, Borkowski, Geis (1990), S. 236f.
Ebenso ist es denkbar, daß ein Modell durch den Anwender abgeändert wird, indem er eine Regel, die für eine spezifische Situation nicht anwendbar ist, der spezifischen Situation anpaßt. Vgl. Liebl (1991), S. 93.

43 Eine solche Vorgehensweise wird auch von Jacobs vorgeschlagen und am Beispiel der Bilanzpolitik durchgeführt. Vgl. Jacobs (1990), S. 231.

6.2.2. Umfangreichere Unterstützung im Planungsprozeß

Der Prozeß der strategischen Planung wurde in mehrere aufeinanderfolgende Phasen unterteilt.[44] Das bestehende System unterstützt die Problemerkennung und Problemdiagnose sowie eine daran anschließende Beurteilung und Prognose für eine bereits von dem Anwender bestimmten Technologie bzw. eines möglichen Technologieübergangs. Bei diesem Vorgehen wird davon ausgegangen, daß sowohl eine analyserelevante Technologie als auch eine potentielle Konkurrenztechnologie bereits bekannt sind; der mögliche Übergang von der bestehenden auf die neue Technologie ist Gegenstand der Analyse.

Erweiterungen sind sowohl in einer dem bestehenden System vorgelagerten Phase möglich, in der analyserelevante Technologien und mögliche Konkurrenztechnologien zu identifizieren sind, als auch in nachgelagerten Phasen, in denen Handlungsempfehlungen abgeleitet werden.

Ermittlung analyserelevanter Technologien:

Da Technologien in der Regel nicht isoliert vorliegen, sondern in komplexen Systemen mit weiteren Technologien interagieren, kann die Bestimmung von systemkritischen Technologien sowie deren Konkurrenztechnologien erhebliche Schwierigkeiten bereiten. Die Unterstützung dieses Teilproblems durch eine dem bestehenden System vorgelagerten Phase scheint daher zweckmäßig.

Zur Ermittlung analyserelevanter Technologien ergeben sich verschiedene Vorgehensweisen. Eine Möglichkeit besteht darin, analyserelevante Technologien durch das wissensbasierte System aktiv suchen zu lassen, alternativ hierzu kann der Anwender auch eine Technologie vorschlagen, die dann vom System auf ihre Relevanz überprüft wird.[45]

Eine analyserelevante Technologie muß für die Wettbewerbsposition eines Unternehmens von Bedeutung sein. Ist dies der Fall, empfiehlt es sich, mit einer genaueren Analyse dieser Technologie zu beginnen, andernfalls bietet sich der Abbruch des Programms bzw. die Auswahl einer anderen Technologie an.

Nachdem eine für das Unternehmen analyserelevante Technologie festliegt, sind mögliche Konkurrenztechnologien zu identifizieren. Die von der bestehenden Technologie

---

44 Vgl. Abschnitt 4.2.3.3 dieser Arbeit.

45 Auf methodische Probleme der Identifizierung analyserelevanter Technologien soll hier nicht weiter eingegangen werden. Pfeiffer und Dögl schlagen beispielsweise zur Problemstrukturierung eine funktionale Gliederung eines technologischen Systems in Subsysteme und Komponenten vor. Vgl. Pfeiffer, Dögl (1990), S. 263.

ausgeübten Funktionen dienen dabei als Anknüpfungspunkt. Hierbei ist besonders auf neue technologische Trends zu achten, die ein großes Zukunftpotential vermuten lassen. Zur Bewältigung dieser Aufgabe bietet sich die Auswertung von Informationen aus der Fachliteratur und aus Patenten an.[46]

Berücksichtigung von Handlungsempfehlungen:

Die Aufgabe des bestehenden Systems im Planungsprozeß beschränkt sich auf die Analyse technologischer Diskontinuitäten, Handlungsempfehlungen werden demzufolge von dem System nicht generiert.[47] Die Berücksichtigung der in den Veröffentlichungen formulierten Empfehlungen würde eine Erweiterung des bestehenden Analysesystems zu einem Entscheidungssystem darstellen.[48]

Sollen Handlungsempfehlungen in das bestehende System mit einbezogen werden, ist eine Erweiterung der Aufbau- und Ablaufstruktur des Systems notwendig. Hierbei ist auf eine eindeutige Trennung zwischen Diagnose und Empfehlung während des Programmablaufs zu achten.

Die Integration von Handlungsempfehlungen in ein System zur Entscheidungs-unterstützung ist nicht unproblematisch.[49] In Handlungsempfehlungen werden im allgemeinen Maßnahmen zur Verringerung der Diskrepanz zwischen der gegenwärtigen Situation und dem gewünschten Zielzustand formuliert.

Prinzipiell wird die Festsetzung von Zielen als eine Aufgabe des strategischen Managements gesehen. Erst bei Kenntnis der Ziele ist es möglich, Handlungsempfehlungen

---

46 Diese beiden Informationsquellen scheinen sich gegenseitig zu ergänzen. Es wurde beobachtet, daß die Informationen in Patenten nur zu einem geringen Teil auch in der Fachliteratur zu finden sind. Dies wird zum Teil daran liegen, daß nur ein Teil der Erfindungen patentfähig ist; Informationen über solche nicht patentierbaren Erfindungen können allenfalls aus der Fachliteratur entnommen werden. Vgl. Merkle (1989), S. 400f.
Siehe auch Fendt (1980), S. 40ff.

47 Das vorliegende System wurde mit dem Ziel entwickelt, Unterstützung bei der Problemerkennung und -diagnose in dem vorliegenden Themenbereich zu bieten. Bei der Wissenserhebung wurden die in den Texten formulierten Handlungsempfehlungen nicht berücksichtigt. Sollen Handlungsempfehlungen in das System integriert werden, ist daher ein erneutes Durchlaufen der Phasen der Wissensakquisition erforderlich.

48 Wie aus Abbildung 4-10 ersichtlich ist, wird die Generierung von Handlungsempfehlungen als eine der Analyse nachgelagerte Phase im Planungsprozeß verstanden.
Hollnagel bezeichnet als ein vollständiges wissensbasiertes System ein System, das aus einem Diagnoseteil und einem Entscheidungsteil besteht, der aus den Ergebnissen der Diagnose Handlungsempfehlungen generiert. Vgl. Hollnagel (1989), S. 98.

49 Dies wird unter anderem darauf zurückgeführt, daß eine strategische Planung keinen strengen Gesetzmäßigkeiten unterliegt. Vgl. Borgards, Gabriel, Gräff (1989), S. 4.

bzw. Strategien zu formulieren. Im allgemeinen kann nicht davon ausgegangen werden, daß die bei den allgemein formulierten Handlungsempfehlungen unterstellten Ziele auch für das Unternehmen gelten, in dem die Analyse durchgeführt wird. Übernimmt man die in den Veröffentlichungen formulierten Handlungsempfehlungen bzw. Normstrategien in das System, ist zu überprüfen, ob und inwieweit die hierbei unterstellten Ziele mit den unternehmensspezifischen Zielen übereinstimmen.

Das generelle Ignorieren von Handlungsempfehlungen hieße jedoch, einen erheblichen Teil des Wissens über das Themengebiet bei der Entscheidungsunterstützung außer Acht zu lassen. Empfehlungen können den Systemanwender durchaus auf Handlungsalternativen aufmerksam machen. Sinnvoll scheint eine Interpretation von Normstrategien bzw. Handlungsempfehlungen im Sinne heuristischer Prinzipien, die die Suche nach strategischen Stoßrichtungen leiten sollen.[50]

6.2.3. Umfassendes Analysesystem unternehmensrelevanter Diskontinuitäten

Wie bereits festgestellt wurde, stellen technologische Diskontinuitäten eine Teilmenge unternehmensrelevanter Diskontinuitäten dar.[51] Zur umfassenderen Entscheidungsunterstützung bietet sich die Entwicklung eines Systems zur allgemeinen Analyse unternehmensrelevanter Diskontinuitäten an. Das hier entwickelte System kann bei einer solchen Erweiterung als Komponente eines umfangreichen betrieblichen Systems zur Analyse strategischer Diskontinuitäten aufgefaßt werden. Für ein System dieser Art bietet sich eine modulare Struktur an, die programmtechnisch als «blackboard»-System realisiert werden kann.[52]

In den einzelnen Modulen würden mögliche Diskontinuitäten in unterschiedlichen unternehmensrelevanten Bereichen untersucht. Bei Anwendung der «blackboard»-Konzeption wäre eine weitgehend eigenständige Entwicklung der einzelnen Module möglich. Nach einer Integration der Module in ein Gesamtsystem können die Ergebnisse der einzelnen Module ausgetauscht und somit Interaktionen zwischen verschiedenen Bereichen modelliert werden.

Der Schnittstellengestaltung, d. h. der Modellierung der Interdependenzen zwischen den einzelnen Modulen, kommt hierbei eine besondere Bedeutung zu. Von beson-

---

50   Vgl. Kirsch, Trux (1979), S. 49.
51   Vergleiche hierzu die unterschiedlichen Bereiche unternehmensrelevanter Diskontinuitäten in Abschnitt 2.2.1 dieser Arbeit.
52   Vgl. Kroeber-Riel, Lorson, Neibecker (1992), S. 105.
      Siehe außerdem Abschnitt 4.2.3.1.3 dieser Arbeit.

derem Interesse dürfte die Einbeziehung eines Moduls zur Analyse von Markt-
diskontinuitäten in ein Gesamtsystem sein.[53]

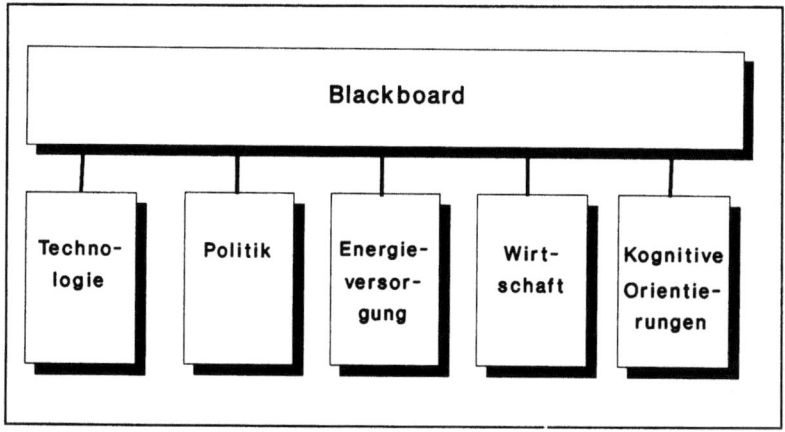

Abbildung 6-2: *Modulares System zur Analyse unternehmensrelevanter*
Diskontinuitäten

Neben den in Abbildung 6-2 aufgezeigten Modulen ist auch eine Erweiterung
hinsichtlich spezieller Aspekte von Diskontinuitäten denkbar, die sich bei
internationalen Unternehmen ergeben.[54]

6.2.4. Integration mehrerer Anwender in den Analyseprozeß

Bei der Vorhersage technologischer Entwicklungen wird empfohlen, multidisziplinäre
Expertenmeinungen heranzuziehen und von der «Durchschnittsmeinung» abweichende
Ergebnisse zu nutzen, um extreme Auffassungen in dem Gesamtbild der Technologie-
beurteilung zu berücksichtigen.[55]

---

53 Siehe hierzu Abschnitt 2.2.3 dieser Arbeit.
Eine solche Erweiterung kann im Sinne der Forderung von Huxold verstanden werden,
der neben einer am Marktgeschehen ausgerichteten Innovationspolitik die
Notwendigkeit eines Früherkennungssystems technologischer Entwicklungen ableitet,
um die Gefahr einer Vernachlässigung längerfristiger technologischer Erfolgspotentiale
zu vermeiden. Vgl. Huxold (1990), S. 156.

54 Vgl. etwa die Ausführungen bei Macharzina (1989)

55 Vgl. Bright (1978), S. 301f. Diese Forderung wird auch generell zur Bewältigung von
Früherkennungaufgaben erhoben. Vgl. Ziegler (1980), S. 62.

Es ist nicht davon auszugehen, daß die von dem System gestellten Fragen von mehreren Experten identisch beantwortet werden, da häufig die subjektive Einschätzung eines Sachverhalts oder zukunftsorientierte Daten benötigt werden. Dieser Umstand kann auf den unterschiedlichen Erfahrungshintergrund der Experten zurückgeführt werden, ebenso können voneinander abweichende Expertenurteile auch durch Verzerrungseffekte bei der Wahrnehmung einer Situation verursacht sein.

Um ein möglichst repräsentatives Bild über subjektiv zu beurteilende Sachverhalte zu erhalten, bietet es sich an, einen möglichen Technologieübergang von mehreren Experten analysieren zu lassen. Unter Anwendung des bestehenden Systems können mehrere Experten nacheinander die Analyse eines Technologieüberganges durchführen und sowohl die Eingabedaten als auch die sich daraus ergebenden Ergebnisse abspeichern. Eine Auswertung und Interpretation dieser unterschiedlichen Einschätzungen und Ergebnisse wird bisher nicht unterstützt.

Diese protokollierten Informationen können einer weiteren Analyse unterzogen werden. Stark voneinander abweichende Einschätzungen bestimmter Umweltsituationen oder möglicher Zukunftssituationen weisen auf eine Unschärfe bei der Beurteilung eines bestimmten Sachverhalts hin. Eine Aufbereitung dieser Daten könnte beispielsweise erfolgen, indem die von unterschiedlichen Anwendern eingegebenen Informationen und die daraus resultierenden Ergebnisse in tabellarischer oder grafischer Form gegenübergestellt werden, um so Unterschiede sowie Übereinstimmungen zwischen den Experteneinschätzungen zu verdeutlichen.[56]
Außerdem bietet sich eine Untersuchung an, inwieweit voneinander abweichende Einschätzungen der Systemanwender bedeutende Ergebnisänderungen zur Folge haben. Werden trotz partieller Unterschiede bei der Beurteilung einer bestimmten Situation keine erheblichen Veränderungen der Ergebnisse festgestellt, dürften diese intersubjektiven Unterschiede keine besondere Bedeutung auf die Bewältigung des Problems besitzen.

---

56 Besondere Beachtung sollten auch hier von dem Durchschnitt abweichende Einschätzungen finden, da von solchen Aussagen unter Umständen Rückschlüsse auf mögliche Diskontinuitäten gezogen werden können.

6.2.5. Integration in bestehende Informationssysteme

Bestehende wissensbasierte Systeme werden vorwiegend als Insellösungen eingesetzt. Sollen diese Systeme im betrieblichen Ablauf routinemäßig angewendet werden, ist eine Integration in bestehende Informationssysteme zweckmäßig.[57] Durch eine Vernetzung mit bereits bestehenden Informationssystemen scheinen bedeutende Entwicklungspotentiale realisierbar.[58] Hierbei ist besonders eine Integration in bestehende Anwendungsprogramme, in inner- und überbetriebliche Datenbanken und in Benutzermodelle zu nennen.[59] Die Bedeutung der Integration wissensbasierter Systeme in konventionelle Informationssysteme wird vor allem für größere Unternehmen gesehen, die in der Regel über umfangreiche betriebliche Datenbanken verfügen.[60]

Durch die Verknüpfung wissensbasierter Systeme mit bestehenden konventionellen **Anwendungsprogrammen** können die Vorteile wissensbasierter Systeme mit denen konventioneller Programme verbunden werden. Aus der Perspektive wissensbasierter Systeme läßt sich dadurch hauptsächlich eine Verbesserung bei der Verarbeitung großer numerischer Datenmengen erzielen.

Außerdem bietet sich eine Anbindung wissensbasierter Systeme sowohl zu innerbetrieblichen als auch zu überbetrieblichen **Datenbanken** an. Informationen, die bisher von dem Systemanwender eingegeben werden mußten, können unter Anwendung einer solchen Schnittstelle direkt aus Datenbeständen eingelesen werden. Dies hat zum einen den Vorteil der Zeitersparnis, zum anderen können dadurch größere Datenmengen in den Programmablauf integriert werden.[61]

Wie bereits im vorangegangenen Abschnitt angesprochen, bietet es sich zur Analyse potentieller Konkurrenztechnologien und neuer technologischer Trends an, Informationen aus Patenten und der Fachliteratur heranzuziehen. Der Zugriff auf solche Informationen kann besonders unter Einbeziehung überbetrieblicher Datenbanken erfolgen; durch eine Schnittstelle zu solchen Datenbanken ist es möglich, auf rele-

---

57   Speziell für die strategische Früherkennungssysteme wird gefordert, daß diese nicht losgelöst von dem strategischen Führungssystem einer Organisation eingesetzt werden dürfen. Vgl. Müller (1987), S. 154.
58   Zu dieser Problematik z. B. Biethahn (1991), S. 295f.
59   Ausführlicher zu den verschiedenen Dimensionen der Integration wissensbasierter Systeme von Becholtsheim (1991).
60   Vgl. Mockler, Dologite (1988), S. 101.
61   Eine allgemeine Betrachtung der durch die Kooperation von wissensbasierten Systemen und Datenbanken entstehenden Vorteile geben Fritsch, Weimann (1992), S. 43f.

vante Informationen in großem Umfang zuzugreifen und diese im Rahmen des Analyseprozesses zu verarbeiten.[62]

Durch den Zugriff eines wissensbasierten Systems auf eine Literaturdatenbank können abhängig von dem während eines Programmablaufs identifizierten Problems dem Anwender kontextabhängig relevante Dokumente angezeigt werden. Eine laufende Beobachtung relevanter Veröffentlichungen würde so erleichtert.[63] Eine solche Funktion wurde bereits in dem System SCAI realisiert, das in der Lage ist, über eine Schnittstelle zu einer Dokumenten-Datenbank problemrelevante Texte während des Programmablaufs anzuzeigen.[64]

Die Benutzerschnittstelle eines wissensbasierten Systems wird bei einer Implementierung unter Anwendung einer Entwicklungsumgebung weitgehend durch dieses Entwicklungswerkzeug festgelegt. Durch eine Anpassung der Schnittstelle des Systems an die Vorkenntnisse der jeweiligen Anwender kann die Bedienbarkeit und Erlernbarkeit der Benutzerschnittstelle verbessert werden, was zur Benutzerakzeptanz von wissensbasierten Systemen erheblich beitragen kann.[65] Zur Realisierung dieser Aufgabe bietet sich der Einsatz von **Benutzermodellen** an, die zum Ziel haben, Informationen über den Anwender zu sammeln und daraus Konsequenzen für eine angepaßte Dialogführung abzuleiten. Hat man es mit unterschiedlichen Benutzergruppen zu tun, können für jede Gruppe Standardmodelle generiert werden.[66]

Zur Zeit sind die Fragestellungen mit einer vorwiegend betriebswirtschaftlichen Terminologie formuliert. Um die Fragen für technisch ausgebildete Personen besser verständlich zu machen, empfiehlt es sich, eine speziell für diese Benutzergruppe verständliche Terminologie zu wählen.

Eine **Verbesserung der Ergebnispräsentation** könnte durch die Weiterentwicklung des bestehenden Systems zu einem **Expertisesystem** erzielt werden. In dem bestehenden System werden die resultierenden Schlußfolgerungen in zusammenhängenden Sätzen, jedoch nicht in einem längeren zusammenhängenden Text dargestellt. Expertisesystemen haben zum Ziel, basierend auf den inhaltlichen Ergebnissen, automatisch zusammenhängende Texte als Ergebnis zu generieren.[67]

---

62 Huxold gibt einen Überblick über Indikatoren sowie quantitative und qualitative Methoden zur Ermittlung des Produktinnovationsbedarfes. Hierbei werden insbesondere auch Datenbankanalysen erwähnt. Vgl. Huxold (1990), S. 174.

63 Allgemeiner über computergestützte Dokumentationssysteme Mertens, Schrammel (1983), S. 337ff.

64 Eine ausführlichere Systembeschreibung findet sich bei Ruhland, Wilde (1987), S. 269.

65 Vgl. von Bechtholsheim (1991), S. 27.

66 Vgl. Bodendorf, Wittmann (1988), S. 30.

67 Vgl. Mertens (1989a).

Diese Texte haben den Anspruch, einer grammatikalisch sowie inhaltlich korrekten Darstellung der Ergebnisse in natürlicher Sprache möglichst nahe zu kommen. Die Erzeugung solcher Texte verursacht jedoch einen erheblichen Aufwand, der über den der Modellierung der eigentlichen Problemstellung hinausgehen kann.[68] In Anbetracht des Aufwands, den eine automatische Textgenerierung mit sich bringt, dürfte die Entwicklung eines solchen Systems unter wirtschaftlichen Gesichtspunkten in den meisten Fällen uninteressant sein.[69]

---

[68]   Es wird von einem Prototypen berichtet, bei dem ungefähr 250 Regeln zur Beschreibung des betriebswirtschaftlichen Problems, jedoch 400 Regeln zur Textgenerierung benötigt werden. Die entstehenden Texte sind als Rohkonzepte zu verstehen und bedürfen einer weiteren inhaltlichen und stilistischen Bearbeitung. Vgl. Mertens (1989a), S. 844.

[69]   Eine mögliche Lösung dieses Problems könnte in der Anwendung themenunabhängiger Module zur Textgenerierung gesucht werden. Solche Module würden einmal entwickelt und danach an ein bestehendes System adaptiert. Die Forschungen auf dem Gebiet der Texterzeugung befinden sich jedoch noch in einem frühen Stadium, bestehende Systeme sind bisher kaum praktisch einsetzbar. Vgl. Guenthner, Lehmann (1986), S. 170.

7. Zusammenfassung

In der vorliegenden Arbeit wurde ein wissensbasiertes System zur Analyse technologischer Diskontinuitäten konzipiert und programmtechnisch realisiert. Hierfür wurde eine literaturgestützte Vorgehensweise gewählt. Das über technologische Diskontinuitäten publizierte Wissen wurde systematisch erhoben, strukturiert und formalisiert. Im Anschluß daran wurde das aufbereitete Wissen unter Anwendung einer Entwicklungsumgebung für wissensbasierte Systeme implementiert und damit für konkrete Probleme verwertbar gemacht.

Während die meisten der bestehenden wissensbasierten Systeme im Bereich des strategischen Managements einzelne Lösungskonzepte zur Unterstützung einer Problemstellung einsetzen, wurden bei der Entwicklung des vorliegenden Systems bewußt mehrere Lösungskonzepte aus einer größeren Anzahl von Veröffentlichungen herangezogen. Dadurch entsteht eine detailliertere Wissensbasis, die eine differenziertere Analyse einer Problemstellung zuläßt.

Es wurden Möglichkeiten diskutiert, wie das konfliktäre Wissen aus verschiedenen Wissensquellen sinnvoll in einer Wissensbasis aufbereitet und während des Programmablaufs angewendet werden kann. Für das vorliegende Themengebiet empfiehlt es sich, einzelne Lösungskonzepte unabhängig voneinander zu implementieren und diese, soweit sie für die konkrete Problemstellung anwendbar sind, nacheinander abzuarbeiten. Dadurch entstehen mehrere Einzelergebnisse, die möglicherweise voneinander abweichen. Diese Ergebnisse können so dem Anwender unterschiedliche Interpretationsmöglichkeiten bei der Beurteilung einer Problemstellung verdeutlichen.

Der Programmablauf unterteilt sich in die Phasen der Problemerkennung und der Problemdiagnose mit einer nachfolgenden Beurteilung und qualitativen Prognose. Während der Problemerkennung werden unter Anwendung von unterschiedlichen Modellen und qualitativen Indikatoren Hinweise auf einen möglichen diskontinuierlichen Technologieübergang abgeleitet, und der Anwender auf latente Probleme aufmerksam gemacht. Liegen Hinweise auf einen solchen Technologieübergang vor, empfiehlt des sich im Anschluß daran, den möglichen Technologieübergang einer differenzierteren Betrachtung zu unterziehen, um damit eine bessere Problemdurchdringung zu erzielen. In diesem Teil des Programms werden beispielsweise Aussagen über die Auswirkungen eines Technologieüberganges im Unternehmen, Wechselwirkungen zwischen Produkt- und Prozeßtechnologien oder Hinweise auf eine Beschleunigung bzw. Verzögerung des Technologieüberganges abgeleitet.

Durch die Anwendung des Systems wird somit eine intensivere Auseinandersetzung mit einer Problemstellung erzielt, eine Vereinfachung der Entscheidungsfindung wird dadurch jedoch nur eingeschränkt erfolgen können. Das hier entwickelte System hat seine Aufgabe erfüllt, wenn es gelingt, zur Problemlösung kritische Fragen zu formulieren und dadurch den Entscheider zu sensibilisieren, ihn auf problemrelevante Aspekte aufmerksam zu machen und eine erste Beurteilung des Problems vorzunehmen. Letztlich muß die Bewertung, inwieweit die Ergebnisse auf die konkrete Problemstellung übertragbar sind, dem Anwender überlassen bleiben.

Das vorliegende System erfüllt außerdem eine Informationsfunktion; der Anwender bekommt ihm bisher unbekanntes, zur Problembewältigung relevantes Wissen kontextabhängig mitgeteilt. Durch die Unterteilung des Programmablaufs in Problemerkennung und -diagnose wird eine Strukturierung des Entscheidungsprozesses unterstützt.

Ein von dem hier gewählten Themengebiet unabhängiges Ziel in dieser Arbeit war zu beurteilen, welche Bedeutung Fachliteratur bei der Gestaltung einer Wissensbasis für betriebswirtschaftliche Problemstellungen besitzt, und zu demonstrieren, wie dieses Wissen in die formale Struktur einer Wissensbasis überführt werden kann. Das in der Fachliteratur dargestellte Wissen ist für den vorliegenden Themenbereich im speziellen und für eine Vielzahl vergleichbarer betriebswirtschaftlicher Gebiete zur Bewältigung einer Problemstellung von erheblicher Bedeutung. Vor allem durch die umfassende Einbeziehung der Ergebnisse wissenschaftlicher Untersuchungen, die üblicherweise in veröffentlichter Form vorliegen, eröffnet sich die Möglichkeit, durchaus leistungsfähige Wissensbasen zu entwickeln.

Dem Umfang der Entscheidungsunterstützung durch wissensbasierte Systeme sind klare Grenzen gesetzt. Diese Grenzen werden zum einen durch die nach wie vor nur unvollständige Kenntnis der Ursache-Wirkungszusammenhänge des Auftretens grundlegend neuer Technologien bestimmt. Zum anderen macht die fehlende Fähigkeit wissensbasierter Systeme, dem menschlichen Experten immanente kreative und intuitive Denkprozesse abzubilden, einen Expertenersatz unmöglich. Dennoch kann festgehalten werden, daß durch die Anwendung solcher Systeme im Vergleich zu konventionell programmierten Entscheidungsunterstützungssystemen eine prinzipielle Verbesserung zu erzielen ist.

Anhang: Exemplarische Darstellung der Aggregation während des Programmablaufs

Anhand eines einfachen Beispiels soll im folgenden verdeutlicht werden, wie im Rahmen der Problemerkennung mehrere Indikatoren zu einem Signal aggregiert werden. Die Stärke des resultierenden Signals wird durch die Höhe des Sicherheitsfaktors der Ergebnisvariablen beschrieben.

Die folgenden Indikatoren stammen von Utterback und Kim und gelten speziell für Fertigungstechnologien. Aufgrund der Eingabe der Werte von drei Indikatoren, die in der Wissensbasis als Parameter gespeichert sind, wird bei diesem Beispiel ein Signal abgeleitet.

Die in Abbildung A-3 dargestellten Regeln in der Wissensbasis wurden aus einer Regel im Wissensdokument, die in Abbildung A-1 zu finden ist, abgeleitet. Die drei Indikatoren sind in der natürlichen Sprache mit Konjunktionen verbunden. Hier wird davon ausgegangen, daß sich die Stärke eines Signals mit steigender Anzahl zutreffender Indikatoren erhöht. Je nachdem, welche Werte den Parametern während des Bilschirmdialogs zugeordnet werden, resultieren unterschiedliche Signalstärken.

```
NR.:          17-20
GEBIET:       Problemerkennung - Prozeßtechnologien
WENN:         Deutliche (offensichtliche) Wettbewerbsvorteile in Form von
              steigendem Marktanteil und Gewinnen bei Pro-
              duktivitätsverbesserung sowie größere Restriktionen bzgl.
              Kosten und Verfügbarkeit von Ressourcen.
DANN:         Diskontinuierliche Veränderungen im Produktionsprozeß können
              auftreten.
QUELLE:       Utterback, Kim (1985), S. 121.
ERLÄUTERUNG:  Signal für eine mögliche Diskontinuität bei Prozeßtechnologien
```

Abbildung A-1:   Regel zur Problemerkennung bei Fertigungstechnologien nach Utterback und Kim

In der folgenden Abbildung A-2 findet sich die formale Darstellung der bei der Anwendung der Regeln betroffenen Variablen. Die drei aus dieser Regel ableitbaren Indikatoren werden in den Variablen B-MARKTANTEIL-BEDEUTUNG, B-WETTBEWERBSFAKTOR und B-RESSOURCENRESTRIKTION der Wissensbasis abgebildet. Voraussetzung für die Anwendbarkeit dieses Konzeptes ist, daß die zu analysierende Technologie eine Fertigungstechnologie ist, was in der Variablen T-TYP abgespeichert wird. Während des Programmablaufs ist es Ziel, das Signal für die Fertigungstechnologie (TD-SIGNAL-UTTERBACK-KIM-F) zu bestimmen. Dieses Ziel ist auf einer übergeordneten Ebene der Wissensbasis festgelegt.

229

B-MARKTANTEIL-BEDEUTUNG
```
TRANSLATION :: (Besondere Bedeutung des Marktanteils für den
                Geschäftserfolg )
PROMPT :: ("Besitzt der Marktanteil bzw. eine Marktanteilssteigerung in
           den für" :LINE "die bestehende Technologie relevanten Märkten
           eine große Bedeutung für den" :LINE "Geschäftserfolg bzw.
           Wettbewerbsvorteil?" )
TYPE :: YES/NO
USED-BY :: (RULE361 RULE321)
```

B-WETTBEWERBSFAKTOR
```
TRANSLATION :: (Dominierende Wettbewerbsfaktoren in der Branche)
PROMPT :: ("Welche der folgenden Wettbewerbsfaktoren sind in der für die"
           :LINE "bestehende Technologie relevanten Branche von
           besonderer" :LINE "Bedeutung?" )
TYPE :: ASK-ALL
EXPECT :: (PRODUKTQUALITÄT KAPITAL TECHNOLOGIE PREIS KOSTEN LEISTUNG
           PRODUKTIVITÄT )
USED-BY :: (RULE349 RULE362 RULE320 RULE323 RULE325 RULE336 RULE342
            RULE428 RULE367 )
CERTAINTY-FACTOR-RANGE :: POSITIVE
```

B-RESSOURCENRESTRIKTION
```
TRANSLATION :: (Erwartende Ressourcenrestriktionen)
PROMPT :: ("Sind größere Restriktionen bezüglich der Kosten und der
           Verfügbarkeit von" :LINE "Ressourcen zu erwarten?" )
TYPE :: YES/NO
USED-BY :: (RULE420 RULE366)
```

T-TYP
```
TRANSLATION :: (Technologietyp)
PROMPT :: ("Welchem Technologietyp ist die zu analysierende Technologie
           zuzuordnen?" )
TYPE :: SINGLEVALUED
EXPECT :: (PROZESSTECHNOLOGIE PRODUKTTECHNOLOGIE)
ANTECEDENT-IN :: (RULE260 RULE264 RULE265 RULE439 RULE448 RULE259
                  RULE261 RULE262 RULE215 RULE216 RULE267 RULE268
                  RULE269 RULE447 RULE184 RULE421 )
USED-BY :: (RULE361 RULE362 RULE420 RULE454 RULE455 RULE456 RULE129
            RULE460 RULE461 RULE308 RULE248 )
```

TD-SIGNAL-UTTERBACK-KIM-F
```
TRANSLATION :: (Signal einer technologischen Diskontinuität bei
                Prozeßtechnologien nach Utterback und Kim )
TYPE :: YES/NO
UPDATED-BY :: (RULE361 RULE362 RULE420)
UPDATED-IN :: (RULE447)
ANTECEDENT-IN :: (RULE421)
CONTAINED-IN :: (RULE421)
```

Abbildung A-2:   *Variablen zur Problemerkennung bei Fertigungstechnologien nach
Utterback und Kim*

In der folgenden Abbildung A-3 finden sich die aus Regel 17-20 abgeleiteten Regeln in der Wissensbasis. Die Aggregation der Indikatoren wird in den Regeln 361, 362 und 420 vorgenommen. Die Regel 421 teilt dem Systemanwender das Ergebnis mit.

```
RULE361
=======
  SUBJECT :: PE-UTTERBACK-KIM-RULES
  QUELLE :: "Utterback, Kim (1985), S. 121."
  IF    :: (T-TYP = PROZESSTECHNOLOGIE AND B-MARKTANTEIL-BEDEUTUNG)
  THEN :: (TD-SIGNAL-UTTERBACK-KIM-F CF 50)

RULE362
=======
  SUBJECT :: PE-UTTERBACK-KIM-RULES
  QUELLE :: "Utterback, Kim (1985), S. 121."
  IF    :: (T-TYP = PROZESSTECHNOLOGIE AND B-WETTBEWERBSFAKTOR =
           PRODUKTIVITÄT )
  THEN :: (TD-SIGNAL-UTTERBACK-KIM-F CF 50)

RULE420
=======
  SUBJECT :: PE-UTTERBACK-KIM-RULES
  QUELLE :: "Utterback, Kim (1985), S. 121."
  IF    :: (T-TYP = PROZESSTECHNOLOGIE AND B-RESSOURCENRESTRIKTION)
  THEN :: (TD-SIGNAL-UTTERBACK-KIM-F CF 50)

RULE421
=======
  SUBJECT :: PE-UTTERBACK-KIM-RULES
  ANTECEDENT :: YES
  DESCRIPTION :: (Ergebnispräsentation: Signal bei Prozeßtechnologie nach
                 Utterback, Kim )
  IF    :: (IFTRACED TD-SIGNAL-UTTERBACK-KIM-F FRAME AND T-TYP =
           PROZESSTECHNOLOGIE )
  THEN :: (PRINT :LEFT 5 :RIGHT 75 :LINE :ATTR (QUOTE (YELLOW HIGH)) "Die
           von Utterback und Kim angegebenen Indikatoren, die auf eine
           Diskontinuität bei einer Prozeßdiskontinuität hinweisen, sollen
           liefern ein Signal mit der Stärke von " (CERTAINTY
           TD-SIGNAL-UTTERBACK-KIM-F ) "." :LINE "Ein Wert von über 70 ist
           als deutliches Signal zu werten." )
```

Abbildung A-3:   *Regeln zur Problemerkennung bei Fertigungstechnologien nach Utterback und Kim*

231

In der folgenden Abbildung A-4 findet sich der aus der Anwendung der oben dargestellten Regeln resultierende Bildschirmdialog. Um den Wert der Signalstärke (TD-SIGNAL-UTTERBACK-KIM-F) ermitteln zu können, sind die Bewertungen der Indikatoren von dem Systemanwender über Bildschirmabfragen vorzunehmen. Im Anschluß daran werden die einzelnen Schritte des Programmablaufs und die Verrechnung der Sicherheitsfaktoren erläutert.

```
Welchem Technologietyp ist die zu analysierende Technologie zuzuordnen?

    PROZESSTECHNOLOGIE
    PRODUKTTECHNOLOGIE


    Bitte einen Wert auswählen.
```

```
        Möchten Sie die Problemerkennung einer möglichen technologischen
        Diskontinuität anhand von Indikatoren vornehmen, die
        Utterback und Kim vorschlagen?
    JA
    NEIN


    Bitte einen Wert auswählen.
```

```
Besitzt der Marktanteil bzw. eine Marktanteilssteigerung in den für
die bestehende Technologie relevanten Märkten eine große Bedeutung für den
Geschäftserfolg bzw. Wettbewerbsvorteil?
    JA
    NEIN


    Bitte einen Wert auswählen.
```

```
Welche der folgenden Wettbewerbsfaktoren sind in der für die
bestehende Technologie relevanten Branche von besonderer
Bedeutung?


        Ja
■■■■■■···· PRODUKTQUALITÄT
■■■■■■■··· KAPITAL
■■■■····· TECHNOLOGIE
■■■■■■■■■■ PREIS
■■■■■■■■■■ KOSTEN
■■■■■····· LEISTUNG
■■■■■■■■■· PRODUKTIVITÄT


Bitte die entsprechenden Sicherheitsfaktoren eingeben.
```

```
Sind größere Restriktionen bezüglich der Kosten und der Verfügbarkeit von
Ressourcen zu erwarten?

    JA
    NEIN


Bitte einen Wert auswählen.
```

```
    Durch das Abfragen von Indikatoren von Utterback und Kim, die auf
    eine bevorstehende Diskontinuität bei einer Prozeßdiskontinuität
    hinweisen, wurde folgendes Ergebnis ermittelt:
    Es ist mit einer Signalstärke von  87  mit einer Diskontinuität bei
    einer Fertigungstechnologie zu rechnen.
    Ein Wert von über 70 ist als deutliches Signal zu werten.

** Ende - Drücken Sie ENTER, um fortzufahren.
```

Abbildung A-4:   *Bildschirmdialog der Problemerkennung bei Fertigungstechnologien*
                  nach Utterback und Kim

Zunächst wird in dem allgemeinen Programmteil geklärt, ob es sich bei der zu
untersuchenden Technologie um eine Produkt- oder Prozeßtechnologie handelt. Im
vorliegenden Fall handelt es sich um eine Prozeßtechnologie. Diese Information wird
in der Variablen T-TYP gespeichert.

Vor der Durchführung der Problemerkennung wird der Systemanwender gefragt, ob er speziell diese Indikatoren bei der Problemerkennung heranziehen möchte. Da diese Frage mit JA beantwortet wird, ist es nun Ziel, den Wert der Variablen TD-SIGNAL-UTTERBACK-KIM-F zu ermitteln. Hierfür kommen die in Abbildung A-3 dargestellten Regeln zur Anwendung.

In der ersten Bildschirmabfrage wird die Bedeutung des Marktanteils (MARKTANTEIL-BEDEUTUNG) ermittelt. Die Frage wird mit JA beantwortet; der Variablen wird der Wert JA mit einem Sicherheitsfaktor 100 zugeordnet.

In der Regel 361 wird nun die Variable MARKTANTEIL-BEDEUTUNG mit TD-SIGNAL-UTTERBACK-KIM-F verknüpft. Bei der Verarbeitung der Sicherheitsfaktoren findet die in Kapitel 4.2.4.1 dargestellte Verfahrensweise Anwendung.

Zunächst wird die Formel zur Berechnung des resultierenden Sicherheitsfaktors einer Regel angewendet:

$$CF \text{ (Regel)} = CF \text{ (Antezedens)} \cdot CF \text{ (Konklusion)}/100$$

Die Antecedensbedingung der Regel 361 wird mit dem Sicherheitsfaktor 100 erfüllt, die Konklusion besitzt den Sicherheitsfaktor 50, also ergibt sich:

$$CF \text{ (Regel 361)} = 100 \cdot 50/100 = \underline{50}$$

Der resultierende Sicherheitsfaktor einer Variablen wird bei positiven Sicherheitsfaktoren allgemein wie folgt berechnet:

$$CF_{(neu,\ alt)} = CF_{alt} + CF_{neu} (100 - CF_{alt})/100 \text{ [1]}$$

Der Variablen TD-SIGNAL-UTTERBACK-KIM-F ist bisher der Sicherheitsfaktor 0 zugeordnet ($CF_{alt} = 0$). Der aus Regel 361 resultierende Wert für TD-SIGNAL-UTTERBACK-KIM-F ist 50 ($CF_{neu} = 50$). Der resultierende Sicherheitsfaktor ermittelt sich also zu:

$$CF_{(neu,\ alt)} = 0 + 50 (100 - 0)/100 = \underline{50}$$

---

[1] In diesem Beispiel liegen ausschließlich positive Sicherheitsfaktoren vor, weshalb bei der Aggregation der Indikatoren nur diese Formel zur Anwendung kommt.

Im Anschluß daran wird die Bedeutung von Produktivität als Wettbewerbsfaktor in der Variablen B-WETTBEWERBSFAKTOR ermittelt; hier wird die Bedeutung der Produktivität mit einem Sicherheitsfaktor von 90 bewertet.[2]

In der Regel 362 wird nun die Variable B-WETTBEWERBSFAKTOR mit TD-SIGNAL-UTTERBACK-KIM-F verknüpft. Der Sicherheitsfaktor der Regel 362 ermittelt sich analog zu dem oben dargestellten Vorgehen zu:

CF (Regel 362) = 90 · 50/100 = $\underline{45}$

Der Variablen TD-SIGNAL-UTTERBACK-KIM-F ist bisher der Sicherheitsfaktor 50 zugeordnet. Durch das Ergebnis in Regel 362 wird der Variablen der Wert:

$CF_{(neu,\ alt)}$ = 50 + 45 (1 - 50) = 72,5; gerundet $\underline{73}$ [3]

Die Frage nach zu erwartenden Restriktionen hinsichtlich Kosten und Verfügbarkeit von Ressourcen (B-RESSOURCENRESTRIKTION) wird mit JA (Sicherheitsfaktor 100) beantwortet.

In der Regel 420 wird nun die Variable B-RESSOURCENRESTRIKTION mit TD-SIGNAL-UTTERBACK-KIM-F verknüpft. Der Sicherheitsfaktor der Regel 420 ermittelt sich analog zu dem oben dargestellten Vorgehen.

CF (Regel 420) = 100 · 50 = $\underline{50}$

Der Variablen TD-SIGNAL-UTTERBACK-KIM-F ist bisher der Sicherheitsfaktor 73 zugeordnet. Durch das Ergebnis in Regel 420 wird der Variablen der Wert

$CF_{(neu,\ alt)}$ = 73 + 50 (1 - 73) = 86,5; gerundet $\underline{87}$ [4] zugeordnet.

Zwei der Indikatoren wurden mit einem Sicherheitsfaktor von 100 erfüllt, der dritte Indikator mit dem Sicherheitsfaktor 90. Aus diesen hohen Werten der Indikatoren resultiert eine Signalstärke von 87, die als sehr hoch zu interpretieren ist.

2　Die Sicherheitsfaktoren der in der Variablen B-WETTBEWERBSFAKTOR können in Abständen von 10 eingegeben werden. Diese Variable wird während des Programmablaufs für weitere Regeln angewendet und enthält deshalb bneben Produktivität weitere Faktoren.

3　In diesem Beispiel liegen ausschließlich positive Sicherheitsfaktoren vor, weshalb bei der Aggregation der Indikatoren nur diese Formel zur Anwendung kommt.

4　In diesem Beispiel liegen ausschließlich positive Sicherheitsfaktoren vor, weshalb bei der Aggregation der Indikatoren nur diese Formel zur Anwendung kommt.

Literaturverzeichnis

Abernathy, W. J. (1976): Production Process Structure and Technological Change, Decision Sciences 7 (1976), S. 607-619.

Abernathy, W. J.; Clark, K. B., Kantrow (1983): "Mature" Industries Can be Revitalized, Research Management 26 (1983), Nr. 4, S. 6-7.

Abernathy, W. J.; Clark, K. B. (1985): Innovation: Mapping the Winds of Creative Destruction, Research Policy 14 (1985), S. 3-22.

Abernathy, W. J.; Townsend, P. L. (1975): Technology, Productivity and Process Change, Technological Forecasting and Social Change 7 (1975), S. 379-396.

Alberico, R.; Micco, M. (1990): Expert Systems for Reference and Information Retrieval, Westpoint, London.

Alexander, S. M.; Evans, G. W. (1988): The Integration of Multiple Experts: A Review of Methodologies, in: Turban, E.; Watkins, P. R. (Hrsg.): Applied Expert Systems, Amsterdam, New York, Oxford, Tokyo, S. 47-53.

von Altrock, C. (1991): Über den Daumen gepeilt, Fuzzy Locic: scharfe Theorie der unscharfen Mengen, c't Magazin für Computer Technik (1991), Nr. 3.

Altenkrüger, D. E. (1987): Wissensdarstellung für Expertensysteme, Mannheim, Wien, Zürich.

Anderson, P.; Tushman, M. L. (1990): Technological Discontinuities and Dominant Design: A Cyclical Model of Technological Change, Administrative Science Quarterly 35 (1990), S. 604-633.

Anderson, P.; Tushman, M. L. (1991): Managing Through Cycles of Technological Change, Research Technology Management 34 (1991), Nr. 3, S. 26-30.

Ansoff, H. I. (1976): Managing Surprise and Discontinuity - Strategic Response to Weak Signals, Zeitschrift für betriebswirtschaftliche Forschung 28 (1976), S. 129-152.

Ansoff, H. I. (1980): Strategic Issue Management, Strategic Management Journal 1 (1980), S. 131-148.

Ansoff, H. I. (1986): Competitive Strategy Analysis on the Personal Computer, The Journal of Business Strategy 6 (1986), Nr. 3, S. 28-36.

Arzine, B. (1989): A Natural Language Front-End for Knowledge Acquisition, SIGART Newsletter (1989), Nr. 108, Knowledge Acquisition Special Issue, S. 106-114.

Ascher, W. (1989): Limits of "Expert Systems" for Political-Economic Forecasting, Technological Forecasting and Social Change 36 (1989), S. 137-151.

Attarwala, F. T.; Basden, A. (1985): A Methodology for Constructing Expert Systems, R&D Management 15 (1985), S. 141-149.

Ayres, R. U. (1971): Prognose und langfristige Planung in der Technik, München.

Ayres, R. U. (1988): Barriers and Breakthroughs: An "Expanding Frontiers" Model of the Technology-Industry Life Cycle, Technovation 7 (1988), S. 87-115.

Ayres, R. U. (1990a): Technological Transformations and Long Waves, Part 1, Technological Forecasting and Social Change 36 (1990), S. 1-37.

Ayres, R. U. (1990b): Technological Transformations and Long Waves, Part 2, Technological Forecasting and Social Change 36 (1990), S. 111-137.

Backes-Gellner, U. (1989): Ökonomie der Hochschulforschung: organisationstheoretische Überlegungen und betriebswirtschaftliche Befunde, Wiebaden.

Balachandra, R. (1988): An Expert System for R&D Projects, in: Turban, E.; Watkins, P. R. (Hrsg.): Applied Expert Systems, Amsterdam, New York, Oxford, Tokyo, S. 107-120.

Balachandra, R. (1989): Early Warning Signals for R&D Projects, Lexington MA, Toronto.

Baldwin, D.; Kasper, G. M. (1986): Toward Representing Management-Domain Knowledge, Decision Support Systems 2 (1986), S. 159-172.

Ballstaedt, S.-P. (1982): Dokumentenanalyse, in: Huber, G. L.; Mandl, H. (Hrsg.): Verbale Daten - Eine Einführung in die Grundlagen und Methoden der Erhebung und Auswertung, Weinheim, Basel, S. 165-176.

von Bechthosheim, M. (1991): Der gordische KI-Knoten: Die technische Integration von Expertensystemen, Information Management 6 (1991), Nr. 1, S. 24-31.

Becker, R. H.; Speltz, L. M. (1983): Putting the S-Curve Concept to Work, Research Management 26 (1983), Nr. 5, S. 31-33.

Becker, R. H.; Speltz, L. M. (1986): Working the S-Curve: Making more Explicit Forecasts, Research Management 29 (1986), Nr. 4, S. 21-23.

Beerel, A. C. (1989): Expert Systems: Strategic Implications and Application, Chichester.

Beheshtian-Ardekani, M.; Salchenberger, L. M. (1988): An Empirical Study of the Use of Business Expert Systems, Information & Management 15 (1988), S. 183-190.

Behrendt, R. (1991): Gestaltung der Produktion gewerblicher Expertensysteme, Thun, Frankfurt.

Benkenstein, M. (1989): Modelle technologischer Entwicklungen als Grundlage für das Technologiemanagement, Die Betriebswirtschaft 49 (1989), S. 497-512.

Bergen, S. A. (1982): The Creative Catastrophe, R&D Management 12 (1982), S. 141-146.

Berry, D. C. (1987): The Problem of Implicit Knowledge, Expert Systems 4 (1987), Nr. 3, S. 144-151.

Beulens, A. J. M.; Nunen, J. A. E. E. van (1988): The Use of Expert System Technology in DSS, Decision Support Systems 4 (1988), S. 421-431.

Beyth-Marom, R. (1982): How Probable is Probable? A Numerical Translation of Verbal Probability Expressions, Journal of Forecasting 1 (1982), S. 257-269.

Bieber, M. P.; Kimbrough, S. O. (1992): On Generalizing the Concept of Hypertext, MIS Quarterly 16 (1992), Nr. 1, S. 77-93.

Biethahn, J. (1991): Aktuelle Grenzen von Expertensystemen und Entwicklungstrends, in: Biethahn, J. (Hrsg.): Entwicklung von Expertensystemen: eine Einführung, Wiesbaden, S. 281-300.

Blanning, R. W. (1987): A Survey of Issues in Expert Systems for Management, in: Silverman, B. G. (Hrsg.): Expert Systems for Business, Reading, Menlo Park, et al., S. 24-39.

Bodendorf, F.; Wittman, S. (1988): Benutzermodelle in Expertensystemen, Information Management 3 (1988), Nr. 1, S. 30-38.

Bogaschewsky, R. (1992): Hypertext-/Hypermedia-Systeme - Ein Überblick, Informatik-Spektrum 15 (1992), S. 127-143.

Bolte, C. (1991): Koordination heterogener Expertensysteme, Information Management 6 (1991), Nr. 3, S. 36-41.

Boose, J. H.; Gaines, B. R. (1989): Knowledge Acquisition for Knowledge-Based Systems: Notes on the State-of-the-Art, Machine Learning 4 (1989), S. 377-394.

Borgards, A.; Gabriel, R.; Gräff, H. (1989): Aufbau eines prototypischen wissensbasierten Systems zur strategischen Planung auf der Basis eines in der Praxis eingesetzten Beratungskonzeptes, Diskussionsbeiträge des Fachbereichs Wirtschaftswissenschaft der Universität -Gesamthochschule-Duisburg, Nr. 119.

Brazdil, P. B.; Torgo, L. (1990): Knowledge Acquisition via Knowledge Integration, in: Wielinga, B.; Boose, J.; Gaines, B.; Schreiber, G.; Someren, M. (Hrsg.): Current Trends in Knowledge Acquisition, Amsterdam, Washington DC, Tokyo, S. 91-104.

Breuker, J.; Wielinga, B. (1987): Use of Models in the Interpretation of Verbal Data, in: Kidd, A. L. (Hrsg.): Knowledge Acquisition for Expert Systems, New York, S. 17-44.

Breuker, J.; Wielinga, B. (1989): Models of Expertise in Knowledge Acquisition, in: Guida, Tasso (Hrsg.): Topics in Expert System Design: Methodologies and Tools, Amsterdam.

Bright, J. R. (1970): Evaluating Signals of Technological Change, Harvard Business Review 48 (1970), Nr. 1, S. 62-70.

Bright, J. R. (1978): Technological Forecasting Literature: Emergence and Impact on Technological Innovation, in: Kelly, P.; Kranzberg, M. (Hrsg.): Technological Innovation: A Critical Review of Current Knowledge, S. 299-334.

Brockhoff, K. (1977): Prognoseverfahren für die Unternehmensplanung, Wiesbaden.

Brockhoff, K. (1984a): Technologischer Wandel und Unternehmenspolitik, Zeitschrift für betriebswirtschaftliche Forschung 36 (1984), S. 619-635.

Brockhoff, K. (1984b): Forschungs- und Entwicklungsproduktivität als Aufgabe des Forschungs- und Entwicklungsmanagement, in: Domsch, M.; Jochum, E. (Hrsg.): Personal-Management in der industriellen Forschung und Entwicklung (F&E), Köln, Berlin, Bonn, S. 3-14.

Brockhoff, K. (1985): Abstimmungsprobleme von Marketing und Technologiepolitik, Die Betriebswirtschaft 45 (1985), S. 623-632.

Brockhoff, K. (1989): Schnittstellen-Management: Abstimmungsprobleme zwischen Marketing und Forschung und Entwicklung, Stuttgart.

Brockhoff, K. (1992): Forschung und Entwicklung: Planung und Kontrolle, 3. Aufl., München, Wien.

Brockhoff, K. (1993): Technologiemanagement - Das S-Kurven-Konzept, in: Hauschildt, J.; Grün, O. (Hrsg.): Ergebnisse empirischer betriebswirtschaftlicher Forschung, Stuttgart, S. 327-353.

Brown, M. G.; Svenson, R. A. (1988): Measuring R&D Productivity, Research Technology Management 31 (1988), Nr. 4, S. 11-15.

Bryant, N. (1988): Managing Expert Systems, Chichester, New York, Brisbane, Toronto, Singapore.

Budescu, D. V.; Wallsten, T. S. (1985): Consistency in Interpretation of Probabilistic Phrases, Organizational Behavior and Human Decision Processes 36 (1985), S. 391-405.

Budescu, D. V.; Wallsten, T. S. (1987): Subjective Estimation of Precise and Vague Uncertainties, in: Wright, G.; Ayton, P. (Hrsg.): Judgmental Forecasting, Chichester, New York, Brisbane, Toronto, Singapore, S. 63-82.

Budescu, D. V.; Zwick, R.; Wallsten, T. S.; Erev, I. (1990): Integration of Linguistic Probabilities, International Journal of Man-Machine Studies 33 (1990), S. 657-676.

Bühler, W. (1985): Unternehmenssicherung mittels Problemerkennungssystem - eine Aufgabe moderner Unternehmensführung, Zeitschrift für Betriebswirtschaft 55 (1985), S. 330-345.

Bünte, S.; Albers, S. (1990): Einsatzmöglichkeiten von Textbook-Expertensystemen in mittelständischen Unternehmen, Betriebswirtschaftliche Forschung und Praxis 43 (1990), S. 561-577.

Buhl, H.-U.; Massler, T.; Weinhardt, C. (1991): Ein Erweiterungsansatz zur Darstellung und Verarbeitung unsicheren Wissens in wissensbasierten Systemen, Wirtschaftsinformatik 33 (1991), Nr. 3, S. 213-218.

Bunn, D. (1987): Expert Use of Forecasts: Bootstrapping and Linear Models, in: Wright, G.; Ayton, P. (Hrsg.): Judgemental Forecasting, Chichester, New York, Brisbane, Toronto, Singapore, S. 229-241.

Bunn, D. W.; Kappos, E. (1982): Synthesis or Selection of Forecasting Models, European Journal of Operational Research 9 (1982), S. 173-180.

Butler, H. E. (1988): Theories of Technological Innovation as Useful Tools for Corporate Strategy, Strategic Management Journal 9 (1988), S. 15-29.

Buttenbruch, P.; Frick, D. (1989): Kognitionspsychologische Aspekte der Wissensakquisition, Diskussionsbeiträge des Fachbereiches Wirtschaftswissenschaft der Universität - Gesamthochschule - Duisburg, Nr. 120.

Carrico, M. A.; Girard, J. E.; Jones, J. P. (1989): Building Knowledge Systems, New York, St. Louis, San Fransisco, Auckland, et al.

Cetron, M. J. (1970): Forecasting Technology, in: Cetron, M. J.; Goldhar, J. D. (Hrsg.): The Science of Managing Organized Technology, Vol. 2, New York, London, Paris, S. 807-823.

Chadha, S. R.; Mazlack, L. J., Pick, R. A. (1991): Using Existing Knowledge Sources (Cases) to Build an Expert System, Expert Systems 8 (1991), Nr. 1, S. 3-12.

Chmielewicz, K. (1979): Forschungskonzeptionen der Wirtschaftswissenschaft, Stuttgart.

Chung, C.-H. (1987): Modeling Creativity for Management Support Via Artificial Intelligence Approaches, in: Silverman, B. G. (Hrsg.): Expert Systems for Business. Reading, Menlo Park, et al., S. 363-383.

Clancey, W. J. (1985): Heuristic Classification, Artificial Intelligence 27 (1985), S. 289-350.

Clark, D. A. (1990): Numerical and Symbolic Approaches to Uncertainty Management in AI, Artificial Intelligence Review 4 (1990), S. 109-146.

Cohen, W. M.; Levinthal, D. A. (1990): Absorptive Capacity on Learning and Innovation, Administrative Science Quarterly 35 (1990), S. 128-151.

Cooper, A. C.; Schendel, D. (1976): Strategic Responses to Technological Threats, Business Horizons 19 (1976), Nr. 1 , S. 61-69.

Courtney, J. F.; Paradice, D. B.; Ata Mohammed, N. H. (1987): A Knowledge-Based DSS for Managerial Problem Diagnosis, Decision Sciences 18 (1987), S. 373-399.

Craig, I. D. (1988): Blackboard Systems, Artificial Intelligence Review 2 (1988), S. 103-118.

Cullen, J.; Bryman, A. (1988): The Knowledge Acquisition Bottleneck: Time for Reassessment, Expert Systems 5 (1988), Nr. 3, S. 216-225.

Czedik, D. (1992): Status Quo der Wiederverwendbarkeit von Wissensbasen, Künstliche Intelligenz 6 (1992), Nr. 1, S. 27-32.

Davis, R. (1985): Amplifying Expertise with Expert Systems, in: Winston, P. H.; Prendergast, K. A. (Hrsg.): The AI Business - The Commercial Uses of Artificial Intelligence, 3. Aufl., Cambridge, London, S. 17-40.

Demetrius, D. G. (1986): Expert Systems and Board Level Decisions, in: Pau, L. F. (Hrsg.): Artificial Intelligence in Economics and Management, Amsterdam, New York, Oxford, Tokyo, S. 233-240.

Dewar, R. D.; Dutton, J. E. (1986): The Adoption of Radical and Incremental Innovations: An Empirical Analysis, Management Science 32 (1986), S. 1422-1433.

Domsch, M.; Fischer, J. (1990): Entscheidungsgremien und strategisches Forschungsmanagement, Zeitschrift für betriebswirtschaftliche Forschung 42 (1990), S. 851-868.

Dosi, G. (1982): Technological Paradigms and Technological Trajectories, Research Policy 11 (1982), S. 147-162.

Dowdy, W. L.; Nikolchev, J. (1986): Can Industries De-Mature? - Applying New Technologies to Mature Industries, Long Range Planning 19 (1986), Nr. 2, S. 39-49.

Dräger, U. (1990): Ansätze zur Unterstützung der oberen Führungsebene durch wissensbasierte Planungs- und Kontrollsysteme, Dissertation, Nürnberg-Erlangen.

Drucker, P. (1969): The Age of Discontinuity, New York, Evanston.

Dubois, D.; Prade, H. (1988): Processing of Imprecision and Uncertainty in Expert System Reasoning Models, in: Ernst, C. J. (Hrsg.): Management Expert Systems, Wokingham, Reading, Menlo, New York, Don Mills, Amsterdam, et al., S. 67-88.

Dubois, D.; Prade, H. (1989): Handling Uncertainty in Expert Systems: Pitfalls, Difficulties, Remedies, in: Hollnagel, E. (Hrsg.): The Reliability of Expert Systems, Chichester, S. 64-118.

Durand, T. (1992): Dual Technological Trees: Assessing the Intensity and Strategic Significance of Technological Change, Research Policy 21 (1992), S. 361-380.

Dutton, J. E.; Fahey, L. (1983): Toward Understanding Strategic Issue Diagnosis, Strategic Management Journal 4 (1983), S. 307-323.

Engelke, P. (1991): Integration von Forschung und Entwicklung in die unternehmerische Planung und Steuerung, Heidelberg.

Engelmann, R. (1990): Integration nicht-sicheren Wissens in Expertensystemen, in: Ehrenberg, D.; Krallmann, H.; Rieger, B. (Hrsg.): Wissensbasierte Systeme in der Betriebswirtschaft, Berlin, Heidelberg, New York, S. 185-196.

Erev, I.; Cohen, B. L. (1990): Verbal Versus Numerical Probabilities: Efficiency, Biases, and the Preference Paradox, Organisational Behavior and Human Decision Processes 45 (1990), S. 1-18.

Ewald, A. (1989): Organisation des strategischen Technologie-Managements, Berlin.

Farley, J. U.; Lehmann, D. R. (1986): Meta-Analysis in Marketing - Generalization of Response Models, Massachusetts Toronto.

Farreny, H. (1988): Expert Systems and Knowledge Representation Languages, in: Ernst, C. J. (Hrsg.): Management Expert Systems, Wokingham, Reading, Menlo, New York, Don Mills, Amsterdam et al., S. 45-65.

Feigenbaum, E. A. (1977): The Art of Artificial Intelligence: I. Themes and case studies of knowledge engineering, in: Proceedings Fifth International Joint Conference on Artificial Intelligence, August 1977, Cambridge MA, S. 1014-1029.

Feigenbaum, E. A. (1979): Themes and case studies in knowledge engineering, in: Michie, D. (Hrsg.): Expert systems in the micro-electronic age, Edingburgh.

Feigenbaum, E. A.; McCorduck, P. (1983): The Fifth Generation Computer Intelligence and Japan's Computer Challenge to the world, Reading et al.

Fendt, H. (1983): Strategische Patentanalyse - Blick in die Zukunft, Wirtschaftswoche 15. 7. 1983, Nr. 29, S. 40-48.

Fischer, E. O. (1985): Katastrophentheorie und ihre Anwendung in der Wirtschaftswissenschaft, Jahrbücher für Nationalökonomie und Statistik 200 (1985), Nr. 1, S. 3-26.

Fischer, R. (1989): PC-Expertensysteme, Haar bei München.

Fisher, J. C.; Pry, R. H. (1971): A Simple Substitution Model of Technological Change, Technological Forecasting and Social Change 3 (1971), S. 75-88.

Ford, D.; Ryan, C. (1981): Taking Technology to Market, Harvard Business Review 59 (1981), Nr. 2, S. 117-126.

Forrester, J. W. (1961): Industrial Dynamics, Cambridge.

Foster, R. N. (1982a): Boosting the Pay-Off from R&D, Research Management 25 (1982), Nr. 1, S. 22-27.

Foster, R. N. (1982b): A Call for Vision in Managing Technology, The McKinsey Quarterly (1982), Nr. 2, S. 26-36.

Foster, R. N. (1986a): Innovation - Die technologische Offensive, Wiesbaden.

Foster, R. N. (1986b): Assessing Technological Threats, Research Managment 29 (1986), S. 17-19.

Foxall, G. R.; Fawn, J. R. (1992): An Evolutionary Model of Technological Innovation as a Strategic Management Process, Technovation 12 (1992), Nr. 3, S. 191-202.

Frank, U. (1988): Expertensysteme: Neue Automatisierungspotentiale im Büro- und Verwaltungsbereich? Wiesbaden.

Frank, U. (1989): Expertensysteme: Ein erfolgversprechender Ansatz zur Automatisierung dispositiver Tätigkeiten? Die Betriebswirtschaft 49 (1989), S. 19-36.

Fritsch, A.; Weimann, P. (1992): Kooperation von Experten- und Datenbanksystemen: Vorteile und Ansätze, Künstliche Intelligenz 6 (1992), Nr. 3, S. 42-48.

Frohman, A. L.; Bitondo, D. (1981): Coordinating Business Strategy and Technical Planning, Long Range Planning 14 (1981), Nr. 6, S. 58-67.

Gabriel, R.; Frick, D. (1991): Expertensysteme zur Lösung betriebswirtschaftlicher Problemstellungen, Zeitschrift für betriebswirtschaftliche Forschung 43 (1991), S. 544-565.

Gälweiler, A. (1979): Strategische Geschäftseinheiten (SGE) und Aufbauorganisation der Unternehmung, Zeitschrift für Organisation 48 (1979), Nr. 5, S. 252-260.

Geis, W.; Schumann, M. (1989): Comparison of Rule Based Expert Systems with Traditional Technology Selected Examples, in: Pau, L. F.; Motiwalla, J.; Pao, Y. H.; Teh, H. H. (Hrsg.): Expert Systems in Economics, Banking and Management, Amsterdam, New York, Oxford, Tokyo, S. 437-446.

Geis, W. (1990): Ausgewählte Vergleiche regelbasierter Expertensysteme mit konventionellen Verfahren zur betrieblichen Entscheidungsunterstützung, Dissertation, Erlangen-Nürnberg.

Gerl, K.; Roventa, P. (1981): Strategische Geschäftseinheiten - Perspektiven aus der Sicht des Strategischen Managements, Zeitschrift für betriebswirtschaftliche Forschung 33 (1981), S. 843-858.

Glasmeier, A. (1991): Technological Discontinuities and Flexible Production Networks: The Case of Switzerland and the World Watch Industry, Research Policy 20 (1991), S. 469-485.

Glasser, A. (1986): Technical Role in Competition Analysis, Part 1: Key Concepts, International Journal of Technology Management 1 (1986), Nr. 1/2, S. 231-242.

Gottinger, H. W. (1989): A Strategic Management Decision Support Tool for Technology Management, International Journal of Technology Management 4 (1989), Nr. 2, S. 141-156.

Goul, M. (1987): On Building Expert Systems for Strategic Planners: A Knowldege Engineer's Experience, Information & Management 12 (1987), S. 131-141.

Green-Hall, N. (1987): A Fuzzy Decision Support System for Strategic Planning, in: Sanchez, E.; Zadeh, L. A. (Hrsg.): Approximate Reasoning in intelligent Systems, Decision and Control, Oxford, New York, Beijing, Frankfurt, Sao Paulo, Sydney, Tokyo, Toronto, S. 77-90.

Grenz, T. (1988): Typisierende Krisendiagnose, in: Hauschildt, J. (Hrsg.): Krisendiagnose durch Bilanzanalyse, Köln, S. 174-199.

Grünig, R. (1992): Methoden und Instrumente der strategischen Planung, Die Unternehmung 46 (1992), Nr. 4, S. 267-276.

Guenthner, F.; Lehmann, H. (1986): Verarbeitung natürlicher Sprache - ein Überblick, Informatik-Spektrum 9 (1986), S. 162-173.

Hahn, D. (1979): Betriebliche und überbetriebliche Frühwarnsysteme für die Industrie, Zeitschrift für betriebswirtschaftliche Forschung 31 (1979), S. 76-88.

Hahn, D. (1983): Frühwarnsysteme, in: Buchinger, G. (Hrsg.): Umfeldanalysen für das strategische Management, Wien, S. 3-26.

Hamilton, W. F. (1990): The Dynamics of Technology and Strategy, European Journal of Operational Research 47 (1990), S. 141-152.

Hammann, P.; Erichson, B. (1990): Marktforschung, 2. Aufl., Stuttgart, New York.

Hammer, R. M. (1988): Strategische Planung und Frühaufklärung, München, Wien.

Harmon, P.; King, D. (1987): Expertensysteme in der Praxis, 2. Aufl., München Wien.

Hart, A. (1986): Knowledge Acquisition for Expert Systems, New York, St. Louis, San Francisco, Montreal, Toronto.

Hauschildt, J. (1990): Methodische Anforderungen an die Ermittlung der Wissensbasis von Expertensystemen, Die Betriebswirtschaft 50 (1990), S. 525-537.

Hayes-Roth, F. (1987): Rule-Based Systems, in: Shapiro, S. C. (Hrsg.): Encyclopedia of Artificial Intelligence, New York, Chichester, Brisbane Toronto, Singapore, S. 963-973.

Heininger, S. A. (1985): The Paradigm Shift: Discontinuities for Fun and Profit, Research Managment 28 (1985), Nr. 4, S. 6-8.

Henderson, B. D. (1974): Die Erfahrungskurve in der Unternehmensstrategie, Frankfurt, New York.

Henderson, J. C. (1987): Finding Synergy between Decision Support Systems and Expert Systems Research, Decision Sciences 18 (1987), S. 333-349.

Henrion, M.; Breese, J. S.; Horvitz, E. J. (1991): Decision Analysis and Expert Systems, AI Magazine 12 (1991), Nr. 4, S. 64-91.

Heuermann, R. (1991): Probleme bei der Evaluation von Tools zur Wissensakquisition, in: Biethan, J.; Bloech, J.; Bogaschewsky, R.; Hoppe, U. (Hrsg.): Wissensbasierte Systeme in der Wirtschaft 1991 - Anwendungen und Tools, Wiesbaden, S. 85-105.

Hofmann, M.; Cordes, R.; Langendörfer, H. (1989): Hypertext/Hypermedia, Informatik Spektrum 12 (1989), S. 218-220.

Hollnagel, E. (1989): Issues in the Reliability of Expert Systems, in: Hollnagel, E. (Hrsg.): The Reliability of Expert Systems. Chichester, S. 169-209.

Höft, U. (1992): Lebenszykluskonzepte, Grundlage für das strategische Marketing- und Technologiemanagement, Berlin.

Homburg, C. (1990): Strategieformulierung mit Hilfe von SPACE, Zeitschrift für Planung 1 (1990), S. 51-67.

Hruschka, H. (1988): Neuere Ansätze der Repräsentation von Methoden und Modellwissen in betriebswirtschaftlichen Entscheidungsunterstützungssystemen, Angewandte Informatik 30 (1988), Nr. 4, S. 158-168.

Huxold, S. (1989): Marketingforschung und strategische Planung von Produktinnovationen - Ein Früherkennungsansatz, Berlin.

Isenberg, D. J. (1984): How senior managers think, Harvard Business Review 62 (1984), Nr. 6, S. 81-90.

Jackson, P. (1989): Expertensysteme - Eine Einführung, Bonn, Reading, Menlo Park, New York et al.

Jacobs, O. (1990): Konzeption und Implementierung von Expertensystemen, Zeitschrift für Betriebswirtschaft 60 (1990), S. 227-246.

Jaffer, R. S.; Tse, E. (1988): An Integrated Consulting System for Competitive Analysis and Planning Control, in: Ernst, C. J. (Hrsg.): Management Expert Systems, Wokingham, Reading, Menlo, New York, Don Mills, Amsterdam, et al., S. 183-207.

Jones, H.; Twiss, B. C. (1978): Forecasting Technology for Planning Decisions, London, Basingstoke, et al.

Jüttner, G.; Feller, H. (1989): Entscheidungstabellen und wissensbasierte Systeme: Anwendungen in der Arbeitsplanung, München.

Jugel, S. (1991): Ansatzpunkte einer Marketingkonzeption für technologische Innovationen, Stuttgart.

Karbach, W.; Linster, M. (1990): Wissensakquisition für Expertensysteme. Techniken, Modelle und Softwarewerkzeuge, München, Wien.

Karras, D.; Kredel, L.; Pape, U. (1987): Entwicklungsumgebungen für Expertensysteme, Berlin, New York.

Karst, M. (1992): Methodische Entwicklung von Expertensystemen, Wiesbaden.

Kerschberg, L.; Dickinson, J. (1988): FINEX: A PC-based Expert Support System for Financial Analysis, in: Ernst, C. J. (Hrsg.): Management Expert Systems, Wokingham, Reading, Menlo, New York, Don Mills, Amsterdam, et al., S. 111-133.

King, W. (1984): Integrating Strategic Issues into Strategic Management, OMEGA International Journal of Management Science 12 (1984), S. 529-538.

Kirsch, W. (1977): Einführung in die Theorie der Entscheidungsprozesse, 2. Aufl., Wiesbaden.

Kirsch, W. (1981): Über den Sinn der empirischen Forschung in der angewandten Betriebswirtschaftslehre, in: Witte, E. (Hrsg.): Der praktische Nutzen empirischer Forschung, Tübingen, S. 189-229.

Kirsch, W.; Trux, W. (1979): Strategische Frühaufklärung und Portfolio-Analyse, Zeitschrift für Betriebswirtschaft 49 (1979), Ergänzungsheft Nr. 2, S. 47-69.

Klingebiel, N. (1989): Prozeßinnovationen als Instrumente der Wettbewerbsstrategie, Berlin.

Klausmann, W. (1983): Betriebliche Frühwarnsysteme im Wandel, Zeitschrift für Organisation 52 (1983), S. 39-45.

Klee, H. W. (1989): Zur Akzeptanz von Expertensystemen, Bergisch Gladbach, Köln.

Kleinhans, A. M. (1989): Wissensverarbeitung im Management, Frankfurt/M., Bern, New York, Paris.

Kleinhans, A.; Rüttler, M.; Zahn, E. (1992): Management-Unterstützungssysteme - Eine vielfältige Begriffswelt, in: Hichert, R.; Moritz, M. (Hrsg.): Management-Informationssysteme, Berlin, Heidelberg, New York, London, Paris, Tokyo, et al., S. 1-14.

Klingebiel, N. (1989): Prozeßinnovationen als Instrumente der Wettbewerbsstrategie, Berlin.

Knoblich, H. (1972): Die typologische Methode in der Betriebswirtschaftslehre, WiSt 1 (1972), Nr. 4, S. 141-147.

Köhler, R.; Horst, B.; Huxold, St. (1990): Aufbau und praktische Nutzung von Früherkennungssystemen für die Produktinnovationsplanung, Köln.

Kolb, S. (1991): Erklärungsfähigkeit und Wissensakquisition, in: Biethahn, J. (Hrsg.): Entwicklung von Expertensystemen: eine Einführung, Wiesbaden, S. 137-169.

Konrad, L. (1991): Strategische Früherkennung - Eine kritische Analyse des "weak signals" - Konzeptes, Bochum.

Kraemer, W.; Scheer (1991): Wissensbasierte Problemlösung für betriebswirtschaftliche Anwendungsgebiete am Beispiel des Controlling, Die Betriebswirtschaft 51 (1991), Nr. 2, S. 211-229.

Krallmann, H. (1987): Betriebliche Entscheidungsunterstützungssysteme - Heute und Morgen, Zeitschrift für Organisation 56 (1987), Nr. 2, S. 109-117.

Krallmann, H. (1990): Wissensbasierte Strategiefindung, in: Zahn, E. (Hrsg.): Europa nach 1992, Stuttgart, S. 159-174.

Krampe, G. (1989): Ein Früherkennungssystem auf der Basis von Diffusionsfunktionen als Element des strategischen Marketing, in: Rafée, H.; Wiedmann, K.-P. (Hrsg.): Strategisches Marketing. 2. Aufl., Stuttgart, S. 349-369.

Krcmar, H. (1990): Entscheidungsunterstützungssysteme: Hilfmittel und Werkzeuge, in: Kurbel, K.; Strunz, H. (Hrsg.): Handbuch Wirtschaftsinformatik, Stuttgart, S. 403-418.

Krcmar, H. (1991): Einsatzkriterien für Expertensysteme, in: Spang, S.; Kraemer, W. (Hrsg.): Expertensysteme - Entscheidungsgrundlage für das Management, Wiesbaden, S. 35-54.

Kretschmar, T. (1989): Wissensbasierte betriebliche Diagnostik: Realisierung von Expertensystemen, Wiesbaden.

Kriz, J. (1981): Methodenkritik empirischer Sozialforschung, Stuttgart.

Kroeber-Riel, W.; Lorson, T.; Neibecker, B. (1992): Expertensysteme in der Werbung, Die Betriebswirtschaft 52 (1992), S. 91-108.

Krubasik, E. G. (1982): Technologie - Strategische Waffe, Wirtschaftswoche, 18. 6. 1982, Nr. 25, S. 28-33.

Krubasik, E. G. (1984): Technologie-Management - Angreifer im Vorteil, Wirtschaftswoche, 1. 6. 1984, Nr. 23, S. 48-56.

Kruse, R.; Gebhardt, J.; Klawonn, F. (1991): Modellierung von Vagheit und Unsicherheit, Künstliche Intelligenz 5 (1991), Nr. 4, S. 13-17.

Krystek, U. (1986): FuE und Frühwarnsysteme, in: Hahn, D.; Taylor, B. (Hrsg.): Strategische Unternehmensplanung - Stand und Entwicklungstendenzen, 4. Aufl., Heidelberg, Wien, S. 281-305.

Kühn, R. (1980a): Frühwarnung im strategischen Bereich, 1. Teil, io Management Zeitschrift 49 (1980), Nr. 11, S. 497-499.

Kühn, R. (1980b): Frühwarnung im strategischen Bereich, 2. Teil, io Management Zeitschrift 49 (1980), Nr. 12, S. 551-555.

Kühn, R.; Walliser, M. (1978): Problementdeckungssystem mit Frühwarneigenschaften, Die Unternehmung 32 (1978), S. 223-246.

Kunert, K.; Lang, P. (1991): Geschäfte im Spannungsfeld Technologie/Markt, io Management Zeitschrift 60 (1991), Nr. 2, S. 83-88.

Kurbel, K. (1989): Entwicklung und Einsatz von Expertensystemen, Berlin, Heidelberg, New York, London, Paris, Tokyo.

Kurbel, K.; Pietsch, W. (1989): Expertensystem-Projekte: Entwicklungsmethodik, Organisation und Management, Informatik Spektrum 12 (1989), S. 133-146.

Larréché, J.-C.; Srinivasan, V. (1981): STRATPORT: A Decision Support System for Strategic Planning, Journal of Marketing 34 (1981), S. 39-52.

Lebens, U. J. (1986): Diskontinuitäten bei Fertigungstechniken - Eine empirische Studie zur Bewältigung von technologischen Diskontinuitäten, Dissertation Passau.

Lebsanft, E. W.; Gill, U. (1987): Expertensysteme in der Praxis - Kriterien für die Verwendung von Expertensystemen zur Problemlösung, in: Savory, S. E. (Hrsg.): Expertensysteme: Nutzen für ihr Unternehmen, München, Wien, S. 135-149.

Lee, T. H.; Nakicenovic, N. (1988): Technology Life-Cycles and Business Decisions, International Journal of Technology Management 3 (1988), S. 411-426.

Lee, T. H.; Fisher, J. C.; Yau, T. S. (1986): Getting Things Done, Harvard Business Review 64 (1986), Nr. 1, S. 34-44.

Lehmann, A. (1991): A Methodology for Knowledge Acquisition through Literature - Building Knowledge-Based Systems for Strategic Management, Manuskripte aus dem Institut für Betriebswirtschaftslehre der Universität Kiel, No. 279.

Lehnert, W.; Sundheim, B. (1991): A Performance Evaluation of Text-Analysis Technologies, AI Magazine 12 (1991), Nr. 3, S. 81-94.

Lelke, B.; Werners, B. (1991): Modellierung und Implementierung von EXTRABS: Ein Expertensystem zur Branchenstrukturanalyse der strategischen Planung, Arbeitsbericht 91/1, Institut für Wirtschaftswissenschaften, RWTH Aachen.

Leung, K. S.; Lam, W. (1989): A Fuzzy System Shell Using Both Exact and Inexact Reasoning, Journal of Automated Reasoning 5 (1989), S. 207-233.

Liang, T.-P. (1992): A Composite Approach to Inducing Knowledge for Expert Systems Design, Management Science 38 (1992), S. 1-17.

Liebl, F. (1990): Schwache Signale und künstliche Intelligenz im strategischen Management, Frankfurt/M., Bern, New York, Paris.

Ling, X.; Rudd, W. G. (1989): Combining Opinions from Several Experts, Applied Artificial Intelligence 3 (1989), S. 439-452.

Little, A. D. (1988): Innovation als Führungsaufgabe, Fankfurt/M., New York.

Liou, Y. I.; Weber, E. S.; Nunamaker, J. F. (1990): A Methodology for Knowledge Acquisition in a Group Decision Support Environment, Knowledge Acquisition 2 (1990), S. 129-144.

Lock, A. (1987): Integrating Group Judgments in Subjective Forecasts, in: Wright, G.; Ayton, P. (Hrsg.): Judgmental Forecasting, Chichester, New York, Brisbane, Toronto, Singapore, S. 109-127.

Luconi, F. L.; Malone, T. W.; Morton, M. S. S. (1986): Expert Systems: The Next Challenge for Managers, Sloan Management Review 27 (1986), Nr. 4, S. 3-14.

Macharzina, K. (1984): Bedeutung und Notwendigkeit des Diskontinuitätenmanagements bei internationaler Unternehmenstätigkeit, in: Macharzina, K. (Hrsg.): Diskontinuitätenmanagement, Berlin, S. 1-18.

Macharzina, K. (1989): Diskontinuitätenmanagement, in: Macharzina, K.; Welge, M. (Hrsg.): Handwörterbuch Export und internationale Unternehmung, Stuttgart, Sp. 316-340.

Magill, W. G. W.; Leech, S. A. (1991): Uncertainty Techniques in Expert System Software, Decision Support Systems 7 (1991), S. 55-65.

Mahajan, V.; Wind, J. (1989): Market Discontinuities and Strategic Planning: A Research Agenda, Technological Forecasting and Social Change 36 (1989), S.185-199.

Makridakis, S. (1981): If we Cannot Forecast How Can we Plan? Long Range Planning 14 (1981), Nr. 3, S. 10-20.

Mans, D. (1989): Von Managern und Menschen: Über normative Grenzen unserer Ersetzbarkeit durch Computer, Die Betriebswirtschaft 49 (1989), Nr. 2, S. 257-259.

Mantz, R.; Scheer, M.; Uthmann, T. (1988): Vergleich von Expertensystemshells für den PC, Gesellschaft für Mathematik und Datenverarbeitung mbH, GMD-Studien Nr. 149, Sankt Augustin.

Martino, J. P. (1983): Technological Forecasting for Decision Making, 2. Aufl., New York, Amsterdam, Oxford.

Martino, J. P. (1992): Probabilistic Technological Forecasts Using Precursor Events, Technological Forecasting and Social Change 42 (1992), S. 121-131.

Masud, A. S. M.; Hommertzheim, D. (1988): Selecting a Knowledge-Based System Application: Considerations and Experiences, in: Turban, E.; Watkins, P. R. (Hrsg.): Applied Expert Systems, Amsterdam, New York, Oxford, Tokyo, S. 3-16.

McGovern, J.; Samson, D.; Wirth, A. (1991): Knowledge Acquisition for Intelligent Decision Systems, Decision Support Systems 7 (1991), S. 263-272.

McGraw, K. L.; Seale, M. R. (1988): Knowledge Elicitation with Multiple Experts: Considerations and Techniques, Artificial Intelligence Review 2 (1988), S. 31-44.

McGinnis, M. A. (1984): The Key to Strategic Planning: Integrating Analysis and Intuition, Sloan Management Review 25 (1984), Nr. 3, S. 45-53.

McIntyre, S. H. (1988): Market Adaption as a Process in the Product Life Cycle of Radical Innovations and High Technology Products, Journal of Product Innovation Management 5 (1988), Nr. 5, S. 140-149.

Mecklinger, R. (1984): Wie regiert die Industrie auf den technologischen Stukturschock auf den Weltmärkten? In: Macharzina, K. (Hrsg.): Diskontinuitätenmanagement, Berlin, S. 293-309.

Merino, D. N. (1990): Development of a Technological S-Curve for Tire Cord Textiles, Technological Forecasting and Social Change 37 (1990), S. 275-291.

Merkle, E. (1984): Patentinformationen als Frühindikatoren technologischer Entwicklungen, Wochenschrift für Betriebswirtschaft, Steuerrecht, Wirtschaftsrecht, Arbeitsrecht 37 (1984), Nr. 41, S. 2101-2107.

Merkle, E. (1989): Die Analyse technologischer Entwicklungen auf der Grundlage von Patentinformationen, in: Raffée, H.; Wiedmann, K.-P. (Hrsg.): Strategisches Marketing, 2. Aufl., Stuttgart, S. 391-418.

Mertens, P. (1989a): Expertisesysteme als Variante der Expertensysteme zur Führungsinformation, Zeitschrift für betriebswirtschaftliche Forschung 41 (1989), S. 835-854.

Mertens, P. (1989b): Für eine realistische Beurteilung betrieblicher Expertensysteme, Die Betriebswirtschaft 49 (1989), S. 259-262.

Mertens, P.; Borkowski, V.; Geis, W. (1990): Betriebliche Expertensystemanwendungen, 2. Aufl., Berlin, Heidelberg, New York, London, Paris, Tokyo, Hong Kong.

Mertens, P.; Schrammel, D. (1983): Dokumentationssysteme und Informationsbanken, in: Buchinger, G. (Hrsg.): Umfeldanalysen für das strategische Management, Wien, S. 337-354.

Michel, K. (1987): Technologie im strategischen Management, Berlin.

Milling, P. (1972): Der technische Fortschritt beim Produktionsprozeß. Ein dynamisches Modell für innovative Industrieunternehmen, Wiesbaden.

Milling, P. (1987): Entscheidungs-Unterstützung im Innovationsprozeß, in: Fischer, T. (Hrsg.): Betriebswirtschaftliche Systemforschung und ökonomische Kybernetik. Berlin.

Mintzberg, H.; Raisinghani, D.; Theoret, A. (1976): The Structure of "Unstructured" Decision Processes, Administrative Science Quarterly 21 (1976), S. 246-275.

Mittal, S.; Dym, C. L. (1985): Knowledge Acquisition from Multiple Experts, AI Magazine 6 (1985), Nr. 2, S. 32-36.

Mockler, R. J.; Dologite, D. G. (1987): Knowledge-based Systems for Strategic Corporate Planning, Oxford, Ohio.

Mockler, R. J.; Dologite, D. G. (1988): Developing Knowledge-based Systems for Strategic Corporate Planning, Long Range Planning 21 (1988), Nr. 1, S. 97-102.

Moed, H. F.; Burger, W. J. M.; Frankfort, J. G.; Raan van, A. F. J. (1985): The Use of Bibliometric Data for the Measurement of University Research Performance, Research Policy 14 (1985), S. 131-149.

Moenaert, R.; Barbe, J.; Deschoolmeester, D.; De Meyer, A. (1990): Turnaround Strategies for Strategic Business Units with an Ageing Technology, in: Loveridge, R., Martyn, P. (Hrsg.): The Strategic Management of Technological Innovation, Chichester New York, Brisbane, Toronto, Singapore.

Moore, C. J.; Miles, J. C. (1991): Knowledge Elicitaition Using More than One Expert to Cover the Same Domain, Artificial Intelligence Review 5 (1991), S. 255-271.

Morecroft, J. D. W. (1984): Strategy Support Models, Strategic Management Journal 5 (1984), S. 215-229.

Morris, P. A. (1977): Combining Expert Judgements: A Bayesian Approach, Management Science 23 (1977), S. 679-693.

Muchna, C. (1988): Strategische Marketing-Früherkennung auf Investitionsgütermärkten, Wiesbaden.

Müller, G. (1981): Strategische Frühaufklärung, München.

Müller, G. (1983): Entscheidungsunterstützende Endbenutzersysteme, Stuttgart.

Müller, G. (1986): Strategische Frühaufklärung - Stand der Forschung und Typologie der Ansätze, Marketing ZFP 8 (1986), Nr. 4, S. 248-255.

Müller, G. (1987): Strategische Suchfeldanalyse: Die Identifikation neuer Geschäfte zur Überwindung struktureller Stagnation, Wiesbaden.

Müller, G.; Zeiser, B. (1980): Zufallsbereiche zur Beurteilung frühaufklärender Signale, Zeitschrift für Betriebswirtschaft 50 (1980), S. 605-619.

Müller-Bölling, D.; Kirchhoff, S. (1991): Zum Einsatz von Expertensystemen in der Gründungsberatung, Die Betriebswirtschaft 51 (1991), S. 231-244.

Müller-Merbach, H. (1979): Datenursprungsbezogene Alarmsysteme, Zeitschrift für Betriebswirtschaft 49 (1979), Ergänzungsheft Nr. 2, S. 151-161.

Müller-Wünsch, M. (1989): Computer-assistiertes Strategie Audit - ein wissensbasiertes System zur Strategieberatung, Information Management 4 (1989), Nr. 2, S. 26-30.

Müller-Wünsch, M. (1991): Wissensbasierte Unternehmensstrategieentwicklung, Berlin, Heidelberg, New York, London, Paris, Tokyo et al..

Müller-Wünsch, M.; Woltering, A. (1990): Computergestützte Strategieberatung für den Mittelstand, in: Ehrenberg, D., Krallmann, H., Rieger, B. (Hrsg.): Wissensbasierte Systeme in der Betriebswirtschaft, Grundlagen Entwicklungen Anwendungen, Berlin, Heidelberg, New York, S. 523-544.

Muksch, H.; Fenske, W. (1991): Entwicklungsschemata und Prototyping, in: Biethahn, J. (Hrsg.): Entwicklung von Expertensystemen: eine Einführung, Wiesbaden, S. 219-250.

Nebendahl, D. (1990): Expertsysteme. Teil 1 - Einführung in Technik und Anwendung, Berlin, München.

Ng, K.-C.; Abramson, B. (1990): Uncertainty Management in Expert Systems, IEEE Expert 5 (1990), S. 29-48.

Nwana, H. S.; Paton, R. C.; Bench-Capon, T. J. M.; Shave, M. J. R. (1991): Facilitating the Development of Knowledge Based Systems, Artificial Intelligence Communication 4 (1991), Nr. 2/3, S. 60-73.

Olleros, F.-J. (1986): Emerging Industries and the Burnout of Pioneers, Journal of Product Innovation Management 3 (1986), Nr. 1, S. 5-18.

Olschowy, W. (1990): Externe Einflußfaktoren im strategischen Innovationsmanagement, Berlin.

Olsen, P. R. (1989): Safety and Risks in the Use of Financial Expert Systems, in: Hollnagel, E. (Hrsg.): The Reliability of Exert Systems, Chichester, S. 119-167.

Pappas, R. A.; Remer, D. S. (1985): Measuring R&D Productivity, Research Management 28 (1985), Nr. 3, S. 15-22.

Parsaye, K.; Chignell, M. (1988): Expert Systems for Experts, New York, Chichester, Brisbane, Toronto, Singapore.

Perillieux, R. (1987): Der Zeitfakttor im strategischen Technologiemanagement, Berlin.

Perlitz, M. (1988): Wettbewerbsvorteile durch Innovation, in: Simon, H. (Hrsg.): Wettbewerbsvorteile und Wettbewerbsfähigkeit, Stuttgart, S. 47-65.

Pfau, W. (1990): Die Integration von Expertensystemen in den betrieblichen Problembearbeitungsprozeß, Frankfurt/M., Bern, New York, Paris.

Pfeiffer, W.; Dögl, R. (1990): Das Technologie-Portfolio zur Beherrschung der Schnittstelle Technik und Unternehmensstrategie, in: Hahn, D.; Taylor, B. (Hrsg): Strategische Unternehmensplanung - Strategische Unternehmensführung, 5. Aufl., Heidelberg, S. 254-282.

Pfeiffer, W.; Metze, G.; Schneider, W.; Amler, R. (1982): Technologie-Portfolio zum Management strategischer Zukunftsgeschäftsfelder, Göttingen.

Pfeiffer, W.; Staudt, E. (1972): Das kreative Element in der technologischen Voraussage, Zeitschrift für Betriebswirtschaft 42 (1972), S. 853-870.

Pfohl, H.-C. (1977): Problemorientierte Entscheidungsfindung in Organisationen, Berlin, New York.

Pfohl, H.-C. (1981): Planung und Kontrolle, Stuttgart, Berlin, Köln, Mainz.

Plattfaut, E.; Kraetzschmar, G.; Mertens, P. (1987): STRATEX - ein prototypisches Expertensystem zu Unterstützung der strategischen Unternehmensplanung, Strategische Planung 3 (1987), S. 71-103.

Plattfaut, E. (1988): DV-Unterstützung strategischer Unternehmensplanung: Beispiele und Expertensystemansatz, Berlin, Heidelberg, New York, London, Paris, Tokyo.

Pogany, G. A. (1986): Cautions about Using S-Curves, Research Management 29 (1986), Nr. 4, S. 24-25.

Pommerehne, W. (1986): Die Reputation wirtschaftswissenschaftlicher Fachzeitschriften: Ergebnisse einer Befragung deutscher Ökonomen, Jahrbücher für Nationalökonomie und Statistik 201 (1986), Nr. 3, S. 280-305.

Popper, K. R. (1982): Logik der Forschung, 7. Aufl., Tübingen.

Porter, M. E. (1980): Competitive Strategy - Techniques for Analyzing Industries and Competitors, New York.

Porter, M. E. (1985): Technology and Competitive Advantage, Journal of Business Strategy 5 (1985), S. 60-78.

Prerau, D. S. (1990): Developing and Managing Expert Systems: Proven Techniques for Business and Industry, Reading, Menlo Park, New York, Don Mills, Wokingham, Amsterdam, Bonn et al.

Probst, G. J. B.; Gomez, P. (1990): Vernetztes Denken - Die Methodik des nernetzten Denkens zur Lösung komplexer Probleme, in: Hahn, D.; Taylor, B. (Hrsg): Strategische Unternehmensplanung - Strategische Unternehmensführung, 5. Aufl., Heidelberg, S. 903-921.

Puppe, F. (1986): Expertensysteme, Informatik Spektrum 9 (1986), S. 1-13.

Puppe, F. (1987): Diagnostisches Problemlösen mit Expertensystemen, Berlin, Heidelberg, New York, London, Paris, Tokyo.

Puppe, F. (1991): Wissensrepräsentation mit Regeln, in: Struß, P. (Hrsg.): Wissensrepräsentation, München, Wien, S. 123-130.

Puppe, F. (1990): Problemlösungsmethoden in Expertensystemen, Berlin, Heidelberg, New York, London, Paris, Tokyo, et al.

Quinlan, R. (1983): Learning Efficient Classification Procedures and Their Application to Chess End Games, in: Michalski, R. S.; Carbonell, J.; Mitchell, T. (Hrsg.): Machine Learning: An Artificial Intelligence Approach, Los Altos CA.

Rajan, T.; Motta, E.; Eisenstadt, M. (1988): ACQUIST: A Tool for Knowledge Acquisition, in: Kelly, B. (Hrsg.): Research and Development in Expert Systems V, New York, New Rochelle, Melbourne, Sidney, S. 113-125.

Ramanujam, V.; Mensch, G. O. (1985): Improving the Strategy-Innovation Link, Journal of Product Innovation Management 2 (1985), S. 213-223.

Reboh, R. (1989): Extracting Useful Advice from Conflicting Expertise, ACM SIGART Newsletter (1989), Nr. 108, S. 145-150.

Reddy, M.; O'Hare, G. M. P. (1991): The Blackboard Model: A Survey of its Application, Artificial Intelligence Review 5 (1991), S. 169-186.

Reichwald, R.; Behrbohm, P. (1983): Flexibilität als Eigenschaft produktionswirtschaftlicher Systeme, Zeitschrift für Betriebswirtschaft 53 (1983), S. 831-853.

Reimer, U.; Pohl, K. (1991): Automatische Wissensakquisition aus Texten, Künstliche Intelligenz 5 (1991), Nr. 1, S. 45-51.

Reitman J. S.; Rueter, H. H.(1987): Extracting Expertise from Experts: Methods for Knowledge Acquisition, Expert Systems 4 (1987), Nr. 3, S. 152-168.

Reminger, B. (1990a): Expertensystem zur Unterstützung der strategischen Technologieplanung, Berlin.

Reminger, B. (1990b): Expertensystem für die strategische Technologieplanung, io Management Zeitschrift 59 (1990), Nr. 10, S. 36-41.

Reminger, B. (1991): How to Manage Technology by an Expert System, in: Kocaoglu, D. F.; Niwa, K. (Hrsg.): Technology Management - The New International Language. Proceedings of Portland International Conference on Management of Engineering and Technology, Portland, Oregon - USA, October 27-31, S. 554-561.

Richter, M. M. (1989): Prinzipien der Künstlichen Intelligenz - Wissensrepräsentation, Inferenz und Expertensysteme. Stuttgart.

Richter, M. (1991): Konzept eines intelligenten, sprachverarbeitenden Frühwarnsystems zur Vorhersage von Umweltdiskontinuitäten, Dissertation, Duisburg.

Rigter, H. (1986): Evaluation of Performance of Health Research in the Netherlands, Research Policy 15 (1986), S. 33-48.

Rommelfanger, H.; Unterharnscheidt, D. (1988): Modelle zur Aggregation von Bonitätskriterien, Zeitschrift für betriebswirtschaftliche Forschung 40 (1988), S. 471-487.

Ropohl, G. (1979): Eine Systemtheorie der Technik, Wien.

Roski, R.; Dietz, J.-W. (1988): Innovationsmanagement und Diskontinuitäten, Zeitschrift für Betriebswirtschaft 58 (1988), S. 927-951.

Roski, R.; Dietz, J.-W. (1992): Discontinuities in Innovation-Management and Innovation-Marketing, Zeitschrift für Planung 3 (1992), S. 113-124.

Roussel, P. A. (1984): Technological Maturity Proves a Valid and Important Concept, Research Management 27 (1984), Nr. 1, S. 29-34.

Ruhland, J.; Wilde, K. (1987): Experten-System für strategische Planung, Die Unternehmung 4 (1987), S. 266-273.

Ruqian, L.; Cungen, C. (1990): Towards Knowledge Acquisition From Domain Books, in: Wielinga, B.; Boose, J.; Gaines, B.; Schreiber, G.; Someren, M. (Hrsg.): Current Trends in Knowledge Acquisition, Amsterdam, Washington DC, Tokyo, S. 289-301.

Schenk, W. (1983): Technologie-Analyse, in: Buchinger, G. (Hrsg.): Umfeldanalysen für das strategische Management, Wien.

Schmalhofer, F.; Bergmann, R. (1990): Case-Based Knowledge Acquisition: Extending Expert Problem Solutions for Technical Planning Tasks, in: Thakar, S. (Hrsg.): Tagungsband 2. Workshop Knowledge Engineering zum Thema Modellbegriff des Knowledge Engineering, S. 76-89. Berlin.

Schmidt, G. (1991): COKAM+: Fall-orientierte und Modell-orientierte Wissensakquisition aus Texten, ARC-TEC Diskussionspapier, Deutsches Forschungszentrum für Künstliche Intelligenz. Kaiserslautern.

Schmidt, G.; Schmalhofer, F. (1990): Case-Oriented Knowledge Acquisition from Texts, in: Wielinga, B., Boose, J., Gaines, B., Schreiber, G., Someren, M. (Hrsg.): Current Trends in Knowledge Acquisition, Amsterdam, Washington DC, Tokyo, S. 302-312.

Schmidt, R. (1981a): Diagnose von Unternehmensentwicklungen auf Basis computergestützter Inhaltsanalyse, in: Bratschitsch, R. (Hrsg.): Unternehmenskrisen - Ursachen, Frühwarnung, Bewältigung, Stuttgart, S. 353-379.

Schmidt, R. (1981b): Sprachorientierte Planungssysteme, in: Brockhoff, K., Krelle, W. (Hrsg.): Unternehmensplanung, Berlin, Heidelberg, New York, S. 50-61.

Schmidt, R. (1983): Computergestützte Inhaltsanalyse von Umweltinformationen für die strategische Planung, in: Buchinger, G. (Hrsg.): Umfeldanalysen für das strategische Management, Wien, S. 355-369.

Schmidt, R.; Ralfs, D. (1988): KPS/Prolog - Ein Problemlösungssystem auf Basis von Turbo Prolog, Manuskripte aus dem Institut für Betriebswirtschaftslehre der Universität Kiel, Nr. 225.

Schmidt, R. (1989): Expertensysteme zur Unterstützung der strategischen Planung, in: Spremann, v. K.; Zur, к. (Hrsg.): Informationstechnologie und strategische Führung, Wiesbaden, S. 255-274.

Schmidt, R. (1990): Early Warning Systems, in: Handbook of German Business Administration, Stuttgart, Sp. 753764.

Scholz, C. (1987): Strategisches Management - Ein integrativer Ansatz, Berlin, New York.

Schoop, E. (1991): Hypertext Anwendungen: Möglichkeiten für den betrieblichen Einsatz, Wirtschaftsinformatik 33 (1991), Nr. 3, S. 199-206.

Servatius, H.-G. (1985): Methodik des strategischen Technologie-Managements - Grundlage für erfolgreiche Innovationen, Berlin.

Servatius, H.-G. (1991): Schwerpunkte und Methoden des Management von Technologie, in: Töpfer, A.; Sommerlatte, T. (Hrsg.): Technologie-Marketing, Landsberg/Lech, S. 53-86.

Sharif, M. N.; Islam, M. N. (1982): A Reliability Engineering Approach for Forecasting Technological Breakthroughs, Technological Forecasting and Social Change 21 (1982), S. 37-51.

Sheridan, F. K. J. (1991): A Survey of Techniques for Inference Under Uncertainty, Artificial Intelligence Review 5 (1991), S. 89-119.

Silverman, B. G. (1987): Expert Support Systems, in: Silverman, B. G. (Hrsg.): Expert Systems for Business, Reading, Menlo Park, et al., S. 79-81.

Simeonoff, P. (1989): Expertensysteme - Management-Informationssysteme der 3. Generation, Österreichisches Bank-Archiv 37 (1989), Nr. 4, S. 388-398.

Simpson, R. H. (1963): Stability in meanings for quantitative terms: A comparison over 20 years, Quarterly Journal of Speech 49 (1963), S. 146-151.

Simon, D. (1986): Schwache Signale. Die Früherkennung von strategischen Diskontinuitäten durch Erfassung von "weak signals", Wien.

Simon, H. (1980): Wie lösen wir schlecht-strukturierte Probleme? Die Betriebswirtschaft 40 (1980), S. 337-345.

Sommerlatte, T.; Deschamps, J.-P. (1985): Der strategische Einsatz von Technologien - Konzepte und Methoden zur Einbeziehung von Technologien in die Strategieentwicklung des Unternehmens, in : Little, A. D. (Hrsg.): Management im Zeitalter strategischer Führung, Wiesbaden, S. 39-76.

Sommerlatte, T.; Töpfer, A. (1991): Die Integration von Technologie und Marketing als strategischer Erfolgsfaktor, in: Töpfer, A.; Sommerlatte, T. (Hrsg.): Technologie-Marketing, Landsberg/Lech, S. 11-33.

Souder, W. E.; Shrivastava, P. (1985): Towards a Scale for Measuring Technology in New Product Innovations, Research Policy 14 (1985), S. 151-160.

Specht, G. (1992): Technologiemanagement, Die Betriebswirtschaft 52 (1992), S. 547-566.

Sprengel, F. (1984): Informationsbedarf strategischer Entscheidungshilfen, Thun, Frankfurt.

Steele, L. W. (1989): Managing Technology - The Strategic View, New York, St. Louis, San Fransisco, et al..

Staudt, E. (1974): Struktur und Methoden technologischer Voraussagen, Göttingen.

Strunz, H. (1977): Entscheidungstabellentechnik, München, Wien.

Struß, P. (1991): Wissensrepräsentation - ein zentrales Problem der Künstlichen Intelligenz, in: Struß, P. (Hrsg.): Wissensrepräsentation, München, Wien, S. 1-8.

Swaby, P. A. (1990): Towards Large Knowledge Bases: Automating Knowledge Elicitation, Knowledge Verification and Knowledge Base Building, in: Addis, T. R., Muir, R. M. (Hrsg.): Research and Development in Expert Systems VII, Cambridge, New York, Port Chester, Melbourne, Sidney, S. 215-225.

Szyperski, N. (1975): Kritische Punkte der Unternehmensentwicklung, Zeitschrift für betriebswirtschaftliche Forschung 6 (1975), S. 366-383.

Tauzovich, B.; Matwin, S.; Oppacher, F.; Skuce, D.; Szpakowicz, S. (1986): An Expert Advisory System for Government Regulations: Knowledge Acquisition Methodology, in: Pau, L. F. (Hrsg.): Artificial Intelligence in Economics and Management, Amsterdam, New York, Oxford, Tokyo, S. 205-212.

Thom, R. (1975): Structural Stability and morphogenesis, New York.

Trux. W.; Müller, G.; Kirsch, W., Mauthe, K. (1984): Strategische Exploration und Analysen als Basis der Planung Strategischer Programme, in: Trux. W.; Müller, G.; Kirsch, W. (Hrsg.): Das Management strategischer Programme, 1. Halbband, München, S. 37-206.

Turban, E. (1988a): Review of Expert Systems Technology, IEEE Transactions on Engineering Management 35 (1988), Nr. 2, S. 71-81.

Turban, E. (1988b): Decision Support and Expert Systems, New York, London.

Turban, E.; Watkins, P. R. (1986): Integrating Expert Systems and Decision Support Systems, MIS Quarterly 10 (1986), S. 121-136.

Tushman, M. L.; Anderson, P. (1986): Technological Discontinuities and Organizational Environments, Administrative Science Quarterly 31 (1986), S. 439-465.

Twiss, B. (1988): Technological Forecasting for Decision Making, in: Burgelman, R. A.; Maidique, M. A. (Hrsg.): Strategic Management of Technology and Innovation, Homewood/Ill., S. 58-81.

Twiss, B.; Goodridge, M. (1989): Managing Technology for Competitive Advantatage, London.

Unseld, S. (1990): Künstliche Intelligenz und Simulation in der Unternehmung, Stuttgart.

Utterback, J. M.; Abernathy, W. (1975): A Dynamic Model of Process and Product Innovation, OMEGA - The International Journal of Management Science 3 (1975), S. 639-656.

Utterback, J. M.; Kim, L. (1985): Invasion of a Stable Business by Radical Innovation, S. 113-151, in: Kleindorfer, P. R.: The Management of Productivity and Technology in Manufacturing, New York, London.

Volk, O. K. (1986): Expertensysteme für den betrieblichen Einsatz - Ansätze und Probleme, Betriebswirtschaftliche Forschung und Praxis 39 (1986), S. 550-564.

Wagner, H.-P. (1987): Computergestützte Informationssysteme in der Unternehmensplanung, München.

Wallsten, T. S.; Busdescu, D. V.; Rapoport, A.; Zwick, R.; Forsyth, B. (1986): Measuring the Vague Meanings of Probability Terms, Journal of Experimental Psychology: General 115, Nr. 4, S. 348-365.

Wandel, H.-U. (1992): Expertensysteme in der strategischen Planung, Göttingen.

Waterman, D. A. (1986): A Guide to Expert Systems, Reading.

Weber, R.; Zimmermann, H.-J. (1991): Automatische Akquisition von unscharfem Expertenwissen, Künstliche Intelligenz 5 (1991), Nr. 2, S. 20-26.

Weiss, E. (1989): Management diskontinuierlicher Technologie-Übergänge - Analyse und Therapie hemmender Faktoren, Göttingen.

Weiss, A. R.; Birnbaum, P. H. (1989): Technological Infrastructure and the Implementation of Technological Strategies, Management Science 35 (1989), S. 1014-1026.

von Weissenfluh, A. (1990): Expertensysteme - Ihr Einsatz zur Unterstützung betrieblicher Entscheidungen, Bern, Stuttgart.

Weller, F. (1991): Expertensysteme in der Betriebswirtschaft - Plädoyer für eine realistischere Einschätzung der Leistungspotentiale von Expertensystemen, Information Management 6 (1991), Nr. 1, S. 8-23.

Whalen, T.; Schott, B.; Green-Hall, N.; Ganoe, F. (1987): Fuzzy Knowledge in Rule-Based Systems, in: Silverman, B. G. (Hrsg.): Expert Systems for Business, Reading, Menlo Park, et al., S. 99-117.

Wiedmann, K.-P. (1989): Konzeptionelle und methodische Grundlagen der Früherkennung, in: Raffée, H.; Wiedmann, K.-P. (Hrsg.): Strategisches Marketing, 2. Aufl., Stuttgart, S. 301-348.

Wildemann, H. (1986): Strategische Investitionsplanung für neue Technologien in der Produktion, in: Wildemann, H. (Hrsg.): Strategische Investitionsplanung für neue Technologien in der Produktion, Band 1, München, S. 1-110.

Wildemann, H. (1987): Strategische Investitionsplaung bei diskontinuierlichen Entwicklungen in der Fertigungstechnik, in: Dichtl, E.; Gerke, W.; Kieser, A. (Hrsg.): Innovation und Wettbewerbsfähigkeit, Wiesbaden, S. 449-474.

Wilkinson, A. (1991a): Developing an Expert System on Project Evaluation, Part 1: Structuring the Expertise, R&D Management 21 (1991), Nr. 3, S. 19-29.

Wilkinson, A. (1991b): Developing an Expert System on Project Evaluation, Part 2: Structuring the System, R&D Management 21 (1991), Nr. 3, S. 207-213.

Wilkinson, A. (1991c): Developing an Expert System on Project Evaluation, Part 3: The Managerial Questions Raised by the Work, R&D Management 21 (1991), Nr. 3, S. 312-318.

von Windau, P. (1990): Strategische Planung mit Hilfe von Expertensystemen, Zeitschrift für Planung 1 (1990), S. 41-50.

Winkelmann, P. (1982): Investitionsschübe im Mittelpunkt einer empirischen Untersuchung von Kontinuität und Diskontinuität in industriellen Investitionsprozessen, Frankfurt, Bern.

Wissema, J. G. (1982): Trends in Technology Forecasting, R&D Management 12 (1982), Nr. 1, S. 27-36.

Witte, E. (1981): Nutzungsansspruch und Nutzungsvielfalt, in: Witte, E. (Hrsg.): Der praktische Nutzen empirischer Forschung, Tübingen, S. 13-40.

Wolf, W. A. (1989): Knowledge Acquisition from Multiple Experts, SIGART Newsletter (1989), Nr. 108, S. 138-140.

Wolff, M. F. (1981): Picking the Right Technology Should be First Priority, Research Management 24 (1981), Nr. 4, S. 7-8.

Wolfrum, B. (1991): Strategisches Technologiemanagement, Wiesbaden.

Woodward, B. (1990): Knowledge Acquisition at the Front End: Defining the Domain, Knowledge Acquisition 2 (1990), S. 73-94.

Wright, G.; Ayton, P. (1987): Eliciting and Modelling Expert Knowledge, Decision Support Systems 3 (1987), S. 13-26.

van Wyk, R. J. (1985): The Notion of Technological Limits, Futures 11 (1985), S. 214-223.

van Wyk, R. J. (1988): Management of Technology: New Frameworks, Technovation 7 (1988), S. 341-351.

van Wyk, R. J.; Haour, G.; Japp, S. (1991): Permanent magnets: A Technological Analysis, R&D Management 21 (1991), Nr. 4, S. 301-308.

Yoo, S.; Digman, L. A. (1987): Decision Support System: A New Tool for Strategic Management, Long Range Planning 20 (1987), Nr. 2, S. 114-124.

Zadeh, L. A. (1983): The Role of Fuzzy Logic in the Management of Uncertainty in Expert Systems, Fuzzy Sets and Systems 11 (1983), S. 199-227.

Zahn, E. (1979): Diskontinuitäten im Verhalten sozio-technischer Systeme, Die Betriebswirtschaft 39 (1979), S. 119-141.

Zahn, E. (1984): Diskontinuitätentheorie - Stand der Entwicklung und betriebswirtschaftliche Anwendungen, in: Macharzina, K. (Hrsg.): Diskontinuitätenmanagement, Berlin, S. 19-75.

Zahn, E. (1986): Innovations- und Technologiemanagement - Eine strategische Schlüsselaufgabe der Unternehmen, in: Zahn, E. (Hrsg.): Technologie- und Innovationsmanagement, Berlin, S. 9-48.

Zelewski, S. (1986): Konzepte für Frühwarnsysteme und Möglichkeiten zu ihrer Fortentwicklung durch Beiträge der Künstlichen Intelligenz, Arbeitsbericht 4/1986 am Seminar für Allgemeine Betriebswirtschaftslehre, Industriebetriebslehre und Produktionswirtschaft der Universität Köln, 1986.

Zelewski, S. (1987): Frühwarnung und Künstliche Intelligenz, Die Unternehmung 41 (1987), S. 256-265.

Zelewski, S. (1989): Einsatz von Expertensystemen in den Unternehmen, Ehningen bei Böblingen.

Zelewski, S. (1991): Kritische Faktoren beim Einsatz von Expertensystemen, Zeitschrift für Betriebswirtschaft 61 (1991), S. 237-258.

Ziegler, A. (1980): Externe Strömungen orten, Manager Magazin 10 (1980), Nr. 12, S. 58-65.

Zimmermann, H.-J. (1982): Strategische Planung - Eine potentielle Anwendung der Theorie unscharfer Mengen, in: Operations Research Proceedings 1981, Berlin, Heidelberg, New York, S. 369-376.

Zimmermann, H.-J. (1988): Fuzzy Set Theory and Its Applications, Boston, Dordrecht, Lanchaster.

Zimmermann, H.-J-: (1993): Planung, Entscheidung und Linguistische Approximation, in: Hauschildt, J.; Grün, O. (Hrsg.): Ergebnisse empirischer betriebswirtschaftlicher Forschung, Stuttgart, S. 797-812.

Zimmermann, H.-J.; Zysno, P. (1980): Latent Connectives in Human Decision Making, Fuzzy Sets and Systems 7 (1980), S. 37-51.

Zimmermann, H.-J.; Zysno, P. (1983): Decisions and Evaluations by Hierarchical Aggregation of Information, Fuzzy Sets and Systems 10 (1983), S. 243-260.

Stichwortverzeichnis

Dokumentation des wissensbasierten Systems zur
Analyse technologischer Diskontinuitäten auf Diskette

Auf Wunsch ist des möglich, die Dokumentation des Systems zur Analyse technologischer Diskontinuitäten auf Diskette anzufordern. Hierfür ist der Gutschein auf der folgenden Seite auszufüllen. Die Datei wurde als Programmausdruck aus der Entwicklungsumgebung Personal Consultant Plus generiert und kann mit einem beliebigen Texteditor angeschaut bzw. ausgedruckt werden.

Um den Umfang der Dokumentation in Grenzen zu halten, wurden an dem System einige Kürzungen vorgenommen.

- Generell wurden die Hilfetexte, die während des Programmablaufs von dem Anwender zwecks einem besseren Verständnis der Fragestellungen angefordert werden können, gelöscht.

- In dem Feld EXPLANATION kann zur Verbesserung der Erklärungskomponente eine Regel mit einer verbalen Umschreibung eingegeben werden. Dieses Funktion wurde bei der Programmentwicklung teilweise eingesetzt, ist jedoch für die Funktionsweise des Systems nicht von grundlegender Bedeutung und wird aus diesem Grund im Anhang nicht angegeben.

- Weiterhin wurden die Regeln gelöscht, die am Ende der Problemerkennung eine Ergebnisübersicht erzeugen.

- Während der Problemerkennung werden im Originalsystem die ermittelten Signale einer vergleichenden Betrachtung unterzogen. Diese Komponente wird in diesem Anhang nicht abgebildet.

- In dem Originalsystem wird über das Feld DESCRIPTION eine Beziehung zwischen dem Wissensdokument und der Wissensbasis über Kennziffern hergestellt. Dieses Feld wurde ebenfalls gelöscht. Die Herkunft der Regeln bleibt über das Feld QUELLE weiterhin nachvollziehbar.

- Die Wissensteilbasis, in der im Rahmen der Problemdiagnose Aussagen unterschiedlicher Veröffentlichungen abgespeichert wurden, bleibt im folgenden ebenfalls unberücksichtigt.

- Während des Programmablaufs liefert das Originalsystem zum Teil eine grafische Unterstützung. Diese Grafiken und die dazu gehörigen Befehle in der Wissensbasis sind im folgenden Anhang ebenfalls nicht zu finden.

263

An das
Institut für betriebswirtschaftliche Innovationsforschung
- Graduiertenkolleg für Technologie und Innovation -
Olshausenstraße 40
<u>24098 Kiel</u>

Kennwort: Dokumentation - Wissensbasierte Analyse
technologischer Diskontinuitäten

Gutschein

Bitte senden Sie mir die Dokumentation des wissensbasierten
Systems zur Analyse technologischer Diskontinuitäten von
Andreas Lehmann gegen eine Schutzgebühr von DM 10 **(Scheck, bar) zu.**

Adresse:

DUV Deutscher Universitäts Verlag

GABLER · VIEWEG · WESTDEUTSCHER VERLAG

Aus unserem Programm

Arnd Hagedorn
**Modellgestützte Planung und Kontrolle von
Produktionsstandorten**
1994. XXVI, 211 Seiten, 59 Abb.,
Broschur DM 89,-/ ÖS 694,-/ SFr 91,-
ISBN 3-8244-0198-3
Es wird ein Entscheidungsunterstützungssystem für die Planung und Kontrolle von Standortstrukturänderungen in Unternehmen entwickelt, die ihr internationales Produktionsstättensystem neu organisieren wollen.

Martin Hemmert
**Vertikale Kooperation zwischen japanischen
Industrieunternehmen**
1993. XIX, 318 Seiten, 38 Abb., 8 Tab.,
Broschur DM 98,-/ ÖS 765,-/ SFr 100,10
ISBN 3-8244-0188-6
Eine Mystifizierung der Verhältnisse in Japan ist ebenso verfehlt wie die Vorstellung, die dort vorherrschenden Arbeitsteilungsstrukturen könnten bedingungslos und undifferenziert auf Deutschland übertragen werden.

Anette Hilbert
Industrieforschung in den neuen Bundesländern
Ausgangsbedingungen und Reorganisation
1994. XIV, 255 Seiten, 25 Abb., 37 Tab.,
Broschur DM 98,-/ ÖS 765,-/ SFr 100,10
ISBN 3-8244-0199-1
Auf der Grundlage theoretischer Überlegungen und empirischer Analysen wird am Beispiel von Forschung und Entwicklung die Transformation von Unternehmen in den neuen Bundesländern untersucht.

Reinhard Meckl
Unternehmenskooperationen im EG-Binnenmarkt
1993. XVIII, 273 Seiten, 19 Abb., Broschur DM 98,-/ ÖS 765,-/ SFr 100,10
ISBN 3-8244-0177-0
Grenzüberschreitende Kooperationen erfordern als komplexe Internationalisierungsstrategien eine dezidierte Planungsvorbereitung. Hier wird eine strukturierte Vorgehensweise in Form eines Entscheidungsmodells angeboten.

DUV Deutscher Universitäts Verlag
GABLER · VIEWEG · WESTDEUTSCHER VERLAG

Wolfgang Noetel
Geschäftsfeldstrategie und Fertigungsorganisation
Eine Analyse der Fertigungsplanung
1993. XXI, 407 Seiten, 94 Abb.,
Broschur DM 118,-/ ÖS 921,-/ SFr 119,-
ISBN 3-8244-0185-1
Dieses Buch setzt sich mit der strategieorientierten organisatorischen Ge-
staltung der Fertigungsplanung auseinander, durch die der Ablauf der ma-
teriellen Leistungserstellung technisch und zeitlich festgelegt wird.

Bernd Sauer
Strategische Situationsanalyse im Umweltmanagement
1993. XXII, 279 Seiten, 43 Abb.,
Broschur DM 98,-/ ÖS 765,-/ SFr 100,10
ISBN 3-8244-0167-3
Die rechtzeitige Kenntnis und sorgfältige Analyse der Chancen und Risiken
im Umweltschutz wird für eine wachsende Zahl von Unternehmen als eine
wesentliche Voraussetzung für die Sicherung des Unternehmensbestands
angesehen.

Miguel Vidal
Wettbewerbsstrategien für Pionierunternehmen
1993. XI, 206 Seiten, 19 Abb., 5 Tab.,
Broschur DM 89,-/ ÖS 694,-/ SFr 91,-
ISBN 3-8244-0186-X
Warum sind manche Pionierunternehmen über Jahrzehnte erfolgreich,
während andere im Wettbewerb scheitern? Dieses Buch zeigt, in welcher
Weise erfolgreiche Pioniere ihren Vorsprung im Wettbewerb nutzen, um
Vorteile auf der Kosten- und Nachfrageseite aufzubauen.

Die Bücher erhalten Sie in Ihrer Buchhandlung!
Unser Verlagsverzeichnis können Sie anfordern bei:

Deutscher Universitäts-Verlag
Postfach 30 09 44
51338 Leverkusen

If you have any concerns about our products,
you can contact us on
ProductSafety@springernature.com

In case Publisher is established outside the EU,
the EU authorized representative is:
Springer Nature Customer Service Center GmbH
Europaplatz 3, 69115 Heidelberg, Germany

Printed by Libri Plureos GmbH
in Hamburg, Germany